Programmieren spielend gelernt
mit dem Java-Hamster-Modell

Dietrich Boles

Programmieren spielend gelernt mit dem Java-Hamster-Modell

5., überarbeitete und erweiterte Auflage

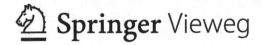 Springer Vieweg

Dr.-Ing. Dietrich Boles
Universität Oldenburg
Deutschland

ISBN 978-3-8348-0640-6   ISBN 978-3-8348-2039-6 (eBook)
DOI 10.1007/978-3-8348-2039-6

Die Deutsche Nationalbibliothek verzeichnet diese Publikation in der Deutschen Nationalbibliografie;
detaillierte bibliografische Daten sind im Internet über http://dnb.d-nb.de abrufbar.

Springer Vieweg
© Springer Fachmedien Wiesbaden 1999, 2002, 2007, 2008, 2013

Gedruckt auf säurefreiem und chlorfrei gebleichtem Papier

Springer Vieweg ist eine Marke von Springer DE. Springer DE ist Teil der Fachverlagsgruppe Springer
Science+Business Media.
www.springer-vieweg.de

Vorwort

Programmieranfänger[1] leiden häufig darunter, dass sie beim Programmieren ihre normale Gedankenwelt verlassen und in eher technisch-orientierten Kategorien denken müssen, die ihnen von den Programmiersprachen vorgegeben werden. Gerade am Anfang strömen häufig so viele Neuigkeiten inhaltlicher und methodischer Art auf sie ein, dass sie leicht das Wesentliche der Programmierung, nämlich das Lösen von Problemen, aus den Augen verlieren und sich in syntaktischen und technischen Einzelheiten verirren. Der „Kampf" mit dem Compiler bekommt somit höhere Priorität als der Programmentwurf an sich und kann frühzeitig zur Frustration führen.

Das Hamster-Modell ist mit dem Ziel entwickelt worden, dieses Problem zu lösen. Mit dem Hamster-Modell wird dem Programmieranfänger ein einfaches aber mächtiges Modell zur Verfügung gestellt, mit dessen Hilfe er Grundkonzepte der Programmierung auf spielerische Art und Weise erlernen kann. Der Programmierer steuert einen virtuellen Hamster durch eine virtuelle Landschaft und lässt ihn bestimmte Aufgaben lösen. Die Anzahl der gleichzeitig zu erlernenden bzw. zu berücksichtigenden Konzepte wird im Hamster-Modell stark eingeschränkt und nach und nach erweitert.

Mit einer ähnlichen Motivation wurde in den 70er und 80er Jahren die Schildkröten-Graphik der Programmiersprache LOGO entwickelt bzw. erprobt [Ros83, Men85]. Problem der Sprache LOGO war allerdings, dass sie sich – wenn überhaupt – nur im Ausbildungssektor nicht aber beispielsweise im industriellen Bereich durchsetzen konnte. Dem „Mutterspracheneffekt" kommt jedoch auch beim Programmieranfänger eine wichtige Bedeutung zu: Die Muttersprache beherrscht man wesentlich besser als jede später erlernte Sprache. Aus diesem Grund wurde für das Hamster-Modell keine neue Programmiersprache entwickelt. Vielmehr wurde das Modell in die Konzepte und die Syntax der Programmiersprache Java [GJS+13, HMHG11] eingebettet. Die Sprache Java, die auch als „Sprache des Internet" bezeichnet wird, ist eine (relativ) einfache Sprache, die viele wichtige Programmierkonzepte enthält und sich – insbesondere im Zusammenhang mit dem rapiden Wachstum des Internet – auch im industriellen Bereich in den letzten Jahren immer mehr durchgesetzt hat.

Das Hamster-Modell wurde in einer einfachen Version zu Beginn der 80er Jahre in der GMD (Gesellschaft für Mathematik und Datenverarbeitung, heute Fraunhofer Gesellschaft) entwickelt [Opp83, Amb87]. Zielsprache war damals die imperative Programmiersprache ELAN [KL83, KL85]. Vorlage für das Hamster-Modell war dabei „Karel der Roboter" [PRS94, BSRP96]. Ich habe das imperative Hamster-Modell an die Programmiersprache Java angepasst und um Konzepte der objektorientierten und parallelen Programmierung erweitert. Dabei werden nicht der gesamte Sprachschatz der Programmiersprache Java, sondern lediglich die grundlegenden Konstrukte behandelt.

Aufbau der Java-Hamster-Bücher

Die „Java-Hamster-Bücher" bestehen aus insgesamt drei Bänden. Dieser erste Band („Programmieren spielend gelernt mit dem Java-Hamster-Modell") gibt im ersten Teil eine allgemeine Einführung in die Grundlagen der Programmierung. Im zweiten Teil werden die Konzepte der imperativen

---

[1]Lediglich aufgrund der besseren Lesbarkeit wird in diesem Buch ausschließlich die maskuline Form verwendet.

Programmierung vorgestellt. Im Einzelnen werden hier Anweisungen und Programme, Prozeduren, Kontrollstrukturen, der Top-Down-Programmentwurf, Variablen und Ausdrücke, Funktionen und Parameter sowie das Prinzip der Rekursion behandelt.

Auf den imperativen Programmierkonzepten aufbauend wird im zweiten Band der Java-Hamster-Bücher („Objektorientierte Programmierung spielend gelernt mit dem Java-Hamster-Modell") in die objektorientierte Programmierung eingeführt. Dieser Band ist im Jahr 2004 in einer ersten und im Jahr 2010 in einer zweiten Auflage erschienen[BB04, BB10]. Konzepte, die im zweiten Band erläutert werden, sind Objekte, Klassen, Arrays, Vererbungsmechanismen, Polymorphie und dynamisches Binden, Exceptions sowie Zugriffsrechte und Pakete.

Im zweiten Band werden die Grundlagen gelegt für die Vorstellung paralleler Programmierkonzepte im dritten Band der Java-Hamster-Bücher. Hierin werden unter anderem Prozesse bzw. Threads, die Kommunikation zwischen Prozessen, die Synchronisation, Schedulingmechanismen sowie Deadlocks behandelt. Band 3 ist im Jahre 2008 mit dem Titel „Parallele Programmierung spielend gelernt mit dem Java-Hamster-Modell: Programmierung mit Java-Threads" erschienen[Bol08].

Das Java-Hamster-Modell im WWW

Zum Java-Hamster-Modell existiert eine spezielle Website, die Sie über folgenden URL erreichen können: **www.java-hamster-modell.de**. Auf dieser Site finden Sie ergänzende Materialien, Korrekturen, weitere Beispielprogramme, Aufgaben, ein Diskussionsforum und vieles mehr. Weiterhin gibt es auch auf Facebook eine Seite zum Java-Hamster-Modell: `www.facebook.com/JavaHamster`.

Der Hamster-Simulator

Beim Hamster-Modell steht nicht so sehr das „Learning-by-Listening" bzw. „Learning-by-Reading" im Vordergrund, sondern vielmehr das „Learning-by-Doing", also das Üben. Aus diesem Grund enthalten die einzelnen Kapitel der Bücher jeweils viele Beispielprogramme und Übungsaufgaben, die Sie intensiv bearbeiten sollten.

Um die Beispielprogramme nachvollziehen zu können und die Aufgaben nicht nur mit Stift und Papier lösen zu müssen, haben wir ein spezielles Java-Programm, den sogenannten „Hamster-Simulator", entwickelt. Dieser stellt er eine Reihe von Werkzeugen zum Erstellen und Ausführen von Hamster-Programmen zur Verfügung: einen Editor zum Eingeben und Verwalten von Hamster-Programmen, einen Compiler zum Übersetzen von Hamster-Programmen, einen Territoriumsgestalter zum Gestalten und Verwalten von Hamster-Territorien, einen Interpreter zum Ausführen von Hamster-Programmen und einen Debugger zum Testen von Hamster-Programmen. Der Hamster-Simulator ist einfach zu bedienen, wurde aber funktional und bedienungsmäßig bewusst an professionelle Entwicklungsumgebungen für Java (z.B. Eclipse) angelehnt, um einen späteren Umstieg auf diese zu erleichtern.

Auf eine dem Buch beigelegte CD-ROM mit dem Hamster-Simulator haben wir verzichtet, um das Buch möglichst kostengünstig anbieten und immer aktuelle Versionen des Simulators zur Verfügung stellen zu können. Stattdessen steht der Hamster-Simulator auf der oben angegebenen Website zum kostenlosen Download bereit.

Ich kann Ihnen nur dringend empfehlen, sich den Hamster-Simulator aus dem World Wide Web zu laden und auf Ihrem Computer zu installieren. Es macht nicht nur Spaß, den Hamster durch sein Territorium flitzen zu sehen und ihn bei seiner Arbeit zu beobachten. Vielmehr ist es zum Erlernen der Programmierung dringend erforderlich, sich selbstständig mit Aufgaben auseinanderzusetzen und Lösungsprogramme zu entwickeln und zu testen. Allein durch Lesen lernt man nicht Programmieren!

Erfahrungen und Empfehlungen

Das in diesem Buch beschriebene Java-Hamster-Modell ist bereits seit 1996 integraler Bestandteil des „Programmierkurs Java", den ich in jedem Semester am Department für Informatik der Universität Oldenburg durchführe (siehe auch `www.programmierkurs-java.de`). Durch die dabei gewonnenen Erfahrungen hat es sich inkrementell weiterentwickelt. Ob sein Einsatz den Lernerfolg der Studierenden tatsächlich verbessert hat, ist zwar kaum messbar. Die Meinungen und Rückmeldungen der Studierenden als auch vieler anderer Nutzer sind jedoch fast ausnahmslos positiv.

Dabei sei jedoch anzumerken, dass das Hamster-Modell insbesondere für solche Schüler und Studierenden gedacht ist, die Probleme beim Erlernen der Programmierung haben. Denjenigen Programmieranfängern, die keine Probleme haben, kann es durch die geringe Komplexität der Aufgaben nach einiger Zeit langweilig werden. Sie wollen größere Anwendungen mit graphischen Oberflächen oder Java-Applets entwickeln. Aus diesem Grund und der Erfahrung, dass auch die erst genannte Gruppe mal echte und nicht nur Hamster-Probleme lösen will, sollte das Java-Hamster-Modell nicht ausschließlich, sondern motivierend und begleitend zur „richtigen" Java-Programmierung eingesetzt werden.

Immer wieder werde ich gefragt, ob ich nicht Musterlösungen zu den vielen Hamster-Aufgaben in diesem Buch zur Verfügung stellen kann. Ich tue das aber bewusst nicht. Aus Erfahrung kann ich sagen: Wenn Musterlösungen zur Verfügung stehen, ist die Gefahr sehr groß, zu schnell in diese Lösungen zu schauen, anstatt selber zu versuchen, eine Lösung zu erarbeiten. Beim Blick in die Musterlösung denkt man dann: Das hätte ich wohl auch so hinbekommen. Das ist aber ein fataler Trugschluss! Programmieren lernt man nur durch selbstständiges Programmieren!

Dank

Wie oben bereits erwähnt, setze ich das Java-Hamster-Modell seit vielen Jahren in meinen Vorlesungen an der Universität Oldenburg ein. Ich möchte mich hiermit bei den Studierenden ganz herzlich für die zahlreichen Anregungen, Tipps und Verbesserungsvorschläge bedanken. Besonders gefreut habe ich mich auch über die vielen positiven Rückmeldungen zahlreicher „Java-Hamster-Fans", die mich in den vergangenen Jahren erreicht haben. Sie haben mir gezeigt, dass das Hamster-Modell nicht nur gut ankommt, sondern auch seinen Zweck erfüllt, Programmieranfängern die Konzepte der Programmierung beizubringen.

Ebenfalls Dank gebührt Prof. Dr. Dr. h.c. H.-Jürgen Appelrath für seine freundliche Unterstützung bei der Erstellung des Buches sowie den Lektoren des Springer Vieweg Verlages für die tolle Zusammenarbeit. Ein Dankeschön geht auch an Frau Ulrike Klein für ihre Unterstützung bei der optischen Umgestaltung der vierten Auflage. Mein besonderer Dank gilt aber Dr. Daniel Jasper für die mit großem Engagement durchgeführte Entwicklung und Implementierung des Hamster-Simulators, Ricarda Sarkar für die Anfertigung der mich immer wieder aufs Neue motivierenden niedlichen Hamster-Zeichnungen, die Sie durch das gesamte Buch begleiten werden, und bei meiner Frau, Dr. Cornelia Boles, für viele wichtige Hinweise, für ihre tatkräftige Unterstützung beim Korrekturlesen, bei der Erstellung der Abbildungen und für ihre Geduld, wenn ich mich mal wieder ein ganzes Wochenende mit „dem Hamster" beschäftigt habe.

Anmerkungen zur zweiten Auflage

Die zweite Auflage des ersten Bandes des Java-Hamster-Buches unterscheidet sich von der ersten Auflage durch die Anpassung an die neue deutsche Rechtschreibung sowie die Beseitigung einiger kleinerer Fehler.

Anmerkungen zur dritten Auflage

Die dritte Auflage des ersten Bandes des Java-Hamster-Buches unterscheidet sich von der zweiten Auflage durch die Beseitigung einiger Tipp-Fehler und auch inhaltlicher Fehler, die sich in die beiden ersten Auflagen eingeschlichen hatten. Weiterhin wurden alle Hamster-Programme an die *Java-Code-Conventions* angepasst, an die sich mittlerweile quasi alle Java-Programmierer halten. Hierbei handelt es sich um allgemeine Richtlinien, was die Gestaltung von Programmen und die Wahl von Bezeichnern angeht. Hinzugekommen ist in Kapitel 14 ein Abschnitt, der die Inkrement- und Dekrement-Operatoren einführt, da diese in Java-Programmen doch relativ häufig eingesetzt werden. Kapitel 16 wurde ferner um einen Abschnitt erweitert, der das *varargs-Konstrukt* vorstellt. Hierbei handelt es sich um ein Konzept, das ab der Version 5.0 in die Sprache Java integriert wurde und erlaubt, Parameterlisten mit einer variablen Anzahl an Parametern zu definieren. Anzumerken ist an dieser Stelle, dass die Programmiersprache Java ab der Version 5.0 um einige neue Konstrukte erweitert wurde. Diese betreffen allerdings mit Ausnahme des varargs-Konstruktes alle die objektorientierten Konzepte der Sprache und sind in diesem Band daher nicht von Interesse. Mit Kapitel 18 (Ausblick) wurde ein neues Kapitel ergänzt, das einen ersten Einblick in die weiterführenden Bände der Java-Hamster-Bücher gibt. Außerdem gibt es nun ein Glossar, in dem die wichtigsten Begriffe nochmal kurz definiert werden. Viele Hamster-Programmierer haben den Wunsch nach weiteren Aufgaben geäußert. Diesem Wunsch bin ich gerne nachgekommen und habe zahlreiche neue Hamster-Aufgaben in die einzelnen Kapitel integriert.

Anmerkungen zur vierten Auflage

In der vierten Auflage des ersten Bandes der Java-Hamster-Bücher haben wir auf Wunsch vieler Leser insbesondere Verbesserungen am Erscheinungsbild des Buches vorgenommen. Inhaltlich wurde in Kapitel 14 ein Abschnitt hinzugefügt, der weitere Datentypen von Java vorstellt. Ein paar neue Aufgaben sind auch hinzugekommen. Die Rechtschreibung wurde an die seit 1. August 2006 gültigen Regeln angepasst. Außerdem wurden wieder ein paar kleinere Fehler korrigiert.

Anmerkungen zur fünften Auflage

In der Hand halten Sie nun die fünfte Auflage des ersten Bandes der Java-Hamster-Bücher. In dieser fünften Auflage wurden wiederum einige kleine Fehler beseitigt. Weiterhin wurde auf Wunsch von Lesern ein Abschnitt aufgenommen, in dem der Hamster-Simulator und seine Bedienung vorgestellt wird. Inzwischen unterstützt der Hamster-Simulator nicht mehr nur Java als Programmiersprache, sondern diverse andere Programmiersprachen. Darauf geht ein Abschnitt ein, der in den Ausblick integriert wurde.

Kontakt

Anmerkungen, Meinungen, Lob, Kritik, Fragen und Verbesserungsvorschläge zum Buch sind übrigens erwünscht. Meine Anschrift lautet: Dr.-Ing. Dietrich Boles, Universität Oldenburg, Department für Informatik, Escherweg 2, D-26121 Oldenburg; Email: dietrich@boles.de

Nun wünsche ich allen Leserinnen und Lesern viel Spaß und Erfolg beim „Programmieren lernen mit dem Java-Hamster".

Oldenburg, im Juni 2013   Dietrich Boles

Inhaltsverzeichnis

Teil I

Grundlagen

Programmieren ist eine Tätigkeit, die mit und auf einem Computer ausgeführt wird. Das Erlernen der Programmierung ist daher nicht möglich, ohne ein gewisses Grundverständnis davon zu besitzen, wie ein Computer aufgebaut ist, wie er funktioniert, was wir Menschen mit einem Computer machen können, wie wir ihn bedienen müssen und wie man ihm eigentlich beibringen kann, etwas zu tun. Diese Grundlagen werden Ihnen – soweit sie für das Verständnis der weiteren Teile von Bedeutung sind – in diesem ersten Teil des Buches vermittelt. Die Beschreibungen sind bewusst einfach gehalten bzw. werden vereinfacht dargestellt, um Sie nicht mit im Rahmen dieses Kurses unwichtigen Details zu überhäufen und damit zu demotivieren.

Der Teil Grundlagen gibt jedoch keine allgemeine Einführung in die EDV und den Umgang mit einem Computer. Hierzu sollten Sie sich die einschlägige Literatur bzw. die Bedienungsanleitung Ihres Computers anschauen.

Auch denjenigen Lesern, die bereits seit geraumer Zeit einen Computer benutzen bzw. auch schon mal selbst ein kleines Computerprogramm geschrieben haben, möchte ich empfehlen, diesen ersten Teil des Buches durchzuarbeiten. Sie werden sicher die ein oder andere Ihnen bisher noch nicht bekannte wichtige Information entdecken. Andererseits können Sie allerdings – wenn Sie es „eilig haben", Ihr erstes Computerprogramm zum Laufen zu bringen – den Grundlagenteil auch zunächst überspringen. In den weiteren Teilen des Buches wird auf entsprechende Grundlagenkapitel hingewiesen.

Der Teil *Grundlagen* dieses Buches besteht aus insgesamt fünf Kapiteln.

Das erste Kapitel enthält eine Einführung in die Programmierung. Die Ziele der Programmierung werden erläutert und die Begriffe des Algorithmus und des Programms eingeführt.

Das zweite Kapitel widmet sich den Programmiersprachen. Zunächst werden verschiedene Klassifikationen von Programmiersprachen vorgestellt. Anschließend wird kurz erläutert, welche Aspekte bei der Definition einer Programmiersprache von Bedeutung sind. Detaillierter wird auf die Syntax von Programmiersprachen eingegangen.

Kapitel 3 schildert den gesamten Vorgang, der zu bewältigen ist, um ein auf einem Computer lauffähiges und korrektes Programm zu entwickeln. Des Weiteren werden die dabei benötigten Hilfsmittel vorgestellt.

Mit dem Computer selbst beschäftigt sich Kapitel 4. Der generelle Aufbau eines Computers, seine Arbeitsweise und die Art und Weise, wie er Ihre Programme verwaltet, werden geschildert.

Eine wichtige mathematische Grundlage der Programmierung bildet die sogenannte *Aussagenlogik*. Sie wird in Kapitel 5 kurz eingeführt.

Kapitel 1
Programmierung

Mit „Programmierung" wird die Entwicklung von Computerprogrammen bezeichnet. Dieses Kapitel enthält eine Einführung in die Programmierung. Die Ziele der Programmierung werden erläutert und die Begriffe des Algorithmus und des Programms eingeführt.

1.1 Ziele der Programmierung

Die *Programmierung* ist ein Teilgebiet der Informatik, das sich im weiteren Sinne mit Methoden und Denkweisen bei der Lösung von Problemen mit Hilfe von Computern und im engeren Sinne mit dem Vorgang der Programmerstellung befasst. Unter einem *Programm* versteht man dabei eine in einer speziellen Sprache verfasste Anleitung zum Lösen eines Problems durch einen Computer. Programme werden auch unter dem Begriff *Software* subsumiert. Konkreter ausgedrückt ist das Ziel der Programmierung bzw. Softwareentwicklung, zu gegebenen Problemen Programme zu entwickeln, die auf Computern ausführbar sind und die Probleme korrekt und vollständig lösen, und das möglichst effizient.

Die hier angesprochenen Probleme können von ganz einfacher Art sein, wie das Addieren oder Subtrahieren von Zahlen oder das Sortieren einer gegebenen Datenmenge. Komplexere Probleme reichen von der Erstellung von Computerspielen oder der Datenverwaltung von Firmen bis hin zur Steuerung von Raketen. Im Umfeld dieses Buches werden nur relativ einfache Probleme behandelt, die innerhalb weniger Minuten bzw. Stunden vom Programmierer gelöst werden können. Dahingegen kann das Lösen von komplexen Problemen Monate ja sogar Jahre dauern und den Einsatz eines ganzen Teams von Fachleuten erforderlich machen.

Der Vorgang des Erstellens von Programmen zu einfachen Problemen wird *Programmieren im Kleinen* genannt. Er erstreckt sich von der Analyse des gegebenen Problems über die Entwicklung einer Problemlösebeschreibung bis hin zur eigentlichen Programmformulierung und -ausführung. Die Bearbeitung komplexer Probleme umfasst darüber hinaus weitere Phasen, wie eine vorangehende Systemanalyse und die spätere Wartung der erstellten Software und ist Gegenstand des *Softwareengineerings*, einem Teilgebiet der Informatik, auf das in diesem Buch nicht näher eingegangen wird.

1.2 Algorithmen

Als *Algorithmus* bezeichnet man eine Arbeitsanleitung für einen Computer. Der Begriff des Algorithmus ist ein zentraler Begriff der Programmierung. In diesem Abschnitt wird der Begriff zunächst motiviert und dann genauer definiert. Anschließend werden verschiedene Möglichkeiten der Formulierung von Algorithmen vorgestellt und es wird auf die Ausführung von Algorithmen eingegangen. Algorithmen besitzen einige charakteristische Eigenschaften, die zum Abschluss dieses Abschnitts erläutert werden.

1.2.1 Arbeitsanleitungen

Wenn Sie etwas Leckeres kochen wollen, gehen Sie nach einem Rezept vor. Der Zusammenbau eines Modellflugzeugs erfordert eine Bastelanleitung. Beim Klavier spielen haben Sie ein Notenheft vor sich. Zum Skat spielen sind Spielregeln notwendig. Mit derlei Anleitungen, wie Kochrezepten, Bastelanleitungen, Partituren und Spielregeln, kommen Sie tagtäglich in Berührung. Wenn Sie sich den Aufbau solcher Anleitungen genauer anschauen, können Sie feststellen, dass sie alle etwas gemeinsam haben. Sie bestehen aus einzelnen Vorschriften bzw. *Anweisungen*, die in einer angegebenen Reihenfolge ausgeführt zu dem gewünschten Ergebnis führen.

```
Kochrezept:

    Zwiebel feinhacken;
    Brötchen einweichen;
    aus Mett, gemischtem Hack, Eiern, feingehackter Zwiebel
    und eingeweichtem und gut ausgedrücktem Brötchen
    einen Fleischteig bereiten;
    mit Salz und Pfeffer herzhaft würzen;
    Trauben waschen, halbieren und entkernen;
    ...
```

Teilweise sind gewisse Anweisungen in den Arbeitsanleitungen nur unter bestimmten Bedingungen auszuführen (*bedingte Anweisungen*). Ausgedrückt wird dieser Sachverhalt durch ein: *Wenn eine Bedingung erfüllt ist, dann tue dies, ansonsten tue das.*

```
Anleitung für einen Fußballschiedsrichter:

    ein Spieler von Mannschaft A wird von einem Spieler
    von Mannschaft B gefoult;
    wenn das Foul im Strafraum von Mannschaft B erfolgt
    dann pfeife Strafstoß,
    ansonsten pfeife Freistoß.
```

Darüber hinaus kommt es auch vor, dass gewisse Anweisungen in einer sogenannten *Schleife* oder *Wiederholungsanweisung* mehrmals hintereinander ausgeführt werden sollen: *Solange eine Bedingung erfüllt ist, tue folgendes.*

```
Anleitung beim Mensch-Ärgere-Dich-Nicht-Spiel:

    Solange ein Spieler eine 6 würfelt,
    darf er nochmal würfeln.
```

Weiterhin fällt auf, dass zum Ausführen der Anleitungen gewisse Voraussetzungen erfüllt sein müssen: Zum Kochen werden Zutaten benötigt, Basteln ist nicht ohne Materialien möglich und zum Spielen sind Spielkarten oder Spielfiguren unabdingbar.

```
O|   Zutaten beim Kochen:                              |O
O|                                                     |O
O|                                                     |O
O|     250g Mett                                       |O
O|     250g gemischtes Hack                            |O
O|     2 Eier                                          |O
O|     1 Zwiebel                                       |O
O|     1 Brötchen                                      |O
O|     Pfeffer                                         |O
O|     Salz                                            |O
O|                                                     |O
```

Im Allgemeinen bestehen also Arbeitsanleitungen aus der Auflistung bestimmter Voraussetzungen bzw. Zubehör und der eigentlichen Anleitung:

```
O|   Jenga-Spiel:                                      |O
O|                                                     |O
O|                                                     |O
O|     Zubehör:                                        |O
O|       1 Spielanleitung                              |O
O|       1 Aufstellhilfe                               |O
O|       45 Holzklötzchen                              |O
O|                                                     |O
O|     Spielanleitung:                                 |O
O|       solange die Spieler noch Lust haben zu spielen: |O
O|         Turm aufbauen, dabei jeweils die Klötzchen  |O
O|         rechtwinklig zueinander versetzen;          |O
O|         solange der Turm noch nicht eingestürzt ist, müssen |O
O|         die Spieler der Reihe nach folgendes tun:   |O
O|           ein Klötzchen aus dem Turm entnehmen;     |O
O|           das Klötzchen oben auf den Turm legen     |O
O|                                                     |O
```

Ein weiteres Merkmal dieser alltäglichen Arbeitsanleitungen ist, dass sie selten exakt formuliert sind, sondern oft Teile enthalten, die unterschiedlich interpretiert werden können. Im Allgemeinen sagt uns unser gesunder Menschenverstand dann, was in der speziellen Situation zu tun ist. Beim obigen Kochrezept ist bspw. die Anleitung „mit Salz und Pfeffer herzhaft würzen" wenig präzise für jemanden, der noch nie gekocht hat.

1.2.2 Definition des Begriffs Algorithmus

Anleitungen, wie sie im letzten Abschnitt erörtert worden sind, werden von Menschen ausgeführt, um unter bestimmten Voraussetzungen zu einem bestimmten Ergebnis zu gelangen. Genauso wie Menschen benötigen auch Computer Arbeitsanleitungen, um Probleme zu lösen. Arbeitsanleitungen für einen Computer bezeichnet man als *Algorithmen*. Algorithmen weisen dabei viele Merkmale auf, die wir im letzten Abschnitt für Anleitungen für Menschen kennengelernt haben. Sie bestehen aus Anweisungen, können bedingte Anweisungen und Schleifen enthalten und operieren auf vorgegebenen Materialien, den Daten. Sie unterscheiden sich jedoch darin, dass sie wesentlich exakter formuliert sein müssen, da Computer keine Intelligenz besitzen, um mehrdeutige Formulierungen selbstständig interpretieren zu können.

Damit kann der Begriff *Algorithmus* folgendermaßen definiert werden: *Ein Algorithmus ist eine Arbeitsanleitung zum Lösen eines Problems bzw. einer Aufgabe, die so präzise formuliert ist, dass sie von einem Computer ausgeführt werden kann.*

1.2.3 Formulierung von Algorithmen

Zur Beschreibung von Algorithmen existieren mehrere Möglichkeiten bzw. Notationen. Die gängigsten Notationen werden im Folgenden anhand eines kleinen Beispiels kurz vorgestellt werden. Bei dem Beispiel geht es um die Lösung des Problems, die Summe aller Natürlichen Zahlen bis zu einer vorgegebenen Natürlichen Zahl n zu berechnen. Mathematisch definiert ist also die folgende Funktion f zu berechnen:

$$f : \mathbb{N} \to \mathbb{N} \ mit \ f(n) = \sum_{i=1}^{n} i \ für \ n \in \mathbb{N}$$

1.2.3.1 Umgangssprachliche Formulierung

Arbeitsanleitungen für Menschen werden im Allgemeinen umgangssprachlich formuliert. Es gibt häufig keine vorgegebenen Schemata oder Regeln. Der Mensch interpretiert die Anweisungen gemäß seines Wissens oder bereits vorliegender Erfahrungen. Auch Algorithmen lassen sich prinzipiell umgangssprachlich beschreiben. Die Beschreibung sollte jedoch so exakt sein, dass sie ohne weitergehende intellektuelle Anstrengungen in ein Programm oder eine andere Notation übertragen werden kann. Eine umgangssprachliche Beschreibung des Algorithmus zum Lösen des Beispielproblems lautet bspw.:

```
Gegeben sei eine Natürliche Zahl n.
Addiere die Natürlichen Zahlen von 1 bis n.
Die Summe ist das Resultat.
```

1.2.3.2 Programmablaufpläne

Eine normierte Methode zur graphischen Darstellung von Algorithmen stellen die *Programmablaufpläne* (PAP) – auch *Flussdiagramme* genannt – dar. In Abbildung 1.1 (a) werden die wichtigsten Elemente der graphischen Notation skizziert. Daneben findet sich in Abbildung 1.1 (b) ein Programmablaufplan zur Lösung des Beispielproblems.

1.2.3.3 Struktogramme

Struktogramme (Nassi-Shneiderman-Diagramme) bieten eine weitere graphische Notation zur Darstellung von Algorithmen. Gegenüber Programmablaufplänen sind sie im Allgemeinen übersichtlicher und verständlicher. Die wichtigsten Elemente, aus denen sich Struktogramme zusammensetzen, sind Abbildung 1.2 (a) zu entnehmen. In Abbildung 1.2 (b) wird eine Lösung des Beispielproblems mit Hilfe von Struktogrammen formuliert.

1.2.3.4 Programmiersprache

Algorithmen lassen sich auch in der Notation einer bestimmten Programmiersprache formulieren. Folgendes an die Syntax der Programmiersprache Java angelehntes Programm löst das Beispielproblem:

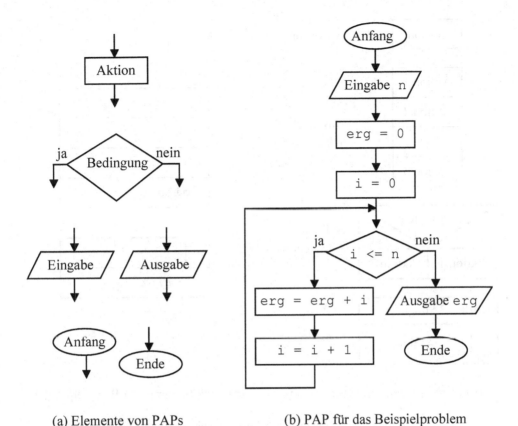

(a) Elemente von PAPs   (b) PAP für das Beispielproblem

Abbildung 1.1: Programmablaufpläne

```
int n = readInt();
int erg = 0;
int i = 0;
while (i <= n) {
    erg = erg + i;
    i = i + 1;
}
printInt(erg);
```

1.2.4 Ausführung von Algorithmen

Algorithmen stellen eine Arbeitsanleitung dar, d.h. werden sie ausgeführt, sollten sie nach Abarbeitung der einzelnen Anweisungen das erwartete Ergebnis liefern. Bei der Ausführung eines Algorithmus läuft ein sogenannter *Prozess* ab. Dieser Prozess wird durch einen *Prozessor* gesteuert. Bei den Arbeitsanleitungen für Menschen (siehe Abschnitt 1.2.1) ist der Mensch der Prozessor, bei Algorithmen ist dies der Computer, der die Notation, in der der Algorithmus formuliert ist, kennen und verstehen muss.

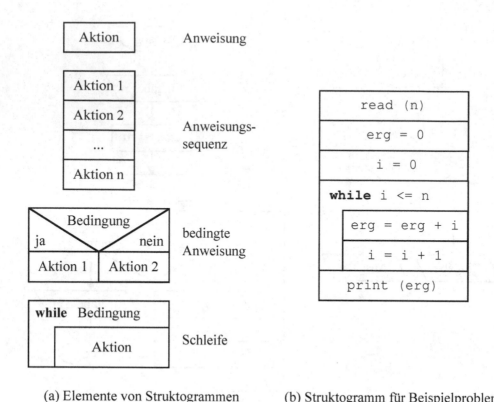

(a) Elemente von Struktogrammen   (b) Struktogramm für Beispielproblem

Abbildung 1.2: Struktogramme

Prinzipiell kann jeder Algorithmus auch durch einen Menschen ausgeführt werden. Computer haben gegenüber uns Menschen jedoch gewisse Vorteile:

- Ihre hohe Rechengeschwindigkeit: Computer können heutzutage einige Millionen Rechenoperationen pro Sekunde ausführen.

- Ihre große Zuverlässigkeit: Computer ermüden nicht und führen fehlerlos genau die Anweisungen durch, die ihnen der Mensch vorschreibt.

- Ihre gewaltige Speicherfähigkeit: Computer können Milliarden Daten dauerhaft abspeichern und sie auch sehr schnell wiederfinden.

1.2.5 Eigenschaften von Algorithmen

Algorithmen weisen folgende Eigenschaften auf:

- Eindeutigkeit: Algorithmen liefern eine eindeutige Beschreibung zur Lösung eines gegebenen Problems. Sie dürfen keine widersprüchlichen Aussagen enthalten.

- Parametrisierbarkeit: Algorithmen lösen nicht nur genau ein spezielles Problem, sondern eine Klasse von Problemen mit dem gleichen Schema. So löst der Algorithmus in Abschnitt 1.2.3

das Problem der Summenbildung von Natürlichen Zahlen nicht nur für eine fest vorgegebene Zahl, sondern für beliebige Zahlen *n*. *n* wird auch *Parameter* des Algorithmus genannt.

- Finitheit: Die Beschreibung eines Algorithmus besitzt eine endliche Länge.

- Ausführbarkeit: Algorithmen dürfen keine Anweisungen enthalten, die prinzipiell nicht ausführbar sind, wie bspw. widersprüchliche Anweisungen.

- Terminierung: Algorithmen müssen nach endlich vielen Schritten terminieren, d.h. sie müssen ein Ergebnis liefern und dann anhalten.

- Determiniertheit: Algorithmen bezeichnet man als determiniert, wenn sie unter gleichen Bedingungen mehrfach ausgeführt immer die gleichen Ergebnisse liefern.

- Determinismus: Algorithmen heißen deterministisch, wenn zu jedem Zeitpunkt ihrer Ausführung höchstens eine Möglichkeit zur Fortsetzung besteht.

Die ersten drei Eigenschaften sind dabei Eigenschaften der Formulierung eines Algorithmus an sich (statische Eigenschaften), die letzten vier sind Eigenschaften der Ausführung eines Algorithmus (dynamische Eigenschaften).

Nicht alle Algorithmen erfüllen die letzten drei Eigenschaften. Steuerungsprogramme in Betriebssystemen sind häufig nicht-terminierend, und aus dem Bereich der Stochastik sind bspw. nicht-determinierte und nicht-deterministische Algorithmen bekannt.

1.2.6 Praxisrelevante Eigenschaften von Algorithmen

Algorithmen sind Beschreibungen zur Lösung eines Problems bzw. einer Aufgabe. Dabei ist jedoch festzustellen, dass es zur Lösung eines Problems nicht nur immer genau einen korrekten Algorithmus gibt. Vielmehr kann sogar mathematisch bewiesen werden, dass es zu jedem Algorithmus unendlich viele verschiedene äquivalente Algorithmen gibt, also Algorithmen, die dasselbe Problem mit identischen Ergebnissen lösen.

In der Praxis ist es aber im Allgemeinen nicht gleichgültig, welchen von zwei äquivalenten Algorithmen man zur Lösung eines Problems einsetzt. Kriterien, die in der Praxis bei der Findung bzw. Auswahl eines Algorithmus eine wichtige Rolle spielen, sind insbesondere:

- Effizienz: Algorithmen sollten so schnell wie möglich und mit möglichst wenig Ressourcen zu einem korrekten Ergebnis kommen.

- Speicherbedarf: Die Beschreibung eines Algorithmus sollte möglichst knapp sein, worunter die Verständlichkeit aber nicht leiden darf.

- Erweiterbarkeit: Algorithmen sollten ohne großen Aufwand an geänderte Anforderungen anpassbar sein.

- Wiederverwendbarkeit: Algorithmen sollten so formuliert werden, dass sie nicht nur einmalig, sondern auch zur Lösung von Teilproblemen in anderen Zusammenhängen genutzt werden können.

- Portabilität: Algorithmen sollten nicht auf einen bestimmten Computertyp zugeschnitten sein, sondern prinzipiell auf beliebigen Computern ausgeführt werden können.

- Zuverlässigkeit: Algorithmen sollten das Problem korrekt und vollständig lösen. Zu beachten sind dabei insbesondere sogenannte Grenzfälle.

1.3 Programme

Als *Programm* wird ein in einer Programmiersprache formulierter Algorithmus bezeichnet. Die Formulierung von Programmen erfolgt in sehr konkreter und eingeschränkter Form:

- Programme werden im exakt definierten und eindeutigen Formalismus einer Programmiersprache verfasst.

- Daten, auf denen Programme operieren, unterliegen einer festgelegten Darstellungsform.

Unter *Programmieren* versteht man das Erstellen von Programmen. Der gesamte Programmentwicklungsvorgang wird in Kapitel 3 ausführlich behandelt. Zuständig für die Entwicklung von Programmen ist der *Programmierer*. Die Formulierung von Programmen erfolgt in der Regel unter Verwendung der uns bekannten Zeichen, wie Buchstaben, Ziffern und Sonderzeichen. Eine Programmbeschreibung wird auch als *Programmcode*, *Quellcode* oder *Source-Code* bezeichnet. Der Programmcode selbst kann im Allgemeinen noch nicht direkt von einem Computer ausgeführt werden, er muss zuvor noch mit Hilfe eines Compilers in eine maschinenverständliche Form – ein *ausführbares Programm* – transformiert werden. Die Programmausführung wird durch den *Aufruf* des ausführbaren Programms gestartet.

Kapitel 2
Programmiersprachen

Eine *Programmiersprache* ist eine zum Formulieren von Programmen geschaffene künstliche Sprache. In diesem Kapitel werden zunächst verschiedene Klassifikationen vorgestellt. Anschließend wird kurz erläutert, welche Aspekte bei der Definition einer Programmiersprache von Bedeutung sind. Detaillierter wird auf die Syntax von Programmiersprachen eingegangen.

2.1 Klassifikation von Programmiersprachen

Vielleicht fragen Sie sich jetzt: Wieso gibt es eigentlich nicht nur eine einzige Programmiersprache, mit der alle Programmierer arbeiten? Da Programmiersprachen anders als natürliche Sprachen, die sich über Jahrhunderte hinweg entwickelt haben, ja künstlich definiert werden müssen, hätte man sich doch von Anfang an auf eine einheitliche Programmiersprache festlegen können.

Zunächst kann man feststellen, dass es bestimmte Programmiersprachen gibt, die primär für Programmieranfänger definiert worden sind. Sie sind meistens sehr einfach gehalten, d.h. der Sprachumfang ist relativ gering. Sie sind leicht zu erlernen, eignen sich aber nicht besonders zum Lösen sehr komplexer Probleme. Hierfür werden sehr viel mächtigere Programmiersprachen benötigt.

Eine alternative Klassifizierung unterscheidet sogenannte niedere *Maschinensprachen* (*maschinennahe Programmiersprachen*) und höhere *problemorientierte Programmiersprachen*. Maschinensprachen ermöglichen die Erstellung sehr effizienter Programme. Sie sind jedoch abhängig vom speziellen Computertyp. Dahingegen orientieren sich die höheren Programmiersprachen nicht so sehr an den von den Computern direkt ausführbaren Befehlen, sondern eher an den zu lösenden Problemen. Sie sind für Menschen verständlicher und einfacher zu handhaben.

Ein weiterer Grund für die Existenz der vielen verschiedenen Programmiersprachen liegt in der Tatsache, dass die zu lösenden Probleme nicht alle gleichartig sind. So werden häufig neue Programmiersprachen definiert, die speziell für bestimmte Klassen von Problemen geeignet sind.

Den höheren Programmiersprachen liegen bestimmte Konzepte zugrunde, mit denen die Lösung von Problemen formuliert wird. Im Wesentlichen lassen sich hier fünf Kategorien – auch *Programmierparadigmen* genannt – unterscheiden:

- Imperative Programmiersprachen: Programme bestehen aus Folgen von Befehlen (PASCAL, MODULA-2).

- Funktionale Programmiersprachen: Programme werden als mathematische Funktionen betrachtet (LISP, MIRANDA).

- Prädikative Programmiersprachen: Programme bestehen aus Fakten (gültige Tatsachen) und Regeln, die beschreiben, wie aus gegebenen Fakten neue Fakten hergeleitet werden können (PROLOG).

- Regelbasierte Programmiersprachen: Programme bestehen aus „wenn-dann-Regeln"; **wenn** eine angegebene Bedingung gültig ist, **dann** wird eine angegebene Aktion ausgeführt (OPS5).

- Objektorientierte Programmiersprachen: Programme bestehen aus Objekten, die bestimmte (Teil-)Probleme lösen und zum Lösen eines Gesamtproblems mit anderen Objekten über Nachrichten kommunizieren können (SMALLTALK).

Nicht alle Programmiersprachen können eindeutig einer dieser Klassen zugeordnet werden. So ist bspw. LOGO eine funktionale Programmiersprache, die aber auch imperative Sprachkonzepte besitzt. Java und C++ können als imperative objektorientierte Programmiersprachen klassifiziert werden, denn Java- und C++-Programme bestehen aus kommunizierenden Objekten, die intern mittels imperativer Sprachkonzepte realisiert werden.

Programmiersprachen einer Kategorie unterscheiden sich häufig nur in syntaktischen Feinheiten. Die grundlegenden Konzepte sind ähnlich. Von daher ist es im Allgemeinen nicht besonders schwierig, eine weitere Programmiersprache zu erlernen, wenn man bereits eine Programmiersprache derselben Kategorie beherrscht. Anders verhält es sich jedoch beim Erlernen von Programmiersprachen anderer Kategorien, weil hier die zugrunde liegenden Konzepte stark voneinander abweichen.

2.2 Definition von Programmiersprachen

Programmiersprachen sind sehr exakte, künstliche Sprachen zur Formulierung von Programmen. Sie dürfen keine Mehrdeutigkeiten bei der Programmerstellung zulassen, damit der Computer das Programm auch korrekt ausführen kann. Bei der Definition einer Programmiersprache muss ihre *Lexikalik*, *Syntax*, *Semantik* und *Pragmatik* definiert werden:

- Lexikalik: Die Lexikalik einer Programmiersprache definiert die gültigen Zeichen bzw. Wörter, aus denen Programme der Programmiersprache zusammengesetzt sein dürfen.

- Syntax: Die Syntax einer Programmiersprache definiert den korrekten Aufbau der Sätze aus gültigen Zeichen bzw. Wörtern, d.h. sie legt fest, in welcher Reihenfolge lexikalisch korrekte Zeichen bzw. Wörter im Programm auftreten dürfen.

- Semantik: Die Semantik einer Programmiersprache definiert die Bedeutung syntaktisch korrekter Sätze, d.h. sie beschreibt, was passiert, wenn bspw. bestimmte Anweisungen ausgeführt werden.

- Pragmatik: Die Pragmatik einer Programmiersprache definiert ihren Einsatzbereich, d.h. sie gibt an, für welche Arten von Problemen die Programmiersprache besonders gut geeignet ist.

Die Lexikalik wird häufig in die Syntax mit einbezogen. Wie die Syntax einer Programmiersprache definiert werden kann, wird im nächsten Abschnitt detailliert erläutert. Die Semantik einer Programmiersprache wird in der Regel nur umgangssprachlich beschrieben, es existieren jedoch auch Möglichkeiten für eine formal saubere (mathematische) Definition. Für die Definition der Pragmatik einer Programmiersprache existiert kein bestimmter Formalismus. Sie wird deshalb umgangssprachlich angegeben.

2.3 Syntaxdarstellungen

Die Syntax einer Programmiersprache legt fest, welche Zeichenreihen bzw. Folgen von Wörtern korrekt formulierte („syntaktisch korrekte") Programme der Sprache darstellen und welche nicht. Zur Überprüfung der syntaktischen Korrektheit eines Programms muss deshalb zuvor die Syntax der Programmiersprache formal beschrieben werden. Hierzu existieren verschiedene Möglichkeiten. In den folgenden zwei Unterabschnitten werden die zwei gängigsten Notationen vorgestellt, nämlich die *Syntaxdiagramme* und die *Backus-Naur-Form*.

Sowohl Syntaxdiagramme als auch die Backus-Naur-Form sind Techniken zur Darstellung sogenannter *kontextfreier Programmiersprachen*. Die meisten Programmiersprachen sind jedoch *kontextsensitiv*, d. h. es lassen sich nicht alle Regeln zur Beschreibung der Syntax mit den beiden Techniken beschreiben. Nicht formulierbare Eigenschaften der Syntax werden daher umgangssprachlich ergänzt.

2.3.1 Syntaxdiagramme

Bei den Syntaxdiagrammen handelt es sich um eine graphische und daher sehr übersichtliche Notation zur Definition der Syntax einer Programmiersprache. Syntaxdiagramme sind folgendermaßen definiert:

- Zur Beschreibung der Syntax einer Sprache existiert in der Regel eine Menge von Syntaxdiagrammen, die zusammen die Syntax definieren. In der Menge existiert genau ein *übergeordnetes Syntaxdiagramm*, bei dem die Definition beginnt.

- Jedes Syntaxdiagramm besitzt einen Namen (Bezeichnung).

- Jedes Syntaxdiagramm besteht aus runden und eckigen Kästchen sowie aus Pfeilen.

- In jedem rechteckigen Kästchen steht die Bezeichnung eines (anderen) Syntaxdiagramms der Menge von Syntaxdiagrammen (ein sogenanntes *Nicht-Terminalsymbol*).

- In jedem runden Kästchen steht ein Wort (*Token*, *Terminalsymbol*) der Sprache.

- Aus jedem Kästchen führt genau ein Pfeil hinaus und genau einer hinein.

- Pfeile dürfen sich aufspalten und zusammengezogen werden.

- Jedes Syntaxdiagramm besitzt genau einen Pfeil, der von keinem Kästchen ausgeht (eintretender Pfeil) und genau einen Pfeil, der zu keinem Kästchen führt (austretender Pfeil).

Token einer Programmiersprache werden durch die Lexikalik der Sprache definiert. Sie stellen die kleinsten zusammenhängenden Grundsymbole einer Sprache, bspw.:

- einfache und zusammengesetzte Symbole (+, <=, (, ...),

- Schlüsselwörter (reservierte Wörter),

- Bezeichner,

- Konstanten.

Trennzeichen (Zeichen für die Trennung von Token), wie Leerzeichen, Tabulatoren oder Zeilenumbrüche sowie Kommentare, werden im Allgemeinen nicht in den Syntaxdiagrammen berücksichtigt.

Mit Hilfe von Syntaxdiagrammen kann festgestellt werden, ob eine bestimmte Zeichenfolge (ein Programm) syntaktisch korrekt ist. Dazu fängt man bei dem eintretenden Pfeil des übergeordneten Syntaxdiagramm an und verfolgt die Pfeile. Erreicht man ein rundes Kästchen, so muss das entsprechende Token als nächstes in der Zeichenfolge auftreten. Erreicht man ein eckiges Kästchen, springt man in das entsprechend bezeichnete Syntaxdiagramm. Existieren alternative Wege, so wählt man den entsprechenden aus. Gibt es keinen Weg durch die Syntaxdiagramme, so ist das Programm syntaktisch nicht korrekt. Nach der Abarbeitung der Zeichenfolge muss der austretende Pfeil des übergeordneten Syntaxdiagramms erreicht worden sein. Sonst ist das Programm ebenfalls nicht syntaktisch korrekt.

Das Prinzip, nach dem Syntaxdiagramme arbeiten, lässt sich durch eine Analogie veranschaulichen: In einem Zoo gibt es eine Menge von Gehegen mit verschiedenen Tieren. Die Gehege können durch Besucher auf Wegen erreicht werden. Wegen der großen Besucherzahlen dürfen dabei die Wege jeweils nur in einer Richtung begangen werden. Es existieren Kreuzungen, an denen mehrere Wege eingeschlagen werden können. In Abbildung 2.1 werden anhand eines Syntaxdiagramms (Wegeplan des Zoos) die möglichen Wege durch den Zoo veranschaulicht. Die Gehege stellen dabei die Token dar. Aus Gründen einer besseren Übersichtlichkeit ist der Plan in zwei Teilpläne (Zoo, Säugetiere) aufgeteilt.

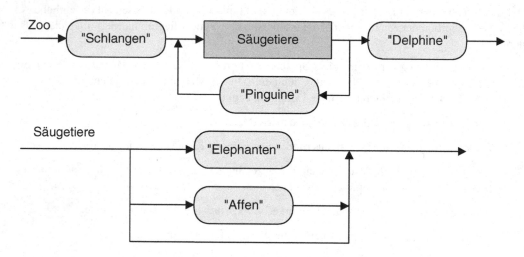

Abbildung 2.1: Wegeplan im Zoo als Syntaxdiagramm

Ein Fotograph möchte nun im Zoo eine Fotoserie erstellen. Dabei muss (!) er jeweils ein Foto schießen, wenn er an einem Gehege vorbei kommt. Er orientiert sich an dem Wegeplan. Offenbar kann er die möglichen Bildsequenzen ermitteln, indem er die möglichen Wege durch den Zoo nachvollzieht. Erreicht er im Plan das eckige Kästchen *Säugetiere*, so zeigt der Teilplan *Säugetiere* den weiteren Weg, bis er diesen wieder verlässt und am Ausgang des eckigen Kästchens *Säugetiere* seinen Weg fortsetzt.

Mögliche Bildsequenzen sind zum Beispiel:

• Schlangen Delphine

• Schlangen Elephanten Pinguine Delphine

- Schlangen Elephanten Pinguine Affen Delphine

- Schlangen Elephanten Pinguine Elephanten Pinguine Delphine

Dahingegen sind folgende Bildsequenzen nicht möglich:

- Elephanten Delphine (weil der Fotograph anfangs auf jeden Fall zuerst am Schlangengehege vorbeikommt)

- Schlangen Pinguine (weil der Fotograph am Ende seines Zoobesuchs auf jeden Fall am Delphingehege vorbeikommt)

- Schlangen Elephanten Affen Delphine (weil der Fotograph zwischen dem Besuch des Elephanten- und Affengeheges auf jeden Fall einmal am Pinguingehege vorbeigehen muss)

- Schlangen Pinguine Schlangen Delphine (weil der Fotograph nur am Anfang seines Zoobesuchs am Schlangengehege vorbeikommt)

2.3.2 Backus-Naur-Form

Bei der Backus-Naur-Form (BNF) handelt es sich um eine textuelle Beschreibungsform für die Syntax von Programmiersprachen. Das Äquivalent zu einem einzelnen Syntaxdiagramm wird hier *Produktion* oder *BNF-Regel* genannt. Produktionen besitzen eine linke und eine rechte Seite, die durch das Metazeichen ::= getrennt sind. Auf der linken Seite stehen jeweils einzelne Nicht-Terminalsymbole, die immer in spitze Klammern gesetzt werden. Die rechte Seite enthält Folgen von Terminalsymbolen, Nicht-Terminalsymbolen und dem Meta-Symbol |. Terminalsymbole werden in Hochkommata gesetzt. Das Meta-Symbol | bedeutet „oder" und entspricht einem sich aufspaltendem Pfeil in den Syntaxdiagrammen. Das „e" (bzw. Epsilon) steht für einen leeren Weg.

Das Zoo-Beispiel aus Abbildung 2.1 wird in der BNF folgendermaßen formuliert:

```
    <Zoo>                   ::= "Schlangen" <Säugetiere-und-mehr>

    <Säugetiere-und-mehr>   ::= <Säugetiere>
                                "Pinguine"
                                <Säugetiere-und-mehr>
                                |
                                <Säugetiere> "Delphine"

    <Säugetiere>            ::= "Elefanten" |
                                "Affen" |
                                e
```

Im Laufe der Zeit sind einige Abkürzungsmöglichkeiten entwickelt worden, die zu besser lesbaren Produktionen führen:

- [...] bedeutet: Symbole oder Symbolfolgen innerhalb der Klammern können auch weggelassen werden.

- {...} bedeutet: Symbole oder Symbolfolgen innerhalb der Klammern können beliebig oft wiederholt oder auch ganz weggelassen werden.

- (... | ...) bedeutet: Genau ein alternatives Symbol oder eine alternative Symbolfolge inner-
  halb der Klammern muss auftreten.

Das Zoo-Beispiel kann damit folgendermaßen formuliert werden:

```
<Zoo>          ::= "Schlangen"
                   <Säugetiere>
                   {"Pinguine" <Säugetiere>}
                   "Delphine"

<Säugetiere>   ::= ("Elefanten" |
                    "Affen" |
                    e
                   )
```

Kapitel 3
Programmentwicklung

Die Entwicklung von Computerprogrammen kann in mehrere Phasen unterteilt werden. Diese Phasen sowie zur Erstellung von Computerprogrammen benötigte Hilfsmittel (Werkzeuge) werden in diesem Kapitel vorgestellt.

3.1 Entwicklungsphasen

Ziel der Programmierung ist die Entwicklung von Programmen, die gegebene Probleme korrekt und vollständig lösen. Ausgangspunkt der Programmentwicklung ist also ein gegebenes Problem, Endpunkt ist ein ausführbares Programm, das korrekte Ergebnisse liefert. Den Weg vom Problem zum Programm bezeichnet man auch als *Problemlöse-* oder *Programmentwicklungsprozess* oder kurz *Programmierung*. Im Rahmen dieses Kurses werden nur relativ kleine Probleme behandelt. Für diese kann der Problemlöseprozess, der in Abbildung 3.1 skizziert wird, in mehrere Phasen zerlegt werden. Verfahren für die Bearbeitung komplexer Probleme sind Gegenstand des Softwareengineering, einem eigenständigen Teilgebiet der Informatik, auf das hier nicht näher eingegangen wird. Die im Folgenden erläuterten Phasen werden in der Regel nicht streng sequentiell durchlaufen. Durch neue Erkenntnisse, aufgetretene Probleme und Fehler wird es immer wieder zu Rücksprüngen in frühere Phasen kommen.

3.1.1 Analyse

In der Analysephase wird das zu lösende Problem bzw. das Umfeld des Problems genauer untersucht. Insbesondere folgende Fragestellungen sollten bei der Analyse ins Auge gefasst und auch mit anderen Personen diskutiert werden:

- Ist die Problemstellung exakt und vollständig beschrieben?
- Was sind mögliche Initialzustände bzw. Eingabewerte (Parameter) für das Problem?
- Welches Ergebnis wird genau erwartet, wie sehen der gewünschte Endzustand bzw. die gesuchten Ausgabewerte aus?
- Gibt es Randbedingungen, Spezialfälle bzw. bestimmte Zwänge (Constraints), die zu berücksichtigen sind?
- Lassen sich Beziehungen zwischen Initial- und Endzuständen bzw. Eingabe- und Ausgabewerten herleiten?

Erst wenn alle diese Fragestellungen gelöst und eine exakte Problembeschreibung vorliegt, sollte in die nächste Phase verzweigt werden. Es hat sich gezeigt, dass Fehler, die aus einer nicht ordentlich

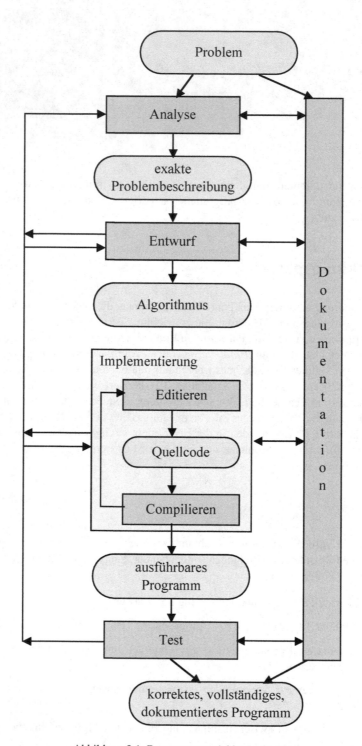

Abbildung 3.1: Programmentwicklungsphasen

durchgeführten Analyse herrühren, zu einem immensen zusätzlichen Arbeitsaufwand in späteren Phasen führen können. Deshalb sollte insbesondere in dieser Phase mit größter Sorgfalt gearbeitet werden.

3.1.2 Entwurf

Nachdem die Problemstellung präzisiert und verstanden worden ist, muss in der Entwurfsphase ein Algorithmus zum Lösen des Problems entworfen werden. Der Entwurfsprozess kann im Allgemeinen nicht mechanisch durchgeführt werden, vor allen Dingen ist er nicht automatisierbar. Vielmehr kann man ihn als einen kreativen Prozess bezeichnen, bei dem Auffassungsgabe, Intelligenz und vor allem Erfahrung des Programmierers eine wichtige Rolle spielen. Diese Erfahrung kann insbesondere durch fleißiges Üben erworben werden.

Trotzdem können die folgenden Ratschläge beim Entwurf eines Algorithmus nützlich sein:

- Sie sollten sich nach bereits existierenden Lösungen für vergleichbare Probleme erkundigen und diese nutzen.

- Sie sollten sich nach allgemeineren Problemen umschauen, und überprüfen, ob Ihr Problem als Spezialfall des allgemeinen Problems behandelt werden kann.

- Sie sollten versuchen, das Problem in einfachere Teilprobleme aufzuteilen. Wenn eine Aufteilung möglich ist, sollten Sie den hier skizzierten Programmentwicklungsprozess zunächst für die einzelnen Teilprobleme anwenden und anschließend die Lösungen der einzelnen Teilprobleme zu einer Lösung für das Gesamtproblem zusammensetzen.

3.1.3 Implementierung

Der Entwurf eines Algorithmus sollte unabhängig von einer konkreten Programmiersprache erfolgen. Die anschließende Überführung des Algorithmus in ein in einer Programmiersprache verfasstes Programm wird als *Implementierung* bezeichnet. Anders als der Entwurf eines Algorithmus ist die Implementierung in der Regel ein eher mechanischer Prozess.

Die Implementierungsphase besteht selbst wieder aus zwei Teilphasen:

- Editieren: Zunächst wird der Programmcode mit Hilfe eines Editors eingegeben und in einer Datei dauerhaft abgespeichert.

- Compilieren: Anschließend wird der Programmcode mit Hilfe eines Compilers auf syntaktische Korrektheit überprüft und – falls keine Fehler vorhanden sind – in eine ausführbare Form (ausführbares Programm) überführt. Liefert der Compiler eine Fehlermeldung, so muss in die Editierphase zurückgesprungen werden.

Ist die Compilation erfolgreich, kann das erzeugte Programm ausgeführt werden. Je nach Sprache und Compiler ist die Ausführung entweder mit Hilfe des Betriebssystems durch den Rechner selbst oder aber durch die Benutzung eines Interpreters möglich.

3.1.4 Test

In der Testphase muss überprüft werden, ob das entwickelte Programm die Problemstellung korrekt und vollständig löst. Dazu wird das Programm mit verschiedenen Initialzuständen bzw. Eingabewerten ausgeführt und überprüft, ob es die erwarteten Ergebnisse liefert. Man kann eigentlich immer davon ausgehen, dass Programme nicht auf Anhieb korrekt sind, was zum einen an der hohen Komplexität des Programmentwicklungsprozesses und zum anderen an der hohen Präzision liegt, die die Formulierung von Programmen erfordert. Insbesondere die Einbeziehung von Randbedingungen wird von Programmieranfängern häufig vernachlässigt, sodass das Programm im Normalfall zwar korrekte Ergebnisse liefert, in Ausnahmefällen jedoch versagt.

Genauso wie der Algorithmusentwurf ist auch das Testen eine kreative Tätigkeit, die viel Erfahrung voraussetzt und darüber hinaus ausgesprochen zeitaufwendig ist. Im Durchschnitt werden ca. 40 % der Programmentwicklungszeit zum Testen und Korrigieren verwendet.

Auch durch noch so systematisches Testen ist es in der Regel nicht möglich, die Abwesenheit von Fehlern zu beweisen. Es kann nur die Existenz von Fehlern nachgewiesen werden. Aus der Korrektheit des Programms für bestimmte überprüfte Initialzustände bzw. Eingabewerte kann nicht auf die Korrektheit für alle möglichen Initialzustände bzw. Eingabewerte geschlossen werden.

Im Folgenden werden ein paar Teststrategien vorgestellt:

- Das Testen sollte aus psychologischen Gründen möglichst nicht nur vom Programmierer selbst bzw. allein durchgeführt werden. Häufig werten Programmierer das Entdecken von Fehlern als persönlichen Misserfolg und sind daher gar nicht daran interessiert, Fehler zu finden. Sie lassen daher die erforderliche Sorgfalt vermissen.

- Konstruieren Sie sogenannte *Testmengen*, das sind Mengen von möglichen Initialzuständen bzw. Eingabewerten für das Programm. Die Testmengen sollten dabei typische und untypische Initialzustände bzw. Eingabewerte enthalten. Auf jeden Fall müssen Grenzwerte berücksichtigt werden, das sind Werte, die gerade noch als Eingabewerte zugelassen sind, wie bspw. der kleinst- oder größtmögliche Wert bei Zahlen oder der leere Text bei Texteingaben.

- Überlegen Sie sich vor der Durchführung eines Testlaufs des Programms genau, welche Ergebnisse Sie erwarten.

- Überprüfen Sie nicht nur, ob das Programm das tut, was es soll, sondern auch, ob es etwas tut, was es nicht soll.

- Gehen Sie nach dem Finden und Korrigieren eines Fehlers nie davon aus, dass nun alle Fehler beseitigt sind.

- Wenn Sie einen Fehler gefunden und beseitigt haben, müssen alle vorherigen Testläufe nochmal wiederholt werden, um sich zu vergewissern, dass sich durch die Korrektur nicht neue Fehler ins Programm geschlichen haben.

Es werden drei Klassen von Fehlern, die im Programmentwicklungsprozess auftreten können, unterschieden: syntaktische, logische und sogenannte *Laufzeitfehler*. Syntaktische Fehler werden bereits in der Implementierungsphase durch den Compiler entdeckt und sind in der Testphase nicht mehr von Interesse. Während bei logischen Fehlern das Programm normal durchläuft aber falsche Ergebnisse liefert, äußert sich ein Laufzeitfehler dadurch, dass die Ausführung des Programms abgebrochen und in der Regel durch das Laufzeitsystem eine Fehlermeldung ausgegeben wird. Klassisches Beispiel eines Laufzeitfehlers ist die Division durch den Wert Null. Laufzeitfehler können nicht bereits durch den Compiler festgestellt werden.

3.1.5 Dokumentation

Parallel zu den eigentlichen Programmentwicklungsphasen sollten alle Ergebnisse dokumentiert, d.h. schriftlich festgehalten werden. Die Dokumentation besteht also aus einer exakten Problemstellung, einer verständlichen Beschreibung der generellen Lösungsidee und des entwickelten Algorithmus, dem Programmcode sowie einer Erläuterung der gewählten Testszenarien und Protokollen der durchgeführten Testläufe. Außerdem sollten weitergehende Erkenntnisse, wie aufgetretene Probleme oder alternative Lösungsansätze, in die Dokumentation aufgenommen werden.

Die Dokumentation dient dazu, dass andere Personen bzw. der Programmierer selbst auch zu späteren Zeitpunkten das Programm noch verstehen bzw. den Programmentwicklungsprozess nachvollziehen können, um bspw. mögliche Erweiterungen oder Anpassungen vornehmen oder die Lösung bei der Bearbeitung vergleichbarer Probleme wiederverwenden zu können.

3.2 Entwicklungswerkzeuge

Zur Unterstützung der Programmentwicklung und -ausführung werden eine Menge von Hilfsprogrammen eingesetzt. Diese werden auch zusammengefasst als *Programmentwicklungswerkzeuge* bezeichnet. Im Folgenden werden die im Rahmen dieses Kurses benötigten Werkzeuge vorgestellt:

- Editore dienen zum Erstellen bzw. Ändern des Programmcodes.

- Compiler oder Übersetzer sind Dienstprogramme, die den Programmcode auf syntaktische Korrektheit überprüfen und in eine andere (Programmier-)Sprache bzw. Codierung transformieren. Das zu übersetzende Programm wird dabei *Quellprogramm* und das generierte Programm *Zielprogramm* genannt. Beim Zielprogramm handelt es sich im Allgemeinen um ein ausführbares Programm.

- Interpreter übersetzen Quellprogramme nicht erst ganzheitlich in anschließend ausführbare Zielprogramme, sondern untersuchen den Programmcode Anweisung für Anweisung auf syntaktische Korrektheit und führen die Anweisung anschließend direkt aus. Der Vorteil von Interpretern gegenüber Compilern ist, dass noch während der Ausführung Programmteile geändert werden können, wodurch das Testen wesentlich erleichtert wird. Der Nachteil ist jedoch die langsamere Ausführungszeit.

- Debugger werden in der Testphase eingesetzt. Sie unterstützen das Erkennen, Lokalisieren und Beseitigen von Fehlern. Der Debugger verfolgt schrittweise die Ausführung des Programms und erlaubt eine jederzeitige Unterbrechung des Programmablaufs durch den Tester. Bei einer Unterbrechung kann sich der Tester genauestens über den aktuellen Zustand des Programms informieren und ihn gegebenenfalls manipulieren.

- Dokumentationshilfen sind Programme, die den Programmierer bei der Erstellung der Dokumentation unterstützen. Häufig analysieren sie den Programmcode und stellen bestimmte Programmteile nach unterschiedlichen Kriterien übersichtlich gegliedert dar.

- Das Laufzeitsystem einer Programmiersprache wird durch eine Menge von Hilfsprogrammen gebildet, die automatisch zum übersetzten Programm hinzugebunden werden. Ein Laufzeitsystem ist insbesondere bei höheren Programmiersprachen notwendig, weil bestimmte Sprachelemente bei der Übersetzung nicht direkt in die Maschinensprache transformiert werden können. Stattdessen wird vom übersetzten Programm dann das entsprechende Hilfsprogramm aufgerufen. Auch die Behandlung von Laufzeitfehlern bspw. durch geeignete Fehlermeldungen bei der Programmausführung liegt im Zuständigkeitsbereich des Laufzeitsystems.

- Programmbibliotheken bilden Sammlungen von Programmen bzw. Teilprogrammen, die direkt aus dem Programmcode des zu erstellenden Programms aufgerufen werden können, ohne sie neu implementieren zu müssen. Sie enthalten implementierte Algorithmen, die bereits von (anderen) Programmierern entwickelt und zur Verfügung gestellt wurden.

Weitere Dienstprogramme des Betriebssystems, die in der Regel an der Ausführung bzw. der Vorbereitung der Ausführung eines Programms involviert sind, die jedoch selten vom Programmierer selbst aufgerufen werden müssen, sind der Binder und der Lader. Dem Binder kommt die Aufgabe zu, das Programm mit bereits vorübersetzten Programmen, die im Programmcode aufgerufen werden – wie bspw. das Laufzeitsystem – zu einer Einheit zusammenzufassen. Der Lader sorgt beim Aufruf eines ausführbaren Programms für dessen korrekten Transport in den Hauptspeicher.

Kapitel 4
Computer

Der Computer ist das Gerät, auf dem Sie Ihre Programme sowohl entwickeln als auch ausführen. In diesem Kapitel wird zunächst der physikalische Aufbau eines Computers erläutert. Anschließend wird kurz seine generelle Arbeitsweise skizziert. Von besonderer Bedeutung für die Programmierung ist der Speicher eines Computers, in dem Ihre Programme aufbewahrt werden. Dieser wird etwas detaillierter beschrieben, bevor zum Schluss einige Komponenten vorgestellt werden, die für die Eingabe und Verwaltung Ihrer Programme von Bedeutung sind.

4.1 Aufbau eines Computers

Computer – auch *Rechner* genannt – sind universell verwendbare Geräte zur automatischen Verarbeitung von Daten. Der Begriff *Computer* leitet sich aus dem Lateinischen „computare" ab, was übersetzt „berechnen" bedeutet. Computer können jedoch nicht nur zum Rechnen eingesetzt werden, sondern eignen sich auch zur Erledigung bzw. Unterstützung anderer Aufgaben und Tätigkeiten, wie zur Textverarbeitung, Bilderkennung, Maschinensteuerung und vielem mehr. Computersysteme setzen sich zusammen aus physikalischen Geräten (*Hardware*) sowie Programmen, die auf der Hardware ausgeführt werden (*Software*) (siehe auch Abbildung 4.1).

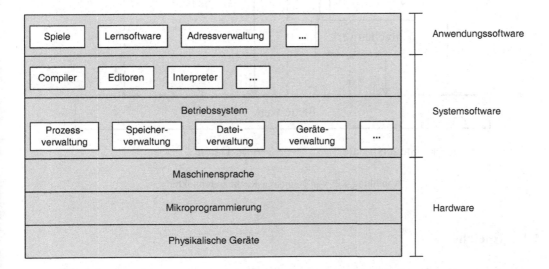

Abbildung 4.1: Aufbau eines Computers

Zur Hardware gehören dabei der Computer an sich – auch *Zentraleinheit* genannt – sowie periphere Geräte zur Dateneingabe (Tastatur, Maus, Scanner, ...), Datenausgabe (Bildschirm, Drucker, ...) und dauerhaften Datenspeicherung (Magnetplattenspeicher, Diskettenlaufwerke, CD-ROM-Laufwerke, ...).

Bei der Software wird unterschieden zwischen der *System-* und *Anwendungssoftware*. Programme, die zur Steuerung und Verwaltung des Computers notwendig sind oder häufig erforderliche Dienstleistungen erbringen, wie Compiler oder Editoren, gehören zur Systemsoftware, auch *Betriebssystem* genannt, während Programme zur Lösung spezieller Benutzerprobleme, wie sie bspw. im Rahmen dieses Kurses erstellt werden, zur Anwendungssoftware gezählt werden.

Computer sind nicht alle identisch aufgebaut. Fast allen liegt jedoch die sogenannte *Von-Neumann-Rechnerarchitektur* zugrunde. Sie basiert auf einem Vorschlag von John von Neumann aus dem Jahre 1946. Nach diesem Vorschlag, der sich am biologischen Vorbild der menschlichen Informationsverarbeitung orientiert, bestehen Computer aus fünf Funktionseinheiten:

- Steuerwerk
- Rechenwerk
- Speicher
- Eingabewerk
- Ausgabewerk

Die Funktionseinheiten sind dabei miteinander verbunden. Ihr Zusammenspiel wird in Abbildung 4.2 erläutert.

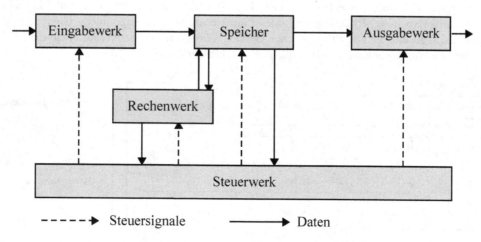

Abbildung 4.2: Von-Neumann-Rechnerarchitektur

4.1.1 Speicher

Der Speicher – auch Hauptspeicher genannt – ist die Rechnerkomponente zum Aufbewahren von auszuführenden Programmen und Daten, die bei der Ausführung benötigt bzw. berechnet werden. Speicher setzen sich aus vielen einzelnen Speicherelementen zusammen, die jeweils in der Lage sind, verschiedene Zustände anzunehmen. Heute werden fast ausschließlich sogenannte binäre Speicher mit zwei Zuständen 1 und 0 (Strom, kein Strom) eingesetzt. Ein Speicherelement speichert dann genau ein sogenanntes *Bit*. Um im Speicher abgelegt werden zu können, müssen Ihre Computerprogramme und die anfallenden Daten immer in eine Folge von Nullen und Einsen übersetzt werden. Darum müssen Sie sich jedoch nicht selbst kümmern. Diese Aufgabe übernehmen bereitgestellte Hilfsprogramme für Sie.

Der Ort im Speicher, an dem ein bestimmtes Datum abgelegt wird, wird seine *Adresse* genannt. Den Vorgang, den genauen Speicherplatz eines Datums zu finden und den Wert des gespeicherten Datums abzufragen oder zu verändern, wird als *Zugriff* bezeichnet. Abschnitt 4.4 enthält weitere Informationen zum Speicher eines Computers.

4.1.2 Rechenwerk

Das Rechenwerk ist die Rechnerkomponente zum Ausführen von Operationen auf Daten. Dabei werden arithmetische und logische (boolesche) Operationen unterstützt. Arithmetische Operationen sind bspw. die Addition und Subtraktion von Zahlen. Logische Operationen, wie die Konjunktion, die Disjunktion und die Negation, werden in Kapitel 5 genauer behandelt.

Das Rechenwerk besitzt verschiedene Einheiten – sogenannte *Register* – zum Zwischenspeichern der Operanden.

4.1.3 Eingabe- und Ausgabewerk

Eingabe- und Ausgabewerk bilden die Schnittstelle des Computers nach außen. Das Eingabewerk ist für die Eingabe von Daten bspw. über die Tastatur oder die Maus zuständig. Das Ausgabewerk steuert die Ausgabe von Daten bspw. auf den Bildschirm oder den Drucker. Über die Eingabe- und Ausgabewerke wird auch der Zugriff auf den Hintergrundspeicher geregelt, auf dem der Programmcode und die ausführbaren Programme dauerhaft gespeichert werden.

4.1.4 Steuerwerk

Das Steuerwerk kann als das „Herz" eines Computers bezeichnet werden. Es ist für die Gesamtsteuerung, d.h. die Koordination der anderen Komponenten zuständig. So teilt es bspw. dem Eingabewerk mit, an welche Adresse im Speicher bestimmte Eingabedaten ablegt werden sollen, und informiert das Ausgabewerk darüber, bei welcher Adresse auszugebende Daten im Speicher zu finden sind.

Die Hauptaufgabe des Steuerwerks besteht in der Bearbeitung von Befehlen (Anweisungen) des auszuführenden Programms. Es holt dazu den aktuell zu bearbeitenden Befehl aus dem Speicher und interpretiert ihn. Handelt es sich bspw. um einen Additionsbefehl, dann organisiert das Steuerwerk zunächst das Laden der zwei Operanden aus dem Speicher in die Register des Rechenwerks. Anschließend teilt es dem Rechenwerk den Befehl mit und sorgt schließlich dafür, dass das berechnete Ergebnis an einer geeigneten Stelle im Speicher abgelegt wird.

Steuerwerk und Rechenwerk werden auch unter der Bezeichnung *Prozessor* zusammengefasst.

4.2 Von-Neumann-Prinzipien der Rechnerarchitektur

Die wesentlichen Prinzipien der klassischen Von-Neumann-Rechnerarchitektur lassen sich in folgenden acht Punkten zusammenfassen:

- Ein Computer besteht aus fünf Funktionseinheiten: dem Steuerwerk, dem Rechenwerk, dem Speicher, dem Eingabewerk und dem Ausgabewerk.

- Die Struktur der Von-Neumann-Rechner ist unabhängig von den zu bearbeitenden Problemen. Zur Lösung eines Problems muss das Programm eingegeben und im Speicher abgelegt werden. Ohne Programme ist der Rechner nicht arbeitsfähig.

- Programme, Daten, Zwischen- und Endergebnisse werden im selben Speicher abgelegt.

- Der Speicher ist in gleich große Zellen unterteilt, die fortlaufend durchnummeriert sind. Über die Nummer (Adresse) einer Speicherzelle kann deren Inhalt gelesen oder verändert werden.

- Aufeinanderfolgende Befehle oder Anweisungen eines Programms werden in aufeinander folgende Speicherzellen abgelegt. Befehle werden vom Steuerwerk angesprochen. Das Ansprechen des nächsten Befehls geschieht vom Steuerwerk aus durch Erhöhen der Befehlsadresse um Eins.

- Durch Sprungbefehle kann von der Bearbeitung der Befehle in der gespeicherten Reihenfolge abgewichen werden.

- Es existieren arithmetische Befehle, wie Addition und Multiplikation, logische Befehle, wie Vergleiche, Negation und Konjunktion, Transportbefehle z.B. zum Transportieren von Daten aus dem Speicher in das Rechenwerk, bedingte Sprünge sowie weitere Befehle, wie Schiebeoperationen oder Ein-/Ausgabebefehle.

- Alle Daten (Befehle, Adressen) werden binär codiert. Geeignete Schaltwerke im Steuerwerk und an anderen Stellen sorgen für die richtige Entschlüsselung (Decodierung).

4.3 Arbeitsweise eines Computers

Vereinfacht dargestellt arbeitet ein Computer nach dem in Abbildung 4.3 (oben) skizzierten Prinzip.

Zunächst muss ihm in Form eines Programms eine Arbeitsanleitung zum Bearbeiten der zu erledigenden Aufgabe übergeben werden. Der Computer führt dann dieses Programm aus. Dabei fordert er im Allgemeinen bestimmte Eingabewerte, wie Zahlen oder Wörter, an, die er gemäß der Anleitung in Ausgabewerte umwandelt. Abbildung 4.3 enthält im unteren Teil ein konkretes Beispiel, das die Arbeitsweise eines Computers demonstriert.

4.4 Speicher

Bereits in Abschnitt 4.1.1 haben wir den Hauptspeicher eines Computers kennengelernt. In ihm werden die gerade auszuführenden Programme bzw. Programmteile sowie die benötigten Daten gespeichert.

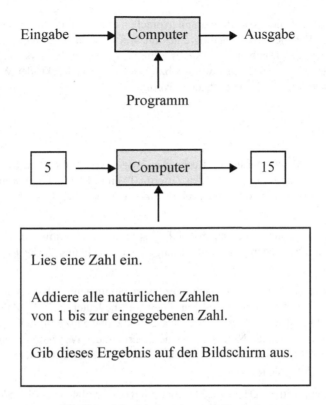

Abbildung 4.3: Arbeitsweise eines Computers

Der Hauptspeicher eines Computers muss in der Regel vom Prozessor sehr schnell zugreifbar sein und ist dementsprechend verhältnismäßig teuer. Zum langfristigen Speichern größer Datenmengen, die gerade nicht benötigt werden, können langsamere und billigere Speicher, wie Magnetplatten-speicher, häufig auch als *Festplatte* bezeichnet, verwendet werden. Erst bei Bedarf werden die Daten aus diesem sogenannten *Hintergrundspeicher* in den Hauptspeicher geladen.

4.4.1 Zeichendarstellung im Speicher

Der Speicher eines Rechners besteht aus vielen einzelnen *Speicherelementen*. Jedes Speicherelement ist dabei in der Lage, einen von zwei erlaubten Zuständen anzunehmen; es repräsentiert ein *Bit*, die kleinste Darstellungseinheit für Daten in der binären Zahlendarstellung. Man kennzeichnet die beiden Zustände mit den Zeichen „0" und „1".

Im Allgemeinen greift man nicht auf ein einzelnes Speicherelement, sondern auf eine *Speicherzelle* zu. Speicherzellen fassen dabei 8 einzelne Speicherelemente zusammen und repräsentieren ein so-genanntes *Byte*, also 8 Bit. Die Zusammenfassung mehrerer Speicherzellen (4 oder 8) wird auch als *Speicherwort* bezeichnet.

Speicherelemente, -zellen und -wörter werden zum (dauerhaften) Abspeichern von Werten benutzt. Ein Speicherelement kann demnach $2^1 = 2$ verschiedene Werte abspeichern, eine Speicherzelle $2^8 = 256$ und ein Speicherwort 2^{32} oder 2^{64} Werte.

Sogenannte int-Variablen[1] dienen in Programmiersprachen zum Aufbewahren ganzzahliger Werte, wie -4, 0 oder 1023. Für die Abspeicherung eines int-Wertes wird im Allgemeinen ein Wort mit 4 Speicherzellen reserviert. Das bedeutet also, es können insgesamt 2^{32} verschiedene ganzzahlige Werte in einer int-Variablen gespeichert werden bzw. anders ausgedrückt, der Wertebereich einer int-Variablen ist beschränkt auf 2^{32} verschiedene Werte.

4.4.2 Dualsystem

Werte müssen also zur Abspeicherung im Rechner in Folgen von Nullen und Einsen umgerechnet werden. Das Zahlensystem, das nur die beiden Ziffern „0" und „1" kennt, nennt man auch das *Dualsystem*. Wir rechnen normalerweise im *Dezimalsystem*; dieses kennt die Ziffern „0", „1", „2", ... „9".

Stellen Sie sich vor, Sie wollen eine Dezimalzahl – bspw. die „23" – im Rechner, genauer gesagt in einer int-Variablen, abspeichern. Wie erfolgt nun eine Umrechnung dieser Dezimalzahl in eine 32-stellige Dualzahl?

Es existieren verschiedene Codierungsverfahren. Bei dem gängigsten wird das erste der 32 Bits einer int-Variablen genutzt, um das Vorzeichen darzustellen: „1" bedeutet, dass die Zahl negativ ist; „0" bedeutet, dass die Zahl positiv ist. Somit können also 2^{31} negative ganzzahlige Werte und $2^{31} - 1$ positive ganzzahlige Werte sowie die Null abgespeichert werden; der Wertebereich einer int-Variablen umfasst alle Ganzen Zahlen zwischen -2^{31} und $2^{31} - 1$. Größere bzw. kleinere ganzzahlige Werte können nicht dargestellt werden.

Die Umrechnung einer positiven Dezimalzahl in eine Dualzahl erfolgt nach folgendem Schema: Man dividiert die umzurechnende Dezimalzahl ganzzahlig fortlaufend durch 2 bis die 0 erreicht wird und merkt sich jeweils den Rest der Division. Die Dualzahl ergibt sich anschließend durch das Lesen der Reste in umgekehrter Reihenfolge. Beispiel:

```
23 : 2 = 11 R 1
11 : 2 =  5 R 1
 5 : 2 =  2 R 1
 2 : 2 =  1 R 0
 1 : 2 =  0 R 1
```

D.h. die Dezimalzahl „23" wird im Dualsystem durch die Ziffernfolge „10111" dargestellt. Bei der Abspeicherung dieser Zahl in einer int-Variablen werden diesen fünf Ziffern 27 Nullen vorangestellt.

Zur Umrechnung einer negativen Ganzen Zahl ins Dualsystem gehen Sie folgendermaßen vor: Rechnen Sie zunächst die entsprechende positive Ganze Zahl wie oben beschrieben in eine Dualzahl um, kehren Sie dann alle Ziffern um (aus „0" wird „1" und aus „1" wird „0") und addieren Sie den Wert 1. Die Addition von Dualzahlen funktioniert dabei genauso wie die Addition von Dezimalzahlen, nur dass Sie lediglich 2 Ziffern zur Verfügung haben, sodass es viel schneller zu einem Übertrag kommt; „1" + „1" im Dualsystem ergibt also „10". Beispiel:

```
 23 = 00..0010111
-23 = 11..1101000 + 1 = 1..101001
```

---

[1] int-Variablen werden im Hamster-Modell in Kapitel 14.3 eingeführt.

Ein bei der Programmierung zu beachtender Effekt tritt auf, wenn zum Wert $2^{31} - 1$ (2147483647), also dem größten in einer int-Variablen darzustellenden Wert, der Wert 1 addiert werden soll.

```
    0111..111        2147483647
  + 0000..001      +          1
  - - - - - - - - -    - - - - - - - - - -
    1000..000       -2147483648
```

Wie Sie sehen, kippt hierbei das erste Bit um, das das Vorzeichen der Zahl bestimmt. Und in der Tat ergibt sich bei dieser Addition der Wert -2^{31} (-2147483648). Das bedeutet: Das Verlassen des Wertebereichs an einer Seite führt zum Eintreten in den Wertebereich an der anderen Seite.

4.4.3 Stack und Heap

Wird ein Programm aufgerufen, so wird – vereinfacht ausgedrückt – vom Betriebssystem ein Speicherblock des Hauptspeichers freigegeben, in dem das Programm laufen kann. Dieser *Laufzeitspeicher* besteht typischerweise aus vier Bereichen (siehe Abbildung 4.4). Im ersten Bereich wird der Programmcode selbst abgelegt, der zweite Bereich enthält statische Daten, wie globale Variablen des Programms. Die Größen dieser beiden Bereiche lassen sich bereits zur Compilierzeit ermitteln. Der dritte und vierte Bereich des Laufzeitspeichers sind variabel groß, die Summe der beiden Größen ist jedoch in der Regel konstant. Den dritten Bereich nennt man *Stack* und den vierten Bereich *Heap*.

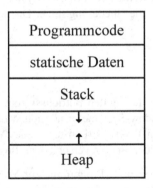

Abbildung 4.4: Laufzeitspeicher

Der Stack wird für die Verwaltung von Prozedur- und Funktionsaufrufen[2] benutzt. Wird eine Funktion aufgerufen, dann wird die Ausführung der gerade aktiven Funktion unterbrochen und Informationen zum Zustand der Funktion, wie die aktuellen Registerwerte, werden auf dem Stack gespeichert. Wenn die Kontrolle nach Beendigung der aufgerufenen Funktion zurückkehrt, wird mit Hilfe der abgespeicherten Informationen der alte Zustand wiederhergestellt. Auch lokale Variablen von Funktionen werden auf dem Stack gespeichert.

Viele Programmiersprachen erlauben die Zuweisung von Speicherplatz für Daten unter Programmkontrolle; der Speicherplatz für diese Daten wird vom Heap genommen.

---

[2]Prozeduren werden im Hamster-Modell in Kapitel 8 eingeführt.

4.5 Betriebssystem

Als *Betriebssystem* oder Systemsoftware wird die Menge aller Programme eines Computersystems bezeichnet, die Routineaufgaben bewältigt und bestimmte zum Betrieb eines Rechners notwendige Verwaltungsaufgaben übernimmt. Zu diesen konkreten Aufgaben eines Betriebssystems gehören bspw. die Speicherverwaltung, die Prozessorverwaltung, die Geräteverwaltung, Sicherungsmaßnahmen und Zugriffskontrolle sowie die Kommunikation mit anderen Computersystemen. Weiterhin werden auch Compiler und andere Dienstleistungsprogramme, wie Editore, Binder und Lader, zum Betriebssystem gezählt.

Ein Betriebssystem gehört in der Regel zur Grundausstattung eines Rechners. Es ist jedoch prinzipiell austauschbar. Bekannte Betriebssysteme sind MS-DOS, Windows 98, Windows XP und UNIX.

4.6 Dateien und Verzeichnisse

Dateien sind logische Behälter für Daten. Daten können dabei unterschiedlichen Typs sein (Text, Programme (Quellcode), ausführbare Programme, digitalisierte Bilder und Videos, ...). Dateien werden im Allgemeinen im Hintergrundspeicher dauerhaft gespeichert. Ihre Verwaltung wird durch das Betriebssystem organisiert, das Möglichkeiten zur Manipulation von Dateien zur Verfügung stellt.

Verzeichnisse – auch *Ordner* genannt – sind Hilfsmittel für eine übersichtliche Strukturierung von Dateien. In einem Verzeichnis werden im Allgemeinen logisch zusammengehörende Dateien zusammengefasst. Auch Verzeichnisse werden vom Betriebssystem verwaltet. Sie ermöglichen einem Benutzer in der Regel eine hierarchische Gliederung seiner Dateien.

4.7 Window-System

Window-Systeme werden heutzutage häufig den Betriebssystemen zugeordnet bzw. sind bereits in die Betriebssysteme integriert. Window-Systeme ermöglichen die Aufteilung des Bildschirms in mehrere Rechtecke, die sogenannten *Windows* (Fenster). Jedes Window spiegelt dabei im Prinzip einen eigenen kleinen Bildschirm wider, in dem verschiedene Programme laufen können.

Sogenannte *Window-Manager* sind spezielle Programme zur Verwaltung der Windows. Sie sorgen für eine korrekte Verteilung der Programmausgaben auf die einzelnen Windows und ermöglichen insbesondere das Anlegen, Löschen und Verändern von Windows.

Kapitel 5
Aussagenlogik

Eine wichtige mathematische Grundlage für die Formulierung von Programmen ist die Aussagenlogik. Sie ermöglicht das „Rechnen" mit Wahrheitswerten. Die grundlegenden Aspekte der Aussagenlogik werden in diesem Kapitel erläutert.

5.1 Aussagen

Eine *Aussage* – auch *boolescher Ausdruck* genannt – ist ein Satz, dem unmittelbar und eindeutig einer der Wahrheitswerte wahr (true, T) oder falsch (false, F) zugeordnet werden kann.

Bspw. bildet der Satz „Ein Tisch ist ein Möbelstück" eine wahre Aussage, während es sich bei dem Satz „Geh nach Hause" um keine Aussage handelt, da dem Satz kein Wahrheitswert zugeordnet werden kann.

5.2 Operationen auf Aussagen

Mit Hilfe sogenannter *logischer* oder *boolescher Operatoren* lassen sich die Wahrheitswerte von Aussagen verändern bzw. es lassen sich mehrere Aussagen miteinander verknüpfen. In der Programmierung sind dabei als boolesche Operatoren insbesondere die Negation (logische Verneinung), die Konjunktion (logisches „und") und die Disjunktion (logisches „oder") von Bedeutung.

5.2.1 Negation

Die Negation – im Folgenden durch das Zeichen „!" repräsentiert – ist ein monadischer oder unärer Operator, d.h. sie besitzt nur einen Operanden (eine Aussage). Sie bewirkt eine Veränderung ihres Operanden derart, dass sich sein Wahrheitswert ändert. D.h. gegeben eine Aussage P. Besitzt P den Wahrheitswert T, dann besitzt die Aussage !P den Wahrheitswert F. Und entsprechend, besitzt P den Wahrheitswert F, dann besitzt die Aussage !P den Wahrheitswert T. !P ist selbst wieder eine Aussage, eine sogenannte *zusammengesetzte Aussage*.

5.2.2 Konjunktion

Die Konjunktion – im Folgenden durch die Zeichenfolge „&&" ausgedrückt – ist ein dyadischer oder binärer Operator, d.h. sie benötigt zwei Operanden (Aussagen). Sie verknüpft ihre beiden Operanden derart, dass die konjugierte zusammengesetzte Aussage genau dann den Wahrheitswert T besitzt, wenn beide Operanden den Wahrheitswert T besitzen. Besitzt einer der beiden Operanden – oder auch beide – den Wahrheitswert F, so besitzt auch die konjugierte Aussage den Wahrheitswert F.

5.2.3 Disjunktion

Die Disjunktion – im Folgenden durch die Zeichenfolge „| |" ausgedrückt – ist wie die Konjunktion ein dyadischer Operator. Sie verknüpft ihre beiden Operanden (Aussagen) derart, dass die disjungierte zusammengesetzte Aussage genau dann den Wahrheitswert F besitzt, wenn beide Operanden den Wahrheitswert F besitzen. Besitzt einer der beiden Operanden – oder auch beide – den Wahrheitswert T, so besitzt auch die konjugierte Aussage den Wahrheitswert T.

5.2.4 Wahrheitstafeln

Die Auswirkungen von booleschen Operatoren auf Aussagen können in sogenannten *Wahrheitstafeln* übersichtlich dargestellt werden. Dabei müssen immer alle Kombinationsmöglichkeiten für Wahrheitswerte ins Auge gefasst werden. Abbildung 5.1 enthält die Wahrheitstafeln für die Negation, die Konjunktion und die Disjunktion. Dabei stehen P und Q in der Abbildung als Platzhalter für beliebige Aussagen.

P	! P
T	F
F	T

P	Q	P && Q
T	T	T
T	F	F
F	T	F
F	F	F

P	Q	P || Q
T	T	T
T	F	T
F	T	T
F	F	F

Abbildung 5.1: Wahrheitstafeln für Negation, Konjunktion und Disjunktion

5.3 Syntax von Aussagen

Aus Aussagen können nun wiederum mit Hilfe der Operatoren immer komplexere zusammengesetzte Aussagen gebildet werden, in denen einfache oder zusammengesetzte Aussagen die Operanden bilden. Mit Hilfe von runden Klammern ist eine Schachtelung möglich. In Klammern gesetzte Aussagen werden dabei immer zuerst ausgewertet. Das Syntaxdiagramm in Abbildung 5.2 definiert, wie (komplexe) Aussagen bzw. boolesche Ausdrücke gebildet werden dürfen.

Gegeben seien die einfachen Aussagen P, Q und R. Dann sind bspw. folgende Zeichenfolgen syntaktisch korrekte boolesche Ausdrücke:

- P
- !P
- P && Q
- P || (!Q)

boolescher
Ausdruck

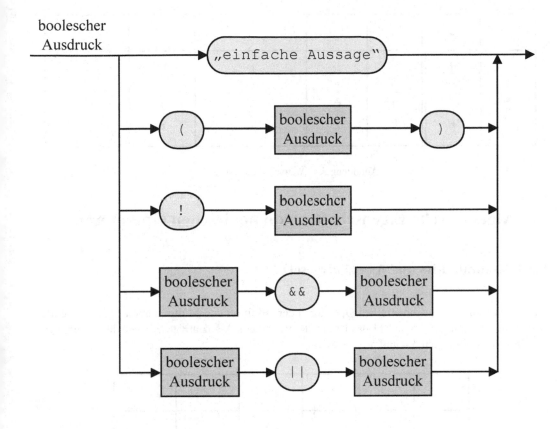

Abbildung 5.2: Syntaxdiagramm für boolesche Ausdrücke

- (P || (!P && Q))

- P || Q || R

- P || !(Q && !R)

5.4 Äquivalenz von Aussagen

Um boolesche Ausdrücke vergleichen zu können, wird der Begriff der *Äquivalenz von booleschen Ausdrücken* eingeführt. Es gilt: Zwei boolesche Ausdrücke sind äquivalent genau dann, wenn sie gleiche Wahrheitstafeln besitzen. Die Äquivalenz zweier boolescher Ausdrücke wird durch das Symbol <=> ausgedrückt. Seien P und Q Aussagen, dann sind bspw. die beiden booleschen Ausdrücke (!P) && (!Q) und !(P || Q) äquivalent, wie die Wahrheitstafel in Abbildung 5.3 beweist.

P	Q	!P	!Q	(!P)&&(!Q)	P||Q	!(P||Q)
T	T	F	F	F	T	F
T	F	F	T	F	T	F
F	T	T	F	F	T	F
F	F	T	T	T	F	T

Abbildung 5.3: Äquivalente Aussagen

5.5 Algebraische Eigenschaften von booleschen Operatoren

5.5.1 Kommutativ- und Assoziativgesetz

Genauso wie bei den arithmetischen Operatoren der Addition und Multiplikation gilt auch bei den booleschen Operatoren && und || das Kommutativ- und das Assoziativgesetz, wie die Wahrheitstafeln in den Abbildungen 5.4 und 5.5 beweisen.

P	Q	P&&Q	Q&&P	P||Q	Q||P
T	T	T	T	T	T
T	F	F	F	T	T
F	T	F	F	T	T
F	F	F	F	F	F

Abbildung 5.4: Kommutativgesetz für boolesche Ausdrücke

5.5.2 Distributivgesetz

Des Weiteren gelten für die beiden Operatoren die folgenden Distributivgesetze (P, Q und R seien Aussagen):

- P && (Q || R) <=> (P && Q) || (P && R)

- P || (Q && R) <=> (P || Q) && (P || R)

Die Gültigkeit dieser Distributivgesetze geht aus den Wahrheitstafeln in Abbildung 5.6 hervor.

P	Q	R	P&&Q	Q&&R	(P&&Q)&&R	P&&(Q&&R)
T	T	T	T	T	T	T
T	T	F	T	F	F	F
T	F	T	F	F	F	F
T	F	F	F	F	F	F
F	T	T	F	T	F	F
F	T	F	F	F	F	F
F	F	T	F	F	F	F
F	F	F	F	F	F	F

P	O	R	P||O	O||R	(P||Q)||R	P||(Q||R)
T	T	T	T	T	T	T
T	T	F	T	T	T	T
T	F	T	T	T	T	T
T	F	F	T	F	T	T
F	T	T	T	T	T	T
F	T	F	T	T	T	T
F	F	T	F	T	T	T
F	F	F	F	F	F	F

Abbildung 5.5: Assoziativgesetz für boolesche Ausdrücke

P	Q	R	Q||R	P&&(Q||R)	P&&Q	P&&R	(P&&Q)||(P&&R)
T	T	T	T	T	T	T	T
T	T	F	T	T	T	F	T
T	F	T	T	T	F	T	T
T	F	F	F	F	F	F	F
F	T	T	T	F	F	F	F
F	T	F	T	F	F	F	F
F	F	T	T	F	F	F	F
F	F	F	F	F	F	F	F

P	Q	R	Q&&R	P||(Q&&R)	P||Q	P||R	(P||Q)&&(P||R)
T	T	T	T	T	T	T	T
T	T	F	F	T	T	T	T
T	F	T	F	T	T	T	T
T	F	F	F	T	T	T	T
F	T	T	T	T	T	T	T
F	T	F	F	F	T	F	F
F	F	T	F	F	F	T	F
F	F	F	F	F	F	F	F

Abbildung 5.6: Distributivgesetze für boolesche Ausdrücke

5.5.3 Priorität

Aus der Schule kennen Sie sicher die Regel „Punkt vor Strichrechnung", die besagt, dass beim Rechnen die Multiplikation und Division eine höhere Priorität besitzen als die Addition und Subtraktion. Eine derartige Regel gibt es auch für die booleschen Operatoren. Der Operator ! besitzt die höchste, der Operator && die zweithöchste und der Operator || die niedrigste Priorität. Prioritäten kann man durch Klammersetzung beeinflussen. Das bedeutet bspw. für die vier Aussagen P, Q, R und S:

- !P && Q <=> (!P) && Q

- P || Q && R <=> P || (Q && R)

- P || Q && !R || S <=> (P || (Q && (!R))) || S

5.5.4 Tautologie und Widerspruch

Ein boolescher Ausdruck, der unabhängig vom Wahrheitswert der einzelnen Operanden immer den Wert T liefert, wird *Tautologie* genannt. Liefert ein boolescher Ausdruck immer den Wert F, so nennt man ihn *Widerspruch*. Wie Abbildung 5.7 zeigt, ist bspw. für eine Aussage P der boolesche Ausdruck P && (!P) ein Widerspruch und P || (!P) ist eine Tautologie.

P	!P	P&&(!P)	P||(!P)
T	F	F	T
F	T	F	T

Abbildung 5.7: Tautologie und Widerspruch

Teil II

Imperative Programmierung

In diesem zweiten Teil des Buches werden die wesentlichen Sprachkonstrukte imperativer Programmiersprachen vorgestellt. Die gewählte Syntax lehnt sich dabei weitgehend an die Syntax der Programmiersprache Java an. Imperative Sprachen sind dadurch gekennzeichnet, dass Programme aus Folgen von Befehlen bestehen. Zu verarbeitende Werte werden in Variablen gespeichert. In den imperativen Programmiersprachen spiegelt sich deutlich die Architektur des Von-Neumann-Rechners wider.

Der Teil *Imperative Programmierung* dieses Buches besteht aus insgesamt 13 Kapiteln. Zunächst werden Sie in Kapitel 6 in die Grundlagen des Hamster-Modells eingeführt. Kapitel 7 stellt die vier Grundbefehle vor, die der Hamster kennt. Des Weiteren wird auf die Zusammenfassung mehrerer Befehle zu Anweisungen und Programmen eingegangen. In Kapitel 8 wird demonstriert, wie Sie mit Hilfe der Definition von Prozeduren eigene Befehle kreieren können. Kapitel 9 beschäftigt sich mit drei Testbefehlen, die der Hamster kennt, und illustriert, wie diese Testbefehle eingesetzt werden können, um aus mehreren Anweisungsalternativen eine auszuwählen, die tatsächlich ausgeführt werden soll. Kapitel 10 stellt die Kontrollstruktur der Wiederholungsanweisung vor und in Kapitel 11 wird mit der Einführung boolescher Funktionen die Möglichkeit der Definition eigener Befehle mittels Prozeduren erweitert um die Möglichkeit, auch eigene Testbefehle definieren zu können. Nachdem in den Kapiteln 6 bis 11 die Grundlagen für die Entwicklung eigener Programme gelegt worden sind, beschäftigt sich Kapitel 12 mit einem Verfahren für eine systematische Entwicklung von Programmen. In Kapitel 13 werden boolesche Variablen eingeführt, in denen der Hamster bestimmte boolesche Werte abspeichern kann. In Kapitel 14 erlernt der Hamster das Zählen bzw. Rechnen. Außerdem wird in diesem Kapitel das Variablenkonzept verallgemeinert. Kapitel 15 verallgemeinert das Konzept der Prozeduren bzw. Funktionen und Kapitel 16 erweitert es um das Parameterkonzept. Kapitel 17 erläutert schließlich das Prinzip der Rekursion. Kapitel 18 beendet den Teil *Imperative Programmierung* mit einem Ausblick auf weitere Bestandteile des Java-Hamster-Modells und weitere Aspekte der Programmierung.

Kennern der imperativen Programmierung wird sicher auffallen, dass die Bildung komplexer Datenstrukturen durch Arrays und Verbunde in Teil II dieses Buches nicht behandelt wird, obwohl Arrays und Verbunde im Grunde genommen Elemente der imperativen Programmierung sind. Grund hierfür ist der, dass in Java Arrays und Verbunde durch objektorientierte Sprachkonstrukte realisiert werden. Deshalb werden sie erst im zweiten Band der Java-Hamster-Bücher behandelt.

Kapitel 6
Grundlagen des
Hamster-Modells

Das Hamster-Modell ist ein didaktisches Modell, das Anfänger beim Erlernen der Programmierung auf spielerische Art und Weise unterstützt. In diesem Kapitel werden die Grundlagen des Hamster-Modells erläutert. Zunächst werden Sinn und Zweck des Hamster-Modells motiviert. Anschließend werden die einzelnen Komponenten des Hamster-Modells sowie der Hamster-Simulator vorgestellt. Danach folgt eine Zusammenstellung der Grundlagen der Hamster-Sprache.

6.1 Motivation

Wozu dient eigentlich das Hamster-Modell? Wieso wurde es entwickelt? Was bringt es Ihnen als Programmieranfänger? Die Antwort auf diese Fragen liefert Ihnen dieser Abschnitt.

6.1.1 Maschinensprachen

Wir haben in Kapitel 4 gelernt, was ein Computer ist und wie er prinzipiell funktioniert. Damit ein Computer arbeitet, müssen wir ihm Befehle mitteilen, die er ausführen kann. Diese Befehle fassen wir in Programmen zusammen. Beim Aufruf ausführbarer Programme führt der Computer die Befehle mit Hilfe des Prozessors in der angegebenen Reihenfolge aus. Anfallende Daten, wie Zwischen- oder Endergebnisse von Berechnungen, legt er dabei im Speicher ab.

Der Befehlssatz eines Computers ist im Allgemeinen nicht besonders umfangreich. Im Wesentlichen kann ein Computer arithmetische und logische Operationen ausführen. Prinzipiell ist es möglich, Programme direkt im Befehlssatz des Computers zu formulieren. Dies ist aber nicht besonders einfach und sehr fehleranfällig. Programme, die direkt den Befehlssatz des Computers benutzen, heißen *Assembler-* oder *Maschinenprogramme*.

6.1.2 Höhere Programmiersprachen

Assembler- und Maschinensprachen orientieren sich sehr stark an den Eigenschaften der Computer. Diese entsprechen jedoch nicht der Art und Weise, wie wir Menschen im Allgemeinen Probleme lösen bzw. Lösungsanweisungen formulieren. Aber das ist ja eigentlich genau der Grund, warum Computer überhaupt existieren: Sie sollen uns Menschen helfen, Probleme zu lösen. Wir stehen hier also vor dem Dilemma, dass auf der einen Seite wir Menschen bestimmte Probleme haben, die gelöst werden sollen, und auf der andere Seite der Computer zwar „bereit ist", diese Probleme zu lösen, wir ihm aber Lösungsvorschriften (also Algorithmen) nicht mitteilen können, weil der Computer ganz anders „denkt" bzw. funktioniert, als wir Menschen es gewohnt sind.

In den Anfängen des Computerzeitalters gab es daher nur wenige Experten, die überhaupt in der Lage waren, mit dem Computer zu arbeiten, die also „seine Sprache" verstanden. Im Laufe der Zeit sind dann sogenannte *höhere Programmiersprachen* entwickelt worden, mit denen versucht wird, die Kluft zwischen der Arbeitsweise der Maschine und der Denkweise des Menschen zu verringern. Höhere Programmiersprachen sind problemorientiert, während Assembler- bzw. Maschinensprachen maschinenorientiert sind. Das bedeutet, mit Hilfe höherer Programmiersprachen können menschliche Ideen und Konzepte zur Lösung von Problemen viel besser als Programme formuliert und dem Computer mitgeteilt werden, als dies mit Maschinensprachen möglich ist.

6.1.3 Compiler

Wie aber „versteht" nun ein Computer Programme, die in einer höheren Programmiersprache formuliert sind? Ganz einfach: Es müssen Dolmetscher her, die die in einer höheren Programmiersprache formulierten Programme in äquivalente Maschinenprogramme übersetzen.

Prinzipiell könnte die Aufgabe des Dolmetschens von Menschen erledigt werden, nämlich von den oben angesprochenen Computerexperten. Das würde das Problem aber auch nicht lösen: Experten sind rar und nicht unmittelbar verfügbar. Von daher sind die Experten sehr schnell auf die Idee gekommen, als Dolmetscher selbst wieder die Computer zu nutzen. Sie haben (in Maschinensprache) Dolmetscherprogramme geschrieben, die sogenannten *Compiler*. Die Aufgabe eines Compilers besteht darin zu überprüfen, ob ein in einer höheren Programmiersprache formuliertes Programm korrekt ist. Falls dies der Fall ist, übersetzt der Compiler es in ein gleichbedeutendes – man sagt auch *äquivalentes* – Maschinenprogramm.

Der Begriff *korrekt* muss an dieser Stelle noch ein wenig präzisiert werden. Wozu ein Compiler fähig ist, ist die Überprüfung, ob das benutzte Vokabular und die Grammatikregeln der Programmiersprache eingehalten worden sind. Wozu er (leider) nicht fähig ist, ist die Überprüfung, ob das Programm auch das tut, was es soll, d.h. ein Compiler kann nicht überprüfen, ob das Programm das zu lösende Problem korrekt und vollständig löst. Diese Aufgabe bleibt immer noch dem Programmierer überlassen.

6.1.4 Programmiersprachen lernen

Durch die Definition höherer Programmiersprachen ist es heute nicht alleine Experten vorbehalten, Computer zum Bearbeiten und Lösen von Problemen zu nutzen. Sie werden sehen, nach dem Durcharbeiten dieses Buches werden Sie dies auch schaffen.

Genauso wie Sie zum Beherrschen einer Fremdsprache, wie Englisch oder Italienisch, das Vokabular und die Grammatik dieser Sprache lernen müssen, müssen Sie auch zum Beherrschen einer Programmiersprache ihr Vokabular und die zugrunde liegenden Grammatikregeln lernen. Dabei ist das Vokabular einer Programmiersprache sehr viel geringer als das Vokabular einer Fremdsprache. Die Grammatik einer Programmiersprache ist jedoch sehr viel präziser als die Grammatik einer natürlichen Sprache. Hinzu kommt, dass zum Verständnis einer Programmiersprache bestimmte Konzepte erlernt werden müssen, die bei natürlichen Sprachen nicht existieren. Bei imperativen Programmiersprachen sind dies bspw. Variablen, Anweisungen und Prozeduren.

Stellen Sie sich vor, Sie haben sich ein englisches Wörterbuch gekauft und etwa 1000 Vokabeln und die wichtigsten Grammatikregeln gelernt. Sie fahren nach England und möchten sich mit einem

Engländer unterhalten. Wie Sie sicher wissen, ist das nicht ganz so einfach möglich, Sie werden Probleme bekommen. Ganz wichtig beim Erlernen einer Fremdsprache ist das konsequente Üben. Erst nach und nach stellt sich ein Erfolgserlebnis ein. Alleine durch das bloße Auswendiglernen von Vokabeln und Grammatikregeln schaffen Sie es nicht, mit einer Fremdsprache perfekt umgehen zu können. Sie müssen die Sprache konsequent einsetzen und Erfahrungen sammeln.

Dasselbe trifft auch für das Erlernen einer Programmiersprache zu. Nur durch konsequentes Üben werden Sie den korrekten Umgang mit der Programmiersprache erlernen. Als Hilfe können Sie dabei einen Compiler verwenden, der überprüft, ob Sie sich beim Formulieren eines Programms an das Vokabular und die Grammatik der Programmiersprache gehalten haben oder nicht. Fehler in der Programmformulierung teilt Ihnen der Compiler in Form von Fehlermeldungen auf dem Bildschirm mit. Leider sind diese Fehlermeldungen nicht immer sehr präzise. Gerade am Anfang werden Sie Probleme haben, die Meldungen zu verstehen. Auch hier heißt es: fleißig üben und Erfahrungen damit sammeln. Bauen Sie anfangs ruhig auch mal absichtlich Fehler in Ihre Programme ein und schauen Sie sich an, was Ihnen der Compiler dazu mitteilt.

6.1.5 Programmieren lernen

Häufig hört man Menschen, die sich ein Buch bspw. über die Programmiersprache Java gekauft und es durchgearbeitet haben, ganz stolz behaupten: Ich kann Java. Das mag sogar zutreffen, denn das Vokabular und die Grammatik von Java ist nicht besonders umfangreich. Was sie tatsächlich können, ist *syntaktisch korrekte Java-Programme schreiben*, was sie häufig jedoch leider nicht können, ist *mit Java zu programmieren*. Das Erlernen einer Programmiersprache ist in der Tat nicht besonders schwierig. Was sehr viel schwieriger ist, ist das *Programmieren lernen*, d.h. das Erlernen des Programmentwicklungsprozesses:

- Wie komme ich von einem gegebenen Problem hin zu einem Programm, das das Problem korrekt und vollständig löst?
- Wie finde ich eine Lösungsidee bzw. einen Algorithmus, der das Problem löst?
- Wie setze ich den Algorithmus in ein Programm um?

Während das Erlernen einer Programmiersprache ein eher mechanischer Prozess ist, bei dem die Verwendung eines Compilers helfen kann, ist die Programmentwicklung ein kreativer Prozess, der Intelligenz voraussetzt. Computer besitzen keine Intelligenz, deshalb gibt es auch keine Programme, die hier weiterhelfen. An dieser Stelle sind Sie als Programmierer gefragt. Programmieren lernen bedeutet in noch stärkerem Maße als das Erlernen einer Programmiersprache: üben und Erfahrung sammeln. Schauen Sie sich Programme anderer Programmierer an und überlegen Sie: Wieso hat der das Problem so gelöst? Denken Sie sich selbst Probleme aus und versuchen Sie, hierfür Programme zu entwickeln. Fangen Sie mit einfachen Aufgaben an und steigern Sie nach und nach den Schwierigkeitsgrad. Ganz wichtig ist: Versuchen Sie Programmierpartner zu gewinnen, mit denen Sie Probleme und Lösungsansätze diskutieren können.

6.1.6 Sinn und Zweck des Hamster-Modells

Das Hamster-Modell ist ein didaktisches Modell, bei dem nicht primär das Erlernen einer Programmiersprache, sondern das Erlernen der Programmierung im Vordergrund steht, d.h. das Erlernen

grundlegender Programmierkonzepte und das Erlernen des Problemlösungs- bzw. des Programmentwicklungsprozesses. Der Lernprozess wird im Hamster-Modell durch spielerische Elemente unterstützt. Der Programmierer steuert einen *virtuellen Hamster* durch eine *virtuelle Landschaft* und
lässt ihn bestimmte Aufgaben lösen.

Um den Programmieranfänger nicht zu überfordern, werden die gleichzeitig eingeführten Konzepte
und Einzelheiten stark eingeschränkt und erst nach und nach erweitert. Aus diesem Grund ist dieses Buch auch in derart viele Kapitel unterteilt. In jedem Kapitel wird ein einzelnes neues Konzept
eingeführt und anhand vieler Beispiele erläutert. Es werden eine Reihe von Aufgaben gestellt, über
die der Lernende motiviert werden soll zu üben. Die Wichtigkeit des Übens wurde bereits in den
vergangenen Abschnitten mehrfach erwähnt und soll hier explizit nochmal herausgestellt werden:
Programmieren können Sie nur durch üben lernen. Durch das Durcharbeiten der zahlreichen Beispielprogramme und das Lösen der Übungsaufgaben sammeln Sie Programmiererfahrung. Gehen
Sie immer erst dann zum nächsten Kapitel über, wenn Sie alle Übungsaufgaben selbstständig gelöst
haben und sich absolut sicher sind, die in dem Kapitel eingeführten Konzepte nicht nur verstanden
zu haben, sondern auch mit ihnen umgehen und sie anwenden zu können, d.h. sie gezielt zum Lösen
von Problemen einsetzen zu können.

Im Vordergrund des Hamster-Modells und dieses Buches steht das „Learning-by-doing" und nicht
das „Learning-by-reading" oder „Learning-by-listening". Durch die zahlreichen vorgegebenen Ü-
bungsaufgaben wird das bekannte Anfängerproblem gelöst, dass Programmieranfänger zwar gerne
programmieren üben wollen, ihnen aber keine passenden Aufgaben einfallen. Scheuen Sie sich auch
nicht davor, sich selbst weitere Aufgaben zu überlegen und diese zu lösen.

Auch wenn die Programmiersprache selbst in diesem Buch nicht im Vordergrund steht, zum Programmieren braucht man nun mal eine Programmiersprache. Deshalb werden Sie in diesem Buch
auch eine Programmiersprache erlernen, nämlich die sogenannte *Hamster-Sprache*. Die Hamster-
Sprache wurde dabei gezielt ausgewählt bzw. definiert. Sie lehnt sich nämlich sehr stark an die Programmiersprache Java an; genauer gesagt: Die Hamster-Sprache ist fast identisch mit der Programmiersprache Java. Java ist eine relativ junge Sprache, die auch als „Sprache des Internet" bezeichnet
wird. Sie enthält viele wichtige Programmierkonzepte und hat sich insbesondere im Zusammenhang
mit dem rapiden Wachstum des Internets sowohl im Ausbildungs- als auch im industriellen Bereich
in den vergangenen Jahren immer mehr durchgesetzt. Ich versichere Ihnen: Wenn Sie nach dem
Durcharbeiten des Buches die Hamster-Sprache und die Entwicklung von Hamster-Programmen
beherrschen, werden Sie innerhalb weniger Stunden auch die Programmiersprache Java und das
Entwickeln von Java-Programmen beherrschen.

6.2 Komponenten des Hamster-Modells

Die Grundidee des Hamster-Modells ist ausgesprochen einfach: Sie als Programmierer müssen einen
(virtuellen) Hamster durch eine (virtuelle) Landschaft steuern und ihn gegebene Aufgaben lösen
lassen.

6.2.1 Landschaft

Die Welt, in der der Hamster lebt, wird durch eine gekachelte Ebene repräsentiert. Abbildung 6.1
zeigt eine typische Hamster-Landschaft – auch Hamster-Territorium genannt – plus Legende. Die

Größe der Landschaft, d.h. die Anzahl der Kacheln, ist dabei nicht explizit vorgegeben. Die Landschaft kann prinzipiell beliebig aber endlich groß sein.

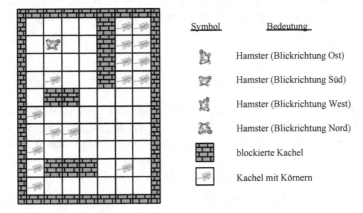

Symbol	Bedeutung
	Hamster (Blickrichtung Ost)
	Hamster (Blickrichtung Süd)
	Hamster (Blickrichtung West)
	Hamster (Blickrichtung Nord)
	blockierte Kachel
	Kachel mit Körnern

Abbildung 6.1: Komponenten des Hamster-Modells

Auf einzelnen Kacheln können ein oder mehrere endlich viele Körner liegen. Kacheln, auf denen sich Körner befinden, sind in den Landschaftsskizzen durch ein spezielles Symbol gekennzeichnet. Dabei sagt das Symbol nur aus, dass auf der Kachel mindestens ein Korn liegt. Die genaue Anzahl an Körnern auf einem Feld geht aus der Landschaftsskizze nicht direkt hervor.[1]

Auf den Kacheln der Hamster-Landschaft können weiterhin auch Mauern stehen, das bedeutet, dass diese Kacheln blockiert sind. Der Hamster kann sie nicht betreten. Es ist nicht möglich, dass sich auf einer Kachel sowohl eine Mauer als auch Körner befinden. Ein Hamster-Territorium ist immer an allen Seiten von Mauern abgeschlossen.

6.2.2 Hamster

Im imperativen Hamster-Modell existiert immer genau ein Hamster.[2] Der Hamster steht dabei auf einer der Kacheln der Hamster-Landschaft. Diese Kachel darf nicht durch eine Mauer blockiert sein, sie kann jedoch Körner enthalten.

Der Hamster kann in vier unterschiedlichen Blickrichtungen (Nord, Süd, West, Ost) auf den Kacheln stehen. Je nach Blickrichtung wird der Hamster durch unterschiedliche Symbole repräsentiert.

Wenn der Hamster auf einer Kachel steht, auf der auch Körner liegen, wird in der Skizze das Kornsymbol nicht angezeigt, d.h. es kann aus der Skizze nicht direkt abgelesen werden, ob sich der Hamster auf einer Körnerkachel befindet.

Körner können sich nicht nur auf einzelnen Kacheln, sondern auch im Maul des Hamsters befinden.[3] Ob der Hamster Körner im Maul hat und wenn ja, wie viele, ist ebenfalls nicht direkt aus der Landschaftsskizze ersichtlich.

Mit Hilfe bestimmter Befehle, die im nächsten Kapitel (Kapitel 7) genauer erläutert werden, kann ein Programmierer den Hamster durch eine gegebene Hamster-Landschaft steuern. Der Hamster kann

---

[1]In bestimmten Ausnahmefällen kann jedoch die Anzahl an Körnern auch durch eine entsprechende Zahl angegeben werden.
[2]Im objektorientierten Hamster-Modell in Band 2 der Java-Hamster-Bücher ist es möglich, weitere Hamster zu erzeugen.
[3]nur endlich viele

dabei von Kachel zu Kachel hüpfen, er kann sich drehen, Körner fressen und Körner wieder ablegen. Sie können sich den Hamster quasi als einen virtuellen Prozessor vorstellen, der im Gegensatz
zu realen Prozessoren (zunächst) keine arithmetischen und logischen Operationen ausführen kann,
sondern in der Lage ist, mit einem kleinen Grundvorrat an Befehlen eine Hamster-Landschaft zu
„erforschen".

6.2.3 Hamster-Aufgaben

Ihnen als Hamster-Programmierer werden nun bestimmte Aufgaben gestellt, die Sie durch die Steuerung des Hamsters durch eine Landschaft zu lösen haben. Diese Aufgaben werden im Folgenden
Hamster-Aufgaben und die entstehenden in der Hamster-Sprache formulierten Lösungsprogramme *Hamster-Programme* genannt. Zusätzlich zu einer Aufgabe werden dabei zunächst bestimmte
Hamster-Landschaften fest vorgegeben, in denen der Hamster die Aufgabe zu lösen hat.

Beispiel für eine Hamster-Aufgabe: Gegeben sei die Landschaft in Abbildung 6.2. Der Hamster soll
zwei beliebige Körner fressen.

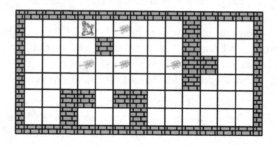

Abbildung 6.2: Hamster-Landschaft zur Beispiel-Hamster-Aufgabe

Später – ab Kapitel 10 – werden die Landschaften zu einer Hamster-Aufgabe nicht mehr fest vorgegeben. Sie werden dann nur noch durch vorgegebene Eigenschaften charakterisiert, d.h. der Hamster
wird in der Lage sein, eine bestimmte Aufgabe in unterschiedlichen (aber gleichartigen) Landschaften zu lösen.

6.3 Hamster-Simulator

Zum Entwickeln, Ausführen und Testen von Hamster-Programmen dient der Hamster-Simulator.
Beim Hamster-Simulator handelt es sich um eine bewusst einfach gehaltene Programmentwick-
lungsumgebung, die folgende Komponenten bereitstellt:

- einen **Editor** zum Eingeben, Verändern und Verwalten von Hamster-Programmen,
- einen **Territoriumgestalter** zum Gestalten und Verwalten von Hamster-Territorien,
- einen **Compiler** zum Übersetzen von Hamster-Programmen,
- eine **Simulationskomponente** zum Ausführen von Hamster-Programmen und
- einen **Debugger**, der beim Testen von Hamster-Programmen hilft.

Der Hamster-Simulator kann über die Website zum Java-Hamster-Modell kostenlos heruntergeladen werden (www.java-hamster-modell.de). Ihm liegt auch ein ausführliches Benutzungshandbuch bei. Weiterhin sind alle Beispielprogramme dieses Buches in den Simulator integriert und können direkt ausprobiert werden.

6.3.1 Aufbau des Hamster-Simulators

Der Hamster-Simulator besteht aus zwei Fenstern: dem Editor-Fenster (siehe Abbildung 6.3) und dem Simulation-Fenster (siehe Abbildung 6.4). Im Großen und Ganzen kann man sagen: Im Editor-Fenster entwickeln Sie Hamster-Programme und im Simulation-Fenster führen Sie Hamster-Programme aus.

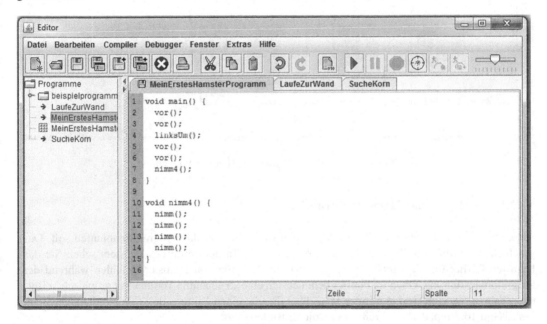

Abbildung 6.3: Editor-Fenster des Hamster-Simulators

6.3.2 Arbeiten mit dem Hamster-Simulator

Im Folgenden wird beschrieben, was Sie machen müssen, um ein Hamster-Programm im Hamster-Simulator zu schreiben und auszuführen. Insgesamt müssen bzw. können fünf Stationen durchlaufen werden:

- Gestaltung eines Hamster-Territoriums
- Eingeben eines Hamster-Programms
- Compilieren eines Hamster-Programms
- Ausführen eines Hamster-Programms
- Debuggen eines Hamster-Programms

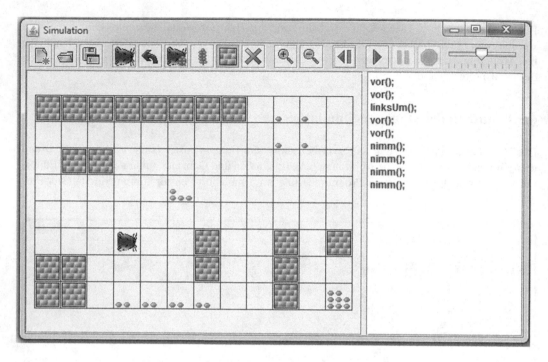

Abbildung 6.4: Simulation-Fenster des Hamster-Simulators

6.3.2.1 Gestaltung eines Hamster-Territoriums

Als erstes gilt es, ein Hamster-Territorium aufzubauen, in dem das Programm ablaufen soll. Das geschieht im Simulation-Fenster (siehe Abbildung 6.4). In der Mitte des Fensters sehen Sie das Hamster-Territorium. Der rechte Bereich dient zur Ausgabe von Hamster-Befehlen während der Programmausführung. Oben im Fenster befindet sich eine so genannte Toolbar mit graphischen Buttons. Fahren Sie einfach mal mit der Maus über die einzelnen Buttons der Toolbar, dann erscheint jeweils ein Tooltipp, der beschreibt, wozu dieser Button dient.

Zum Anpassen der Territoriumsgröße klicken Sie auf den Button „Neues Territorium" (erster Button von links). Es erscheint eine Dialogbox, in der Sie die gewünschte Anzahl an Reihen und Spalten eingeben können. Nach dem Schließen der Dialogbox erscheint das Territorium in der angegebenen Größe.

Über den Button „Hamster versetzen" (vierter Button von links) kann der Hamster im Territorium umplatziert werden. Beim Klicken auf den Button wird dieser aktiviert. Solange er aktiviert ist, kann der Hamster im Territorium auf eine andere Kachel gesetzt werden. Klicken Sie dazu einfach auf die entsprechende Kachel.

Standardmäßig schaut der Hamster nach Osten. Mit dem Button „Hamster drehen" (fünfter Button von links) können Sie jedoch seine Blickrichtung ändern. Jedes Mal, wenn Sie auf den Button klicken, dreht sich der Hamster um 90 Grad nach links.

Normalerweise hat der Hamster 0 Körner im Maul. Mit Hilfe des Buttons „Körner im Maul" (sechster Button von links) lässt sich dies ändern. Wenn Sie auf den Button klicken, erscheint eine Dialogbox, in der die gewünschte Anzahl an Körnern im Maul des Hamsters angegeben werden kann.

Zum Platzieren von Körnern auf Kacheln dient der Button „Körner setzen" (siebter Button von links). Wenn Sie ihn mit der Maus anklicken, wird er aktiviert. Der bis jetzt aktivierte „Hamster versetzen"-Button wird automatisch deaktiviert. Es kann immer nur ein Button aktiviert sein. Solange der „Körner setzen"-Button aktiviert ist, können Sie nun auf die Kacheln des Territoriums Körner legen. Klicken Sie dazu mit der Maus auf die entsprechende Kachel. Es erscheint eine Dialogbox, in der Sie die gewünschte Anzahl an Körnern eingeben können.

Mauern werden ähnlich wie Körner auf Kacheln platziert. Aktivieren Sie zunächst den „Mauer setzen"-Button (achter Button von links). Klicken Sie anschließend auf die Kacheln, die durch eine Mauer blockiert werden sollen.

Möchten Sie bestimmte Kacheln im Territorium wieder leeren, so dass weder eine Mauer noch Körner auf ihnen platziert sind, so aktivieren Sie den „Kachel löschen"-Button (neunter Button von links). Klicken Sie anschließend auf die Kacheln, die geleert werden sollen.

Sie können ein bestimmtes Territorium auch in einer Datei abspeichern, wenn Sie es irgendwann noch einmal benutzen möchten, ohne alle Eingaben erneut zu tätigen. Drücken Sie einfach auf den „Territorium speichern"-Button (dritter Button von links) und geben Sie in der sich öffnenden Dateiauswahl-Dialogbox einen Namen an, zum Beispiel *MeinErstesTerritorium*. Wenn Sie dann auf den OK-Button klicken, wird das Territorium in einer Datei mit diesem Namen gespeichert.

Zum Wiederherstellen eines gespeicherten Territoriums klicken Sie auf den „Territorium öffnen"-Button (zweiter Button von links). Es erscheint eine Dateiauswahl-Dialogbox. In der Mitte werden die Namen der existierenden Dateien mit abgespeicherten Territorien angezeigt. Klicken Sie mit der Maus auf den Dateinamen, in dem das Territorium abgespeichert ist, das Sie laden möchten. Wenn Sie danach auf den OK-Button klicken, schließt sich die Dateiauswahl-Dialogbox und das abgespeicherte Territorium wird wieder hergestellt.

6.3.2.2 Eingeben eines Hamster-Programms

Nachdem Sie Ihr Hamster-Territorium im Simulation-Fenster gestaltet haben, begeben Sie sich in das Editor-Fenster (siehe Abbildung 6.3). Dort können Hamster-Programme eingegeben werden. Im Editor-Fenster befindet sich ganz oben eine Menüleiste und darunter eine Toolbar mit graphischen Buttons. Links sehen Sie den Dateibaum und das große Feld rechts ist der Eingabebereich für den Sourcecode.

Bevor Sie ein Hamster-Programm eintippen, müssen Sie zunächst einen neuen Programmrahmen erzeugen. Dazu klicken Sie bitte auf den „Neu"-Button (erster Button von links in der Toolbar). Es erscheint eine Dialogbox, in der Sie sich für den Typ des Programms (imperatives Programm, objektorientiertes Programm, Klasse, ...) entscheiden müssen. In diesem ersten Band der Hamster-Bücher handelt es sich immer um imperative Programme. Wählen Sie diesen Eintrag also aus und klicken dann auf den OK-Button. Der Eingabebereich wird heller und es erscheint folgender Programmrahmen für imperative Hamster-Programme:

```
void main() {

}
```

Unser Beispiel-Programm soll bewirken, dass der Hamster in dem in Abbildung 6.4 dargestellten Territorium vier Körner frisst. Klicken Sie dazu in die zweite Reihe des Eingabebereiches und tippen dort wie in einem normalen Editor bzw. Textverarbeitungsprogramm, wie Microsoft Word, entsprechende Hamster-Befehle ein, so dass letztlich folgendes im Eingabebereich steht:

```
void main() {
  vor();
  vor();
  linksUm();
  vor();
  vor();
  nimm4();
}

void nimm4() {
  nimm();
  nimm();
  nimm();
  nimm();
}
```

Dieses Hamster-Programm müssen Sie als nächstes in einer Datei abspeichern. Dazu klicken Sie bitte den „Speichern"-Button (dritter Button von links). Es erscheint eine Dateiauswahl-Dialogbox. Hier geben Sie den gewünschten Dateinamen ein und klicken auf den OK-Button. Damit wird das Programm in der entsprechenden Datei abgespeichert.

Ihnen sicher von anderen Editoren bzw. Textverarbeitungsprogrammen bekannte Funktionen, wie „Ausschneiden", „Kopieren", „Einfügen", „Rückgängig" und „Wiederherstellen", können Sie über das „Bearbeiten"-Menü bzw. die entsprechenden Buttons in der Toolbar ausführen (neunter bis dreizehnter Button von links). Weiterhin gibt es einen „Öffnen"-Button zum Öffnen von Dateien, die irgendwann einmal abgespeichert worden sind (zweiter Button von links). Es erscheint eine Dateiauswahl-Dialogbox, in der Sie die entsprechende Datei durch Mausklick auswählen. Nach dem Anklicken des OK-Buttons erscheint das Programm, das die Datei enthält, im Eingabebereich. Eine Alternative zum „Öffnen"-Button ist das Anklicken des entsprechenden Dateinamens im Dateibaum auf der linken Seite. Und natürlich gibt es auch noch einen „Drucken"-Button (achter Button von links) zum Ausdrucken eines Hamster-Programms.

6.3.2.3 Compilieren eines Hamster-Programms

Nachdem Sie ein Hamster-Programm geschrieben und in einer Datei abgespeichert haben, müssen Sie es kompilieren. Der Compiler überprüft den Sourcecode auf syntaktische Korrektheit und transformiert ihn, wenn er korrekt ist, in ein ausführbares Programm. Zum Kompilieren drücken Sie einfach auf den „Kompilieren"-Button (vierzehnter Button von links). Kompiliert wird dann das Programm, das gerade im Eingabebereich sichtbar ist.

Wenn das Programm korrekt ist, erscheint eine Dialogbox mit der Nachricht „Kompilierung erfolgreich". Zur Bestätigung müssen Sie anschließend noch den OK-Button drücken. Das Programm kann nun ausgeführt werden. Merken Sie sich bitte: Immer, wenn Sie Änderungen am Sourcecode Ihres Programms vorgenommen haben, müssen Sie es zunächst abspeichern und dann neu kompilieren. Sonst werden die Änderungen nicht berücksichtigt!

Wenn das Programm syntaktische Fehler enthält (wenn Sie sich bspw. bei der Eingabe des obigen Programms vertippt haben), werden unter dem Eingabebereich die Fehlermeldungen des Compilers eingeblendet. Diese erscheinen in englischer Sprache. Weiterhin wird die Zeile angegeben, in der der Fehler entdeckt wurde. Wenn Sie mit der Maus auf die Fehlermeldung klicken, springt der Cursor im Eingabebereich automatisch in die angegebene Zeile.

Vorsicht: Die Fehlermeldungen sowie die Zeilenangabe eines Compilers sind nicht immer wirklich exakt. Das Interpretieren der Meldungen ist für Programmieranfänger häufig nicht einfach und bedarf einiger Erfahrungen. Deshalb machen Sie ruhig am Anfang mal absichtlich Fehler und versuchen Sie, die Meldungen des Compilers zu verstehen.

Tipp: Arbeiten Sie die Fehler, die der Compiler entdeckt hat, immer von oben nach unten ab. Wenn Sie eine Meldung dann überhaupt nicht verstehen, speichern Sie ruhig erst mal ab und kompilieren Sie erneut. Häufig ist es (leider) so, dass der Compiler für einen einzelnen Fehler mehrere Fehlermeldungen ausgibt, was Anfänger leicht verwirren kann.

Nachdem Sie die Fehler korrigiert haben, müssen Sie das Programm zunächst erst wieder speichern und dann erneut kompilieren. Wiederholen Sie dies so lange, bis der Compiler die Meldung „Kompilierung erfolgreich" ausgibt. Erst dann können Sie das Programm ausführen!

6.3.2.4 Ausführen eines Hamster-Programms

Nach dem erfolgreichen Kompilieren ist es endlich soweit: Sie können den Hamster bei der Arbeit beobachten. Macht er wirklich das, was Sie ihm durch Ihr Programm beigebracht haben?

Zum Ausführen eines Programms begeben wir uns wieder in das Simulation-Fenster. Zum Steuern der Programmausführung dienen dort die drei rechten Buttons in der Toolbar. Durch Anklicken des „Ausführen"-Buttons (dritter Button von rechts) starten Sie das Programm. Ausgeführt wird übrigens automatisch das Programm, das sich im Editor-Fenster gerade im Eingabebereich befindet.

Wollen Sie die Programmausführung anhalten, können Sie dies durch Anklicken des „Pause"-Buttons (zweiter Button von rechts) erreichen. Der Hamster stoppt so lange, bis Sie wieder den „Ausführen"-Button anklicken. Dann fährt der Hamster mit seiner Arbeit fort. Das Programm vorzeitig komplett abbrechen, können Sie mit Hilfe des „Stopp"-Buttons (erster Button von rechts).

Rechts neben dem Hamster-Territorium werden übrigens während der Programmausführung jeweils die Hamster-Befehle angezeigt, die der Hamster gerade ausführt.

Wenn Sie ein Programm mehrmals hintereinander im gleichen Territorium ausführen wollen, können Sie mit dem „Rücksetzen"-Button (vierter Button von rechts) den Zustand des Territoriums wieder herstellen, der vor Ausführen des Programms bestand.

Der Schieberegler ganz rechts in der Menüleiste dient zur Steuerung der Geschwindigkeit der Programmausführung. Je weiter Sie den Knopf nach links verschieben, umso langsamer erledigt der Hamster seine Arbeit. Je weiter Sie ihn nach rechts verschieben, umso schneller flitzt der Hamster durchs Territorium.

6.3.2.5 Debuggen eines Hamster-Programms

„Debuggen" eines Programms bedeutet, dass Sie bei der Ausführung eines Programms zusätzliche Möglichkeiten zur Steuerung besitzen und sich den Zustand des Programms (welche Zeile des

Sourcecodes wird gerade ausgeführt, welche Werte besitzen aktuell die Variablen) in bestimmten Situationen anzeigen lassen können. Den Debugger können Sie im Editor-Fenster mit dem „Debugger aktivieren"-Button (dritter Button der Toolbar von rechts) aktivieren und wieder deaktivieren.

6.4 Grundlagen der Hamster-Sprache

In diesem Abschnitt werden die wesentlichen Grundlagen der Hamster-Sprache zusammengefasst, das sind die zugrunde liegende Lexikalik, die Token und Bezeichner der Sprache sowie die Schlüsselwörter und reservierten Wörter.

6.4.1 Lexikalik

Der Zeichenvorrat (die Lexikalik), den Sie beim Erstellen von Hamster-Programmen verwenden dürfen, entspricht dem 16-Bit-Zeichensatz *Unicode*. Sie brauchen an dieser Stelle nicht genau zu wissen, was das bedeutet. Alles, was für Sie wichtig ist, ist, dass Sie bei der Formulierung von Hamster-Programmen im Prinzip alle Zeichen benutzen dürfen, die Sie auf Ihrer Tastatur vorfinden.

6.4.2 Token

Die Token einer Sprache, auch lexikalische Einheiten genannt, sind die Wörter, auf denen sie basiert. Wenn Sie Ihr Programm compilieren, teilt der Compiler Ihren Quellcode in Token auf und versucht herauszufinden, welche Anweisungen, Bezeichner und andere Elemente der Quellcode enthält.

Token müssen in der Hamster-Sprache durch Wortzwischenräume voneinander getrennt werden. Zu den Wortzwischenräumen zählen Leerzeichen, Tabulatoren, Zeilenvorschub- und Seitenvorschubzeichen. Diese im Folgenden als *Trennzeichen* bezeichneten Zeichen haben ansonsten keine Bedeutung. Nutzen Sie Trennzeichen, um Ihre Programme übersichtlich und gut lesbar zu gestalten!

6.4.3 Bezeichner

Bezeichner, die zur Benennung von deklarierten Elementen (wie Prozeduren oder Variablen) verwendet werden, müssen in der Hamster-Sprache mit einem Buchstaben, einem Unterstrich (_) oder einem Dollarzeichen ($) beginnen, dem weitere Buchstaben, Unterstriche und Ziffern folgen können. Bezeichner dürfen beliebig lang sein. Gültige Bezeichner sind zum Beispiel: `PaulDerHamster`, `anzahl_schritte` und `Hamster1`. Ungültige Bezeichner sind: `3KachelnNachVorne` (Ziffer vorn), `rechts um` (enthält Leerzeichen) und `zehn%ig` (enthält Sonderzeichen).

Prinzipiell können Bezeichner auch die deutschen Umlaute (Ä, ä, Ö, ö, Ü, ü) und das „ß" enthalten. Da es beim Austausch von Programmen, die derartige Zeichen enthalten, jedoch betriebssystembedingt zu Problemen kommen kann, sollten Sie besser darauf verzichten. Dasselbe gilt auch für Kommentare.

In der Hamster-Sprache wird streng zwischen Groß- und Kleinbuchstaben unterschieden, d.h. dass bspw. die Bezeichner `rechts` und `Rechts` unterschiedliche Bezeichner sind.

6.4.4 Schlüsselwörter und reservierte Wörter

Bestimmte Wörter, wie Schlüsselwörter und andere sogenannte reservierte Wörter, dürfen nicht als Bezeichner verwendet werden. Die folgende Zusammenstellung enthält alle Schlüsselwörter und reservierten Wörter der Hamster-Sprache[4]:

```
abstract     assert      boolean     break        byte
case         catch       char        class        const
continue     default     do          double       else
enum         extends     false       final        finally
float        for         goto        if           implements
import       instanceof  int         interface    long
native       new         null        package      private
protected    public      return      short        static
strictfp     super       switch      synchronized this
throw        throws      transient   true         try
void         volatile    while
```

Auch die vier Grundbefehle des Hamsters vor, linksUm, gib und nimm und die drei Testbefehle vornFrei, maulLeer und kornDa sowie das Wort main sollten Sie zunächst wie reservierte Wörter behandeln.

---

[4]entspricht den Schlüsselwörtern und reservierten Wörtern von Java in der Version 7

Kapitel 7
Anweisungen und
Programme

Nach dem Durcharbeiten dieses Kapitels werden Sie bereits in der Lage sein, einfache Hamster-Programme zu schreiben. Dazu werden im ersten Abschnitt die vier Grundbefehle vorgestellt, die der Hamster ausführen kann. Abschnitt 2 führt mit den Anweisungen die elementaren Bestandteile von Programmen ein. In Abschnitt 3 werden Sie kennenlernen, wie mit Hilfe von Anweisungen vollständige Hamster-Programme formuliert werden können. Kommentare, mit denen Sie Ihre Programme verständlicher gestalten können, werden in Abschnitt 4 vorgestellt. Abschnitt 5 enthält ein paar Tipps zur Gestaltung von Programmen. Anschließend folgen in Abschnitt 6 einige Beispielprogramme, an denen die vorher eingeführten Sprachelemente verdeutlicht werden, und in Abschnitt 7 werden einige Übungsaufgaben gestellt, die Sie sorgfältig bearbeiten sollten.

7.1 Hamster-Befehle

Die Aufgabe eines Hamster-Programmierers besteht darin, den Hamster durch eine Landschaft zu steuern, um dadurch gegebene Hamster-Aufgaben zu lösen. Zur Steuerung des Hamsters müssen ihm Anweisungen in Form von Befehlen gegeben werden. Der Hamster besitzt dabei die Fähigkeit, vier verschiedene Befehle zu verstehen und auszuführen:

- `vor();`
- `linksUm();`
- `nimm();`
- `gib();`

7.1.1 Syntax

Die genaue Syntax der vier Grundbefehle des Hamster-Modells wird in Abbildung 7.1 dargestellt. Dabei ist unbedingt auf folgendes zu achten:

- Die Zeichenfolgen `vor`, `linksUm`, `nimm` und `gib` dürfen so und nur so geschrieben werden. In der Hamster-Sprache werden Klein- und Großbuchstaben unterschieden.
- Die Zeichenfolgen `vor`, `linksUm`, `nimm` und `gib` stellen jeweils ein Token dar, d.h. die Zeichenfolgen müssen immer als Ganzes auftreten, sie dürfen nicht durch Trennzeichen (Leerzeichen, Tabulator, Zeilenwechsel) unterbrochen werden.
- Vor, hinter und zwischen den runden Klammern können beliebig viele Trennzeichen stehen.
- Das Semikolon gehört zum Befehl dazu. Es darf nicht weggelassen werden.

Grundbefehl

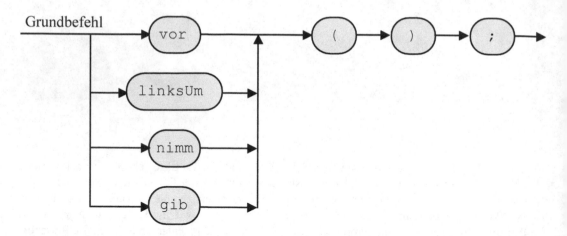

Abbildung 7.1: Syntaxdiagramm: Hamster-Grundbefehl

7.1.2 Semantik

Während die Syntax das Vokabular und die Grammatik einer Programmiersprache definiert, wird durch die Semantik die Bedeutung eines syntaktisch korrekten Programms angegeben, d.h. es wird festgelegt, was das Programm bewirkt. Im Folgenden wird dazu zunächst die Semantik der vier Grundbefehle des Hamster-Modells verbal beschrieben. Im Falle des Hamster-Modells bedeutet das, es wird definiert, wie der Hamster reagiert, wenn ihm ein Befehl „mitgeteilt" wird:

- `vor();`: Der Hamster hüpft eine Kachel in seiner aktuellen Blickrichtung nach vorn.

- `linksUm();`: Der Hamster dreht sich auf der Kachel, auf der er gerade steht, um 90 Grad nach links.

- `nimm();`: Der Hamster frisst von der Kachel, auf der er sich gerade befindet, genau ein Korn, d.h. anschließend hat der Hamster ein Korn mehr im Maul und auf der Kachel liegt ein Korn weniger als vorher.

- `gib();`: Der Hamster legt auf der Kachel, auf der er sich gerade befindet, genau ein Korn aus seinem Maul ab, d.h. er hat anschließend ein Korn weniger im Maul und auf der Kachel liegt ein Korn mehr als vorher.

Wie Sie vielleicht schon festgestellt haben, können bei den Befehlen `vor`, `nimm` und `gib` Probleme auftreten:

- Der Hamster bekommt den Befehl `vor();` und die Kachel in Blickrichtung vor ihm ist durch eine Mauer blockiert.

- Der Hamster bekommt den Befehl `nimm();` und auf der Kachel, auf der er sich gerade befindet, liegt kein einziges Korn.

- Der Hamster bekommt den Befehl `gib();` und er hat kein einziges Korn im Maul.

Bringen Sie den Hamster in diese für ihn unlösbaren Situationen, dann ist der Hamster derart von Ihnen enttäuscht, dass er im Folgenden nicht mehr bereit ist, weitere Befehle auszuführen. Derartige Fehler werden *Laufzeitfehler* genannt. Laufzeitfehler können im Allgemeinen nicht schon durch den

Compiler entdeckt werden, sondern treten erst während der Ausführung eines Programms auf. Programme, die zu Laufzeitfehlern führen können, sind nicht korrekt! In Kapitel 9.1 werden sogenannte *Testbefehle* eingeführt, mit denen sich die angeführten Laufzeitfehler vermeiden lassen.

7.1.3 Beispiele

Folgender Befehl ist syntaktisch korrekt:

```
vor ( ) ;
```

Er ist auch semantisch korrekt bez. der in Abbildung 7.2 (links oben) dargestellten Situation. Nach seiner Ausführung ergibt sich die in Abbildung 7.2 (rechts oben) skizzierte Landschaft. Der Befehl führt jedoch zu einem Laufzeitfehler, wenn er in der in Abbildung 7.2 (links unten) skizzierten Situation ausgeführt wird.

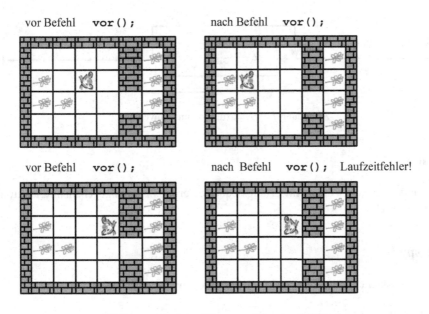

Abbildung 7.2: Auswirkung von Hamster-Befehlen

Syntaktisch nicht korrekt sind folgende Befehle:

- `n imm();` (kein Leerzeichen erlaubt)
- `Gib();` (großes „G" nicht korrekt)
- `linksum();` (kleines „u" nicht korrekt)
- `vor()` (Semikolon fehlt)
- `gib;` (Klammern fehlen)

7.2 Anweisungen

In imperativen Programmiersprachen werden Verarbeitungsvorschriften durch sogenannte *Anweisungen* ausgedrückt. Anweisungen, die nicht weiter zerlegt werden können, werden *elementare Anweisungen* genannt. In der Hamster-Sprache sind die vier Grundbefehle elementare Anweisungen. Eine Folge von Anweisungen wird als *Anweisungssequenz* bezeichnet.

7.2.1 Syntax

Die Syntax der Anweisungssequenz und Anweisung wird in Abbildung 7.3 durch Syntaxdiagramme definiert. Zwischen mehreren Anweisungen dürfen beliebig viele Trennzeichen stehen. Hinweis: Das Syntaxdiagramm für „Anweisung" wird in späteren Kapiteln noch häufiger ergänzt.

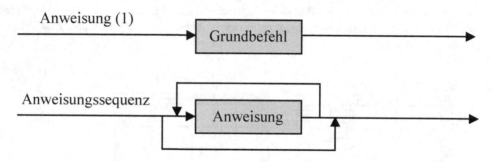

Abbildung 7.3: Syntaxdiagramm: Anweisung

7.2.2 Semantik

Die einzelnen Anweisungen einer Anweisungssequenz werden in der angegebenen Reihenfolge hintereinander ausgeführt.

7.2.3 Beispiele

Das folgende Beispiel enthält eine syntaktisch korrekte Anweisungssequenz:

```
vor();
linksUm(); vor(); nimm(); vor(); gib();
vor(); linksUm();
```

Die Anweisungssequenz bewirkt folgende Aktionen (siehe auch Abbildung 7.4):

Der Hamster hüpft zunächst eine Kachel in Blickrichtung nach vorne. Dann dreht er sich nach links um, geht in der neuen Blickrichtung wieder einen Schritt nach vorn, nimmt sich ein Korn, hüpft noch eine Kachel weiter und legt das Korn wieder ab. Anschließend springt er wiederum eine Kachel nach vorne und dreht sich nach links.

Syntaktisch nicht korrekt ist das folgende Beispiel, weil denke(); kein Befehl und keine Anweisung ist:

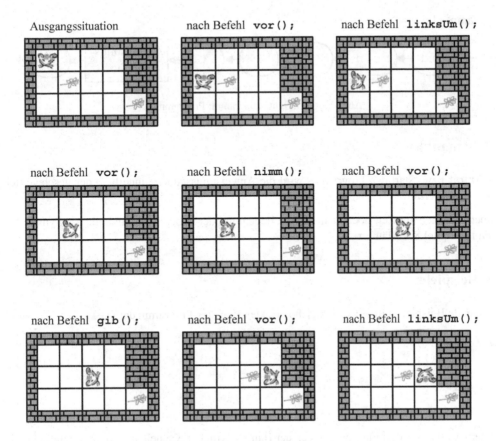

Abbildung 7.4: Auswirkung von Anweisungen

```
vor();
denke();
vor();
```

7.3 Programme

Nachdem wir nun Anweisungen kennengelernt haben, ist es nur noch ein kleiner Schritt zu definieren, was Hamster-Programme sind.

7.3.1 Syntax

Die Syntax eines Hamster-Programms wird in Abbildung 7.5 definiert. Danach setzt sich ein Hamster-Programm aus dem Schlüsselwort void, gefolgt von main, einem runden Klammernpaar und einem geschweiften Klammernpaar, das eine Anweisungssequenz umschließt, zusammen.

Programm (1)

Abbildung 7.5: Syntaxdiagramm: Programm

7.3.2 Semantik

Beim Aufruf bzw. Start des Programms wird die Anweisungssequenz innerhalb der geschweiften Klammern ausgeführt.

Kümmern Sie sich zur Zeit noch nicht um die Bedeutung der anderen Bestandteile der Syntax. Sie werden in Kapitel 8.4 erläutert.

7.3.3 Beispiele

Das folgende Beispiel stellt ein syntaktisch korrektes Hamster-Programm dar:

```
void main() {
    nimm();
    vor();
    gib();
}
```

Nach dem Start des Programms nimmt sich der Hamster von der Kachel, auf der er gerade steht, ein Korn, hüpft anschließend eine Kachel in Blickrichtung nach vorn und legt das Korn wieder ab.

Syntaktisch nicht korrekt ist das folgende Hamster-Programm:

```
main:
{
    linksUm();
    linksUm();
    linksUm();
}
```

Die Zeichenfolge `main:` ist syntaktisch nicht erlaubt. Ersetzen Sie sie durch die Zeichenfolge `void main()`. Dann ist das Programm syntaktisch korrekt und bei seinem Aufruf dreht sich der Hamster um 270 Grad gegen den Uhrzeigersinn.

7.4 Kommentare

Ziel der Hamster-Programmierung ist es, Hamster-Programme zu entwickeln, die gegebene Hamster-Aufgaben lösen. Neben ihren Eigenschaften, korrekt und vollständig zu sein, sollten sich Hamster-Programme durch eine weitere Eigenschaft auszeichnen: Sie sollten gut verständlich sein. Das bedeutet, die Lösungsidee und die Realisierung sollte auch von anderen Programmierern mühelos verstanden und nachvollzogen werden können, um bspw. das Programm später noch erweitern oder in anderen Zusammenhängen wiederverwenden zu können.

Diesem Zweck der Dokumentation eines Programms dienen sogenannte *Kommentare*. Sie haben auf die Steuerung des Hamsters keinerlei Auswirkungen. Alles, was sie bewirken, ist eine bessere Lesbarkeit des Programms. In der Hamster-Sprache gibt es zwei Typen von Kommentaren: *Zeilenkommentare* und *Bereichskommentare*.

7.4.1 Syntax

Zeilenkommentare beginnen mit zwei Schrägstrichen // und enden am nächsten Zeilenende. Den Schrägstrichen können beliebige Zeichen folgen.

Bereichskommentare beginnen mit der Zeichenkombination /* und enden mit der nächsten Zeichenkombination */. Dazwischen können beliebige Zeichen stehen. Bereichskommentare können sich auch über mehrere Zeilen erstrecken.

Kommentare können überall dort im Programm auftreten, wo auch Trennzeichen (Leerzeichen, Tabulatoren, Zeilenende) erlaubt sind.

7.4.2 Semantik

Kommentare haben für die Programmausführung keine Bedeutung. Sie bewirken keinerlei Zustandsänderung. In der Tat werden Kommentare (wie Trennzeichen übrigens auch) bereits während der lexikalischen Analyse der Compilation eines Programms entfernt, zählen also im Grunde genommen gar nicht mehr zur eigentlichen Syntax eines Programms hinzu.

7.4.3 Beispiele

Das folgende Programm enthält einen korrekten Bereichskommentar:

```
void main() {
    /* der Hamster soll sich einmal
       im Kreis drehen
    */
    linksUm();
    linksUm();
    linksUm();
    linksUm();
}
```

Im folgenden Programm wird der Bereichskommentar aus dem obigen Beispiel durch einen Zeilenkommentar ersetzt:

```
void main() {
    // der Hamster soll sich einmal im Kreis drehen
    linksUm();
    linksUm();
    linksUm();
    linksUm();
}
```

Syntaktisch nicht korrekt ist folgendes Programm:

```
void main() {
    // der Hamster soll sich /* einmal
       im Kreis drehen */
    linksUm();
    linksUm();
    linksUm();
    linksUm();
}
```

Die Zeichenfolge /* ist Bestandteil des Zeilenkommentars. Deshalb leitet sie keinen Bereichskommentar ein.

Auch das nächste Programm enthält einen syntaktischen Fehler:

```
void main() {
    /* der Hamster /* soll sich einmal */ im Kreis drehen */
    linksUm();
    linksUm();
    linksUm();
    linksUm();
}
```

Bereichskommentare dürfen nämlich nicht geschachtelt werden. Bei der ersten Zeichenfolge */ ist der Bereichskommentar beendet, sodass die Zeichenfolge im Kreis drehen */ nicht mehr zum Kommentar dazugehört. Die zweite Zeichenfolge /* ist Bestandteil des Kommentars.

7.5 Programmgestaltung

Programme sollten nicht nur korrekt und vollständig das entsprechende Problem lösen, sie sollten auch gut lesbar, verständlich und übersichtlich gestaltet sein. In Java haben sich in den letzten Jahren bestimmte Gestaltungskonventionen etabliert, die der Erreichung dieses Ziels dienen.[1] Nahezu alle Java-Programmierer halten sich daran, sodass man sich als Programmierer auch schnell in fremden Programmen zurechtfinden kann. Wir werden diese Konventionen auch für die Hamster-Programme in diesem Buch nutzen.

Die wichtigsten allgemeinen Konventionen werden im Folgenden angeführt. Weitere Konventionen werden in den kommenden Kapiteln jeweils ergänzt.

---

[1] siehe http://java.sun.com/docs/codeconv/

- Vermeiden Sie Zeilen mit mehr als 80 Zeichen, da bestimmte Tools (bspw. Drucker) damit nicht immer richtig umgehen können.

- Jede Zeile sollte höchstens eine Anweisung enthalten.

- Ein Hamster-Programm sollte so gestaltet sein, dass die Zeichenfolge „void main() {" immer in dieser Form in einer einzelnen Zeile steht (inklusive der öffnenden geschweiften Klammer). Hinter main sollte kein Leerzeichen eingefügt werden. Die abschließende geschweifte Klammer } sollte in einer separaten Zeile und in derselben Spalte wie das „v" des Schlüsselwortes void stehen. Rücken Sie innerhalb der geschweiften Klammern alle Zeilen um jeweils 4 Leerzeichen nach rechts ein. Sie können hierfür auch ein entsprechendes Tabulatorzeichen nutzen.

```
void main() {
    vor();
    vor();
    linksUm();
    vor();
    nimm();
}
```

- Verwenden Sie Kommentare, um schwierige Sachverhalte zu erläutern. Vermeiden Sie in Kommentaren Umlaute und das Zeichen „ß".

- Setzen Sie für längere Kommentare Bereichskommentare ein. Einem Bereichskommentar geht dabei eine Leerzeile voraus. Die den Kommentar beginnende und schließende Zeichenfolge /* bzw. */ steht jeweils in einer separaten Zeile. Jede Kommentarzeile beginnt mit einem *. Die *-Zeichen stehen alle in derselben Spalte.

```
void main() {

    /*
     * Zunaechst begibt sich der Hamster in die linke
     * obere Ecke des Territoriums. Anschliessend
     * laeuft er im Uhrzeigersinn die aeusseren Waende
     * des Territoriums entlang.
     */
    ...
}
```

- Nutzen Sie für kürzere Kommentare Zeilenkommentare. Auch Zeilenkommentaren sollte eine Leerzeile vorausgehen.

```
void main() {

    // suche und friss das erste Korn
    ...

    // suche und friss das zweite Korn
    ...
}
```

Sehr knappe Kommentare können in derselben Zeile stehen wie der Code, den sie erläutern. Sie sollten jedoch durch einige Leerzeichen vom Code abgetrennt werden.

```
void main() {
    ...
    nimm();    // satt !
}
```

7.6 Beispielprogramme

In diesem Abschnitt werden einige Beispiele für Hamster-Aufgaben gegeben und eine oder mehrere Musterlösungen vorgestellt. Schauen Sie sich die Beispiele genau an und versuchen Sie, die Lösungen nachzuvollziehen.

7.6.1 Beispielprogramm 1

Aufgabe:
Gegeben sei das Hamster-Territorium in Abbildung 7.6. Der Hamster soll zwei Körner einsammeln.

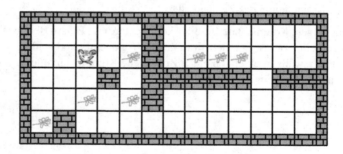

Abbildung 7.6: Hamster-Landschaft zu Beispielprogramm 1

Lösung 1:

```
void main() {

    // friss erstes Korn
    vor();
    vor();
    nimm();

    // friss zweites Korn
    linksUm();
    vor();
    vor();
    nimm();
}
```

Lösung 2:

```
void main() {

    // friss erstes Korn
    linksUm();
    vor();
    vor();
    nimm();

    // friss zweites Korn
    linksUm();
    linksUm();
    linksUm();
    vor();
    vor();
    nimm();
}
```

7.6.2 Beispielprogramm 2

Aufgabe:

Gegeben sei das Hamster-Territorium in Abbildung 7.7 (links). Der Hamster habe vier Körner im Maul. Er soll in jeder Ecke des Territoriums eines ablegen und anschließend in seine Ausgangsposition zurückkehren. Nach Ausführung des Lösungsprogramms hat das Territorium das in Abbildung 7.7 (rechts) skizzierte Erscheinungsbild.

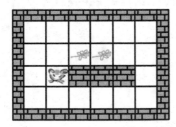 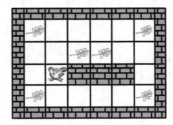

Abbildung 7.7: Hamster-Landschaft zu Beispielprogramm 2

Lösung:

```
void main() {

    // begib dich an den Rand
    vor();
    linksUm();
```

```
    // laufe in die rechte untere Ecke
    vor();
    vor();
    vor();
    vor();
    gib();
    linksUm();

    // laufe in die rechte obere Ecke
    vor();
    vor();
    vor();
    gib();
    linksUm();

    // laufe in die linke obere Ecke
    vor();
    vor();
    vor();
    vor();
    vor();
    gib();
    linksUm();

    // laufe in die linke untere Ecke
    vor();
    vor();
    vor();
    gib();
    linksUm();

    // begib dich in deine Ausgangsposition zurueck
    vor();
    linksUm();
    vor();
    linksUm();
    linksUm();
}
```

7.6.3 Beispielprogramm 3

Aufgabe:

Der Hamster steht vor einem Berg, wie in Abbildung 7.8 skizziert. Der Hamster soll den Berg erklimmen.

Lösung:

```
void main() {

    // laufe zum Berg
```

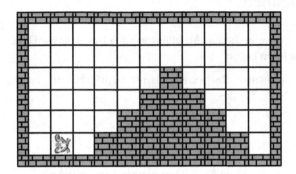

Abbildung 7.8: Hamster-Landschaft zu Beispielprogramm 3

```
        vor();

        // erklimme erste Stufe
        linksUm();
        vor();
        linksUm();
        linksUm();
        linksUm();
        vor();

        // erklimme zweite Stufe
        linksUm();
        vor();
        linksUm();
        linksUm();
        linksUm();
        vor();

        // erklimme dritte Stufe
        linksUm();
        vor();
        linksUm();
        linksUm();
        linksUm();
        vor();

        // erklimme Gipfel
        linksUm();
        vor();
        linksUm();
        linksUm();
        linksUm();
        vor();
    }
```

7.7 Übungsaufgaben

Nun sind Sie gefordert; denn in diesem Abschnitt werden Ihnen einige Hamster-Aufgaben gestellt, die sie selbstständig zu lösen haben.

Denken Sie sich darüber hinaus selbst weitere Hamster-Aufgaben aus und versuchen Sie, diese zu lösen. Viel Spaß!

7.7.1 Aufgabe 1

Ändern Sie die beiden Lösungen von Beispielprogramm 1 aus Abschnitt 7.6.1 so ab, dass der Hamster vier anstatt zwei Körner frisst.

7.7.2 Aufgabe 2

Wir drehen die Aufgabe des Hamsters in Beispielprogramm 2 aus Abschnitt 7.6.2 einmal um.

Gegeben sei das Hamster-Territorium in Abbildung 7.7 (rechts). Der Hamster soll in jeder Ecke des Territoriums ein Korn aufnehmen und in seine Ausgangsposition zurückkehren. Das Aufsammeln der Körner soll jedoch in umgekehrter Laufrichtung erfolgen wie das im Lösungsprogramm skizzierte Ablegen.

7.7.3 Aufgabe 3

Erweitern Sie die Lösung von Beispielprogramm 3 aus Abschnitt 7.6.3 dahingehend, dass der Hamster den Berg nicht nur erklimmt, sondern auf der anderen Seite wieder hinabsteigt.

7.7.4 Aufgabe 4

Gegeben sei das Hamster-Territorium in Abbildung 7.9 (links).

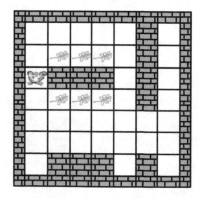 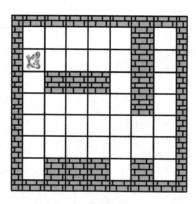

Abbildung 7.9: Hamster-Landschaft zu Aufgabe 4

Dabei kann vorausgesetzt werden, dass auf allen Feldern, auf denen Körner eingezeichnet sind, jeweils genau zwei Körner liegen. Der Hamster soll alle Körner einsammeln. Nach Beendigung des Programms soll das Hamster-Territorium das in Abbildung 7.9 (rechts) skizzierte Erscheinungsbild besitzen.

7.7.5 Aufgabe 5

Gegeben sei das Hamster-Territorium in Abbildung 7.10 (links). Der Hamster habe mindestens sechs Körner im Maul. Er soll auf allen für ihn erreichbaren Feldern jeweils ein Korn ablegen und anschließend in seine Ausgangsposition zurückkehren, d.h. nach Beendigung des Programms soll das Hamster-Territorium das in Abbildung 7.10 (rechts) skizzierte Erscheinungsbild besitzen.

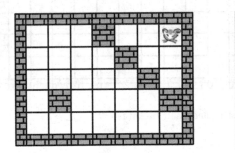 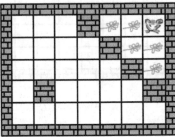

Abbildung 7.10: Hamster-Landschaft zu Aufgabe 5

7.7.6 Aufgabe 6

Gegeben sei das Hamster-Territorium in Abbildung 7.11. Der Hamster soll das Korn am Ende des Ganges fressen.

Abbildung 7.11: Hamster-Landschaft zu Aufgabe 6

7.7.7 Aufgabe 7

Es ist Herbst. Der Mais ist über 2 Meter hoch. Da hat sich der Bauer überlegt, für Kinder ein Labyrinth ins Kornfeld zu mähen (siehe Abbildung 7.12). Dieses Vergnügen will sich der Hamster
natürlich auch nicht entgehen lassen. Er steht am Anfang des Labyrinths. Finden Sie einen Weg (die
freien Kacheln), über den Sie ihn zum Ausgang des Labyrinths steuern.

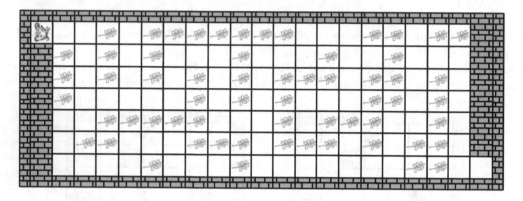

Abbildung 7.12: Hamster-Landschaft zu Aufgabe 7

7.7.8 Aufgabe 8

Der Hamster steht am Ende eines Erdlochs in dem in Abbildung 7.13 skizzierten Territorium. Er soll
die 3 Körner, die sich im Territorium befinden, einsammeln, zu seiner Ausgangskachel zurückkehren
und dort die Körner ablegen.

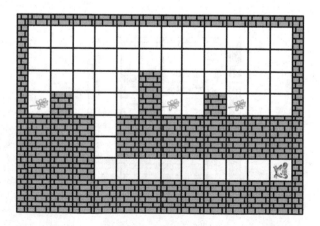

Abbildung 7.13: Hamster-Landschaft zu Aufgabe 8

7.7.9 Aufgabe 9

Eines Morgens wird der Hamster wach und muss feststellen, dass nachts außerirdische Wesen sein Territorium aufgesucht und Kornkreise hinein gemäht haben (siehe Abbildung 7.14). Das gefällt ihm gar nicht. Furchtlos, wie er ist, macht er sich schnell daran, die entstandenen Lücken mit seinen 50 Körnern im Maul wieder zu schließen.

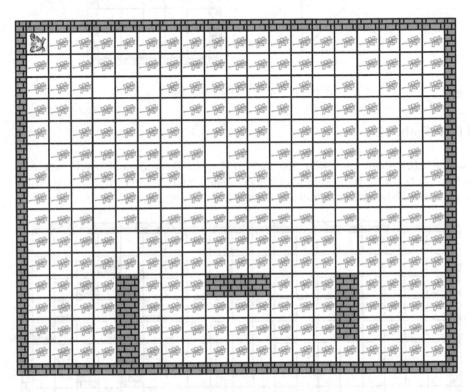

Abbildung 7.14: Hamster-Landschaft zu Aufgabe 9

7.7.10 Aufgabe 10

„Das ist das Haus des Nikolaus" ist ein bekanntes Zeichenspiel für Kinder. Hierbei geht es darum, das in Abbildung 7.15 (links) skizzierte Haus so zu zeichnen, dass der Stift nie abgesetzt und keine Linie doppelt gezeichnet wird. Mit dem Zeichnen begonnen wird in der linken unteren Ecke des Hauses.

Der Hamster ist ein begeisterter Spieler und möchte das Haus des Nikolaus zeichnen, natürlich mit Körnern wie in Abbildung 7.15 (rechts) skizziert. Helfen Sie ihm dabei, aber halten Sie sich an die Spielregeln. Der Hamster hat anfangs 30 Körner im Maul.

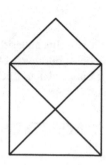
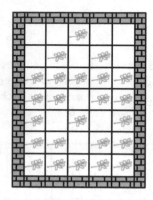

Abbildung 7.15: Das Haus des Nikolaus

7.7.11 Aufgabe 11

Unbekannte haben nachts eine „Körnerbombe" im Hamster-Territorium platziert (siehe Abbildung
7.16). Zum Glück hat der Hamster den Anfang der Zündschnur entdeckt. Helfen Sie ihm, die Zündschnur zu fressen, bevor es zur Katastrophe kommt.

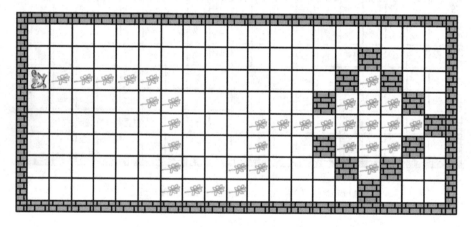

Abbildung 7.16: Hamster-Landschaft zu Aufgabe 11

Kapitel 8
Prozeduren

Das Konzept der Prozeduren ist eines der mächtigsten Konzepte imperativer Programmiersprachen. Mit Hilfe von Prozeduren können Sie als Programmierer neue Befehle definieren. Wir werden in diesem Kapitel zunächst nur einen Teil dieses Konzeptes kennenlernen. In den Kapitel 15, 16 und Kapitel 17 wird das Prozedurkonzept verallgemeinert und erweitert.

Zunächst wird in Abschnitt 1 dieses Kapitels das Prozedurkonzept motiviert. Anschließend wird in Abschnitt 2 im Detail vorgestellt, wie Sie Prozeduren definieren können. Abschnitt 3 behandelt den Aufruf neu definierter Prozeduren. Aufgrund der Einführung von Prozeduren muss die Definition eines kompletten Hamster-Programms erweitert werden. Dies geschieht in Abschnitt 4. Anschließend folgen in Abschnitt 5 einige Beispielprogramme, an denen das Prozedurkonzept verdeutlicht wird, und in Abschnitt 6 werden Übungsaufgaben gestellt, die Sie mit Hilfe von Prozeduren lösen sollen.

8.1 Motivation

Schauen Sie sich einmal das folgende Hamster-Programm an: Der Hamster soll zwei Körner einsammeln. Die dazugehörige Landschaft wird in Abbildung 8.1 skizziert:

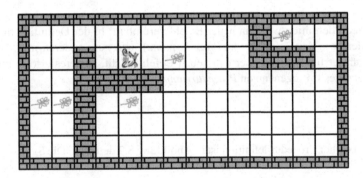

Abbildung 8.1: Hamster-Landschaft zu Prozedur-Motivation

```
void main() {

    // friss erstes Korn
    vor();
    vor();
    nimm();
```

```
// friss zweites Korn
linksUm();
linksUm();
linksUm();
vor();
vor();
linksUm();
linksUm();
linksUm();
vor();
vor();
nimm();
}
```

Was an diesem Beispiel direkt auffällt, ist die Umständlichkeit für Sie als Programmierer, den Hamster um 90 Grad nach rechts zu drehen. Leider kennt der Hamster nur den Befehl `linksUm();`, nicht aber den Befehl `rechtsUm();`, sodass Sie jedes Mal dreimal hintereinander den Befehl `links-Um();` aufrufen müssen, um den Hamster nach rechts zu drehen. Schön wäre es, wenn wir dem Hamster einen neuen Befehl `rechtsUm();` beibringen könnten, indem wir ihm sagen: Jedes Mal, wenn du diesen Befehl `rechtsUm();` erhältst, sollst du dreimal den Befehl `linksUm();` ausführen. Genau diesem Zweck, nämlich der Definition neuer Befehle auf der Grundlage bereits existierender Befehle und Anweisungen, dient das Prozedurkonzept. Prozeduren werden manchmal auch *Unterprogramme* genannt.

Um zwei Aspekte des Prozedurkonzeptes werden wir uns im Folgenden kümmern: Wie werden Prozeduren und damit neue Befehle definiert und wie werden die neuen Befehle aufgerufen.

8.2 Prozedurdefinition

Durch eine Prozedurdefinition wird ein neuer Befehl vereinbart. In der Definition muss zum einen angegeben werden, wie der Befehl heißt (*Prozedurname*), und zum anderen muss festgelegt werden, was der Hamster tun soll, wenn er den neuen Befehl erhält. Ersteres erfolgt im sogenannten *Prozedurkopf*, letzteres im sogenannten *Prozedurrumpf*.

8.2.1 Syntax

Die genaue Syntax einer Prozedurdefinition ist in Abbildung 8.2 definiert. Die Syntax wird in Kapitel 15 erweitert.

Zunächst muss das Schlüsselwort `void` angegeben werden. Seine Bedeutung werden Sie in Kapitel 13 kennenlernen. Anschließend folgt ein Bezeichner (siehe auch Kapitel 6.4.3): der Prozedurname bzw. der Name des neuen Befehls. Nach dem Prozedurnamen folgt ein rundes Klammernpaar, das den Prozedurkopf beendet. Der Prozedurrumpf beginnt mit einer öffnenden geschweiften Klammer, der eine Anweisungssequenz folgt. Der Prozedurrumpf und damit die Prozedurdefinition endet mit einer schließenden geschweiften Klammer.

Beachten Sie folgendes: Prozedurnamen dürfen keine Schlüsselwörter (siehe Kapitel 6.4.4) sein. Außerdem müssen die Namen eindeutig sein, d.h. Sie dürfen nicht zwei Prozeduren gleich benennen. Insbesondere dürfen Sie als Prozedurnamen auch nicht die Namen der vier Grundbefehle verwenden.

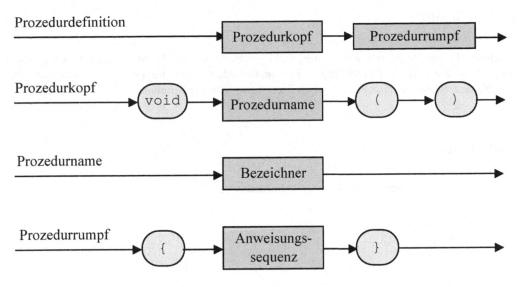

Abbildung 8.2: Syntaxdiagramm: Prozedurdefinition

8.2.2 Gestaltungskonventionen

Wählen Sie als Prozedurnamen immer aussagekräftige Bezeichner. Das erhöht die Lesbarkeit Ihrer Programme. Wenn Sie einen Befehl definieren, um den Hamster nach rechts zu drehen, dann nennen Sie den Befehl auch `rechtsUm` und nicht `f1` oder `x2`.

Prozedurennamen können definitionsgemäß beliebige Bezeichner sein. Bei den Java-Programmierern haben sich jedoch bestimmte Konventionen durchgesetzt, was die Benennung von Prozeduren angeht. Der Grund dafür ist der, dass wir später noch weitere Sprachkonstrukte kennenlernen werden, für die ebenfalls Bezeichner verwendet werden. Durch unterschiedliche Namenskonventionen lassen sich diese Konstrukte besser auseinander halten, was zu leichter verständlichen Programmen führt.

Die Konventionen für Prozedurnamen sehen folgendermaßen aus: Verwenden Sie keine Umlaute oder das Zeichen „ß". Beginnen Sie einen Prozedurnamen immer mit einem Kleinbuchstaben und verwenden Sie auch sonst nur Kleinbuchstaben und Ziffern; Ausnahme: Falls der Name aus mehreren Wort-Bestandteilen besteht, beginnen Sie ein neues Wort jeweils mit einem Großbuchstaben; Beispiele: `laufeZureck`, `laufeDreiFelderNachVorne`, `dreheDichNachRechtsUm` oder `nimmZweiKoerner`.

Achten Sie bitte bei der Prozedurdefinition weiter auf eine gute Strukturierung und damit bessere Lesbarkeit. Der Prozedurkopf sowie die öffnende geschweifte Klammer des Prozedurrumpfes sollten gemeinsam in einer Zeile stehen. Zwischen dem Prozedurnamen und der öffnenden runden Klammer sowie zwischen den runden Klammern sollte kein Leerzeichen eingefügt werden, wohl aber zwischen der schließenden runden Klammer und der öffnenden geschweiften Klammer des Prozedurrumpfes. Weiterhin wird empfohlen, die einzelnen Anweisungen des Prozedurrumpfes um vier Spalten nach rechts einzurücken und die schließende geschweifte Klammer des Prozedurrumpfes in einer separaten Zeile und in derselbe Spalte wie das „v" des Schlüsselwortes `void` zu platzieren.

8.2.3 Semantik

Durch eine Prozedurdefinition wird ein neuer Befehl vereinbart. Auf die Ausführung des Programms hat das zunächst keinerlei Auswirkungen. Erst die Prozeduraufrufe, die im nächsten Abschnitt definiert werden, führen zu einer semantischen Beeinflussung des Programms.

8.2.4 Beispiele

Folgende Beispiele stellen gültige Prozedurdefinitionen dar:

```
void rechtsUm() {
    linksUm();
    linksUm();
    linksUm();
}

void nimmKornAufDerKachelVorDir() {
    vor();
    nimm();
}
```

Syntaktisch nicht korrekt sind folgende Beispiele:

```
void while() {       // Fehler
    vor();
}

2Vor() {             // Fehler
    vor();
    vor();
}
```

Im ersten Beispiel wird als Prozedurname das Schlüsselwort while verwendet. Das zweite Beispiel enthält sogar zwei Fehler. Zunächst fehlt das Schlüsselwort void. Weiterhin ist 2Vor kein gültiger Bezeichner, weil Bezeichner nicht mit Ziffern beginnen dürfen.

Das folgende Beispiel ist zwar syntaktisch korrekt, aber nicht besonders gut lesbar, weil zum einen ein schlechter Bezeichner gewählt wurde und zum anderen die Strukturierung zu wünschen übrig lässt:

```
    void zweiVor
() 
{ linksUm();
vor();nimm();      vor();
gib(); vor();}
```

8.3 Prozeduraufruf

Durch eine Prozedurdefinition wird ein neuer Befehl eingeführt. Ein Aufruf des neuen Befehls wird *Prozeduraufruf* genannt.

8.3.1 Syntax

Die Syntax eines Prozeduraufrufs ist in Abbildung 8.3 definiert.

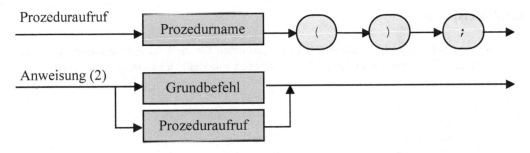

Abbildung 8.3: Syntaxdiagramm: Prozeduraufruf

Ein Prozeduraufruf entspricht syntaktisch dem Aufruf eines der vier Grundbefehle. Er beginnt mit dem Prozedurnamen. Anschließend folgen eine öffnende und eine schließende runde Klammer und ein Semikolon.

Ein Prozeduraufruf ist eine spezielle elementare Anweisung. Das Syntaxdiagramm „Anweisung" aus Abbildung 7.3 muss also erweitert werden. Abbildung 8.3 enthält das neue Syntaxdiagramm für eine Anweisung. Prozeduraufrufe dürfen daher überall dort in Hamster-Programmen auftreten, wo auch andere Anweisungen, wie die vier Grundbefehle, stehen dürfen. Insbesondere können innerhalb von Prozedurrümpfen auch wieder (andere) Prozeduren aufgerufen werden. Achten Sie jedoch zunächst darauf, dass innerhalb eines Rumpfes einer Prozedur nicht die Prozedur selbst wieder aufgerufen wird. Prozeduren, die sich selbst aufrufen, werden *rekursive Prozeduren* genannt und in Kapitel 17 detailliert erläutert.

An dieser Stelle soll nochmal darauf hingewiesen werden, dass in der Hamster-Sprache Groß- und Kleinbuchstaben unterschieden werden. Das bedeutet insbesondere, dass, wenn Sie eine Prozedur mit rechtsUm benennen, Sie sie auch mit rechtsUm(); aufrufen müssen. Der Aufruf der Anweisung RechtsUm(); würde zu einer syntaktischen Fehlermeldung durch den Compiler führen, es sei denn, es ist noch eine weitere Prozedur namens RechtsUm definiert.

8.3.2 Gestaltungskonventionen

Der Aufruf einer Prozedur ist eine spezielle Anweisung und sollte daher in einer separaten Zeile erfolgen. Fügen Sie vor der öffnenden runden Klammer kein Leerzeichen ein.

8.3.3 Semantik

Im Prinzip entspricht ein Prozeduraufruf einem Platzhalter für den Prozedurrumpf, d.h. Sie können sich vorstellen, dass an der Stelle des Prozeduraufrufs die Anweisungen des entsprechenden Prozedurrumpfes stehen.

Eine alternative Erläuterung ist folgende: Wird irgendwo in einem Programm eine Prozedur aufgerufen, so wird bei der Ausführung des Programms an dieser Stelle der Rumpf der Prozedur, d.h. die Anweisung(en) des Prozedurrumpfes, ausgeführt. Der Kontrollfluss des Programms verzweigt beim Prozeduraufruf in den Rumpf der Prozedur, führt die dortigen Anweisungen aus und kehrt nach der Abarbeitung der letzten Anweisung des Rumpfes an die Stelle des Prozeduraufrufs zurück.

8.3.4 Beispiele

Das folgende Beispiel enthält gültige Prozedurdefinitionen für die beiden Prozeduren `kehrt` und `rechtsUm` und einen Prozeduraufruf der Prozedur `kehrt` innerhalb des Prozedurrumpfes der Prozedur `rechtsUm`:

```
void kehrt() {
    linksUm();
    linksUm();
}

void rechtsUm() {
    kehrt();        // Prozeduraufruf
    linksUm();
}
```

8.4 Programme (mit Prozeduren)

Wir müssen an dieser Stelle die Definition eines Hamster-Programms aus Kapitel 7.3 erweitern.

8.4.1 Syntax

Die nun gültige Syntax für ein Hamster-Programm ist in Abbildung 8.4 dargestellt. In der Abbildung wird das Syntaxdiagramm „Programm" aus Abbildung 7.5 erweitert.

An dieser Stelle kann nun auch die Bedeutung des main-Teils erläutert werden. Wie Sie sicher schon festgestellt haben, handelt es sich auch hierbei um eine Prozedur, die sogenannte *main-Prozedur*. Dies ist eine besondere Prozedur. Sie wird automatisch beim Aufruf des Programms durch das Laufzeitsystem aufgerufen.

Ein Hamster-Programm besteht nach Abbildung 8.4 aus einer Menge von Prozedurdefinitionen. Dabei muss eine Prozedur den Namen main tragen. Die Namen der Prozeduren müssen paarweise disjunkt sein. Es dürfen innerhalb der Prozedurrümpfe nur Prozeduren aufgerufen werden, die auch definiert sind. Der Ort einer Prozedurdefinition ist nicht festgelegt. Es spielt keine Rolle, ob die Prozedur vor oder nach einem Aufruf der Prozedur innerhalb eines Prozedurrumpfes definiert wird.

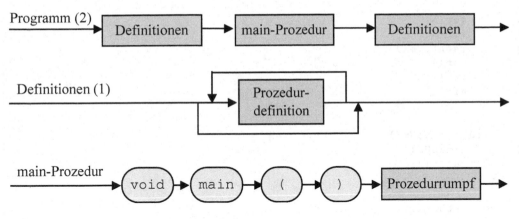

Abbildung 8.4: Syntaxdiagramm: Programm (2)

Prozedurdefinitionen sind keine Anweisungen, d.h. es ist nicht erlaubt, innerhalb einer Prozedurdefinition eine weitere Prozedur zu definieren, anders ausgedrückt: Prozedurdefinitionen dürfen nicht geschachtelt werden.

8.4.2 Gestaltungskonventionen

Trennen Sie mehrere Prozedurdefinitionen immer durch eine Leerzeile. In welcher Reihenfolge Prozeduren definiert werden, ist egal. Achten Sie jedoch bei der Zusammenstellung auf eine sinnvolle Reihenfolge, bei der man nicht lange suchen muss.

8.4.3 Semantik

Beim Aufruf eines Programms wird implizit die Prozedur main aufgerufen. Es werden also die Anweisung(en) ausgeführt, die im Rumpf der main-Prozedur stehen. Nach der Ausführung der letzten Anweisung der main-Prozedur endet das Programm.

8.4.4 Beispiele

Das Programm aus Abschnitt 8.1 kann nun mit Hilfe von Prozeduren folgendermaßen umformuliert werden:

```
void main() {

    // friss erstes Korn
    vor();
    vor();
    nimm();

    // friss zweites Korn
    rechtsUm();
```

```
        vor();
        vor();
        rechtsUm();
        vor();
        vor();
        nimm();
}

void rechtsUm() {
    linksUm();
    kehrt();
}

void kehrt() {
    linksUm();
    linksUm();
}
```

Wird das Programm aufgerufen, werden die einzelnen Anweisungen der main-Prozedur ausgeführt. Zunächst hüpft der Hamster also aufgrund der vor();-Befehle zwei Felder in Blickrichtung nach vorne und nimmt ein Korn auf. Anschließend wird die Prozedur rechtsUm aufgerufen, d.h. es werden die Anweisungen linksUm(); und kehrt(); ausgeführt. Letztere Anweisung ist wiederum ein Prozeduraufruf, der dazu führt, dass zweimal der Befehl linksUm(); ausgeführt wird. Danach ist die Prozedur kehrt und ebenfalls die Prozedur rechtsUm abgearbeitet, d.h. der Kontrollfluss des Programms befindet sich wieder in der main-Prozedur. Hier folgen zwei weitere vor();-Befehle und anschließend ein erneuter Aufruf der Prozedur rechtsUm. Im Anschluss daran werden noch zwei weitere vor();-Befehle sowie ein nimm();-Befehl ausgeführt. Danach ist die main-Prozedur abgearbeitet und das Programm beendet.

Das folgende Beispiel enthält mehrere syntaktische Fehler:

```
void bearbeiteReihe() {

    void bearbeiteKachel() {      // Fehler
        vor();
        nimm();
    }

    vor();
    bearbeiteKachel();
}

void kehreZurueck() {
    linksUm();
    vor();
    rechtsUm();                   // Fehler
}

void start() {
    bearbeiteReihe();
```

```
        kehreZurueck();
}

void kehreZurueck() {         // Fehler
    linksUm();
    vor();
    rechtsUm();               // Fehler
}

vor();                        // Fehler
```

Zunächst fehlt die main-Prozedur. Des Weiteren wird der Name kehreZurueck für zwei Prozeduren verwendet. Dabei spielt es auch keine Rolle, dass beide Prozeduren identisch definiert sind. Ein dritter Fehler besteht darin, dass eine Prozedur rechtsUm zwar aufgerufen, nicht jedoch definiert wird. Der vierte Fehler findet sich im Prozedurrumpf der Prozedur bearbeiteReihe. Hier wird innerhalb des Prozedurrumpfes eine weitere Prozedur bearbeiteKachel definiert, was nicht erlaubt ist. Anweisungen dürfen nur innerhalb von Prozedurrümpfen auftreten. Von daher befindet sich in der letzten Zeile ein weiterer Fehler.

8.5 Vorteile von Prozeduren

Wie bereits erwähnt, ist das Prozedurkonzept eines der mächtigsten Konzepte imperativer Programmiersprachen. Prozeduren spielen beim Programmentwurf eine fundamentale Rolle. Die wichtigsten Eigenschaften und Vorteile von Prozeduren sind:

- bessere Übersichtlichkeit von Programmen,

- separate Lösung von Teilproblemen,

- Platzeinsparung,

- einfachere Fehlerbeseitigung,

- Flexibilität,

- Wiederverwendbarkeit.

Viele dieser Eigenschaften und Vorteile sind für Sie mit Ihren bisherigen Kenntnissen noch nicht unmittelbar ersichtlich. Sie werden die Vorteile jedoch in den nächsten Kapiteln, wenn die Programme größer werden, schätzen lernen.

8.5.1 Übersichtlichkeit

Durch die Nutzung von Prozeduren lassen sich Programme sehr viel übersichtlicher darstellen. Die Struktur des gewählten Lösungsalgorithmus ist besser ersichtlich. Eine Prozedur stellt eine zusammenhängende Einheit dar, die ein abgeschlossenes Teilproblem in sich löst. Der Name der Prozedur sollte möglichst aussagekräftig gewählt werden, d.h. aus dem Namen soll möglichst schon hervorgehen, was die Prozedur tut.

8.5.2 Lösung von Teilproblemen

Beim Programmentwurf in Kapitel 12 werden wir sehen, dass es günstig ist, beim Lösen eines Problems dieses zunächst in Teilprobleme zu zerlegen, dann für die Teilprobleme Lösungsalgorithmen zu entwickeln und schließlich durch die Zusammenfassung der Lösungen der einzelnen Teilalgorithmen das Gesamtproblem zu lösen. Prozeduren können dabei für die Implementierung der Teilalgorithmen eingesetzt werden. Das eigentliche Programm besteht dann (nur noch) aus Aufrufen der einzelnen Prozeduren.

8.5.3 Platzeinsparung

Besonders wertvoll sind Prozeduren, wenn dieselbe Prozedur von mehreren Programmstellen aus aufgerufen wird. Durch die Definition von Prozeduren kann hierdurch Platz bei der Formulierung von Programmen gespart werden.

8.5.4 Fehlerbeseitigung

Stellen Sie sich vor, Sie entdecken irgendwann einen logischen Fehler in einer Prozedur. Dann brauchen Sie ihn nur einmal im Prozedurrumpf zu beheben. Hätten Sie sich die Prozedur „gespart" und anstelle des Prozeduraufrufes jeweils die Anweisungen des Prozedurrumpfes an den entsprechenden Stellen explizit angeführt, dann müssten Sie den Fehler an allen diesen Stellen ändern. Dabei kann leicht auch mal eine Stelle übersehen werden, wodurch das Programm fehlerhaft bleibt bzw. wird.

8.5.5 Flexibilität und Wiederverwendbarkeit

Wie bereits erwähnt, sind in diesem Kapitel nur die fundamentalen Grundlagen des Prozedurkonzeptes eingeführt worden. In späteren Kapiteln wird das Konzept noch erweitert. In Kapitel 11 lernen Sie das *Funktionskonzept* kennen. Kapitel 15 verallgemeinert das Prozedur- und Funktionskonzept. Kapitel 16 führt sogenannte *Parameter* ein, durch die Prozeduren flexibler eingesetzt werden können. Schließlich werden Sie in Band 2 der Java-Hamster-Bücher Methoden kennenlernen, die es ermöglichen, Prozeduren so zu definieren, dass sie von verschiedenen Programmen aus aufgerufen und auch anderen Programmierern direkt zur Verfügung gestellt werden können. Im Moment müssen Sie leider noch jede Prozedur, die in einem Programm aufgerufen wird, auch in diesem Programm definieren.

8.6 Beispielprogramme

In diesem Abschnitt werden einige Beispiele für Hamster-Aufgaben gegeben und eine oder mehrere Musterlösungen vorgestellt. Dabei werden Prozeduren eingesetzt. Schauen Sie sich die Beispiele genau an, und versuchen Sie, die Lösungen nachzuvollziehen.

8.6.1 Beispielprogramm 1

Aufgabe:

Gegeben sei das Hamster-Territorium in Abbildung 8.5. Auf den Kacheln, auf denen Körner liegen, liegt jeweils nur ein Korn. Der Hamster soll alle Körner einsammeln.

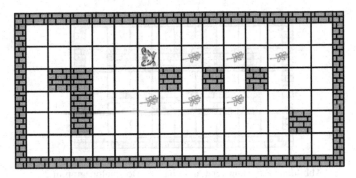

Abbildung 8.5: Hamster-Landschaft zu Beispielprogramm 1

Lösung:

```
void main() {
    ernteReihe();
    rechtsUm();
    zweiVor();
    rechtsUm();
    ernteReihe();
}

void ernteReihe() {
    zweiVorUndNimm();
    zweiVorUndNimm();
    zweiVorUndNimm();
}

void zweiVorUndNimm() {
    zweiVor();
    nimm();
}

void zweiVor() {
    vor();
    vor();
}

void rechtsUm() {
    linksUm();
    linksUm();
    linksUm();
}
```

8.6.2 Beispielprogramm 2

Aufgabe:

Gegeben sei das Hamster-Territorium in Abbildung 8.6. Der Hamster habe mindestens 31 Körner im Maul. Er soll auf allen Feldern jeweils genau ein Korn ablegen.

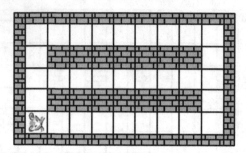

Abbildung 8.6: Hamster-Landschaft zu Beispielprogramm 2

Lösung:

```
void main() {

    // bearbeite die unterste Reihe
    bearbeiteEineReihe();

    // begib dich zur mittleren Reihe und bearbeite sie
    linksUm();
    vor();
    gibUndVor();
    linksUm();
    bearbeiteEineReihe();

    // bearbeite das Feld unter dir
    linksUm();
    vor();
    gib();
    kehrt();
    vor();

    // begib dich zur obersten Reihe und bearbeite sie
    vor()
    gibUndVor();
    rechtsUm();
    bearbeiteEineReihe();

    // bearbeite letztes Feld
    rechtsUm();
    vor();
    gib();
}
```

```
void bearbeiteEineReihe() {
    gibUndVor();
    gibUndVor();
    gibUndVor();
    gibUndVor();
    gibUndVor();
    gibUndVor();
    gibUndVor();
    gibUndVor();
    gib();
}

void gibUndVor() {
    gib();
    vor();
}

void kehrt() {
    linksUm();
    linksUm();
}

void rechtsUm() {
    kehrt();
    linksUm();
}
```

8.6.3 Beispielprogramm 3

Aufgabe:

Schauen Sie nochmal das Beispielprogramm 3 aus Kapitel 7.6.3 an: Der Hamster steht vor einem Berg, wie in Abbildung 8.7 skizziert. Er soll den Berg erklimmen. In Kapitel 7.6.3 wurde eine Lösung mit eingestreuten Kommentaren gegeben. Diese Kommentare werden nun in diesem Abschnitt durch Prozeduren mit entsprechenden Namen ersetzt.

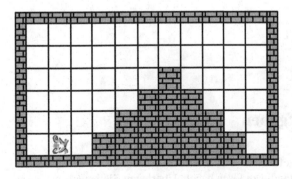

Abbildung 8.7: Hamster-Landschaft zu Beispielprogramm 3

Lösung:

```
void main() {
    laufeZumBerg();
    erklimmeErsteStufe();
    erklimmeZweiteStufe();
    erklimmeDritteStufe();
    erklimmeGipfel();
}

void laufeZumBerg() {
    vor();
}

void erklimmeErsteStufe() {
    erklimmeStufe();
}

void erklimmeZweiteStufe() {
    erklimmeStufe();
}

void erklimmeDritteStufe() {
    erklimmeStufe();
}

void erklimmeGipfel() {
    erklimmeStufe();
}

void erklimmeStufe() {
    linksUm();
    vor();
    rechtsUm();
    vor();
}

void rechtsUm() {
    linksUm();
    linksUm();
    linksUm();
}
```

8.7 Übungsaufgaben

Nun sind wieder Sie gefordert; denn in diesem Abschnitt werden Ihnen einige Hamster-Aufgaben gestellt, die sie selbstständig zu lösen haben. Überlegen Sie jeweils, wo es sinnvoll bzw. nützlich ist, Prozeduren zu definieren und aufzurufen.

Denken Sie sich darüber hinaus selbst weitere Hamster-Aufgaben aus und versuchen Sie, diese zu lösen. Viel Spaß!

8.7.1 Aufgabe 1

Erweitern Sie die Lösung von Beispielprogramm 1 aus Abschnitt 8.6.1 dahingehend, dass der Hamster die sechs eingesammelten Körner anschließend wieder auf die jeweiligen Kacheln zurücklegt.

8.7.2 Aufgabe 2

Ändern Sie die Lösung von Beispielprogramm 2 aus Abschnitt 8.6.2 dahingehend ab, dass der Hamster nur auf jeder zweiten Kachel ein Korn ablegt.

8.7.3 Aufgabe 3

Erweitern Sie die Lösung von Beispielprogramm 3 aus Abschnitt 8.6.3 dahingehend, dass der Hamster den Berg nicht nur erklimmt, sondern auf der anderen Seite wieder heruntersteigt.

8.7.4 Aufgabe 4

Erweitern Sie die Lösung von Beispielprogramm 3 aus Abschnitt 8.6.3 dahingehend, dass der Hamster den Berg nicht nur erklimmt, sondern auf **derselben** Seite wieder heruntersteigt.

8.7.5 Aufgabe 5

Gegeben sei das Hamster-Territorium in Abbildung 8.8 (links). Der Hamster soll in allen Feldern der beiden Diagonalen jeweils genau ein Korn ablegen, sodass nach Beendigung des Programms das Hamster-Territorium das in Abbildung 8.8 (rechts) skizzierte Erscheinungsbild aufweist. Er habe anfangs mindestens 8 Körner im Maul.

Abbildung 8.8: Hamster-Landschaft zu Aufgabe 5

8.7.6 Aufgabe 6

Die Aufgabe, die der Hamster diesmal zu lösen hat, ist dieselbe wie in Aufgabe 5: Der Hamster soll
in allen Feldern der beiden Diagonalen jeweils genau ein Korn ablegen. Allerdings sieht diesmal das
Hamster-Territorium so aus, wie in Abbildung 8.9 (links) skizziert. Der Hamster habe anfangs genau
9 Körner im Maul.

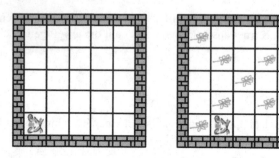

Abbildung 8.9: Hamster-Landschaft zu Aufgabe 6

8.7.7 Aufgabe 7

Der Hamster hat Schiffbruch erlitten und ist auf einer einsamen Insel gestrandet. Er hat zum Glück
noch 100 Körner dabei. Um Flugzeuge auf sich aufmerksam zu machen, will er aus den Körnern die
Buchstaben SOS ablegen (siehe Abbildung 8.10). Helfen Sie ihm dabei. Der Hamster steht anfangs
in der linken unteren Ecke des Territoriums mit Blickrichtung Ost.

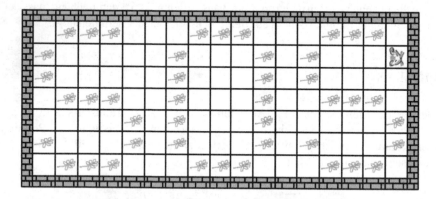

Abbildung 8.10: Hamster-Landschaft zu den Aufgaben 7 und 8

8.7.8 Aufgabe 8

Hurra! Der Hamster aus Aufgabe 7 hat Glück gehabt: Ein Flugzeug hat seine SOS-Körnerspur ge-
sichtet. Der Hamster möchte aber seine Körner nicht auf der Insel zurücklassen. Helfen Sie ihm
beim Aufsammeln der Körner.

8.7.9 Aufgabe 9

Der Hamster ist inzwischen dem Kindergartenalter entwachsen und endlich in die Schule gekommen. Dort stehen Rechnen, Lesen und Schreiben auf dem Stundenplan. Insbesondere die Mathematik-Lehrerin ist stolz auf den Hamster und seine Leistungen. Wie schnell der Kleine lernt! Sie hat ihm gezeigt, wie man aus Körnern die Ziffern 0 bis 4 zeichnen kann (siehe Abbildung 8.11). Nun will er dies natürlich üben. Lassen Sie ihn doch einfach mal ein paar Zahlen ins Territorium zeichnen, z.B. 43, 323 oder 11212.

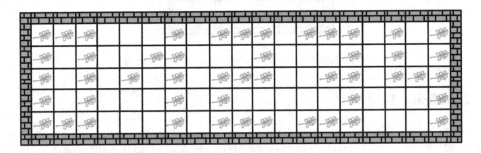

Abbildung 8.11: Ziffern aus Körnern

8.7.10 Aufgabe 10

Der Hamster steht mit 4 Körnern im Maul in dem in Abbildung 8.12 skizzierten Territorium, das einige Nischen aufweist. Er soll in den Nischen am unteren Rand des Territorium jeweils ein Korn ablegen.

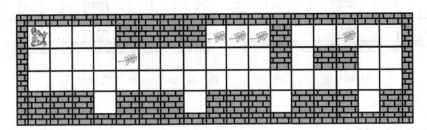

Abbildung 8.12: Hamster-Landschaft zu Aufgabe 10

8.7.11 Aufgabe 11

Mitten im Territorium steht ein mit Nischen versehener Mauernblock. Die Nischen sind windgeschützt, sodass dort ausgesprochen leckere Körner wachsen konnten (siehe Abbildung 8.13). Das hat der Hamster natürlich auch erfahren. Helfen Sie ihm, die Körner zu fressen.

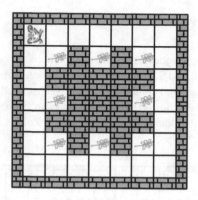

Abbildung 8.13: Hamster-Landschaft zu Aufgabe 11

8.7.12 Aufgabe 12

Es ist Weihnachten. Der Hamster steht daher in einem Weihnachtsterritorium mit einem Tannenbaum. Leider ist dieser noch ungeschmückt (siehe Abbildung 8.14 (links)). Helfen Sie dem Hamster,
den Baum zu schmücken, indem er auf jedem Ast ein Korn ablegt (siehe Abbildung 8.14 (rechts)).
Der Hamster hat dazu 7 Körner im Maul.

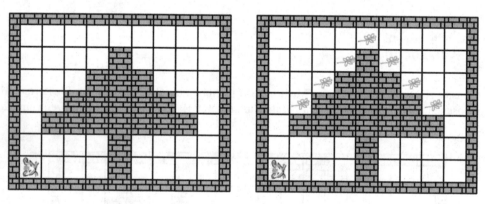

Abbildung 8.14: Hamster-Landschaft zu den Aufgaben 12 und 13

8.7.13 Aufgabe 13

Weihnachten ist vorbei. Daher will der Hamster den in Aufgabe 10 geschmückten Tannenbaum
wieder entschmücken. Zeigen Sie ihm, wie das geht. Ausgangsterritorium ist das in Abbildung 8.14
(rechts) skizzierte Territorium.

8.7.14 Aufgabe 14

Vom vielen Körnerfressen ist der Hamster doch recht dick geworden und sein Arzt hat ihm geraten,
Sport zu treiben. Diesen Ratschlag hat der Hamster befolgt und sich sogar für die Olympischen

Spiele qualifizieren können, und zwar im 110 Meter Hürdenlauf. Nun ist er fleißig am Trainieren. Zur Belohnung und zum Ansporn hat er sich am Ende des Parcours ein „Diät-Korn" hingelegt. Lassen Sie den Hamster in Abbildung 8.15 die Hürden überqueren und das Korn fressen.

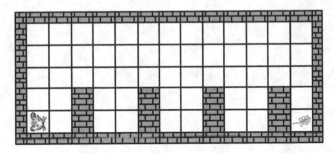

Abbildung 8.15: Hamster-Landschaft zu Aufgabe 14

Kapitel 9
Auswahlanweisungen

Auswahlanweisungen ermöglichen die wahlweise bzw. alternative Ausführung von Anweisungen unter bestimmten Bedingungen. Als Grundlage für die Einführung von Auswahlanweisungen wird in Abschnitt 1 dieses Kapitels zunächst der Befehlsvorrat des Hamsters um drei sogenannte *Testbefehle* erweitert. Abschnitt 2 führt boolesche Operatoren und Ausdrücke in die Hamster-Sprache ein. In den Abschnitten 3 und 4 werden die Blockanweisung bzw. die Leeranweisung vorgestellt. Die zwei Typen von Auswahlanweisungen der Hamster-Sprache werden dann in den Abschnitten 5 (bedingte Anweisung) und 6 (Alternativanweisung) erläutert. Anschließend folgen in Abschnitt 7 einige Beispielprogramme, an denen der Einsatz der Auswahlanweisungen verdeutlicht wird, und in Abschnitt 8 werden einige Übungsaufgaben gestellt, die nur durch den Einsatz von Auswahlanweisungen gelöst werden können.

9.1 Testbefehle

Mit dem Grundvorrat von vier Befehlen (vor();, linksUm();, gib(); und nimm();) sind Sie in der Lage, den Hamster über das Kornfeld zu steuern und Körner aufnehmen bzw. ablegen zu lassen. Wir haben dabei gesehen, dass es Situationen gibt, die dem Hamster gar nicht gefallen:

- wenn der Hamster vor einer Mauer steht und Sie ihm den Befehl vor(); geben,
- wenn der Hamster keine Körner im Maul hat, er aber aufgrund Ihres Befehls gib(); eines ablegen soll und
- wenn der Hamster mittels des Befehls nimm(); ein Korn aufnehmen soll, aber auf dem Feld, auf dem er sich gerade befindet, gar keines liegt.

Wenn Sie den Hamster in diese für ihn unlösbaren Situationen bringen, dann ist der Hamster derart von Ihnen enttäuscht, dass er im Folgenden nicht mehr bereit ist, weitere Befehle auszuführen. Es tritt ein Laufzeitfehler auf. Um zu vermeiden, dass der Hamster in diese Situationen gelangt, werden nun drei sogenannte *Testbefehle* eingeführt. Testbefehle liefern boolesche Werte, also wahr (true) oder falsch (false):

- vornFrei()
- maulLeer()
- kornDa()

9.1.1 Syntax

Die genaue Syntax der drei Testbefehle des Hamster-Modells wird in Abbildung 9.1 dargestellt. Hinter dem eigentlichen Namen eines Testbefehls folgt eine öffnende und eine schließende runde Klammer. Im Unterschied zu den Grundbefehlen fehlt das abschließende Semikolon.

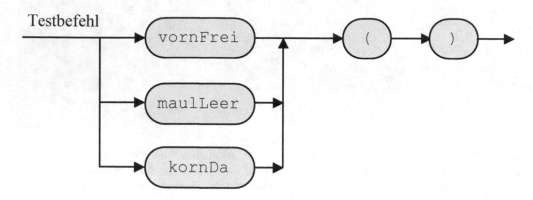

Abbildung 9.1: Syntaxdiagramm: Hamster-Testbefehl

9.1.2 Semantik

Die drei Testbefehle der Hamster-Sprache haben die folgende Bedeutung:

- `vornFrei()`: Liefert den Wert `true`, falls sich auf der Kachel in Blickrichtung vor dem Hamster keine Mauer befindet. Ist die Kachel durch eine Mauer blockiert, dann wird der Wert `false` geliefert.

- `maulLeer()`: Liefert den Wert `false`, falls der Hamster ein oder mehrere Körner im Maul hat. Befinden sich keine Körner im Maul des Hamsters, dann wird der Wert `true` geliefert.

- `kornDa()`: Liefert den Wert `true`, falls auf der Kachel, auf der der Hamster gerade steht, ein oder mehrere Körner liegen. Befindet sich kein Korn auf der Kachel, dann wird der Wert `false` geliefert.

Beachten Sie, dass die Ausführung von Testbefehlen zunächst keine unmittelbare Auswirkung auf den Zustand des Kornfeldes hat.

9.1.3 Gestaltungskonventionen

Auch wenn Sie es prinzipiell dürfen, fügen Sie bitte zwischen dem Namen des Testbefehls und der öffnenden runden Klammer sowie zwischen den beiden runden Klammern kein Leerzeichen ein.

9.1.4 Beispiele

Schauen Sie sich Abbildung 9.2 an. Wird dem Hamster in der in der Abbildung links dargestellten Situation der Testbefehl `vornFrei()` gegeben, dann liefert der Testbefehl den booleschen Wert `true`. Dahingegen hat ein Aufruf des Testbefehls `vornFrei()` in der im rechten Teil der Abbildung skizzierten Situation die Rückgabe des Wertes `false` zur Folge.

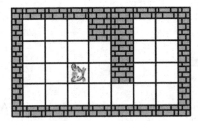 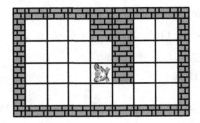

Abbildung 9.2: Testbefehle

9.1.5 Sinn und Zweck

Mit Hilfe der drei Testbefehle lassen sich die drei gefährlichen Situationen nun vorherbestimmen, wodurch entsprechende Fehler vermieden werden können:

- Nur wenn die Kachel vor ihm frei ist, darf der Hamster nach vorne hüpfen, d.h. nur wenn der Testbefehl `vornFrei()` den Wert `true` liefert, darf der Befehl `vor();` ausgeführt werden.

- Nur wenn der Hamster ein Korn im Maul hat, darf er auch eines ablegen, d.h. nur wenn der Testbefehl `maulLeer()` den Wert `false` liefert, darf der Befehl `gib();` ausgeführt werden.

- Nur wenn sich auf der Kachel, auf der der Hamster gerade steht, ein Korn befindet, darf er auch eines aufnehmen, d.h. nur wenn der Testbefehl `kornDa()` den Wert `true` liefert, darf der Befehl `nimm();` ausgeführt werden.

Wie sich diese Sprachkonstrukte zum Abfragen einer bestimmten Situation in der Hamster-Sprache formulieren lassen, wird in Abschnitt 9.5 behandelt. Zuvor werden wir im nächsten Abschnitt lernen, wie sich Testbefehle mit Hilfe von booleschen Operatoren verknüpfen lassen. Des Weiteren werden zwei neue Typen von Anweisungen eingeführt.

9.2 Boolesche Operatoren und Ausdrücke

In Kapitel 5 haben Sie die boolesche Logik kennengelernt. Sie wissen, was Aussagen bzw. boolesche Ausdrücke sind, dass Aussagen Wahrheitswerte liefern und wie sich Aussagen mit Hilfe der Konjunktion, Disjunktion und Negation verknüpfen lassen. Die drei Testbefehle `vornFrei()`, `kornDa()` und `maulLeer()` stellen Aussagen in der Hamster-Sprache dar, d.h. abhängig von der Situation, in der sich der Hamster gerade befindet, liefern sie den Wert `true` oder `false`.

Darüber hinaus sind in diesem Zusammenhang die beiden Wörter `true` und `false` der Hamster-Sprache von Bedeutung. Diese beiden sogenannten *booleschen Literale* repräsentieren spezielle boolesche Ausdrücke: Das boolesche Literal „true" liefert immer den Wahrheitswert `true`, das boolesche Literal „false" liefert immer den Wahrheitswert `false`.

Für die Konjunktion, Disjunktion und Negation von booleschen Ausdrücken, d.h. insbesondere der drei Testbefehle, stellt die Hamster-Sprache die folgenden drei booleschen Operatoren zur Verfügung:

- `!` für die Negation,

- && für die Konjunktion und
- || für die Disjunktion.

9.2.1 Syntax

Die genaue Syntax boolescher Operatoren und Ausdrücke der Hamster-Sprache wird in Abbildung 9.3 dargestellt.

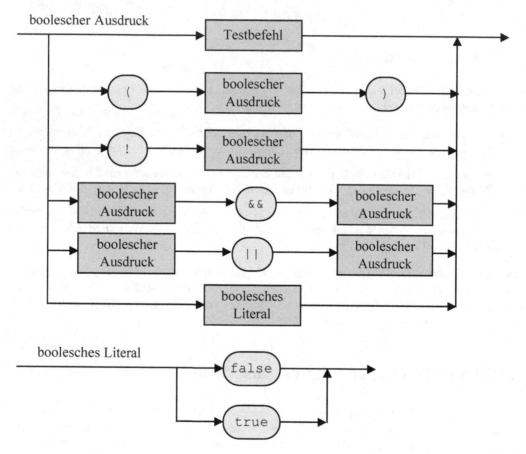

Abbildung 9.3: Syntaxdiagramm: boolescher Ausdruck

Wie Sie in den Syntaxdiagrammen sehen, ist ! ein monadischer Operator, && und || sind dyadische Operatoren. Beachten Sie, dass die Zeichenfolgen && und || nicht durch Trennzeichen unterbrochen werden dürfen. Beachten Sie weiterhin, dass auch die drei Testbefehle boolesche Ausdrücke darstellen.

9.2.2 Semantik

Die Ausführung boolescher Ausdrücke hat zunächst keine Auswirkungen auf den Zustand der aktuellen Situation. Boolesche Ausdrücke ermitteln ausschließlich Wahrheitswerte, und zwar gemäß der folgenden Regeln. Dabei seien bA, bA1 und bA2 jeweils Platzhalter für beliebige boolesche Ausdrücke:

- Der Operator ! negiert den Wahrheitswert seines Operanden, d.h. er dreht ihn um. Liefert ein boolescher Ausdruck bA den Wert true, dann liefert der boolesche Ausdruck !bA den Wert false. Umgekehrt, liefert bA den Wert false, dann liefert !bA den Wert true.

- Der Operator && konjugiert den Wahrheitswert seiner beiden Operanden, d.h. er liefert genau dann den Wahrheitswert true, wenn beide Operanden den Wert true liefern. Liefern zwei boolesche Ausdrücke bA1 und bA2 beide den Wert true, dann liefert auch der boolesche Ausdruck bA1 && bA2 den Wert true. Liefert einer oder liefern beide Ausdrücke bA1 oder bA2 den Wert false, dann liefert bA1 && bA2 den Wert false.

- Der Operator || disjungiert den Wahrheitswert seiner beiden Operanden, d.h. er liefert genau dann den Wahrheitswert true, wenn einer der beiden oder beide Operanden den Wert true liefern. Liefert einer der beiden booleschen Ausdrücke bA1 und bA2 oder liefern beide den Wert true, dann liefert auch der boolesche Ausdruck bA1 || bA2 den Wert true. Liefern beide Ausdrücke bA1 oder bA2 den Wert false, dann liefert bA1 || bA2 den Wert false.

- Mit Hilfe der runden Klammern können Sie die Priorität der Operatoren beeinflussen. Ansonsten haben Klammern keine Bedeutung, was die Wertlieferung von booleschen Ausdrücken betrifft.

9.2.3 Gestaltungskonventionen

Zwischen dem Negationsoperator und dem zu negierenden Ausdruck sollte kein Leerzeichen eingefügt werden. Vor und hinter dem Konjunktions- und dem Disjunktionsoperator sollte ein Leerzeichen stehen.

9.2.4 Beispiele

Beispiele für syntaktisch korrekte boolesche Ausdrücke sind:

1. true (boolesches Literal)

2. vornFrei() (Testbefehl)

3. !maulLeer() (Negation)

4. vornFrei() && maulLeer() (Konjunktion)

5. vornFrei() || kornDa() (Disjunktion)

Schauen Sie sich nun Abbildung 9.4 (links) an. Auf jedem nicht durch eine Mauer blockierten Feld liege mindestens ein Korn. Der Hamster hat keine Körner im Maul. Bezüglich der Situation in Abbildung 9.4 (links) liefern die obigen Ausdrücke die folgenden Werte:

1. true: true

2. vornFrei(): true

3. !maulLeer(): false

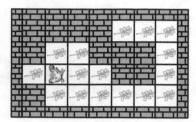 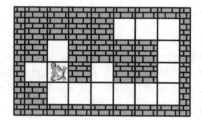

Abbildung 9.4: Auswirkung von booleschen Ausdrücken

4. `vornFrei() && maulLeer()`: true

5. `vornFrei() || kornDa()`: true

Bezüglich der in Abbildung 9.4 (rechts) dargestellten Situation (auf keinem Feld liegt ein Korn; der Hamster hat zwei Körner im Maul) liefern die obigen Ausdrücke die folgenden Werte:

1. `true`: true

2. `vornFrei()`: false

3. `!maulLeer()`: true

4. `vornFrei() && maulLeer()`: false

5. `vornFrei() || kornDa()`: false

Die Konjunktion, Disjunktion und Negation von Testbefehlen stellen selbst wieder boolesche Ausdrücke dar, d.h. auch folgende Konstrukte sind syntaktisch korrekte boolesche Ausdrücke, wie Sie anhand der Syntaxdiagramme in Abbildung 9.3 verifizieren können:

1. `vornFrei() && !maulLeer()`

2. `!(vornFrei() && kornDa())`

3. `vornFrei() || !vornFrei() && !maulLeer()`

4. `vornFrei() && !kornDa() && maulLeer()`

5. `!!!vornFrei() || (((maulLeer())))`

Bezüglich der in Abbildung 9.4 (links) dargestellten Situation liefern diese Ausdrücke die folgenden Werte. Bevor Sie nachprüfen, ob die Lösungen korrekt sind, müssen Sie zunächst den folgenden Abschnitt 9.2.5 über Eigenschaften der booleschen Operatoren lesen:

1. `vornFrei() && !maulLeer()`: false

2. `!(vornFrei() && kornDa())`: false

3. `vornFrei() || !vornFrei() && !maulLeer()`: true

4. `vornFrei() && !kornDa() && maulLeer()`: false

5. `!!!vornFrei() || (((maulLeer())))`: true

Bezüglich der in Abbildung 9.4 (rechts) dargestellten Situation liefern die obigen Ausdrücke die folgenden Werte:

1. `vornFrei() && !maulLeer()`: false

2. `!(vornFrei() && kornDa())`: true

3. `vornFrei() || !vornFrei() && !maulLeer()`: true

4. `vornFrei() && !kornDa() && maulLeer()`: false

5. `!!!vornFrei() || (((maulLeer())))`: true

9.2.5 Eigenschaften

Für die korrekte Verwendung boolescher Ausdrücke ist es notwendig, die Priorität, Assoziativität und Auswertungsreihenfolge der booleschen Operatoren zu kennen.

9.2.5.1 Priorität

Von den drei booleschen Operatoren hat der Negationsoperator ! die höchste, der Konjunktionsoperator && die zweithöchste und der Disjunktionsoperator || die niedrigste Priorität. Durch Klammersetzung (runde Klammern) kann die Priorität beeinflusst werden, d.h. in runde Klammern eingeschlossene boolesche Ausdrücke werden immer zuerst berechnet.

Im booleschen Ausdruck `!maulLeer() || vornFrei() && kornDa()` wird daher zunächst der Wert des Testbefehls `maulLeer()` ermittelt. Dieser wird negiert. Anschließend wird der Wert des Testbefehls `vornFrei()` ermittelt. Dieser Wert wird mit dem Wert des Testbefehls `kornDa()` konjugiert. Zum Schluss wird der zuerst ermittelte Wert mit diesem Wert disjungiert. Der boolesche Ausdruck ist also äquivalent mit dem Ausdruck `(!maulLeer()) || (vornFrei() && kornDa())`.

Im booleschen Ausdruck `!(kornDa() && maulLeer())` wird aufgrund der Klammersetzung zunächst die Konjunktion der Werte der booleschen Ausdrücke `kornDa()` und `maulLeer()` ermittelt und dieser Wert dann negiert.

9.2.5.2 Assoziativität

Alle drei booleschen Operatoren sind linksassoziativ. Der Ausdruck `kornDa() || vornFrei() || maulLeer()` ist daher äquivalent zu `(kornDa() || vornFrei()) || maulLeer()`, d.h. es wird zunächst der Wert von `kornDa()` ermittelt und disjunktiv mit dem Wert von `vornFrei()` verknüpft. Dieser Wert wird anschließend mit dem Wert von `maulLeer()` disjungiert.

9.2.6 Auswertungsreihenfolge

Der Hamster ist ein sehr faules Lebewesen, d.h. er erspart sich unnötige Tests. Stellen Sie sich vor, der Hamster soll den Wert des booleschen Ausdrucks `vornFrei() || kornDa()` ermitteln. Bisher sind wir davon ausgegangen, dass er zunächst den Wert des Testbefehls `vornFrei()` und anschließend den Wert des Testbefehls `kornDa()` ermittelt und diese beiden Werte disjungiert. Stellen Sie sich nun vor, der Testbefehl `vornFrei()` liefert den Wert true. Gemäß der Wahrheitstabelle liefert dann aber die Disjunktion unabhängig von dem Wert des Testbefehls `kornDa()` den Wert true.

Also kann sich der Hamster die Ermittlung des Wertes des Testbefehls kornDa() ersparen, was er auch tut.

Ähnlich verhält es sich mit der Konjunktion. Liefert der Testbefehl vornFrei() den Wert false, dann kann sich der Hamster bei der Auswertung des Ausdrucks vornFrei() && (!kornDa() || maulLeer()) die Berechnung der anderen Operationen sparen, weil der boolesche Gesamtausdruck auf jeden Fall den Wert false liefert.

Im Moment spielt die Auswertungsreihenfolge boolescher Ausdrücke für Ihre Hamster-Programme noch keine Rolle, aber in Kapitel 11.5 werden wir Situationen kennenlernen, wo der Beachtung dieser Auswertungsreihenfolge eine große Bedeutung zukommt. Insbesondere gilt daher in der Hamster-Sprache für boolesche Operatoren das Kommutativgesetz nur, was die Wertlieferung betrifft.

Zusammengefasst lassen sich folgende Regeln definieren. Dabei seien p und q Platzhalter für beliebige boolesche Ausdrücke:

- Im Ausdruck p && q wird der Wert des Teilausdrucks q nur dann ermittelt, wenn der Teilausdruck p den Wert true liefert. In diesem Fall liefert der Gesamtausdruck den Wert von q. Liefert p den Wert false, dann liefert der Gesamtausdruck unmittelbar den Wert false.

- Im Ausdruck p || q wird der Wert des Teilausdrucks q nur dann ermittelt, wenn der Teilausdruck p den Wert false liefert. In diesem Fall liefert der Gesamtausdruck den Wert von q. Liefert p den Wert true, dann liefert der Gesamtausdruck unmittelbar den Wert true.

9.3 Blockanweisung

Mit Hilfe der Blockanweisung lassen sich mehrere Anweisungen zu einer Einheit zusammenfassen. In Kapitel 13 werden weitere Eigenschaften der Blockanweisung angeführt.

Wir haben die Blockanweisung bereits in Kapitel 8 kennengelernt. Prozedurrümpfe werden nämlich immer in Form einer Blockanweisung gebildet. Sie fasst die Anweisungen zusammen, die beim Aufruf der Prozedur ausgeführt werden sollen.

9.3.1 Syntax

Syntaktisch gesehen handelt es sich bei einer Blockanweisung um eine zusammengesetzte Anweisung. Innerhalb von geschweiften Klammern steht eine Anweisungssequenz. Abbildung 9.5 skizziert die genaue Syntax der Blockanweisung und erweitert das Syntaxdiagramm „Anweisung" aus Abbildung 8.3.

9.3.2 Gestaltungskonventionen

Für eine bessere Übersichtlichkeit sollten Sie sich angewöhnen, die öffnende und die schließende geschweifte Klammer einer Blockanweisung jeweils in einer separaten Zeile und in derselben Spalte zu platzieren und die (inneren) Anweisungen der Blockanweisung um vier Spalten nach rechts einzurücken, wie im obigen Beispiel.

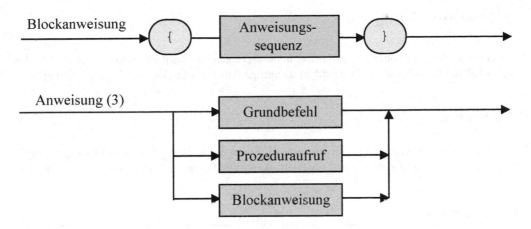

Abbildung 9.5: Syntaxdiagramm: Blockanweisung

9.3.3 Semantik

Beim Ausführen einer Blockanweisung wird die innerhalb der geschweiften Klammern stehende Anweisung ausgeführt. Eine weitere Auswirkung auf den Programmablauf hat die Blockanweisung nicht.

9.3.4 Beispiele

Das folgende Beispiel zeigt ein Hamster-Programm, in dem Blockanweisungen zur Strukturierung eingesetzt werden.

```
void main() {
    linksUm();
    {
        nimm();
        linksUm();
    }
    { // vier vor
        { // zwei vor
            vor();
            vor();
        }
        { // zwei vor
            vor();
            vor();
        }
    }
    {
        gib();
        linksUm();
    }
}
```

9.4 Leeranweisung

Wir werden später Situationen kennenlernen, in denen es ganz nützlich ist, Anweisungen zur Verfügung zu haben, die nichts tun bzw. bewirken. Derartige Anweisungen sind die Leeranweisungen.

9.4.1 Syntax

Syntaktisch werden Leeranweisungen durch ein einzelnes Semikolon gebildet. Abbildung 9.6 stellt die Syntax der Leeranweisung dar und erweitert das Syntaxdiagramm „Anweisung" aus Abbildung 9.5.

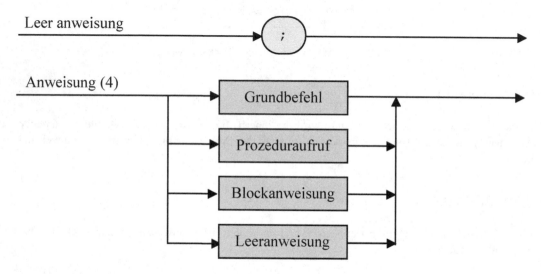

Abbildung 9.6: Syntaxdiagramm: Leeranweisung

9.4.2 Semantik

Leeranweisungen haben keinerlei Auswirkungen auf den Programmablauf.

9.4.3 Beispiele

Im folgenden Beispielprogramm sind wahllos ein paar Leeranweisungen eingestreut.

```
void main() {
    gib(); ;
    {
        ;vor();
    };;
    ;; linksUm();
}
```

Beachten Sie, dass Leeranweisungen (spezielle) Anweisungen sind und daher überall dort (aber auch *nur* dort!) eingesetzt werden dürfen, wo Anweisungen auftreten dürfen. Insbesondere ist es syntaktisch nicht erlaubt, ein Semikolon hinter einen Prozedurrumpf zu platzieren, wie im folgenden Beispiel:

```
void main() {
    vor();
    nimm();
    vor();
    rechtsUm();
    vor();
    linksUm();
    vor();
    gib();
}; // <- syntaktischer Fehler!

void rechtsUm() {
    linksUm();
    linksUm();
    linksUm();
}
```

9.5 Bedingte Anweisung

Wo und wie lassen sich Testbefehle bzw. boolesche Ausdrücke im Hamster-Modell nun benutzen? Wir hatten in Abschnitt 9.1.5 gesehen, dass sich mit Hilfe der Testbefehle gefährliche Situationen vorherbestimmen und umgehen lassen. Beispielsweise soll der Befehl vor(); nur dann ausgeführt werden, wenn der Testbefehl vornFrei() den Wert true liefert. Zur syntaktischen Formulierung dieser *nur wenn ..., dann ...* Beziehung existiert in der Hamster-Sprache die sogenannte *bedingte Anweisung*. Wie der Name schon aussagt, soll in einer bedingten Anweisung eine bestimmte Anweisung nur unter einer bestimmten Bedingung ausgeführt werden.

9.5.1 Syntax

Die bedingte Anweisung, die auch *if-Anweisung* genannt wird, ist eine zusammengesetzte Anweisung, deren genaue Syntax in Abbildung 9.7 definiert wird. Die bedingte Anweisung wird eingeleitet durch das Schlüsselwort if. Anschließend folgt innerhalb eines runden Klammernpaares ein boolescher Ausdruck und danach eine Anweisung, die auch als *true-Anweisung* bezeichnet wird. Abbildung 9.7 erweitert weiterhin das Syntaxdiagramm „Anweisung" aus Abbildung 9.6.

9.5.2 Gestaltungskonventionen

Gewöhnen Sie es sich an, die true-Anweisung möglichst in Form einer Blockanweisung zu realisieren, selbst dann, wenn diese nur eine einzelne Anweisung umschließt. Dadurch können bestimmte Fehler vermieden werden, wie wir noch sehen werden.

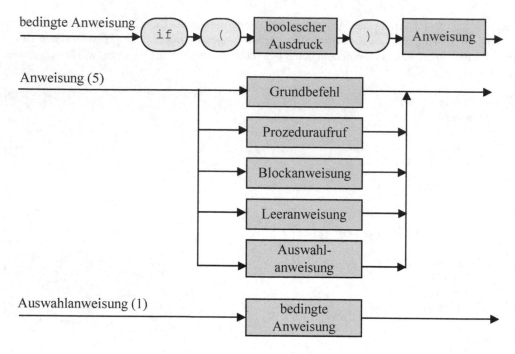

Abbildung 9.7: Syntaxdiagramm: Bedingte Anweisung

Platzieren Sie das Schlüsselwort `if` und die runden Klammern mit dem booleschen Ausdruck zusammen in eine Zeile. Handelt es sich bei der true-Anweisung um eine Blockanweisung setzen Sie die öffnende geschweifte Klammer der Blockanweisung ebenfalls noch in diese Zeile. Rücken Sie die Anweisungen, die die Blockanweisung umschließt, um jeweils vier Spalten nach rechts ein. Platzieren Sie die schließende geschweifte Klammer der Blockanweisung unter das „i" des Schlüsselwortes `if`.

Fügen Sie hinter dem `if` und hinter der schließenden runden Klammer des booleschen Ausdrucks ein Leerzeichen ein.

Handelt es sich bei der true-Anweisung nicht um eine Blockanweisung, platzieren Sie die Anweisung bitte um vier Spalten nach rechts eingerückt in eine neue Zeile.

9.5.3 Semantik

Es wird zunächst, wie in Abschnitt 9.2 beschrieben, der boolesche Ausdruck innerhalb der runden Klammern ausgewertet. Falls dieser Ausdruck den Wert `true` liefert, d.h. die Bedingung erfüllt ist, wird die true-Anweisung (daher der Name) ausgeführt. Liefert der boolesche Ausdruck den Wert `false`, dann wird die true-Anweisung nicht ausgeführt.

9.5.4 Beispiele

Folgende Anweisungen sind syntaktisch korrekte bedingte Anweisungen:

```
// bedingte Anweisung 1
if (vornFrei()) {
    vor();
}

// bedingte Anweisung 2
if (kornDa() && vornFrei()) {
    nimm();
    vor();
}

// bedingte Anweisung 3
if (kornDa())
    if (vornFrei()) {
        nimm();
        vor();
    }
```

Bezüglich der Hamster-Landschaft in Abbildung 9.8 (links) wird der Hamster, wenn die bedingte Anweisung (1) ausgeführt wird, den Befehl vor(); ausführen, da der Testbefehl vornFrei() den Wert true liefert. Anders ist dies bezüglich der Situation in Abbildung 9.8 (rechts). Hier wird der Hamster bei Ausführung von Anweisung (1) nichts tun, da der Testbefehl den Wert false liefert.

Liegt auf der Kachel, auf der sich der Hamster in Abbildung 9.8 (links) befindet, ein Korn, dann wird der Hamster bei Aufruf der bedingten Anweisung (2) die Blockanweisung ausführen, da der boolesche Ausdruck den Wert true liefert, d.h. er wird ein Korn fressen und anschließend eine Kachel nach vorne hüpfen.

Die bedingte Anweisung 3 ist zur bedingten Anweisung 2 semantisch äquivalent, d.h. die beiden Anweisungen bewirken dasselbe. Anweisung 3 nutzt aus, dass die bedingte Anweisung selbst wieder eine Anweisung ist, also auch selbst wieder als true-Anweisung in einer bedingten Anweisung auftreten darf.

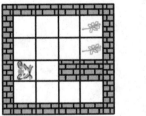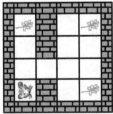

Abbildung 9.8: Bedingte Anweisung

9.5.5 Anmerkungen

Auch wenn es sich bei der true-Anweisung einer bedingten Anweisung um eine einzelne Anweisung handelt, sollten Sie sich angewöhnen, die Blockanweisung zu nutzen, um Fehlern vorzubeugen. Schauen Sie sich das folgende Beispiel an:

```
if (kornDa ()) 
    nimm ();
    vor ();
```

Durch die Einrückung wird suggeriert, dass die true-Anweisung durch die beiden Befehle nimm ();
und vor (); gebildet wird. Das ist aber nicht korrekt. Vielmehr handelt es sich bei dieser Anweisung
um eine Anweisungssequenz, die aus einer bedingten Anweisung if (kornDa ()) nimm (); und
der Anweisung vor (); besteht, d.h. nur die Anweisung nimm (); bildet die true-Anweisung der
bedingten Anweisung, der Befehl vor (); wird immer ausgeführt. Um solchen unter Umständen
fehlerhaften Situationen vorzubeugen, die häufig dann entstehen, wenn nachträglich Anweisungen
ins Programm einfügt werden, empfiehlt sich der konsequente Einsatz der Blockanweisung zur Bildung der true-Anweisung.

```
if (kornDa ()) {
    nimm ();
    vor ();
}
```

In diesem Beispiel bildet die Blockanweisung die true-Anweisung.

9.5.6 „Sichere" Grundbefehle

Mit Hilfe der bedingten Anweisung lassen sich die Grundbefehle nun „sicher" machen. Dazu müssen
Sie nur die folgenden drei Prozeduren definieren und anstelle der entsprechenden Grundbefehle im
Programm verwenden:

```
void sicheresVor () {
    if (vornFrei ()) {
        vor ();
    }
}

void sicheresNimm () {
    if (kornDa ()) {
        nimm ();
    }
}

void sicheresGib () {
    if (!maulLeer ()) {
        gib ();
    }
}
```

9.6 Alternativanweisung

Die bedingte Anweisung ermöglicht die optionale Ausführung einer Anweisung unter einer bestimmten Bedingung. In diesem Abschnitt wird die bedingte Anweisung durch die Alternativanweisung – auch Fallunterscheidung oder Verzweigung genannt – erweitert. Bei der Alternativanweisung können Sie nicht nur angeben, dass eine bestimmte Anweisung nur bedingt ausgeführt werden soll, sondern Sie können auch eine alternative Anweisung ausführen lassen, wenn die Bedingung nicht erfüllt ist.

9.6.1 Syntax

Die Alternativanweisung ist eine bedingte Anweisung mit einem angehängten sogenannten *else-Teil*. Dieser besteht aus dem Schlüsselwort `else` und einer Anweisung. Die Anweisung einer Alternativanweisung, die ausgeführt wird, wenn der boolesche Ausdruck den Wert `true` liefert, wird im Folgenden auch *true-Anweisung* und die Anweisung des *else*-Teils dementsprechend *false-Anweisung* genannt. Die genaue Syntax der Alternativanweisung können Sie Abbildung 9.9 entnehmen. Die Alternativanweisung ist wie die bedingte Anweisung eine Auswahlanweisung. Deshalb wird in Abbildung 9.9 das Syntaxdiagramm „Auswahlanweisung" aus Abbildung 9.7 erweitert. Auch für die Alternativanweisung wird der Begriff *if-Anweisung* verwendet.

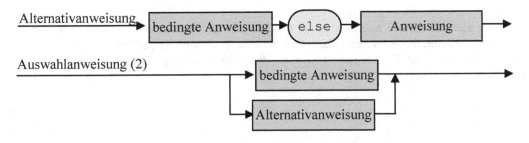

Abbildung 9.9: Syntaxdiagramm: Alternativanweisung

9.6.2 Gestaltungskonventionen

Gewöhnen Sie es sich wie bei der true-Anweisung an, auch die false-Anweisung einer if-Anweisung in Form einer Blockanweisung zu realisieren. Platzieren Sie in diesem Fall die schließende geschweifte Klammer der true-Anweisung, das Schlüsselwort `else` sowie die öffnende geschweifte Klammer der false-Anweisung in eine Zeile. Fügen Sie vor und hinter dem `else` ein Leerzeichen ein. Rücken Sie die Anweisungen, die die Blockanweisung umschließt, um jeweils vier Spalten nach rechts ein. Platzieren Sie die schließende geschweifte Klammer der Blockanweisung unter das „i" des Schlüsselwortes `if`.

Handelt es sich bei der false-Anweisung nicht um eine Blockanweisung, platzieren Sie die Anweisung bitte um vier Spalten nach rechts eingerückt in eine neue Zeile. Ausnahme: Die false-Anweisung ist selbst wieder eine if-Anweisung. In diesem Fall sollte die if-Anweisung durch ein Leerzeichen getrennt in derselben Zeile beginnen, in der das `else` steht. Den letzten Fall bezeichnet man auch als *geschachtelte if-Anweisung*.

9.6.3 Semantik

Wird eine Alternativanweisung ausgeführt, dann wird zunächst der Wert der Bedingung (boolescher Ausdruck) ermittelt. Ist die Bedingung erfüllt, d.h. liefert der boolesche Ausdruck den Wert true, dann wird die true-Anweisung nicht aber die false-Anweisung ausgeführt; liefert der boolesche Ausdruck den Wert false, dann wird die false-Anweisung nicht aber die true-Anweisung ausgeführt.

9.6.4 Beispiele

Die folgenden Beispiele sollen die Alternativanweisung verdeutlichen.

```
// Beispiel 1
if (vornFrei()) {
    vor();
} else {
    linksUm();
}
```

Steht der Hamster bei der Ausführung von Beispiel 1 nicht vor einer Mauer, d.h. der Testbefehl vornFrei() liefert den Wert true, dann wird die true-Anweisung ausgeführt: Der Hamster hüpft eine Kachel nach vorne. Steht er jedoch vor einer Mauer, dann wird die false-Anweisung ausgeführt: Der Hamster dreht sich um 90 Grad nach links.

```
// Beispiel 2a
if (maulLeer())
    ;
else
    gib();
linksUm();
```

```
// Beispiel 2b
if (!maulLeer()) {
    gib();
}
linksUm();
```

In Beispiel 2a wird die true-Anweisung durch eine Leeranweisung gebildet, d.h. hat der Hamster kein Korn im Maul, so passiert nichts. Der else-Teil enthält den gib();-Befehl, d.h. hat der Hamster ein Korn im Maul, so legt er eines ab. Der linksUm();-Befehl gehört nicht mehr zur Alternativanweisung und wird in beiden Fällen ausgeführt. Beispiel 2a ist zwar syntaktisch korrekt, statt der Verwendung der Leeranweisung sollte jedoch sinnvollerweise die Bedingung negiert werden, wie in Beispiel 2b. Beispiel 2b ist semantisch äquivalent zu Beispiel 2a, d.h. die beiden Beispiele haben exakt dieselben Auswirkungen.

```
// Beispiel 3
if (vornFrei()) {
    vor();
} else if (kornDa()) {
    nimm();
} else if (!maulLeer()) {
    gib();
} else {
    linksUm();
}
```

Beispiel 3 demonstriert eine geschachtelte if-Anweisung, d.h. die false-Anweisung ist wiederum eine if-Anweisung. Wenn der Testbefehl vornFrei() den Wert true liefert, dann wird die true-Anweisung, also der Befehl vor(); ausgeführt, und das Beispiel ist beendet. Wenn die Kachel vor dem Hamster allerdings durch eine Mauer blockiert ist, d.h. die Auswertung der ersten Bedingung den Wert false ergibt, dann wird die false-Anweisung ausgeführt. Hierbei handelt es sich wieder um eine if-Anweisung. Liefert der Testbefehl kornDa() den Wert true, dann wird der Befehl nimm(); als true-Anweisung ausgeführt, und das Beispiel ist beendet. Liefert jedoch auch diese zweite Bedingung den Wert false, dann wird der zweite else-Teil „aktiv". Wiederum handelt es sich bei der false-Anweisung um eine if-Anweisung. Liefert der boolesche Ausdruck !maulLeer den Wert true, dann legt der Hamster ein Korn ab, ansonsten dreht er sich um 90 Grad nach links. Insgesamt lässt sich feststellen, dass der Hamster unabhängig von der Situation, in der er sich gerade befindet, beim Aufruf von Beispiel 3 immer genau einen Grundbefehl ausführt.

```
// Beispiel 4a
if (vornFrei())
if (kornDa())
    nimm();
else
    vor();
```

```
// Beispiel 4b
if (vornFrei()) {
    if (kornDa())
        nimm();
} else
    vor();
```

```
// Beispiel 4c
if (vornFrei()) {
    if (kornDa()) {
        nimm();
    } else {
        vor();
    }
}
```

Beispiel 4a ist auf den ersten Blick mehrdeutig: Es ist nicht klar, ob der else-Teil zum ersten if oder zum zweiten `if` gehört. Dieses ist jedoch in der Hamster-Sprache eindeutig definiert: In geschachtelten Auswahlanweisungen gehört ein else-Teil immer zum innersten `if`.

In Beispiel 4a bildet der else-Teil also den else-Teil der `kornDa()`- und nicht der `vornFrei()`-Bedingung. Die Anweisung in Beispiel 4a ist eine bedingte Anweisung, deren true-Anweisung durch eine Alternativanweisung gebildet wird. Ist die Kachel vor dem Hamster blockiert, d.h. der boolesche Ausdruck `vornFrei()` liefert den Wert `false`, dann ist das Beispiel beendet. Wird dagegen der Wert `true` ermittelt, dann wird die (innere) Alternativanweisung ausgeführt.

Soll der else-Teil nicht zum inneren, sondern zu einem äußeren `if` gehören, so müssen Klammern verwendet werden, wie in Beispiel 4b. Die Anweisung in Beispiel 4b ist eine Alternativanweisung, deren true-Anweisung aus einer Blockanweisung besteht, die eine bedingte Anweisung enthält.

Um Missverständnissen bzw. Fehlern vorzubeugen, sollten Sie, wie bereits gesagt, auch bei den Alternativanweisungen die true- und false-Anweisung jeweils durch eine Blockanweisung „kapseln". Nutzen Sie also anstelle der verkürzten Schreibweise in Beispiel 4a möglichst die etwas längere dafür aber „sicherere" Schreibweise von Beispiel 4c. Achten Sie auch auf eine übersichtliche Einrückung der entsprechenden Teile entsprechend der Gestaltungskonventionen.

9.7 Beispielprogramme

In diesem Abschnitt werden einige Beispiele für Hamster-Aufgaben gegeben, die nur durch den Einsatz von Auswahlanweisungen gelöst werden können. Schauen Sie sich die Beispiele genau an und versuchen Sie, die Lösungen nachzuvollziehen.

9.7.1 Beispielprogramm 1

Aufgabe:
Gegeben sei das Hamster-Territorium in Abbildung 9.10. Der Hamster soll genau zwei Körner einsammeln.

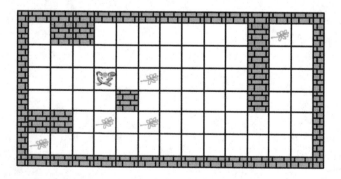

Abbildung 9.10: Hamster-Landschaft zu Beispielprogramm 1

Lösung 1:
Bei dieser Lösung überprüft der Hamster nicht, ob er bereits in der Ausgangsstellung auf einem Kornfeld steht.

```
void main() {

    // suche und friss erstes Korn
    vor();
    vor();
    nimm();

    // suche und friss zweites Korn
    linksUm();
    vor();
    vor();
    nimm();
}
```

Lösung 2:
Bei dieser Lösung überprüft der Hamster, ob er bereits in der Ausgangsstellung auf einem Kornfeld steht.

```
void main() {
    if (kornDa()) {      // steht bereits auf einem Kornfeld

        // friss erstes Korn
        nimm();
    } else {

        // suche und friss erstes Korn
        vor();
        vor();
        nimm();
        linksUm();
    }

    // suche und friss zweites Korn
    vor();
    vor();
    nimm();
}
```

9.7.2 Beispielprogramm 2

Aufgabe:
Gegeben sei das Hamster-Territorium in Abbildung 9.11. Der Hamster ist durch das viele Herumrennen so verwirrt, dass er nicht mehr weiß, wie viele Körner er im Maul hat. Falls möglich soll er in jeder Ecke des Territoriums ein Korn ablegen.

Lösung 1:
Der Hamster besucht jede der vier Ecken im Territorium und legt, falls er noch ein Korn im Maul hat, jeweils eines ab.

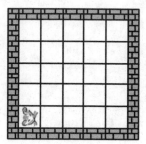

Abbildung 9.11: Hamster-Landschaft zu Beispielprogramm 2

```
void main() {

    // linke untere Ecke
    if (!maulLeer()) {
        gib();
    }

    // rechte untere Ecke
    laufeBisInDieNaechsteEcke();
    if (!maulLeer()) {
        gib();
    }

    // rechte obere Ecke
    laufeBisInDieNaechsteEcke();
    if (!maulLeer()) {
        gib();
    }

    // linke obere Ecke
    laufeBisInDieNaechsteEcke();
    if (!maulLeer()) {
        gib();
    }
}

void laufeBisInDieNaechsteEcke() {
    vor();
    vor();
    vor();
    vor();
    linksUm();
}
```

Lösung 2:

Bei dieser Lösung ist der Hamster schlauer: Wenn er gar keine Körner mehr im Maul hat, braucht er ja auch gar nicht mehr weiterzulaufen. Er überprüft also nach jedem Ablegen eines Korns, ob es sich noch lohnt weiterzulaufen.

```
void main() {

    // linke untere Ecke
    if (!maulLeer()) {
        gib();
        if (!maulLeer()) {

            // rechte untere Ecke
            laufeBisInDieNaechsteEcke();
            gib();
            if (!maulLeer()) {

                // rechte obere Ecke
                laufeBisInDieNaechsteEcke();
                gib();
                if (!maulLeer()) {

                    // linke obere Ecke
                    laufeBisInDieNaechsteEcke();
                    gib();
                }
            }
        }
    }
}

void laufeBisInDieNaechsteEcke() {
    vor();
    vor();
    vor();
    vor();
    linksUm();
}
```

9.7.3 Beispielprogramm 3

Aufgabe:
Gegeben sei das Hamster-Territorium in Abbildung 9.12. Auf jedem Feld liegen ein oder zwei Körner. Der Hamster soll dafür sorgen, dass auf jedem Feld genau ein Korn liegt.

Lösung:

```
void main() {

    // untere Reihe
    ueberpruefeEineReihe();
    linksUm();
```

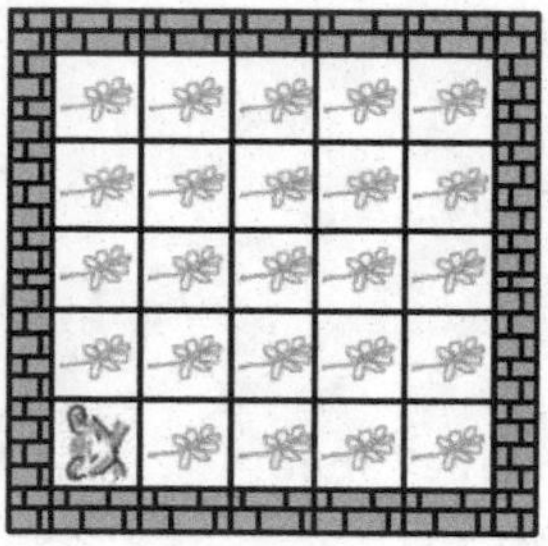

Abbildung 9.12: Hamster-Landschaft zu Beispielprogramm 3

```
        vor();
        linksUm();

        // zweite Reihe von unten
        ueberpruefeEineReihe();
        rechtsUm();
        vor();
        rechtsUm();

        // dritte Reihe von unten
        ueberpruefeEineReihe();
        linksUm();
        vor();
        linksUm();

        // vierte Reihe von unten
        ueberpruefeEineReihe();
        rechtsUm();
        vor();
        rechtsUm();

        // obere Reihe
        ueberpruefeEineReihe();
}

void ueberpruefeEineReihe() {
        evtlFressen();
        vor();
        evtlFressen();
        vor();
        evtlFressen();
        vor();
        evtlFressen();
        vor();
        evtlFressen();
}
```

```
void evtlFressen() {

    // erstmal ein Korn fressen
    nimm();

    /*
     * falls es das einzige Korn auf dem Feld war,
     * muss es wieder abgelegt werden
     */
    if (!kornDa()) {
        gib();
    }
}

void rechtsUm() {
    linksUm();
    linksUm();
    linksUm();
}
```

9.8 Übungsaufgaben

Nun sind Sie wieder gefordert; denn in diesem Abschnitt werden Ihnen einige Hamster-Aufgaben gestellt, die sie selbstständig zu lösen haben. Dabei sind die Aufgaben so gewählt, dass Sie Auswahlanweisungen zur Lösung einsetzen müssen.

Denken Sie sich darüber hinaus selbst weitere Hamster-Aufgaben aus und versuchen Sie, diese zu lösen. Viel Spaß!

9.8.1 Aufgabe 1

Erweitern Sie Lösung 2 des Beispielprogramms 1 aus Abschnitt 9.7.1 derart, dass der Hamster genau drei statt zwei Körner einsammeln soll.

9.8.2 Aufgabe 2

Die Hamster-Aufgabe in Beispielprogramm 2 aus Abschnitt 9.7.2 wird dahingehend abgeändert, dass der Hamster nicht in jeder Ecke des Territoriums ein Korn ablegen soll, sondern auf jeder Kachel der Diagonalen von links unten nach rechts oben. Entwickeln Sie jeweils ein Lösungsprogramm in Anlehnung an Lösung 1 und Lösung 2 von Beispielprogramm 2.

9.8.3 Aufgabe 3

Passen Sie die Lösung von Beispielprogramm 3 aus Abschnitt 9.7.3 an folgende Ausgangssituation an: Auf jedem Feld liegen anfangs ein, zwei oder drei Körner.

9.8.4 Aufgabe 4

Gegeben sei das Hamster-Territorium in Abbildung 9.13. Auf allen Feldern, auf denen Körner eingezeichnet sind, liegen entweder ein oder zwei Körner. Der Hamster soll drei Körner einsammeln und dabei möglichst wenig Felder betreten.

Abbildung 9.13: Hamster-Landschaft zu Aufgabe 4

9.8.5 Aufgabe 5

Gegeben sei das Hamster-Territorium in Abbildung 9.14. Der Hamster weiß nicht, wie viele Körner er im Maul hat. Solange er noch Körner im Maul hat (!), soll er folgendes tun: Er soll in der aktuellen Ecke ein Korn ablegen und dann in die zweite Ecke laufen. Dort soll er zwei Körner ablegen und in die dritte Ecke laufen. Dort soll er drei Körner ablegen und in die vierte Ecke laufen. Dort soll er vier Körner ablegen.

Abbildung 9.14: Hamster-Landschaft zu Aufgabe 5

9.8.6 Aufgabe 6

Der Hamster erhält dieselbe Aufgabe wie in Aufgabe 5, d.h. nach Ausführung des Programms sollen in der unteren linken Ecke ein Korn, in der unteren rechten Ecke zwei Körner, in der oberen rechten Ecke drei Körner und in der oberen linken Ecke vier Körner liegen. Nur diesmal sieht die Hamster-Landschaft anfangs ein wenig anders aus, denn in den Eckfeldern liegen bereits jeweils ein, zwei oder drei Körner (siehe Abbildung 9.15). Außerdem soll der Hamster, sobald er feststellt, dass er kein Korn mehr im Maul hat oder nachdem er in der vierten Ecke das vierte Korn abgelegt hat, zurück in seine Ausgangsposition laufen.

Abbildung 9.15: Hamster-Landschaft zu Aufgabe 6

9.8.7 Aufgabe 7

Der Hamster steht mit Blickrichtung Ost in der linken unteren Ecke eines Territoriums mit 4 freien Reihen und 6 freien Spalten. Auf jeder Kachel liegt entweder kein oder genau ein Korn. Der Hamster bekommt die Aufgabe, alle Körner einzusammeln.

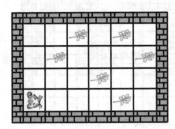 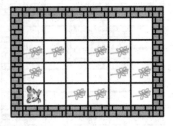

Abbildung 9.16: Beispielhafte Hamster-Landschaften zu Aufgabe 7

Achtung: Es ist nicht festgelegt, auf welchen Kacheln Körner liegen und auf welchen nicht, d.h. das Territorium kann bspw. so wie in Abbildung 9.16 (links) oder so wie in Abbildung 9.16 (rechts) aussehen. Ihr Programm muss für beide Territorien und auch für andere Territorium, die den Vorgaben entsprechen, korrekt arbeiten.

9.8.8 Aufgabe 8

Der Hamster steht in einem Kreuz, wie in Abbildung 9.17 skizziert. Er hat neun Körner im Maul. Er soll auf allen neun freien Kacheln genau ein Korn ablegen und dann auf seine Ausgangskachel zurückkehren. Es gibt jedoch ein Problem: Es ist nicht festgelegt, in welche Richtung der Hamster anfangs schaut. Schreiben Sie ein Hamster-Programm, dass die gegebene Aufgabe unabhängig von der anfänglichen Blickrichtung des Hamsters löst.

Abbildung 9.17: Beispielhafte Hamster-Landschaften zu Aufgabe 8

9.8.9 Aufgabe 9

Der Hamster steht in dem in Abbildung 9.18 skizzierten Territorium, in dem sich keine Körner befinden. Oberhalb von ihm befinden sich vier „Körnerkammern" mit vier, drei, zwei bzw. einer leeren Kachel. Der Hamster kann anfangs ein, zwei, drei oder vier Körner im Maul haben. Abhängig von dieser Zahl soll er auf jeder Kachel der entsprechend großen Körnerkammer ein Korn ablegen.

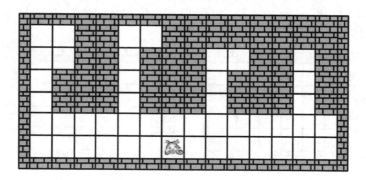

Abbildung 9.18: Hamster-Landschaft zu Aufgabe 9

9.8.10 Aufgabe 10

Der Hamster steht auf einer mit einem Korn belegten Kachel in dem in Abbildung 9.19 skizzierten Territorium. Er soll alle Körner der Körnerspur fressen. Allerdings ist nicht festgelegt, in welche Richtung der Hamster anfangs schaut. Schreiben Sie ein Hamster-Programm, das unabhängig von der anfänglichen Blickrichtung des Hamsters das gegebene Problem löst.

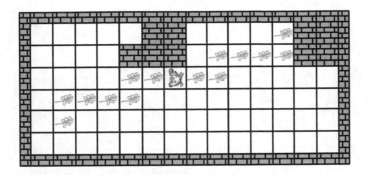

Abbildung 9.19: Hamster-Landschaft zu Aufgabe 10

9.8.11 Aufgabe 11

Es ist Sommer und sehr heiß. Daher möchte der Hamster gerne ein „Körnerbad" nehmen. Sein „Körnerpool" ist jedoch ausgetrocknet und er muss ihn zunächst mit Körnern füllen. Dummerweise hat der Hamster den Bauplan vom „Körnerpool" verlegt und weiß nicht mehr genau, ob er drei oder vier Reihen tief ist. Abbildung 9.20 skizziert die Situation mit einem drei Reihen tiefen „Körnerpool". Auf der Kachel hinter dem Hamster liegen 16 Körner, die zum Füllen des Pools auf jeden Fall ausreichen.

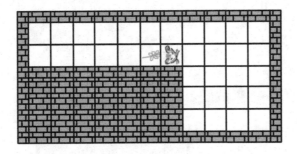

Abbildung 9.20: Hamster-Landschaft zu Aufgabe 11

Schreiben Sie ein Hamster-Programm, in dem der Hamster unabhängig davon, ob der Pool drei oder vier Reihen tief ist, den Pool komplett mit Körnern füllt.

In den bisherigen Kapiteln hatten Hamster-Aufgaben immer folgende Form: Gegeben eine bestimmte Landschaft und gegeben ein bestimmtes Problem; entwickeln Sie ein Hamster-Programm, das das Problem bezüglich der Landschaft löst. Bisherige Hamster-Programme waren also sehr unflexibel, sie lieferten nur Lösungen für eine bestimmte fest vorgegebene Landschaft. Geringfügige Änderungen an der Landschaft konnten zu einem inkorrekten Verhalten des Programms führen. In diesem Kapitel werden wir Wiederholungsanweisungen kennenlernen, die es ermöglichen, Hamster-Programme zu entwickeln, die gegebene Probleme für alle Landschaften eines bestimmten Landschaftstyps lösen.

Zunächst wird in Abschnitt 1 dieses Kapitels die Einführung von Wiederholungsanweisungen motiviert. In Abschnitt 2 und 3 werden dann mit der while-Anweisung bzw. der do-Anweisung zwei Typen von Wiederholungsanweisungen vorgestellt. Anschließend folgen in Abschnitt 4 eine Reihe von Beispielprogrammen, an denen der Einsatz und die Auswirkungen von Wiederholungsanweisungen verdeutlicht werden, und in Abschnitt 5 werden einige Übungsaufgaben gestellt, die nur mit Hilfe von Wiederholungsanweisungen gelöst werden können.

10.1 Motivation

Schauen Sie sich die Hamster-Landschaft in Abbildung 10.1 (links) an.

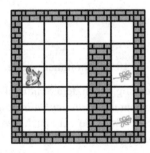

Abbildung 10.1: Wiederholungsanweisung (Motivation)

Der Hamster soll in Blickrichtung bis zur nächsten Wand laufen. Eine korrekte Lösung dieses Problems ist das folgende Hamster-Programm:

```
void main() {
    vor();
    vor();
}
```

Schauen Sie sich nun die Hamster-Landschaft in Abbildung 10.1 (rechts) an. Auch für diese Situation soll ein Hamster-Programm geschrieben werden, das den Hamster in Blickrichtung bis zur nächsten Wand laufen lässt:

```
void main() {
    vor();
    vor();
    vor();
    vor();
}
```

Beide Programme lösen das Problem, dass der Hamster bis zur nächsten Wand laufen soll, jeweils für eine fest vorgegebene Landschaft. Viel flexibler wäre es, wenn wir ein Programm entwickeln könnten, dass beide obigen Probleme bzw. allgemein Probleme folgender Art löst: Der Hamster stehe auf einer Kachel der Hamster-Landschaft. Irgendwo in Blickrichtung vor ihm befindet sich eine Mauer. Der Hamster soll bis zu dieser Mauer laufen und dann anhalten. Zur Lösung dieses Problems benötigen wir eine Anweisung der Art: *solange vorne frei ist, hüpfe eine Kachel nach vorne*, oder allgemeiner: *solange eine bestimmte Bedingung erfüllt ist, führe eine bestimmte Aktion aus*, bzw. präziser mit den Hilfsmitteln der Hamster-Sprache formuliert: *solange ein boolescher Ausdruck den Wert* true *liefert, führe eine gegebene Anweisung (wiederholt) aus*. In der Hamster-Sprache existieren zwei Alternativen zur Formulierung derartiger Wiederholungsanweisungen, die *while-Anweisung* und die *do-Anweisung*.

10.2 while-Anweisung

Mit Hilfe der while-Anweisung – auch *while-Schleife* genannt – lässt sich in der Hamster-Sprache eine Anweisung in Abhängigkeit eines booleschen Ausdrucks wiederholt ausführen.

10.2.1 Syntax

Die genaue Syntax der while-Anweisung kann Abbildung 10.2 entnommen werden.

Die while-Anweisung ist eine zusammengesetzte Anweisung. Nach dem Schlüsselwort while steht in runden Klammern ein boolescher Ausdruck, die sogenannte *Schleifenbedingung*. Anschließend folgt die Anweisung, die evtl. wiederholt ausgeführt werden soll. Sie wird auch *Iterationsanweisung* genannt. Hierbei handelt es sich im Allgemeinen um eine Blockanweisung.

In Abbildung 10.2 wird das Syntaxdiagramm „Anweisung" aus Abbildung 9.7 erweitert.

10.2.2 Gestaltungskonventionen

Was die Gestaltungskonventionen für den Sourcecode angeht, sieht die Gestaltung der while-Anweisung der Gestaltung der if-Anweisung sehr ähnlich.

Gewöhnen Sie es sich an, die Iterationsanweisung möglichst in Form einer Blockanweisung zu realisieren, selbst dann, wenn diese nur eine einzelne Anweisung umschließt. Dadurch können Fehler

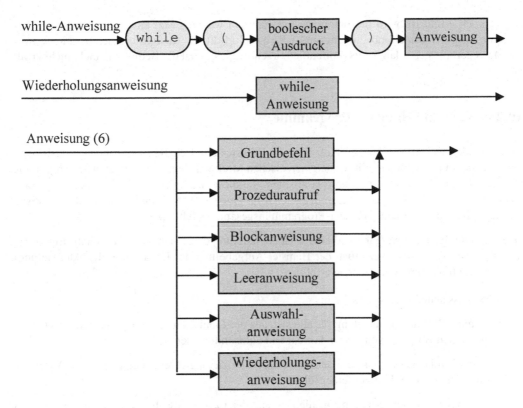

Abbildung 10.2: Syntaxdiagramm: while-Anweisung

vermieden werden, die sich schnell einschleichen, wenn nachträglich noch Anweisungen zur Iterationsanweisung hinzugefügt werden.

Platzieren Sie das Schlüsselwort `while` und die runden Klammern mit dem booleschen Ausdruck zusammen in eine Zeile. Handelt es sich bei der Iterationsanweisung um eine Blockanweisung setzen Sie die öffnende geschweifte Klammer der Blockanweisung ebenfalls noch in diese Zeile. Rücken Sie die Anweisungen, die die Blockanweisung umschließt, um jeweils vier Spalten nach rechts ein. Platzieren Sie die schließende geschweifte Klammer der Blockanweisung unter das „w" des Schlüsselwortes `while`.

Fügen Sie hinter dem `while` und hinter der schließenden runden Klammer der Schleifenbedingung ein Leerzeichen ein.

Handelt es sich bei der Iterationsanweisung nicht um eine Blockanweisung, platzieren Sie die Anweisung bitte um vier Spalten nach rechts eingerückt in eine neue Zeile.

10.2.3 Semantik

Bei der Ausführung einer while-Anweisung wird zunächst überprüft, ob die Schleifenbedingung erfüllt ist, d.h. ob der boolesche Ausdruck den Wert `true` liefert. Falls dies nicht der Fall ist, ist die while-Anweisung unmittelbar beendet. Falls die Bedingung erfüllt ist, wird die Iterationsanweisung einmal ausgeführt. Anschließend wird die Schleifenbedingung erneut ausgewertet. Falls sie immer noch erfüllt ist, wird die Iterationsanweisung ein weiteres Mal ausgeführt. Dieser Prozess (Überprüfung der Schleifenbedingung und falls diese erfüllt ist, Ausführung der Iterationsanweisung) wiederholt sich solange, bis (hoffentlich) irgendwann einmal die Bedingung nicht mehr erfüllt ist.

10.2.4 Korrekte Hamster-Programme

Im Folgenden werden zu Hamster-Aufgaben die Hamster-Landschaften nicht mehr explizit angegeben, sondern nur noch durch ihre charakteristischen Merkmale beschrieben. Hamster-Programme müssen für alle (!) Landschaften korrekt arbeiten, die diese Merkmale beim Start des Programms erfüllen. Arbeitet ein Hamster-Programm auch nur für eine gegebene Landschaft, die die Merkmale erfüllt, nicht korrekt, gilt das Hamster-Programm insgesamt als fehlerhaft.

Gegeben eine Hamster-Aufgabe und eine Charakterisierung einer Hamster-Landschaft. Ein Hamster-Programm ist korrekt (bezüglich der Hamster-Aufgabe und der Landschaftscharakterisierung), wenn es alle folgenden Bedingungen erfüllt:

- Es muss syntaktisch korrekt sein.

- Es muss die Aufgabenstellung für alle sich aus der Landschaftscharakterisierung ergebenden möglichen Ausgangssituationen korrekt und vollständig lösen.

- Es darf für keine sich aus der Landschaftscharakterisierung ergebenden möglichen Ausgangssituation zu einem Laufzeitfehler führen.

- Es muss nach endlicher Zeit für alle sich aus der Landschaftscharakterisierung ergebenden möglichen Ausgangssituationen enden, es sei denn, eine Nicht-Terminierung des Programms wird in der Aufgabenstellung explizit erlaubt.

10.2.5 Beispiele

Es folgen einige Beispiele, die den Einsatz und die Auswirkungen von while-Anweisungen verdeutlichen.

10.2.5.1 Beispiel 1

Das Hamster-Programm für das oben skizzierte Problem, dass der Hamster irgendwo in einer Landschaft steht und bis zur nächsten Mauer laufen soll, sieht folgendermaßen aus:

```
void main() {
    while (vornFrei()) {
        vor();
    }
}
```

Überprüfen wir einmal, ob das Programm für die Landschaft in Abbildung 10.1 (links) korrekt arbeitet (siehe auch Abbildung 10.3 (links)).

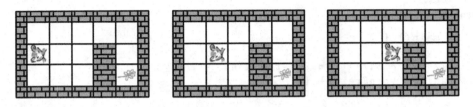

Abbildung 10.3: Ausführung von Beispiel 1

Zunächst wird der Testbefehl vornFrei() ausgewertet. Er liefert den Wert true. Also ist die Schleifenbedingung erfüllt. D.h. als nächstes wird die Iterationsanweisung ausgeführt. Dieses ist eine Blockanweisung, die als einzige Anweisung den Befehl vor(); enthält. Der Hamster hüpft eine Kachel nach vorne (siehe Abbildung 10.3 (Mitte)). Nach der Abarbeitung der Iterationsanweisung wird erneut die Schleifenbedingung überprüft. Der Testbefehl vornFrei() liefert auch dieses Mal den Wert true, sodass der vor();-Befehl ein zweites Mal ausgeführt wird und sich die Situation gemäß Abbildung 10.3 (rechts) ergibt. Wiederum wird nun die Schleifenbedingung überprüft. Inzwischen steht der Hamster jedoch vor einer Mauer, sodass der Testbefehl vornFrei() diesmal den Wert false liefert. Damit ist die while-Anweisung und – weil dies die einzige Anweisung des Hamster-Programms war – auch das gesamte Hamster-Programm beendet.

Auf dieselbe Art und Weise lässt sich verifizieren, dass das Programm auch für die Landschaft in Abbildung 10.1 (rechts) korrekt arbeitet. Kontrollieren Sie dies bitte selbst.

10.2.5.2 Beispiel 2

Hamster-Aufgabe Der Hamster befindet sich auf einer beliebigen Kachel in einem rechteckigen durch Mauern abgeschlossenen ansonsten aber mauerlosen Hamster-Territorium unbekannter (aber endlicher) Größe. Er bekommt die Aufgabe, in irgendeine Ecke zu laufen und dort anzuhalten. Abbildung 10.4 enthält einige Beispiellandschaften für den skizzierten Landschaftstyp.

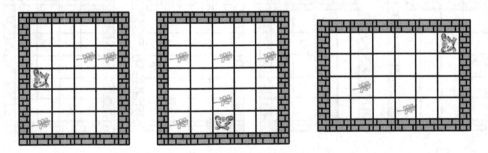

Abbildung 10.4: Typische Hamster-Landschaften zu Beispiel 2 und 3

Lösungsidee Der Hamster läuft bis zur nächsten Wand in Blickrichtung vor ihm, dreht sich um 90 Grad nach links und läuft erneut bis zur nächsten Wand in Blickrichtung vor ihm.

Programm

```
void main() {

    // laufe bis zur naechsten Wand
    while (vornFrei()) {
        vor();
    }

    // drehe dich um 90 Grad nach links
    linksUm();

    // laufe erneut bis zur naechsten Wand
    while (vornFrei()) {
        vor();
    }
}
```

Test Testen wir das Programm einmal für die Landschaft in Abbildung 10.4 (links) (siehe auch Abbildung 10.5 (a)). Die Schleifenbedingung der ersten while-Anweisung wird insgesamt viermal überprüft. Die ersten drei Male liefert sie den Wert true, d.h. der vor();-Befehl innerhalb der Iterationsanweisung wird dreimal ausgeführt. Bei der vierten Überprüfung steht der Hamster inzwischen vor der Mauer (siehe Abbildung 10.5 (b)), sodass der Testbefehl vornFrei() nun den Wert false liefert. Damit ist die erste while-Anweisung des Hamster-Programms beendet. Als nächste Anweisung folgt nun der linksUm();-Befehl. Nach seiner Ausführung ergibt sich die Situation in Abbildung 10.5 (c). Nun folgt eine zweite while-Anweisung. Die Schleifenbedingung dieser while-Anweisung wird nun wiederholt ausgewertet, zweimal liefert sie den Wert true, sodass der Hamster zweimal den Befehl vor(); ausführt. Dann steht er vor einer Mauer, genauer gesagt in einer Ecke (siehe Abbildung 10.5 (d)), die Schleifenbedingung ist nicht mehr erfüllt. Damit ist die while-Anweisung und – weil dies die letzte Anweisung des Hauptprogramms war – auch das gesamte Programm beendet, und zwar korrekt: Der Hamster steht in einer Ecke.

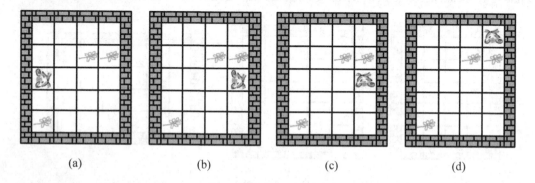

      (a)   (b)   (c)   (d)

Abbildung 10.5: Test von Beispiel 2

Überprüfen Sie bitte selbstständig, dass das Programm auch für die anderen vorgegebenen Landschaften aus Abbildung 10.4 korrekt arbeitet. Insbesondere ist die Abbildung rechts interessant. Hier befindet sich der Hamster bereits zu Anfang in einer Ecke.

Verbesserung Sie haben sicher schon festgestellt, dass die beiden while-Anweisungen des Programms identisch sind. Aus Gründen der Übersichtlichkeit bietet es sich also an, eine Prozedur laufeBisZurNaechstenWand zu definieren und diese zweimal aufzurufen. Damit sieht das Programm dann folgendermaßen aus:

```
void main() {
    laufeBisZurNaechstenWand();
    linksUm();
    laufeBisZurNaechstenWand();
}

void laufeBisZurNaechstenWand() {
    while (vornFrei()) {
        vor();
    }
}
```

10.2.5.3 Beispiel 3

Hamster-Aufgabe Der Hamster befindet sich, wie in Beispiel 2, irgendwo in einem rechteckigen durch Mauern abgeschlossenen sonst aber mauerlosen Raum unbekannter (aber endlicher) Größe. Auf den einzelnen Kacheln kann jeweils eine beliebig große aber endliche Anzahl an Körnern liegen. Der Hamster soll in eine Ecke laufen und dann anhalten. Dabei soll er alle Körner einsammeln, die er auf seinem Weg findet. Abbildung 10.4 enthält einige Beispiele für den skizzierten Landschaftstyp.

Programm

```
void main() {
    sammle();
    laufeBisZurNaechstenWandUndSammle();
    linksUm();
    laufeBisZurNaechstenWandUndSammle();
}

void sammle() {
    while (kornDa()) {
        nimm();
    }
}

void laufeBisZurNaechstenWandUndSammle() {
    while (vornFrei()) {
        vor();
        sammle();
    }
}
```

Erläuterung   Das Programm entspricht zum großen Teil dem Lösungsprogramm aus Beispiel 2. Es wird jedoch durch die Prozedur `sammle` erweitert. Wird diese ausgeführt, dann sammelt der Hamster alle Körner ein, die auf der Kachel liegen, auf der er sich gerade befindet. Die Prozedur arbeitet dabei unabhängig von der konkreten Anzahl an Körnern auf einer Kachel korrekt. Nehmen wir an, auf einer Kachel liegen sieben Körner. Dann ist die Schleifenbedingung `kornDa()` siebenmal erfüllt, d.h. es wird insgesamt siebenmal der Befehl `nimm();` ausgeführt. Nach dem siebten Schleifendurchlauf hat der Hamster jedoch alle Körner der Kachel aufgenommen, sodass die Schleifenbedingung bei ihrer achten Überprüfung nicht mehr erfüllt und damit die while-Anweisung beendet ist. Bei einer Anzahl von 20 Körnern auf einer Kachel wird die Iterationsanweisung genau zwanzigmal ausgeführt; allgemein bei n Körnern genau n-mal. Beachten Sie, dass die Prozedur `sammle` auch dann korrekt arbeitet, wenn auf einer Kachel kein Korn liegt. Dann ist die Schleifenbedingung bereits bei der ersten Überprüfung nicht erfüllt und der `nimm();`-Befehl wird kein einziges Mal ausgeführt.

Die Prozedur `sammle` wird in der Iterationsanweisung der Prozedur `laufeBisZurNaechsten-WandUndSammle` aufgerufen. Diese Prozedur bewirkt, dass jedes Mal, wenn der Hamster auf eine neue Kachel springen kann, er dies auch tut und diese anschließend „abgrast". Die Iterationsanweisung der diesbezüglichen while-Anweisung innerhalb der Prozedur besteht daher aus einer Blockanweisung mit der Anweisungssequenz `vor();` und `sammle();`.

Achtung   Achten Sie darauf, dass die Prozedur `sammle` ganz zu Anfang des Programms einmal aufgerufen wird. Ohne diese Anweisung wäre das Programm nicht korrekt! Es würde nur bei solchen Landschaften korrekt arbeiten, bei denen sich auf der Ausgangskachel des Hamsters keine Körner befinden. Bei den anderen Landschaften würde der Hamster die Körner auf seiner Ausgangskachel liegen lassen und damit nicht die komplette Aufgabenstellung erfüllen.

10.2.6 Geschachtelte Schleifen

Die Iterationsanweisung einer while-Anweisung kann selbst wieder eine while-Anweisung sein oder eine while-Anweisung enthalten. Im folgenden Programm sammelt der Hamster alle Körner ein, die er auf seinem Weg bis zur nächsten Wand in Blickrichtung vor ihm findet (ausgenommen die Körner auf der letzten Kachel vor der Mauer):

```
void main() {
    while (vornFrei()) {
        while (kornDa()) {
            nimm();
        }
        vor();
    }
}
```

Derartige Konstruktionen nennt man *geschachtelte Schleifen*. Da sie gerade für Programmieranfänger leicht unübersichtlich werden, sollten Sie sie anfangs vermeiden und stattdessen zunächst auf die Verwendung von Prozeduren zurückgreifen:

```
void main() {
    while (vornFrei()) {
        sammle();
```

```
          vor();
     }
}

void sammle() {
    while (kornDa()) {
        nimm();
    }
}
```

10.2.7 Endlosschleifen

Schauen Sie sich das folgende Hamster-Programm an und stellen Sie sich vor, es würde bezüglich der in Abbildung 10.6 skizzierten Hamster-Landschaft gestartet:

```
void main() {
    while (vornFrei()) {
        linksUm();
    }
}
```

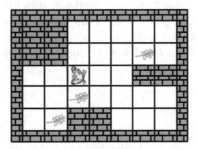

Abbildung 10.6: Endlosschleifen

Die Ausführung des Programms wird niemals enden. Da sich um den Hamster herum keine Mauern befinden und der Hamster bei der Ausführung der Iterationsanweisung die Kachel nie verlässt, wird die Schleifenbedingung immer den Wert true liefern.

Eine while-Anweisung, deren Schleifenbedingung immer den Wert true liefert, wird *Endlosschleife* genannt. Da eine Endlosschleife niemals endet, endet auch niemals das Programm, in dem die Schleife aufgerufen wird. Derartige Endlosprogramme sind im Allgemeinen fehlerhaft, es sei denn, in der Aufgabenstellung wird dies explizit erlaubt. Endlosschleifen treten häufig aus dem Grund auf, dass bestimmte Anweisungen innerhalb der Iterationsanweisung vergessen werden. Überprüfen Sie deshalb Ihre Programme, ob Situationen möglich sind, die zu einer Endlosschleife führen können. Ergreifen Sie Maßnahmen, die diesen Fehlerfall beseitigen.

Im obigen Beispiel werden Sie relativ schnell merken, dass sich das Programm in einer Endlosschleife befindet; der Hamster dreht sich nämlich fortwährend im Kreis. Das muss aber nicht immer der Fall sein. Im folgenden Programm hat der Programmierer innerhalb der Iterationsanweisung der while-Schleife der main-Prozedur den Befehl vor(); vergessen.

```
void main() {
    while (vornFrei()) {

        // sammle
        while (kornDa()) {
            nimm();
        }
    }
}
```

Befindet sich der Hamster anfangs nicht vor einer Mauer, sammelt er zunächst alle Körner ein. Danach werden jeweils abwechselnd die beiden Schleifenbedingungen überprüft, ohne dass der Hamster irgendwas für Sie Sichtbares tut; vornFrei() liefert immer den Wert true, bedingt also die Endlosschleife, und kornDa() liefert immer den Wert false, da der Hamster ja bereits anfangs alle Körner gefressen hat.

10.3 do-Anweisung

Bei Ausführung der while-Anweisung kann es vorkommen, dass die Iterationsanweisung kein einziges Mal ausgeführt wird; nämlich genau dann, wenn die Schleifenbedingung direkt beim ersten Test nicht erfüllt ist. Für Fälle, bei denen die Iterationsanweisung auf jeden Fall mindestens einmal ausgeführt werden soll, existiert die do-Anweisung – auch *do-Schleife* genannt.

10.3.1 Syntax

Dem Schlüsselwort do, von dem die Anweisung seinen Namen hat, folgt die Iterationsanweisung. Hinter der Iterationsanweisung muss das Schlüsselwort while stehen. Anschließend folgt in runden Klammern ein boolescher Ausdruck – die Schleifenbedingung. Abgeschlossen wird die do-Anweisung durch ein Semikolon. Abbildung 10.7 enthält das Syntaxdiagramm für die do-Anweisung. Die do-Anweisung ist wie die while-Anweisung eine Wiederholungsanweisung. Das Syntaxdiagramm „Wiederholungsanweisung" aus Abbildung 10.2 wird daher in Abbildung 10.7 erweitert.

10.3.2 Gestaltungskonventionen

Gewöhnen Sie es sich wie bei der while-Anweisung an, die Iterationsanweisung möglichst in Form einer Blockanweisung zu realisieren, selbst dann, wenn diese nur eine einzelne Anweisung umschließt. Dadurch können Fehler vermieden werden, die sich schnell einschleichen, wenn nachträglich noch Anweisungen zur Iterationsanweisung hinzugefügt werden.

Handelt es sich bei der Iterationsanweisung um eine Blockanweisung setzen Sie das Schlüsselwort do und die öffnende geschweifte Klammer der Blockanweisung durch ein Leerzeichen getrennt zusammen in eine Zeile. Rücken Sie die Anweisungen, die die Blockanweisung umschließt, um jeweils

do - Anweisung

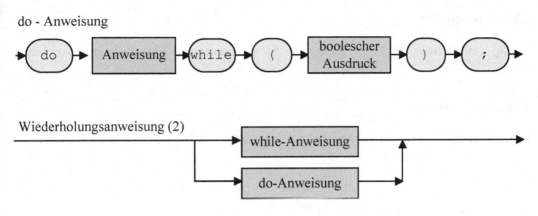

Abbildung 10.7: Syntaxdiagramm: do-Anweisung

vier Spalten nach rechts ein. Platzieren Sie die schließende geschweifte Klammer der Blockanweisung unter das „d" des Schlüsselwortes do und setzen Sie nach einem Leerzeichen den Rest der do-Anweisung noch in dieselbe Zeile. Fügen Sie dabei hinter dem while ein Leerzeichen ein.

Handelt es sich bei der Iterationsanweisung nicht um eine Blockanweisung, platzieren Sie die Anweisung bitte um vier Spalten nach rechts eingerückt in eine neue Zeile. In diesem Fall sollte dann das „w" des Schlüsselwortes while in derselben Spalte wie das „d" des Schlüsselwortes do stehen.

10.3.3 Semantik

Bei der Ausführung einer do-Anweisung wird zunächst einmal die Iterationsanweisung ausgeführt. Anschließend wird die Schleifenbedingung überprüft. Ist sie nicht erfüllt, d.h. liefert der boolesche Ausdruck den Wert false, dann endet die do-Anweisung. Ist die Bedingung erfüllt, wird die Iterationsanweisung ein zweites Mal ausgeführt und danach erneut die Schleifenbedingung ausgewertet. Dieser Prozess wiederholt sich solange, bis irgendwann einmal die Schleifenbedingung nicht mehr erfüllt ist.

Wie Sie sehen, besteht der einzige Unterschied zwischen der do- und der while-Anweisung darin, dass bei der do-Anweisung die Iterationsanweisung mindestens einmal ausgeführt wird, was bei der while-Anweisung nicht unbedingt der Fall sein muss. In der Tat lässt sich jede do-Anweisung leicht durch eine while-Anweisung ersetzen. Sei Iterationsanweisung Platzhalter für eine beliebige Anweisung und sei Schleifenbedingung Platzhalter für einen beliebigen booleschen Ausdruck, dann sind die beiden folgenden Programmfragmente semantisch äquivalent, d.h. ihre Ausführungen haben dieselben Auswirkungen auf den Zustand eines Programms:

```
// Programmfragment 1                    // Programmfragment 2
do                                       Iterationsanweisung
    Iterationsanweisung                  while (Schleifenbedingung)
while (Schleifenbedingung);                  Iterationsanweisung
```

10.3.4 Beispiele

Es folgen einige Beispiele, die den Einsatz und die Auswirkungen von do-Anweisungen verdeutlichen.

10.3.4.1 Beispiel 1

Der Hamster habe eine bestimmte Anzahl (>0) an Körnern im Maul, die er alle ablegen soll:

```
void main() {
    do {
        gib();
    } while (!maulLeer());
}
```

Da in der Aufgabenstellung vorgegeben wurde, dass die Anzahl an Körnern im Maul größer als Null ist, kann zur Lösung eine do-Anweisung verwendet werden. Der Hamster legt also zunächst ein Korn ab, bevor er die Schleifenbedingung ein erstes Mal testet.

10.3.4.2 Beispiel 2

Hamster-Aufgabe Der Hamster befindet sich, wie in Abbildung 10.8 dargestellt (die Abbildung skizziert zwei mögliche Landschaften), mit Blickrichtung Ost in der linken unteren Ecke eines rechteckigen durch Mauern abgeschlossenen sonst aber mauerlosen Raumes unbekannter Größe. Der Raum besteht aus mindestens zwei freien Reihen und zwei freien Spalten. Auf jeder Kachel innerhalb der Mauern befindet sich mindestens ein Korn. Der Hamster soll entlang der Mauern laufen und dabei alle Körner einsammeln. Alle Körner, die er im Maul hat, soll er anschließend in der linken unteren Ecke ablegen.

Abbildung 10.8: Typische Hamster-Landschaften zu Beispiel 2

Hamster-Programm

```
void main() {
    laufeInDieNaechsteEckeUndSammle();
    linksUm();
    laufeInDieNaechsteEckeUndSammle();
    linksUm();
    laufeInDieNaechsteEckeUndSammle();
    linksUm();
    laufeInDieNaechsteEckeUndSammle();
```

```
    legAb();
}

void laufeInDieNaechsteEckeUndSammle() {
    do {
        vor();
        sammle();
    } while (vornFrei());
}

void sammle() {
    do {
        nimm();
    } while (kornDa());
}

void legAb() {
    do {
        gib();
    } while (!maulLeer());
}
```

Erläuterung Innerhalb der Prozedur sammle kann eine do-Anweisung benutzt werden, da laut Aufgabenstellung auf jeder Kachel mindestens ein Korn liegt und die Prozedur nur nacheinem vor();-Befehl aufgerufen wird, d.h. der Hamster sich also bei Aufruf der Prozedur auf jeden Fall auf einer noch nicht „abgegrasten" Kachel befindet. Auch in der Prozedur laufeInDieNaechste-EckeUndSammle ist die Verwendung einer do-Anweisung möglich, weil laut Aufgabenstellung der Raum aus mindestens zwei freien Reihen und zwei freien Spalten besteht, der vor();-Befehl also auf jeden Fall sicher ausgeführt werden kann. Letzteres bedingt weiterhin, dass der Hamster auf jeden Fall mindestens vier Körner einsammelt, sodass auch in der Prozedur legAb eine do-Anweisung verwendet werden kann.

10.4 Beispielprogramme

In diesem Abschnitt werden einige Beispiele für Hamster-Programme gegeben, die Ihnen den Einsatz und die Auswirkungen von Wiederholungsanweisungen demonstrieren sollen. Schauen Sie sich die Beispiele genau an und versuchen Sie, die Lösungen nachzuvollziehen.

10.4.1 Beispielprogramm 1

Aufgabe:
In einem rechteckigen geschlossenen Raum unbekannter Größe ohne innere Mauern sind wahllos eine unbekannte Anzahl an Körnern verstreut (siehe Beispiele in Abbildung 10.9). Der Hamster, der sich zu Anfang in der linken unteren Ecke des Raumes mit Blickrichtung Ost befindet, soll alle Körner aufsammeln und dann stehenbleiben.

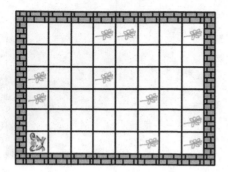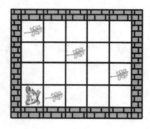

Abbildung 10.9: Typische Hamster-Landschaften zu Beispielprogramm 1

Lösung:

```
void main() {
    ernteEineReiheUndLaufeZurueck();
    rechtsUm();
    while (vornFrei()) {
        vor();
        rechtsUm();
        ernteEineReiheUndLaufeZurueck();
        rechtsUm();
    }
}

void ernteEineReiheUndLaufeZurueck() {
    ernteEineReihe();
    kehrt();
    laufeZurueck();
}

void ernteEineReihe() {
    sammle();
    while (vornFrei()) {
        vor();
        sammle();
    }
}

void laufeZurueck() {
    while (vornFrei()) {
        vor();
    }
}

void sammle() {
    while (kornDa()) {
        nimm();
```

```
       }
   }

   void rechtsUm() {
       kehrt();
       linksUm();
   }

   void kehrt() {
       linksUm();
       linksUm();
   }
```

10.4.2 Beispielprogramm 2

Aufgabe:

Der Hamster steht irgendwo in einem rechteckigen geschlossenen Raum unbekannter Größe ohne innere Mauern. Auf keiner der Kacheln liegt ein Korn. Der Raum habe eine Mindestgröße von 2x2 Kacheln (siehe Beispiele in Abbildung 10.10). Der Hamster, der mindestens 4 Körner im Maul hat, soll in allen vier Ecken des Raumes je ein Korn ablegen.

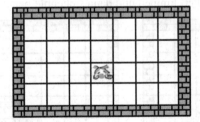

Abbildung 10.10: Typische Hamster-Landschaften zu Beispielprogramm 2

Lösung:

```
void main() {
    begibDichInEineEcke();

    /*
     * die Iterationsanweisung der folgenden while-Schleife
     * wird genau viermal ausgefuehrt; danach steht der
     * Hamster in der Ausgangsecke, wo er das erste Korn
     * abgelegt hat
     */
    while (!kornDa()) {
        gib();
        laufeInDieNaechsteEcke();
        linksUm();
    }
}
```

```
void begibDichInEineEcke() {
    laufeZurNaechstenWand();
    linksUm();
    laufeZurNaechstenWand();
    linksUm();
}

void laufeZurNaechstenWand() {
    while (vornFrei()) {
        vor();
    }
}

void laufeInDieNaechsteEcke() {
    laufeZurNaechstenWand();
}
```

10.4.3 Beispielprogramm 3

Aufgabe:

Der Hamster steht – wie in den Beispielen in Abbildung 10.11 skizziert – vor einem regelmäßigen Berg unbekannter Höhe. Er soll den Gipfel erklimmen und dann stehenbleiben.

Abbildung 10.11: Typische Hamster-Landschaften zu Beispielprogramm 3

Lösung:

```
void main() {
    laufeZumBerg();
    erklimmeGipfel();
}

void laufeZumBerg() {
    while (vornFrei()) {
        vor();
    }
}

void erklimmeGipfel() {
    do {
```

```
          erklimmeEineStufe();
     } while (!vornFrei());
}

void erklimmeEineStufe() {
     linksUm();
     vor();
     rechtsUm();
     vor();
}

void rechtsUm() {
     kehrt();
     linksUm();
}

void kehrt() {
     linksUm();
     linksUm();
}
```

10.5 Übungsaufgaben

Nun sind wieder Sie gefordert; denn in diesem Abschnitt werden Ihnen einige Hamster-Aufgaben gestellt, die sie selbstständig zu lösen haben. Achten Sie darauf, dass bei den Aufgaben in diesem Kapitel keine Landschaften mehr fest vorgegeben sind, wie in den vergangenen Kapiteln, sondern dass nur noch spezifische Merkmale von möglichen Ausgangslandschaften angegeben werden. Ihre Hamster-Programme müssen für alle Landschaften korrekt arbeiten, die dieser Charakterisierung entsprechen.

Denken Sie sich darüber hinaus selbst weitere Hamster-Aufgaben aus und versuchen Sie, diese zu lösen. Viel Spaß!

10.5.1 Aufgabe 1

Im Unterschied zu Beispielprogramm 1 aus Abschnitt 10.4.1 soll der Hamster bei dieser Aufgabe keine Körner einsammeln, sondern ablegen. Seine genaue Aufgabe lautet: Der Hamster steht irgendwo in einem abgeschlossenen ansonsten aber mauerlosen rechteckigen Raum unbekannter Größe. Alle Kacheln sind körnerlos. Der Hamster hat mindestens so viele Körner im Maul, wie es Kacheln im Raum gibt. Der Hamster soll auf allen Kacheln des Raumes genau ein Korn ablegen und schließlich stehenbleiben. Entwickeln Sie zwei verschiedene Hamster-Programme, die diese Aufgabe lösen. Abbildung 10.12 skizziert zwei typische Ausgangssituationen für diese Aufgabe.

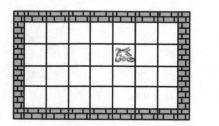

Abbildung 10.12: Typische Hamster-Landschaften zu Aufgabe 1

10.5.2 Aufgabe 2

Die Aufgabe, die der Hamster in Beispielprogramm 2 aus Abschnitt 10.4.2 bearbeiten sollte, lautete: Der Hamster steht irgendwo in einem rechteckigen geschlossenen Raum unbekannter Größe ohne innere Mauern. Auf keiner der Kacheln liegt ein Korn. Der Raum habe eine Mindestgröße von 4x4 Kacheln Der Hamster, der mindestens 4 Körner im Maul hat, soll in allen vier Ecken des Raumes je ein Korn ablegen.

Ändern Sie Beispielprogramm 2 so ab, dass die Einschränkung des Hamster-Territoriums auf eine Mindestgröße von 4x4 Kacheln entfallen kann, d.h. das Programm soll auch dann korrekt arbeiten, wenn der Hamster anfangs auf der einzig freien Kachel des Raumes steht oder wenn es lediglich eine einzige freie Reihe oder Spalte gibt (siehe Beispiele in Abbildung 10.13).

Abbildung 10.13: Typische Hamster-Landschaften zu Aufgabe 2

10.5.3 Aufgabe 3

Der Hamster steht – wie schon in Beispielprogramm 3 aus Abschnitt 10.4.3 – vor einem regelmäßigen Berg unbekannter Höhe. Es liegen keine Körner im Territorium. Der Hamster, der anfangs 1 Korn im Maul hat, soll den Gipfel erklimmen, sich umdrehen, wieder hinabsteigen und an seiner Ausgangsposition stehenbleiben. Abbildung 10.14 skizziert zwei typische Ausgangssituationen für diese Aufgabe.

Abbildung 10.14: Typische Hamster-Landschaften zu Aufgabe 3

10.5.4 Aufgabe 4

Im Unterschied zu Aufgabe 3 steht der Hamster in dieser Aufgabe nicht vor einem Berg, sondern vor einer regelmäßigen Mulde unbekannter Tiefe (siehe bspw. die typischen Ausgangslandschaften in Abbildung 10.15). Es liegen keine Körner im Territorium. Der Hamster, der anfangs genau ein Korn im Maul hat, soll bis zur tiefsten Stelle der Mulde hinabsteigen, sich umdrehen, wieder hinaufsteigen und an seiner Ausgangsposition stehenbleiben.

Abbildung 10.15: Typische Hamster-Landschaften zu Aufgabe 4

10.5.5 Aufgabe 5

Der Hamster steht mit Blickrichtung Ost in der linken unteren Ecke eines beliebig großen Territoriums ohne innere Mauern. Im Territorium befindet sich genau ein Korn. Abbildung 10.16 (links) enthält eine typische Ausgangssituation für diese Aufgabe. Der Hamster soll das Korn finden, es fressen, auf dem schnellsten Wege wieder zum Ausgangspunkt zurückkehren und das Korn dort ablegen. Der Hamster soll dabei so vorgehen, wie in Abbildung 10.16 (rechts) skizziert. Es kann vorausgesetzt werden, dass er genügend Platz für seinen Zick-Zack-Kurs hat, also nach oben und rechts nicht auf Mauern stößt.

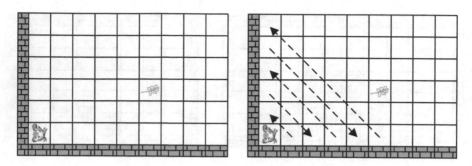

Abbildung 10.16: Typische Hamster-Landschaften zu Aufgabe 5

10.5.6 Aufgabe 6

Der Hamster befindet sich in der unteren Ecke eines gleichmäßigen rautenförmigen Territoriums beliebiger Größe (siehe bspw. die typischen Ausgangslandschaften in Abbildung 10.17). Er schaut gen Norden. Das Territorium ist durch Mauern abgeschlossen; ansonsten existieren jedoch keine Mauern. In dem Territorium befindet sich genau ein Korn. Der Hamster soll sich auf die Suche nach dem Korn machen und es schließlich fressen.

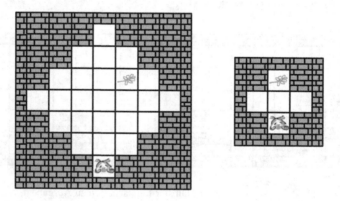

Abbildung 10.17: Typische Hamster-Landschaften zu Aufgabe 6

10.5.7 Aufgabe 7

Der Hamster befindet sich irgendwo in einem beliebig gestalteten Territorium. Auf keiner Kachel liegt ein Korn. Solange der Hamster Körner im Maul hat, soll er folgendes tun: Er soll ein Korn ablegen, sich nach links drehen, zur nächsten Mauer laufen, zum Ausgangspunkt zurücklaufen und sich dann umdrehen.

10.5.8 Aufgabe 8

Der Hamster befindet sich irgendwo in einem Territorium ohne Mauern und Körner. Der Hamster hat mindestens ein Korn im Maul. Er bekommt folgende Aufgabe: Laufe alle vier Diagonalen ab, die von deiner Ausgangskachel ausgehen, und lege dabei, insofern du noch Körner im Maul hast, auf jeder Kachel ein Korn ab.

10.5.9 Aufgabe 9

Der Hamster steht mit Blickrichtung Osten in der linken oberen Ecke eines beliebig großen ge-schlossenen Raumes ohne innere Mauern. Auf einigen Kacheln des Raumes liegt maximal ein Korn, auf den anderen Kacheln liegt kein Korn (siehe bspw. Abbildung 10.18 (links)). Der Hamster be-kommt die Aufgabe, die Körner jeder Reihe nach links zu verschieben, und zwar auf folgende Art und Weise: Wenn anfangs n Körner auf den Kacheln einer Reihe lagen, soll zum Schluss auf den ersten n Kacheln der Reihe je ein Korn liegen. Die übrigen Kacheln dieser Reihe sollen frei sein (siehe Abbildung 10.18 (rechts)).

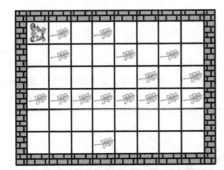 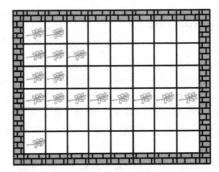

Abbildung 10.18: Typische Hamster-Landschaften zu Aufgabe 9

10.5.10 Aufgabe 10

Der Hamster befindet sich irgendwo in einem beliebig gestalteten Territorium. Auf keiner Kachel liegt ein Korn. Der Hamster hat eine unbekannte Anzahl an Körnern im Maul. Er bekommt folgende Aufgabe: Laufe bis zur nächsten Mauer und lege dabei, insofern du noch Körner im Maul hast, auf jeder zweiten Kachel ein Korn ab.

10.5.11 Aufgabe 11

Der Hamster steht ähnlich wie in Beispielprogramm 3 aus Abschnitt 10.4.3 vor einem regelmäßigen Berg unbekannter Höhe. Allerdings besteht der Berg diesmal nicht aus Mauern sondern aus Körnern (siehe bspw. Abbildung 10.19 (links)). Der Hamster bekommt die Aufgabe, den Berg um eine Kör-nerschicht „abzutragen", d.h. alle außen liegenden Körnerkacheln sollen abgegrast werden (siehe Abbildung 10.19 (rechts)).

10.5.12 Aufgabe 12

Der Hamster soll auf die in Aufgabe 11 beschriebene Art und Weise den kompletten Körnerberg Schicht für Schicht „abtragen".

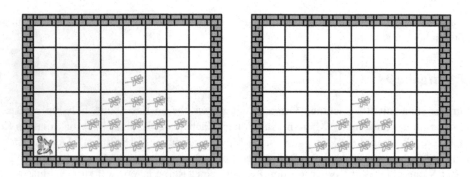

Abbildung 10.19: Typische Hamster-Landschaften zu den Aufgaben 11 und 12

10.5.13 Aufgabe 13

Der Hamster steht mit Blickrichtung Osten in der linken oberen Ecke einer Tropfsteinhöhle (ein beliebig großes geschlossenes Territorium ohne innere Mauern). In der Höhle befinden sich „Körnerstalaktiten", d.h. von der Decke der Höhle herunterreichende Körnerreihen (siehe bspw. Abbildung 10.20 (links)). Der Hamster bekommt die Aufgabe, die „Körnerstalaktiten" zu „Körnerstalakmiten" umzuwandeln (siehe Abbildung 10.20 (rechts)).

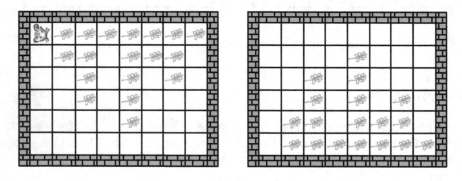

Abbildung 10.20: Typische Hamster-Landschaften zu Aufgabe 13

10.5.14 Aufgabe 14

Vom vielen Körnerfressen ist der Hamster doch recht dick geworden und sein Arzt hat ihm geraten, Sport zu treiben. Diesen Ratschlag hat der Hamster befolgt und sich sogar für die Olympischen Spiele qualifizieren können, und zwar im Hürdenlauf. Nun ist er fleißig am Trainieren. Zur Belohnung und zum Ansporn hat er sich am Ende des Parcours ein „Diät-Korn" hingelegt. Lassen Sie den Hamster in Abbildung 10.21 die Hürden überqueren und das Korn fressen. Achtung: Die Anzahl der Hürden ist gegenüber Aufgabe 14 aus Kapitel 8.7.14 nicht festgelegt! Sie ist aber größer als 1 oder gleich 1.

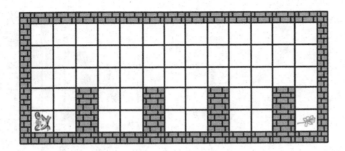

Abbildung 10.21: Typische Hamster-Landschaft zu Aufgabe 14

10.5.15 Aufgabe 15

Der Hamster ist unter die Artisten gegangen und übt das Balancieren auf dem Hochseil. Dieses besteht natürlich aus Körnern (siehe Abbildung 10.22). Lassen Sie den Hamster zum Ende des Hochseils und wieder zurück in seine Ausgangsposition laufen. Achtung: Die Länge des Hochseils ist nicht festgelegt!

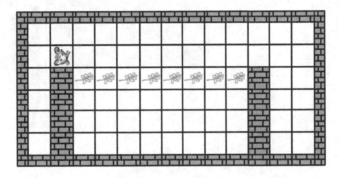

Abbildung 10.22: Typische Hamster-Landschaft zu Aufgabe 15

Kapitel 11
Boolesche Funktionen

Boolesche Funktionen, die in diesem Kapitel vorgestellt werden, sind dazu geeignet, neue Testbefehle zu definieren. Abschnitt 1 motiviert zunächst die Einführung boolescher Funktionen. In Abschnitt 2 wird danach die boolesche return-Anweisung erläutert, die für die Definition boolescher Funktionen (Abschnitt 3) notwendig ist. In Abschnitt 4 werden Sie kennenlernen, wie boolesche Funktionen aufgerufen werden und an welchen Stellen eines Programms sie verwendet werden dürfen. Das Problem der Seiteneffekte von booleschen Funktionen wird in Abschnitt 5 diskutiert. Anschließend folgen in Abschnitt 6 einige Beispielprogramme, an denen die Definition und Verwendung von booleschen Funktionen verdeutlicht werden, und in Abschnitt 7 werden einige Übungsaufgaben gestellt, durch deren Bearbeitung Sie den Umgang mit booleschen Funktionen einüben können.

11.1 Motivation

Der Hamster hat einen sehr begrenzten Grundvorrat an Befehlen (gib();, nimm();, vor();, linksUm();) und Testbefehlen (vornFrei(), maulLeer(), kornDa()). In Kapitel 8 haben Sie gelernt, wie mittels der Definition von Prozeduren dem Hamster weitere Befehle beigebracht werden können. In diesem Kapitel werden Sie einen Mechanismus kennenlernen, den Vorrat an Testbefehlen zu erweitern. Dazu werden sogenannte *boolesche Funktionen* oder *Testfunktionen* eingeführt.

Stellen Sie sich vor, Sie möchten einen neuen Testbefehl mauerDa() definieren, der genau dann den Wert true liefert, wenn sich direkt in Blickrichtung vor dem Hamster eine Mauer befindet. Im Prinzip entspricht dies dem booleschen Ausdruck !vornFrei(), denn dieser liefert ja das gewünschte Ergebnis. Prozeduren können Ihnen hier nicht weiterhelfen, denn diese können ja keinen Wert liefern. Was Sie benötigen, ist ein Sprachkonstrukt, über das Sie einen neuen Namen mauerDa für den neuen Testbefehl einführen und das immer dann, wenn Sie den Testbefehl mauerDa() aufrufen, den Wert des booleschen Ausdrucks !vornFrei() liefert.

Etwas komplizierter ist die folgende Situation: Der Hamster soll ermitteln, ob sich links von ihm eine Mauer befindet oder nicht. Es soll also ein neuer Testbefehl linksFrei() eingeführt werden. Ein solcher Testbefehl könnte dadurch realisiert werden, dass sich der Hamster zunächst nach links umdreht. Anschließend kann er mit Hilfe des Testbefehls vornFrei() überprüfen, ob die Kachel vor ihm frei ist. Falls der Aufruf des Testbefehls vornFrei() den Wert true liefert, muss auch der Testbefehl linksFrei() den Wert true liefern, für den false-Fall gilt entsprechendes. Zu beachten ist jedoch, dass sich der Hamster in beiden Fällen noch wieder nach rechts umdrehen muss, um in seine Ausgangsposition zurückzukehren.

Beide Beispiele lassen sich mit Hilfe sogenannter *boolescher Funktionen* realisieren. Bevor wir deren Syntax und Semantik kennenlernen, wird zunächst die *boolesche return-Anweisung* eingeführt.

11.2 Boolesche return-Anweisung

Boolesche return-Anweisungen werden in booleschen Funktionen zum Liefern eines booleschen Wertes benötigt.

11.2.1 Syntax

Die Syntax der booleschen return-Anweisung ist sehr einfach: Dem Schlüsselwort `return` folgt ein boolescher Ausdruck und ein abschließendes Semikolon. Die genaue Syntax wird in Abbildung 11.1 skizziert.

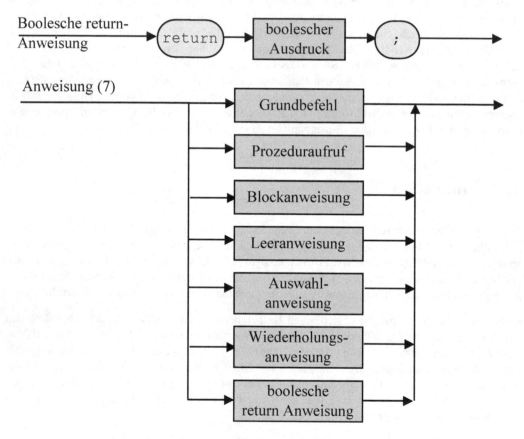

Abbildung 11.1: Syntaxdiagramm: Boolesche return-Anweisung

Boolesche return-Anweisungen sind spezielle Anweisungen, die allerdings ausschließlich im Funktionsrumpf boolescher Funktionen (siehe Abschnitt 11.3) verwendet werden dürfen. In Abbildung 11.1 wird daher das Syntaxdiagramm „Anweisung" aus Abbildung 10.2 erweitert.

11.2.2 Semantik

Die Ausführung einer booleschen return-Anweisung während der Ausführung einer booleschen Funktion führt zur unmittelbaren Beendigung der Funktionsausführung. Dabei wird der Wert des booleschen Ausdrucks als sogenannter *Funktionswert* zurückgegeben.

11.2.3 Beispiele

Im Folgenden werden einige Beispiele für syntaktisch korrekte boolesche return-Anweisungen gegeben:

- `return true;`
- `return vornFrei();`
- `return maulLeer || vornFrei();`
- `return (kornDa() && !vornFrei());`

11.3 Definition boolescher Funktionen

Genauso wie Prozeduren müssen auch boolesche Funktionen definiert werden, um sie in anderen Teilen des Programms aufrufen zu können.

11.3.1 Syntax

Die Syntax der Definition einer booleschen Funktion unterscheidet sich nur geringfügig von der Definition einer Prozedur (siehe auch Abbildung 11.2). Statt Prozedurkopf, -name und -rumpf spricht man hier von Funktionskopf, -name und -rumpf.

Anstelle des Schlüsselwortes void bei der Definition einer Prozedur muss bei der Definition einer booleschen Funktion das Schlüsselwort boolean am Anfang des Funktionskopfs stehen. Außerdem können im Funktionsrumpf boolesche return-Anweisungen verwendet werden.

Ganz wichtig bei der Definition boolescher Funktionen ist jedoch folgende Zusatzbedingung, die sich mit Hilfe von Syntaxdiagrammen nicht ausdrücken lässt und deshalb verbal ergänzt wird: In jedem möglichen Weg durch die Funktion bei ihrer Ausführung muss eine boolesche return-Anweisung auftreten. Der Wert, den der boolesche Ausdruck einer booleschen return-Anweisung liefert, ist der sogenannte *Funktionswert* der booleschen Funktion.

Boolesche Funktionen können überall dort in einem Hamster-Programm definiert werden, wo auch Prozeduren definiert werden können. Aus diesem Grund wird in Abbildung 11.2 das Syntaxdiagramm „Definitionen" aus Abbildung 8.4 erweitert.

11.3.2 Gestaltungskonventionen

Die Gestaltungskonventionen für boolesche Funktionen sind nahezu identisch mit den Gestaltungskonventionen für Prozeduren (siehe Kapitel 8.2.2).

Wählen Sie aussagekräftige Bezeichner für die Namen der von Ihnen definierten booleschen Funktionen. Genauso wie bei Prozedurnamen sollten Sie auch bei Namen für boolesche Funktionen keine Umlaute oder das Zeichen „ß" verwenden. Beginnen Sie einen Namen für eine boolesche Funktion

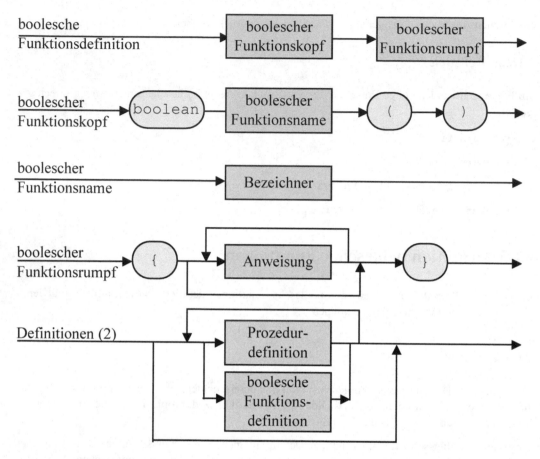

Abbildung 11.2: Syntaxdiagramm: Boolesche Funktionsdefinition

immer mit einem Kleinbuchstaben und verwenden Sie auch sonst nur Kleinbuchstaben und Ziffern; Ausnahme: Falls der Name aus mehreren Wort-Bestandteilen besteht, beginnen Sie ein neues Wort jeweils mit einem Großbuchstaben; Beispiele: `linksFrei`, `weitereReiheExistiert` oder `gipfelErreicht`.

Achten Sie bitte bei der Definition einer booleschen Funktion weiter auf eine gute Strukturierung und damit bessere Lesbarkeit. Der Funktionskopf sowie die öffnende geschweifte Klammer des Funktionsrumpfes sollten gemeinsam in einer Zeile stehen. Zwischen dem Funktionsnamen und der öffnenden runden Klammer sowie zwischen den runden Klammern sollte kein Leerzeichen eingefügt werden, wohl aber zwischen der schließenden runden Klammer und der öffnenden geschweiften Klammer des Funktionsrumpfes. Weiterhin wird empfohlen, die einzelnen Anweisungen des Funktionsrumpfes um vier Spalten nach rechts einzurücken und die schließende geschweifte Klammer des Funktionsrumpfes in einer separaten Zeile und in derselbe Spalte wie das „b" des Schlüsselwortes `boolean` zu platzieren.

11.3.3 Semantik

Durch die Definition einer booleschen Funktion innerhalb eines Hamster-Programms wird ein neuer Testbefehl eingeführt, der über den Namen der Funktion aufgerufen werden kann. Ansonsten hat die Definition einer booleschen Funktion keine direkten Auswirkungen auf die Ausführung eines Programms.

11.3.4 Beispiele

In den folgenden beiden Funktionsdefinitionen werden die im Motivationsabschnitt 11.1 geschilderten Beispiele implementiert. Im Rumpf der Funktion linksFrei() wird dabei die ebenfalls definierte Prozedur rechtsUm aufgerufen.

```
boolean mauerDa() {
    return !vornFrei();
}

boolean linksFrei() {
    linksUm();
    if (vornFrei()) {

        // links ist frei
        rechtsUm();
        return true;
    } else {

        // links ist eine Mauer
        rechtsUm();
        return false;
    }
}

void rechtsUm() {
    linksUm();
    linksUm();
    linksUm();
}
```

Die folgende Funktionsdefinition ist dahingegen fehlerhaft, denn bei der Ausführung des else-Teils der if-Anweisung endet die Funktion, ohne dass eine boolesche return-Anweisung ausgeführt worden ist:

```
boolean nichtsGehtMehr() {
    if (vornFrei()) {
        vor();
        return false;
    } else {
        linksUm();
    }
}
```

Der Compiler entdeckt derartige Fehler und gibt entsprechende Fehlermeldungen aus.

Was der Compiler auch nicht „mag", sind Anweisungen innerhalb von Funktionsrümpfen, die gar nicht erreicht werden können, weil die Funktion auf jeden Fall vorher verlassen wird. Schauen Sie sich folgendes Beispiel an:

```
boolean hintenFrei() {
    linksUm();
    linksUm();
    if (vornFrei()) {
        return true;
    } else {
        return false;
    }
    linksUm();
    linksUm();
}
```

Die Funktion `hintenFrei` wird in jedem Fall in der if-Anweisung verlassen, da bei ihrer Ausführung sowohl in der true-Blockanweisung als auch in der false-Blockanweisung eine boolesche return-Anweisung erreicht wird. Die beiden anschließenden `linksUm();`-Befehle können also unmöglich erreicht werden. Auch hier liefert der Compiler eine Fehlermeldung.

Die if-Anweisung im vorangehenden Beispiel ist zwar syntaktisch korrekt aber umständlich formuliert. Häufig sieht man einen derartigen Programmstil bei Programmieranfängern. Es gilt: Sei `bA` Platzhalter für einen beliebigen booleschen Ausdruck. Dann sind folgende Anweisungen semantisch äquivalent:

```
// Variante 1                          // Variante 2
if (bA) {                              return bA;
    return true;
} else {
    return false;
}
```

Die zweite Variante ist wegen ihrer Kompaktheit verständlicher und der ersten Variante vorzuziehen.

11.4 Aufruf boolescher Funktionen

Durch die Definition einer booleschen Funktion wird ein neuer Testbefehl eingeführt. Der Aufruf einer booleschen Funktion wird auch *Funktionsaufruf* genannt.

11.4.1 Syntax

Eine boolesche Funktion darf überall dort aufgerufen werden, wo auch einer der drei vordefinierten Testbefehle aufgerufen werden darf. Der Aufruf einer booleschen Funktion gilt also als ein spezieller boolescher Ausdruck. Der Funktionsaufruf erfolgt syntaktisch durch die Angabe des Funktionsnamens gefolgt von einem runden Klammernpaar. Abbildung 11.3 definiert die genaue Syntax des Aufrufs boolescher Funktionen und erweitert das Syntaxdiagramm „boolescher Ausdruck" aus Abbildung 9.3.

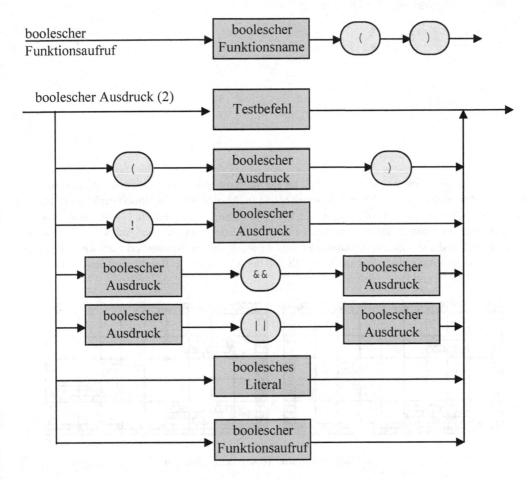

Abbildung 11.3: Syntaxdiagramm: Boolescher Funktionsaufruf

11.4.2 Semantik

Wird bei der Berechnung eines booleschen Ausdrucks eine boolesche Funktion aufgerufen, so wird in deren Funktionsrumpf verzweigt und es werden die dortigen Anweisungen aufgerufen. Wird dabei eine boolesche return-Anweisung ausgeführt, so wird der Funktionsrumpf unmittelbar verlassen und an die Stelle des Funktionsaufrufs zurückgesprungen. Der von der booleschen return-Anweisung gelieferte Wert (also der Funktionswert) wird dabei zur Berechnung des booleschen Ausdrucks weiterverwendet.

11.4.3 Beispiele

Es folgen einige Beispiele, die die Definition und den Aufruf boolescher Funktionen verdeutlichen.

11.4.3.1 Beispiel 1

Schauen Sie sich folgendes Beispielprogramm an:

```
boolean mauerDa() {
    return !vornFrei();
}

void main() {
    if (mauerDa()) {
        linksUm();
    }
}
```

Die boolesche Funktion `mauerDa` wird bei der Formulierung der Bedingung der if-Anweisung in der main-Prozedur benutzt. Der Hamster stehe, wie in Abbildung 11.4 (links) ersichtlich, auf der Hamster-Landschaft. Dann wird zunächst die Funktion `mauerDa` aufgerufen. Da die Funktion lediglich aus einer booleschen return-Anweisung besteht, wird deren boolescher Ausdruck ausgewertet. Es ergibt sich in der skizzierten Situation der Wert `true`, der als Funktionswert zurückgeliefert wird. Das bedeutet, die Auswahlbedingung ist erfüllt und der `linksUm();`-Befehl wird ausgeführt (siehe Abbildung 11.4 (rechts)).

Abbildung 11.4: Aufruf boolescher Funktionen

11.4.3.2 Beispiel 2

Im folgenden Beispiel sucht der Hamster eine Nische an seiner linken Seite. Falls er eine solche findet, begibt er sich in die Nische.

```
void main() {
    while (vornFrei() && !linksFrei()) {
        vor();
    }
    if (linksFrei()) {
        linksUm();
        vor();
    }
}
```

```
boolean linksFrei() {
    linksUm();
    if (vornFrei()) {
        rechtsUm();
        return true;
    } else {
        rechtsUm();
        return false;
    }
}

void rechtsUm() {
    linksUm();
    linksUm();
    linksUm();
}
```

An diesem Beispiel können sie visuell nachvollziehen, was Sie bezüglich der Auswertungsreihenfolge von booleschen Ausdrücken in Kapitel 9.2.6 gelernt haben, dass der Hamster nämlich die Auswertung bestimmter boolescher Ausdrücke optimiert. Schauen Sie sich dazu die in Abbildung 11.5 geschilderte Ausgangssituation an.

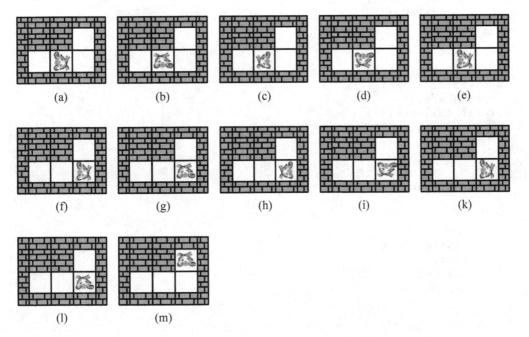

(a)   (b)   (c)   (d)   (e)

(f)   (g)   (h)   (i)   (k)

(l)   (m)

Abbildung 11.5: Auswertungsreihenfolge boolescher Ausdrücke

Bei der Auswertung der Schleifenbedingung der while-Anweisung in der main-Prozedur wird zunächst der Wert des Testbefehls vornFrei() ermittelt. Der Testbefehl liefert den Wert true. Also wird als nächstes der Funktionswert der Funktion linksFrei ermittelt, der negiert den Wert des booleschen Ausdrucks der Schleifenbedingung ergibt. Zur Ermittlung des Funktionswertes wird die

Funktion aufgerufen: Der Hamster dreht sich um 90 Grad nach links (b), testet, ob nun vor ihm frei ist; das ist nicht der Fall, also dreht er sich wieder um 90 Grad nach rechts (c-e) und liefert den Wert `false`. Durch die anschließende Negierung ist die Schleifenbedingung insgesamt erfüllt und die Iterationsanweisung wird ausgeführt, d.h. der Hamster hüpft eine Kachel nach vorne (f). Nun wird die Schleifenbedingung ein weiteres Mal überprüft. Da dieses Mal aber bereits der Testbefehl `vornFrei()` den Wert `false` liefert, muss die Funktion `linksFrei` nicht ein zweites Mal aufgerufen werden. Die Schleifenbedingung kann nicht mehr erfüllt werden. Die Funktion `linksFrei` wird dann jedoch für die Auswertung der Bedingung der if-Anweisung erneut aufgerufen (g-k). Sie liefert den Wert `true`, sodass die Bedingung erfüllt ist und sich der Hamster in die Nische begibt (l-m).

Drehen Sie nun einmal die konjugierten Ausdrücke in dem Beispiel um und führen Sie das Programm erneut für die in Abbildung 11.6 skizzierte Situation aus. Sie werden feststellen, dass der Hamster einmal mehr testet, ob sich links von ihm eine Mauer befindet.

```
void main () {

    // Vertauschung der Operanden
    while (!linksFrei() && vornFrei()) {
        vor ();
    }
    if (linksFrei()) {
        linksUm ();
        vor ();
    }
}

boolean linksFrei () {
    linksUm ();
    if (vornFrei()) {
        rechtsUm ();
        return true;
    } else {
        rechtsUm ();
        return false;
    }
}

void rechtsUm () {
    linksUm ();
    linksUm ();
    linksUm ();
}
```

11.5 Seiteneffekte

Der Unterschied zwischen Prozeduren und booleschen Funktionen besteht nach außen hin darin, dass Prozeduren etwas tun, indem sie den Zustand des Hamsters (Blickrichtung, Position, Körneranzahl im Maul) oder der Hamster-Landschaft (Körneranzahl auf den einzelnen Kacheln) verändern,

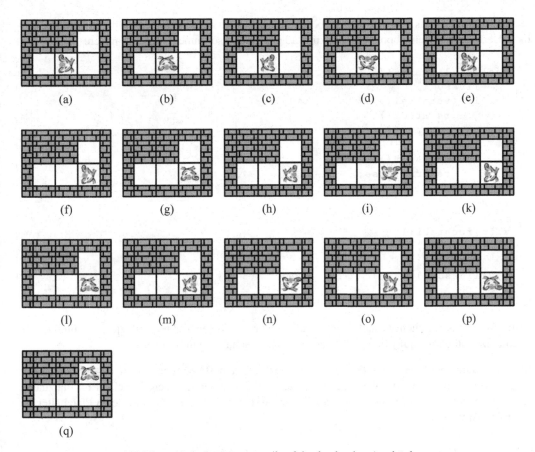

Abbildung 11.6: Auswertungsreihenfolge boolescher Ausdrücke

während boolesche Funktionen etwas berechnen, nämlich einen booleschen Wert. Zur Berechnung dieses Wertes müssen sie jedoch in der Regel intern auch etwas tun. Führt ein Funktionsaufruf nicht nur zur Berechnung eines Wertes, sondern darüber hinaus dazu, dass sich nach Beendigung der Funktion der Zustand des Hamsters bzw. der Hamster-Landschaft geändert hat, dann spricht man davon, dass die Funktion einen sogenannten *Seiteneffekt* produziert hat.

Die folgende boolesche Funktion linksFrei produziert beispielsweise immer einen Seiteneffekt; denn nach ihrer Ausführung hat der Hamster eine andere Blickrichtung als vorher.

```
boolean linksFrei() {
    linksUm();
    return vornFrei();
}
```

Genauso wie die drei vordefinierten Testbefehle keine Zustandsänderungen bewirken, also niemals Seiteneffekte produzieren, sollten auch boolesche Funktionen in der Regel keine Seiteneffekte hervorrufen, d.h. sollten zur Berechnung eines zu liefernden Wertes innerhalb einer Funktion Zustandsänderungen notwendig sein, so sollten diese vor dem Verlassen der Funktion wieder rückgängig gemacht werden.

Seiteneffektfreie Funktionen führen zu besser lesbaren und weniger fehleranfälligenden Programmen. Definieren Sie eine boolesche Funktion linksFrei also immer folgendermaßen:

```
boolean linksFrei() {
    linksUm();
    if (vornFrei()) {
        rechtsUm();
        return true;
    } else {
        rechtsUm();
        return false;
    }
}

void rechtsUm() {
    linksUm();
    linksUm();
    linksUm();
}
```

Wenn Sie – aus welchem Grund auch immer – dennoch Seiteneffekte produzierende Funktionen definieren, sollten Sie auf jeden Fall durch einen Kommentar darauf hinweisen.

Mögliche durch boolesche Funktionen hervorgerufene Seiteneffekte führen dazu, dass die folgenden beiden Anweisungen nicht unbedingt semantisch äquivalent sein müssen. Dabei sei bA Platzhalter für einen beliebigen booleschen Ausdruck und anweisung1 und anweisung2 seien Platzhalter für beliebige Anweisungen:

```
// Anweisung 1                      // Anweisung 2
if (bA)                             if (bA)
    anweisung1                          anweisung1
else                               if (!bA)
    anweisung2                          anweisung2
```

Mit Hilfe der Seiteneffekte lässt sich dieses Phänomen nun auch verstehen. Konkretisieren wir die Anweisungen dadurch, dass wir für bA die oben definierte einen Seiteneffekt produzierende boolesche Funktion linksFrei verwenden und die beiden Anweisungen a1 und a2 durch die Leeranweisung ersetzen:

```
// Anweisung 1                      // Anweisung 2
if (linksFrei())                    if (linksFrei())
    ;                                   ;
else                               if (!linksFrei())
    ;                                   ;
```

Werden die Anweisungen jeweils in der in Abbildung 11.7 (a) skizzierten Situation aufgerufen, so ergibt sich nach Ausführung von Anweisung 1 der in Abbildung 11.7 (b) und nach Ausführung von Anweisung 2 der in Abbildung 11.7 (c) dargestellte Zustand. Die beiden Zustände sind nicht gleich, die Anweisungen also nicht semantisch äquivalent.

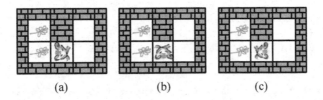

(a)   (b)   (c)

Abbildung 11.7: Seiteneffekte

11.6 Beispielprogramme

In diesem Abschnitt werden einige Beispiele für Hamster-Programme gegeben, die Ihnen den Einsatz von booleschen Funktionen demonstrieren sollen. Schauen Sie sich die Beispiele genau an und versuchen Sie, die Lösungen nachzuvollziehen.

11.6.1 Beispielprogramm 1

Aufgabe:
In einem rechteckigen geschlossenen Raum unbekannter Größe ohne innere Mauern sind wahllos eine unbekannte Anzahl an Körnern verstreut (siehe Beispiele in Abbildung 11.8). Der Hamster, der sich zu Anfang in der linken unteren Ecke des Hamster-Territoriums mit Blickrichtung Ost befindet, soll alle Körner aufsammeln und dann stehenbleiben.

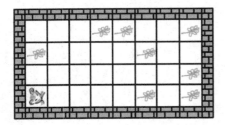 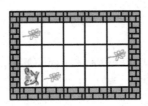

Abbildung 11.8: Typische Hamster-Landschaften zu Beispielprogramm 1

Dieses Beispielprogramm hatten wir bereits in Kapitel 10.4.1 als Beispielprogramm 1 gelöst; dort allerdings ohne den Einsatz von booleschen Funktionen. Dieses Mal lösen wir das Problem mit Hilfe boolescher Funktionen. Sie werden feststellen, dass der Algorithmus so verständlicher und besser nachvollziehbar ist.

Lösung:

```
void main() {
    ernteEineReiheUndLaufeZurueck();
    while (weitereReiheExistiert()) {
        begibDichInNaechsteReihe();
        ernteEineReiheUndLaufeZurueck();
    }
}
```

```
boolean weitereReiheExistiert() {
    rechtsUm();
    if (vornFrei()) {

        /*
         * Achtung: Der Hamster muss sich wieder in seine
         * Ausgangsstellung begeben
         */
        linksUm();
        return true;
    } else {
        linksUm();
        return false;
    }
}

void ernteEineReiheUndLaufeZurueck() {
    ernteEineReihe();
    kehrt();
    laufeZurueck();
}

void ernteEineReihe() {
    sammle();
    while (vornFrei()) {
        vor();
        sammle();
    }
}

void begibDichInNaechsteReihe() {
    rechtsUm();
    vor();
    rechtsUm();
}

void laufeZurueck() {
    while (vornFrei()) {
        vor();
    }
}

void sammle() {
    while (kornDa()) {
        nimm();
    }
}

void rechtsUm() {
    kehrt();
    linksUm();
}
```

```
void kehrt() {
    linksUm();
    linksUm();
}
```

11.6.2 Beispielprogramm 2

Aufgabe:

Der Hamster steht – wie in dem Beispiel in Abbildung 11.9 ersichtlich – vor einer unregelmäßigen und mit Körnern gefüllten Mulde (ohne Überhänge!). Er weiß nicht, wie weit und tief diese ist. Er soll alle Körner in der Mulde einsammeln.

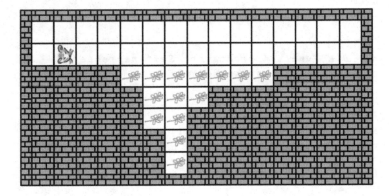

Abbildung 11.9: Typische Hamster-Landschaften zu Beispielprogramm 2

Lösung:

```
void main() {

    // finde die Mulde
    while (!rechtsFrei()) {
        vor();
    }

    // begib dich in die Mulde
    rechtsUm();
    vor();
    linksUm();

    // friss die Koerner
    graseReiheAb();
    while (begibDichInNaechsteReiheVonOst()) {
        graseReiheAb();
        if (begibDichInNaechsteReiheVonWest()) {
```

```java
            graseReiheAb();
        }
    }
}

void graseReiheAb() {
    sammle();
    while (vornFrei()) {
        vor();
        sammle();
    }
}

void sammle() {
    while (kornDa()) {
        nimm();
    }
}

// Achtung: Die Funktion produziert Seiteneffekte!
boolean begibDichInNaechsteReiheVonOst() {
    kehrt();

    // finde naechste Nische
    while (vornFrei() && !linksFrei()) {
        vor();
    }
    if (!linksFrei()) {

        // Ende der Mulde erreicht
        return false;
    } else {

        // begib dich in naechste Reihe
        linksUm();
        vor();
        rechtsUm();
        return true;
    }
}

// Achtung: Die Funktion produziert Seiteneffekte!
boolean begibDichInNaechsteReiheVonWest() {
    kehrt();

    // finde naechste Nische
    while (vornFrei() && !rechtsFrei()) {
        vor();
    }
    if (!rechtsFrei()) {
```

```
            // Ende der Mulde erreicht
            return false;
        } else {
            // begib dich in naechste Reihe
            rechtsUm();
            vor();
            linksUm();
            return true;
        }
    }

boolean linksFrei() {
    linksUm();
    if (vornFrei()) {

        // links ist frei
        rechtsUm();
        return true;
    } else {

        // links ist eine Mauer
        rechtsUm();
        return false;
    }
}

boolean rechtsFrei() {
    rechtsUm();
    if (vornFrei()) {

        // rechts ist frei
        linksUm();
        return true;
    } else {
        // rechts ist eine Mauer
        linksUm();
        return false;
    }
}

void rechtsUm() {
    kehrt();
    linksUm();
}

void kehrt() {
    linksUm();
    linksUm();
}
```

11.6.3 Beispielprogramm 3

Aufgabe:

Der Hamster, der genau ein Korn in seinem Maul hat, befindet sich in einem geschlossenen, körner-losen Raum unbekannter Größe. Rechts von ihm befindet sich eine Wand und vor ihm die Kachel ist frei (siehe Beispiel in Abbildung 11.10). Der Hamster soll solange gegen den Uhrzeigersinn an der Wand entlanglaufen, bis er irgendwann wieder seine Ausgangskachel erreicht.

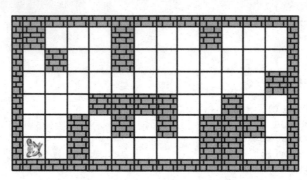

Abbildung 11.10: Typische Hamster-Landschaften zu Beispielprogramm 3

Lösung:

```
void main() {
    gib(); // markiere Ausgangsposition
    vor();

    /*
     * irgendwann kehrt der Hamster an seine
     * Ausgangsposition zurueck
     */
    while (!kornDa()) {
        if (rechtsFrei()) {
            rechtsUm();
            vor();
        } else if (vornFrei()) {
            vor();
        } else if (linksFrei()) {
            linksUm();
            vor();
        } else {
            kehrt();
            vor();
        }
    }
}

boolean rechtsFrei() {
    rechtsUm();
    if (vornFrei()) {
```

```
        linksUm();
        return true;
    } else {
        linksUm();
        return false;
    }
}

boolean linksFrei() {
    linksUm();
    if (vornFrei()) {
        rechtsUm();
        return true;
    } else {
        rechtsUm();
        return false;
    }
}

void rechtsUm() {
    kehrt();
    linksUm();
}

void kehrt() {
    linksUm();
    linksUm();
}
```

11.7 Übungsaufgaben

Nun sind wieder Sie gefordert; denn in diesem Abschnitt werden Ihnen einige Hamster-Aufgaben gestellt, die sie selbstständig zu lösen haben. Nutzen Sie dabei die Möglichkeit, boolesche Funktionen definieren und aufrufen zu können. Denken Sie sich darüber hinaus selbst weitere Hamster-Aufgaben aus und versuchen Sie, diese zu lösen. Viel Spaß!

11.7.1 Aufgabe 1

Optimieren Sie die Lösung von Beispielprogramm 1 aus Abschnitt 11.6.1 dadurch, dass der Hamster nicht jeweils die gerade abgegraste Reihe wieder zurückläuft, sondern – falls noch eine weitere freie Reihe existiert – direkt in diese wechselt.

11.7.2 Aufgabe 2

Entwickeln Sie ein Lösungsprogramm zur Hamster-Aufgabe in Beispielprogramm 2 aus Abschnitt 11.6.2, das keine Seiteneffekte produzierende boolesche Funktionen verwendet.

11.7.3 Aufgabe 3

Erweitern Sie die Lösung von Beispielprogramm 3 aus Abschnitt 11.6.3 derart, dass der Hamster die
Strecke zunächst gegen den Uhrzeigersinn absolviert und sie danach noch einmal im Uhrzeigersinn
zurückläuft.

11.7.4 Aufgabe 4

Der Hamster befindet sich irgendwo in einem quadratischen, geschlossenen, körnerlosen Raum unbekannter Größe ohne innere Mauern. Der Hamster soll die beiden Diagonalen des Raumes mit
jeweils genau einem Korn kennzeichnen (siehe auch Abbildung 11.11). Der Hamster hat genug Körner im Maul, um die Aufgabe zu erledigen.

Abbildung 11.11: Typische Hamster-Landschaften zu Aufgabe 4

11.7.5 Aufgabe 5

Ähnlich wie in Beispielprogramm 3 in Kapitel 10.4.3 steht der Hamster vor einem Berg unbekannter
Höhe. Allerdings ist der Berg diesmal nicht regelmäßig eine Stufe hoch, sondern die Stufenhöhen
und -längen können variieren, wie in Abbildung 11.12 skizziert. Es gibt jedoch keine Überhänge!
Der Hamster soll den Gipfel suchen und schließlich auf dem Gipfel anhalten.

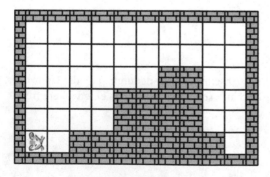
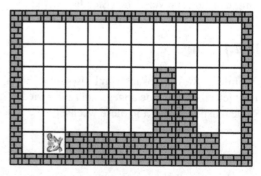

Abbildung 11.12: Typische Hamster-Landschaften zu Aufgabe 5

11.7.6 Aufgabe 6

Der Hamster befindet sich genau in der Mitte eines quadratischen, geschlossenen, körnerlosen Raum ohne innere Mauern mit einer ungeraden Anzahl an freien Feldern pro Reihe (siehe Beispiele für Ausgangslandschaften in Abbildung 11.13). Er habe mindestens so viele Körner in seinem Maul, wie freie Felder existieren. Seine Aufgabe besteht darin, mit möglichst wenigen Schritten (vor(); - Befehle) auf allen Feldern des Territoriums jeweils ein Korn abzulegen. Hinweis: Lassen Sie den Hamster zyklische Kreise laufen!

 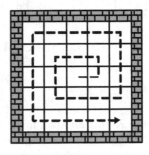

Abbildung 11.13: Typische Hamster-Landschaft (links) sowie Wegbeschreibung (rechts) zu Aufgabe 6

11.7.7 Aufgabe 7

Der Hamster ist zum Skifahrer mutiert. Vor ihm befindet sich – wie in der Hamster-Landschaft in Abbildung 11.14 skizziert – ein Slalomparcours mit einem Korn am Ende, das das Ziel markiert. Der Hamster soll den Slalomparcours bewältigen und das Korn fressen.

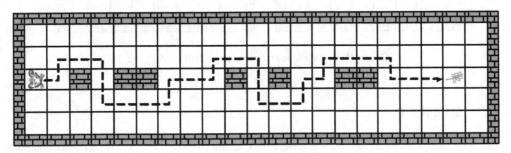

Abbildung 11.14: Typische Hamster-Landschaft mit Wegbeschreibung zu Aufgabe 7

11.7.8 Aufgabe 8

Der Hamster steht ähnlich wie in Beispielprogramm 3 aus Kapitel 10.4.3 vor einem regelmäßigen Berg unbekannter Höhe. Allerdings besteht der Berg diesmal nicht aus Mauern sondern aus Körnern (siehe bspw. Abbildung 11.15 (links)). Der Hamster bekommt die Aufgabe, den Körnerberg „aus-zuhöhlen", d.h. alle außer den außen liegenden Körnerkacheln des Berges sollen abgegrast werden (siehe Abbildung 11.15 (rechts)).

Abbildung 11.15: Typische Hamster-Landschaft zu Aufgabe 8

11.7.9 Aufgabe 9

Der Hamster steht ohne Körner im Maul mit Blickrichtung Osten in der linken oberen Ecke eines
Raumes mit genau drei Zeilen und beliebig vielen Spalten. Im Raum befinden sich keine inneren
Mauern. Auf den einzelnen Kacheln der unteren zwei Zeilen können sich beliebig viele Körner
befinden. Die obere Zeile ist körnerfrei (siehe bspw. Abbildung 11.16 (links)). Die Aufgabe des
Hamsters besteht darin, spaltenweise die Körner der unteren beiden Zeilen zu tauschen, d.h. liegen
anfangs in Zeile 2 von Spalte i 4 Körner und in Zeile 3 von Spalte i 5 Körner, so sollen zum Schluss
in Zeile 2 von Spalte i 5 und in Zeile 3 von Spalte i 4 Körner liegen (siehe Abbildung 11.16 (rechts)).

Abbildung 11.16: Typische Hamster-Landschaft zu Aufgabe 9

11.7.10 Aufgabe 10

Der Hamster steht vor einem regelmäßigen Berg unbekannter Höhe. Ein schweres Erdbeben hat den
Berggipfel in zwei Teile geteilt und eine tiefe Schlucht entstehen lassen, die beliebig breit sein kann
(siehe bspw. Abbildung 11.17 (links)). Der Hamster bekommt die Aufgabe, über die Schlucht eine
„Körnerbrücke" zu bauen (siehe Abbildung 11.17 (rechts)). Er hat dazu genügend viele Körner im
Maul.

11.7.11 Aufgabe 11

Die Ausgangssituation von Aufgabe 11 ist dieselbe wie bei Aufgabe 10. Nur diesmal soll der Hamster nicht nur eine Brücke über die Schlucht bauen, sondern die komplette Schlucht mit Körnern
füllen.

Abbildung 11.17: Typische Hamster-Landschaft zu den Aufgabe 10 und 11

11.7.12 Aufgabe 12

Der Hamster bekommt die Aufgabe, eine von einem Vulkanausbruch bedrohte Stadt vor dem Untergang zu retten. Dazu soll er den Krater mit Körnern verstopfen. Der Hamster steht anfangs mit ausreichend vielen Körnern im Maul unmittelbar vor dem Vulkan, der unbekannt hoch aber gleichmäßig ansteigend ist. Auch der Krater ist gleichmäßig geformt. Abbildung 11.18 skizziert eine typische Hamster-Landschaft nach Erledigung der Aufgabe.

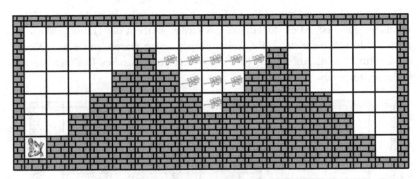

Abbildung 11.18: Typische Hamster-Landschaft zu Aufgabe 12

11.7.13 Aufgabe 13

Im Hamster-Territorium liegt eine beliebig lange und beliebig geformte geschlossene Körnerspur. Auf jeder Kachel der Spur liegt dabei genau ein Korn und jede Kachel der Körnerspur grenzt an genau zwei andere Kacheln der Körnerspur (siehe bspw. Abbildung 11.19). Der Hamster steht mit beliebiger Blickrichtung irgendwo auf der Körnerspur. Er soll die Körnerspur so oft ablaufen, wie er Körner im Maul hat, d.h. hat er bspw. 4 Körner im Maul, muss er viermal rundlaufen.

11.7.14 Aufgabe 14

Aufgabe 14 ist analog zu Aufgabe 13: Der Hamster steht irgendwo auf einer beliebig geformten geschlossenen Körnerspur. Auch diesmal soll der Hamster die Körnerspur so oft ablaufen, wie er

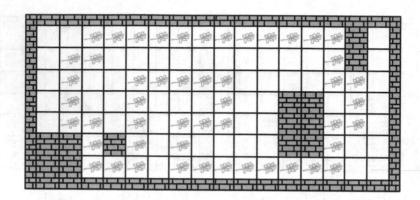

Abbildung 11.19: Typische Hamster-Landschaft zu den Aufgaben 13 und 14

Körner im Maul hat. Anschließend soll er jedoch eine weitere Runde drehen und dabei alle Körner einsammeln.

11.7.15 Aufgabe 15

Der Hamster ist kriminell geworden und ins Gefängnis geworfen worden. In seiner Zelle, die rechteckig aber unbekannt groß ist, ist es stockdunkel. Allerdings riecht der Hamster, dass wohl mal die Mauer repariert wurde und zwar, weil die Steine ausgegangen waren, mit einem Korn. Verhelfen Sie dem Hamster zur Flucht! Abbildung 11.20 skizziert ein typisches Gefängnisterritorium. Der Hamster befindet sich irgendwo in seiner Zelle.

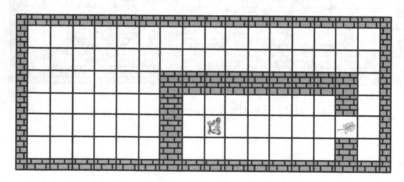

Abbildung 11.20: Typische Hamster-Landschaft zu Aufgabe 15

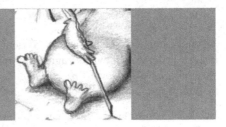

Kapitel 12
Programmentwurf

In diesem Kapitel wird ein systematisches Verfahren zur Entwicklung von Computerprogrammen vorgestellt. Bei diesem Verfahren ist der Entwicklungsprozess in mehrere Phasen aufgeteilt. Nach einer Einführung in Abschnitt 1 dieses Kapitels werden die einzelnen Phasen Analyse, Entwurf, Implementierung und Test in den Abschnitten 2 bis 5 erläutert. Abschnitt 6 geht auf die Dokumentation des Entwicklungsprozesses ein. Das Verfahren wird an einem Beispiel durchgängig demonstriert. Abschnitt 7 vertieft die Ausführungen der ersten Abschnitte anhand eines weiteren Beispiels. Abschnitt 8 enthält einige Übungsaufgaben, die Sie anschließend selbstständig mittels des eingeführten Verfahrens lösen können sollten.

12.1 Lösen von Problemen

Wenn Sie die vorangegangenen Kapitel sorgfältig durchgearbeitet und insbesondere die Übungsaufgaben intensiv bearbeitet haben, sind Sie Ihrem Ziel, ein „guter" Programmierer zu werden, schon ein ganzes Stück nähergekommen. Sie wissen nun, was Anweisungen sind, Sie können Prozeduren und boolesche Funktionen definieren und aufrufen, und Sie kennen als Kontrollstrukturen des Programmablaufs die Auswahl- und Wiederholungsanweisungen, mit denen Sie Algorithmen bzw. Programme flexibel formulieren können. In diesem Kapitel wird nun kein weiteres derartiges Sprachkonstrukt eingeführt. Stattdessen werden Sie lernen, wie Sie die bisher erlernten Sprachkonstrukte einsetzen können, um ausgehend von einem gegebenen Problem ein Programm zu entwickeln, das dieses Problem korrekt und vollständig löst und dessen Lösungsidee auch für andere verständlich ist.

Vielleicht hatten Sie beim Lösen von Übungsaufgaben insbesondere in den letzten beiden Kapiteln bestimmte Probleme. Sie wussten eventuell nicht, wie Sie an die Übungsaufgabe herangehen, womit Sie anfangen sollten. Keine Angst, in diesem Kapitel werden Sie ein Verfahren kennenlernen, das Ihnen dabei hilft, derartige Übungsaufgaben systematisch zu lösen. Nichtsdestotrotz ist der Algorithmen- bzw. Programmentwurf kein vollständig mechanisierbarer, sondern ein kreativer Prozess, bei dem Sie Ihre Gehirnzellen aktivieren müssen. Er ist insbesondere selbst nicht algorithmisierbar und erfordert vom Programmierer Intuition, Erfahrung und Ideen.

Der Programmentwurf ist jedoch vergleichbar mit vielen Problemen, mit denen Sie tagtäglich in Berührung kommen. Überlegen Sie einmal: Wie gehen Sie vor, wenn Sie ein Puzzle zusammensetzen. Ganz sicher nicht so, dass Sie einfach probieren, solange Puzzlestücke zusammenzustecken, bis das Puzzle fertig ist. Vielmehr werden Sie zunächst die vier Eckstücke und anschließend die Randstücke suchen und damit zunächst den Rahmen zusammensetzen. Anschließend werden Sie vielleicht (falls es sich bei dem Puzzle um ein Landschaftsbild handelt) alle blauen Stücke heraussuchen, die zum Himmel gehören könnten. Was Sie hier machen, nennt man *Komplexitätsreduktion*. Sie versuchen, das komplexe Gesamtproblem zunächst in weniger komplexe Teilprobleme zu zerlegen und die Teilprobleme zu lösen. Die Gesamtlösung ergibt sich dann schließlich durch die Zusammenführung der Teillösungen. Genau dieselbe Systematik liegt auch dem im Folgenden beschriebenen Verfahren des Programmentwurfs zugrunde. Man bezeichnet das Verfahren deshalb auch als *Schrittweise Verfeinerung*, *Top-Down-Programmentwurf* oder auch *Prozedurale Zerlegung*, weil letztendlich das Gesamtprogramm in Teilprogramme, nämlich Prozeduren, zerlegt wird.

Bevor Sie nun weiter lesen, schauen Sie sich zuerst bitte sorgfältig Kapitel 3 an. Die dort geschilderten Phasen der Programmentwicklung bilden nämlich auch die Grundlage dieses Kapitels. Genauer gesagt, in diesem Kapitel werden Sie anhand mehrerer Beispiele die einzelnen Programmentwicklungsphasen genauer kennenlernen.

12.2 Analyse

Bei der Vorstellung der einzelnen Phasen, die bei der Programmentwicklung durchlaufen werden, werden wir auf das schon bekannte aber leicht modifizierte Beispielprogramm 3 aus Kapitel 10.4.3 zurückgreifen:

Der Hamster steht vor einem regelmäßigen Berg unbekannter Höhe. Er soll den Gipfel erklimmen und auf dem Gipfel anhalten. Auf dem Weg zum Gipfel soll er auf jeder Stufe genau ein Korn ablegen.

Hauptziel der Analysephase ist es sicherzustellen, dass Sie das Problem genau verstanden haben. Überprüfen Sie deshalb zunächst, ob die Problembeschreibung exakt genug ist. Skizzieren Sie sich dazu ein paar Beispiellandschaften, die die Situation vor, während und nach der Ausführung des Programms wiedergeben (siehe Abbildung 12.1).

Bei der Analyse der Aufgabe ergeben sich folgende Fragestellungen:

* bezüglich der Ausgangssituation:

  – Wo steht der Hamster?

  – In welche Richtung schaut der Hamster?

  – Wie viele Körner hat der Hamster im Maul?

  – Liegen irgendwo im Territorium Körner, wenn ja wie viele?

  – Befinden sich irgendwo im Territorium (noch weitere) Mauern?

  – Muss der Hamster direkt vor dem Berg stehen oder kann er sich auch einige Felder vor dem Berg befinden?

  – Wie hoch sind die einzelnen Stufen des Berges?

* bezüglich der Endsituation:

  – Wo soll der Hamster stehen?

  – In welche Richtung soll der Hamster schauen?

  – Wie viele Körner soll der Hamster im Maul haben?

  – Sollen irgendwo im Territorium Körner liegen, wenn ja wie viele?

* bezüglich des Weges des Hamsters:

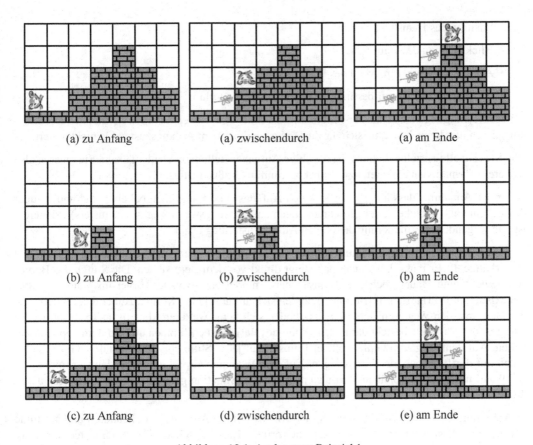

| (a) zu Anfang | (a) zwischendurch | (a) am Ende |

| (b) zu Anfang | (b) zwischendurch | (b) am Ende |

| (c) zu Anfang | (d) zwischendurch | (e) am Ende |

Abbildung 12.1: Analyse von Beispiel 1

- Darf der Hamster zwischendurch auch wieder zurückgehen?

- Muss der Hamster immer mit einer Wand in Berührung sein (ansonsten besteht „Absturzgefahr")?

Die ersten fünf Fragen bezüglich der Ausgangssituation und die ersten vier Fragen bezüglich der Endsituation sind übrigens typische Fragestellungen bei allen Hamster-Aufgaben. Die fünf Größen

- Position des Hamsters,

- Blickrichtung des Hamsters,

- Anzahl der Körner im Maul des Hamsters,

- Anzahl der Körner auf bestimmten Feldern des Territoriums und

- Mauern auf bestimmten Feldern des Territoriums

beim Start eines Hamster-Programms nennt man auch *Anfangs-* bzw. *Eingabegrößen*. Dementsprechend werden die vier Größen

- Position des Hamsters,

- Blickrichtung des Hamsters,

- Anzahl der Körner im Maul des Hamsters und

- Anzahl der Körner auf bestimmten Feldern des Territoriums

bei der Beendigung eines Hamster-Programms als *End-* bzw. *Ausgabegrößen* bezeichnet. Die Mauern spielen hier keine Rolle, da sich ihr Zustand gegenüber dem Anfangszustand ja nicht ändert.

Wie Sie schnell feststellen können, ist die obige Aufgabenstellung noch nicht exakt. Sie müssen also weitere Informationen einholen bzw. selbst bestimmte Größen festlegen.

Unter der Annahme, dass alle nicht genannten Anfangs- und Endgrößen beliebig sind und – außer den genannten – auch keinerlei Einschränkungen zum Lösungsweg (Weg des Hamsters) existieren, ist nun folgende Reformulierung der obigen Aufgabenstellung exakt:

Der Hamster steht mit Blickrichtung Ost vor einem regelmäßigen Berg unbekannter Höhe (ohne „Überhänge"!). Er muss dabei nicht unbedingt direkt vor dem Berg stehen. Die Stufen des Berges sind jeweils eine Mauer hoch. Der Hamster habe mindestens so viele Körner im Maul, wie Stufen existieren. Im Hamster-Territorium befinden sich anfangs keine Körner. Außer den Mauern, die den Berg und den Weg zum Berg bilden, befinden sich keine weiteren Mauern im Territorium. Die Aufgabe des Hamsters besteht darin, den Gipfel des Berges zu erklimmen und auf dem Gipfel anzuhalten. Auf dem Weg zum Gipfel soll der Hamster auf jeder Stufe einschließlich dem Gipfel selbst – und nur dort! – genau ein Korn ablegen. Auf dem Weg zum Gipfel muss der Hamster immer mit der Wand in Berührung bleiben, darf also nicht in eine Situation gelangen, in der „Absturzgefahr" droht.

In Abbildung 12.1 sind also die Teile (a) und (b) sowohl am Anfang, zwischendurch und am Ende korrekt. Die Ausgangslandschaft (c) ist nicht korrekt (Hamster schaut nicht nach Osten; der Berg ist nicht regelmäßig). Der in Teil (d) skizzierte Snapshot von unterwegs ist ebenfalls nicht zulässig (es droht „Absturzgefahr"). Ebenso ist in Teil (e) eine unzulässige Endsituation skizziert (auf einer Aufwärtsstufe des Berges liegt kein Korn, dafür aber auf einer Abwärtsstufe).

12.3 Entwurf

Wie bereits in Abschnitt 12.1 erwähnt, basiert der Entwurf von Algorithmen bzw. Programmen auf dem Prinzip der *Schrittweisen Verfeinerung*. Was genau ist aber unter diesem Prinzip zu verstehen? Schauen Sie sich unser Beispiel an. Eine intuitive Lösungsidee ist folgende: Der Hamster soll zunächst bis zum Berg laufen und dann den Berg erklimmen. An dem „und" in diesem Satz erkennen Sie, dass das Problem in zwei Teilprobleme zerlegt werden kann:

- Der Hamster soll zum Berg laufen.

- Der Hamster soll den Berg erklimmen.

Damit haben wir das Problem „verfeinert". Wir müssen nun diese beiden Teilprobleme lösen. Wenn wir anschließend die Lösungen der beiden Teilprobleme zusammensetzen, erhalten wir die Lösung des Gesamtproblems.

Übertragen wir dieses Prinzip nun auf die Programmierung. In Kapitel 8 haben Sie mit der Prozedurdefinition ein Sprachkonstrukt kennengelernt, mit dem Sie neue Befehle definieren können. Dieses

Sprachkonstrukt werden wir nun verwenden, um Hamster-Programme nach dem Prinzip der *Schrittweisen Verfeinerung* zu entwickeln. Definieren Sie dazu für jedes Teilproblem zunächst einfach eine Prozedur, ohne sich um die Implementierung zu kümmern. Das Hauptprogramm setzt sich dann einfach aus dem Aufruf der Prozeduren zusammen. An dem Beispielprogramm sei dieses verdeutlicht:

```
/*
 * der Hamster soll zunaechst bis zum Berg laufen
 * und dann den Berg erklimmen
 */
void main() {
    laufeZumBerg();
    erklimmeDenBerg();
}

// der Hamster soll zum Berg laufen
void laufeZumBerg() {
}

// der Hamster soll den Berg erklimmen
void erklimmeDenBerg() {
}
```

Wenden wir uns nun dem Lösen der beiden Teilprobleme zu. Beim ersten Teilproblem ist dies nicht besonders schwierig. Solange wie sich vor ihm keine Mauer befindet, soll der Hamster eine Kachel nach vorne hüpfen. Am Fuße des Berges legt er ein Korn ab:

```
// der Hamster soll zum Berg laufen
void laufeZumBerg() {
    while (vornFrei()) {
        vor();
    }
    gib(); // am Fusse des Berges legt der Hamster ein Korn ab
}
```

Die Lösung des zweiten Teilproblems ist nicht ganz so einfach zu ermitteln. Also nutzen wir das Prinzip der Verfeinerung erneut – daher der Begriff *Schrittweise* Verfeinerung. Zunächst stellen wir fest, dass die Höhe des Berges nicht festgelegt, also prinzipiell beliebig ist. Diese Feststellung deutet darauf hin, dass der Einsatz einer Wiederholungsanweisung notwendig ist. Innerhalb dieser Wiederholungsanweisung soll der Hamster jedes Mal eine Stufe erklimmen. Die Wiederholungsanweisung endet, sobald der Hamster den Gipfel erreicht hat. Wir notieren: „Der Hamster soll jeweils eine Stufe erklimmen, solange er den Gipfel noch nicht erreicht hat."

Übertragen wir diese Lösungsidee nun in entsprechende Sprachkonstrukte der Programmierung. Für die Anweisung „Der Hamster soll eine Stufe erklimmen" definieren wir eine weitere Prozedur, für die Bedingung „ist der Gipfel erreicht" eine boolesche Funktion:

```
// der Hamster soll den Berg erklimmen
void erklimmeDenBerg() {
    do {
        erklimmeEineStufe();
    } while (!gipfelErreicht());
}

// der Hamster soll eine Stufe erklimmen
void erklimmeEineStufe() {
}

// hat der Hamster den Gipfel erreicht?
boolean gipfelErreicht() {
}
```

Wenden wir uns zunächst der Implementierung der Prozedur erklimmeEineStufe zu. Diese ist
nicht mehr besonders schwierig:

```
// der Hamster soll eine Stufe erklimmen
void erklimmeEineStufe() {
    linksUm();    // nun schaut der Hamster nach oben
    vor();        // der Hamster erklimmt die Mauer
    rechtsUm();   // der Hamster wendet sich wieder dem Berg zu
    vor();        // der Hamster springt auf den Vorsprung
    gib();        // der Hamster legt ein Korn ab
}

// der Hamster dreht sich nach rechts um
void rechtsUm() {
    linksUm();
    linksUm();
    linksUm();
}
```

Etwas schwieriger scheint die Implementierung der booleschen Funktion gipfelErreicht zu sein.
Wie kann der Hamster feststellen, ob er sich auf dem Gipfel befindet oder nicht? Überlegen Sie
einfach: Wann wird die Funktion aufgerufen? Sie wird jedes Mal dann aufgerufen, nachdem der
Hamster eine Stufe erklommen hat. Steht der Hamster danach vor einer Mauer, so ist der Gipfel
noch nicht erreicht. Befindet sich vor dem Hamster jedoch keine Mauer, dann steht er auf dem
Gipfel. Also ist die Implementierung der booleschen Funktion doch ganz einfach:

```
// hat der Hamster den Gipfel erreicht?
boolean gipfelErreicht() {
    if (vornFrei()) {
        return true;
    } else {
        return false;
    }
}
```

oder besser formuliert (siehe auch Kapitel 11.3.4):

```
// hat der Hamster den Gipfel erreicht?
boolean gipfelErreicht() {
    return vornFrei();
}
```

Damit haben wir nun alle Prozeduren implementiert – sprich Teilprobleme gelöst – d.h. unser Programm ist fertig:

```
/*
 * der Hamster soll zunaechst bis zum Berg laufen
 * und dann den Berg erklimmen
 */
void main() {
    laufeZumBerg();
    erklimmeDenBerg();
}

// der Hamster soll zum Berg laufen
void laufeZumBerg() {
    while (vornFrei()) {
        vor();
    }
    gib(); // am Fusse des Berges legt der Hamster ein Korn ab
}

// der Hamster soll den Berg erklimmen
void erklimmeDenBerg() {
    do {
        erklimmeEineStufe();
    } while (!gipfelErreicht());
}

// der Hamster soll eine Stufe erklimmen
void erklimmeEineStufe() {
    linksUm();    // nun schaut der Hamster nach oben
    vor();        // der Hamster erklimmt die Mauer
    rechtsUm();   // der Hamster wendet sich wieder dem Berg zu
    vor();        // der Hamster springt auf den Vorsprung
    gib();        // der Hamster legt ein Korn ab
}

// der Hamster dreht sich nach rechts um
void rechtsUm() {
    linksUm();
    linksUm();
    linksUm();
}
```

```
// hat der Hamster den Gipfel erreicht?
boolean gipfelErreicht() {
    return vornFrei();
}
```

Sie sehen, der Entwurf eines Programms ist gar nicht so schwierig, wenn man sich strikt an das Prinzip der *Schrittweisen Verfeinerung* hält:

- Wenn das Gesamtproblem zu komplex ist, teilen Sie es in einfachere Teilprobleme auf.

- Lösen Sie die Teilprobleme:

    - Wenn ein Teilproblem zu komplex ist, teilen Sie es in (noch) einfachere Teilprobleme auf.

    - ...

    - Setzen Sie die Lösungen der Teilprobleme zu einer Lösung des (übergeordneten) Teilproblems zusammen.

- Setzen Sie die Lösungen der Teilprobleme zu einer Lösung des Gesamtproblems zusammen.

12.4 Implementierung

Ziel der Implementierungsphase ist es, den in der Entwurfsphase entwickelten Algorithmus in ein in einer Programmiersprache formuliertes Programm zu überführen und in den Rechner einzugeben. Das erste Teilziel haben wir bei den Hamster-Programmen bereits in der Entwurfsphase erreicht. Die Möglichkeit, Prozeduren und boolesche Funktionen definieren und diese mit selbst gewählten Bezeichnern benennen zu können, ermöglichen uns dies. Algorithmenentwurf und Programmformulierung können durch das Prinzip der *Schrittweisen Verfeinerung* wechselseitig durchgeführt werden: Zunächst wird umgangssprachlich der Lösungsalgorithmus zu einem (Teil-)Problem formuliert. Anschließend wird dieser direkt in die Syntax der Hamster-Sprache übertragen. Beispiel:

Problem: Der Hamster soll den Berg erklimmen.
Algorithmus: Erklimme solange eine Stufe, wie der Gipfel noch nicht erreicht ist.
Implementierung:

```
// der Hamster soll den Berg erklimmen
void erklimmeDenBerg() {
    do {
        erklimmeEineStufe();
    } while (!gipfelErreicht());
}

// der Hamster soll eine Stufe erklimmen
void erklimmeEineStufe() {
}

// hat der Hamster den Gipfel erreicht?
boolean gipfelErreicht() {
}
```

Also reduziert sich die Arbeit der Implementierungsphase bei der Entwicklung von Hamster-Programmen auf das Eingeben des entwickelten Programms in den Computer und das anschließende Compilieren des Programmcodes.

An dieser Stelle sei auf eine ganz wichtige Eigenschaft der Programmentwicklung hingewiesen: Vermeiden Sie es, die Entwurfsphase direkt am Computer durchzuführen und den Programmcode direkt einzugeben. Nehmen Sie sich einen Stift zur Hand und skizzieren Sie Ihre Lösungsideen zunächst auf Papier. Bei so einfachen Beispielen, wie dem obigen, scheint das überflüssig zu sein, aber bei komplexeren Problemen laufen Sie ansonsten in die Gefahr, sogenannten „Spaghetti-Code" zu produzieren. Der Begriff „Spaghetti-Code" wird dann verwendet, wenn der Programmcode nicht mehr sauber strukturiert und die Lösungsidee nur schwer nachvollziehbar ist; ein Phänomen, das häufig bei direkt in den Computer eingegebenem Programmcode festzustellen ist: Zunächst wird der Code eingegeben, dann werden Fehler entdeckt, es werden Programmteile geändert, gelöscht und hinzugefügt, und schließlich hat man ein schier undurchdringliches Wirrwarr bzw. Chaos von Programmcode vor sich. Hüten Sie sich davor, Spaghetti-Code zu produzieren. Gute Programme sind nicht nur dadurch gekennzeichnet, dass sie korrekt ablaufen, sondern auch durch die Eigenschaft, dass andere Personen sie leicht verstehen und die Lösungsidee nachvollziehen können.

Achten Sie also im Programmcode auf Übersichtlichkeit und Strukturiertheit. Halten Sie sich an die Gestaltungskonventionen. Nutzen Sie die Möglichkeit, zur Lösung von Teilproblemen Prozeduren und Funktionen definieren zu können. Kommentieren Sie Prozeduren bzw. Funktionen sowie komplizierte Sachverhalte. Wählen Sie aussagekräftige Bezeichner.

Vergleichen Sie einmal das folgende Programm mit dem oben entwickelten. Auch dieses Programm löst die Problemstellung korrekt, ist aber wesentlich schwerer überschaubar, weniger verständlich und kaum nachvollziehbar:

```
void main() {
  while
  (vornFrei()) vor(); gib(); while (!vornFrei()) {
    linksUm(); vor(); r(); vor(); gib(); }
} void r() { linksUm(); linksUm(); linksUm(); }
```

12.5 Test

Ziel der Testphase ist die Überprüfung, ob das entwickelte Programm die Problemstellung korrekt und vollständig löst. Korrekt bedeutet, dass das Programm für zulässige Anfangsgrößen die erwarteten Endgrößen produziert, wobei eventuell vorhandene Bedingungen, die an den Lösungsweg gestellt wurden, eingehalten werden. Vollständig bedeutet, dass das Programm für **alle** zulässigen Anfangsgrößen korrekt arbeitet. Dabei ist es im Allgemeinen allerdings nicht möglich, Testläufe für alle möglichen Anfangsgrößen durchzuführen, in der Regel gibt es nämlich unüberschaubar viele mögliche Anfangszustände. Daher besteht eine wesentliche Aufgabe der Testphase darin, sogenannte *Testmengen* zu bilden. Testmengen werden derart gebildet, dass die Menge der zulässigen Anfangsgrößen in (disjunkte) Teilmengen zerlegt wird, wobei alle Elemente einer Teilmenge jeweils gewisse Gemeinsamkeiten bzw. gleichartige Charakteristiken aufweisen. Aus jeder dieser Teilmengen wird ein Vertreter gewählt und in die Testmenge eingefügt. Hat man eine korrekte Zerlegung der Menge der zulässigen Anfangsgrößen gewählt, d.h. eine korrekte Testmenge gebildet, und arbeitet das Programm für alle Elemente der Testmenge korrekt, dann kann man rückschließen, dass das Programm vollständig korrekt ist. Allerdings ist die Art und Weise einer Teilmengenzerlegung der Menge der Anfangsgrößen aufgabenspezifisch und erfordert vom Programmierer Erfahrung und Intuition.

Leider wird die Testphase nicht nur von Programmieranfängern häufig vernachlässigt. Man lässt sein Programm ein- oder zweimal laufen, alles läuft glatt ab, das Programm scheint also korrekt zu sein. Hierbei handelt es sich um ein psychologisches Problem; niemand gesteht sich selbst gerne Fehler ein, also ist man auch gar nicht daran interessiert, Fehler zu finden. Daher der dringende Appell: Widmen Sie insbesondere der Testphase viel Aufmerksamkeit und lassen Sie das Programm eventuell auch mal von anderen Personen testen.

In Kapitel 3.1.4 wurden einige Teststrategien vorgestellt, die im Folgenden nun am obigen Beispiel demonstriert werden. Von besonderer Bedeutung ist dabei, wie bereits erwähnt, die Konstruktion von Testmengen, wobei insbesondere Grenzwerte zu berücksichtigen sind.

Notieren Sie sich beim Zusammenstellen der Testmengen nicht nur die Ausgangsgrößen, sondern auch das erwartete Ergebnis und überprüfen Sie nach Beendigung des Programms, ob das tatsächliche und das erwartete Ergebnis übereinstimmen.

Im Umfeld der Hamster-Programme bestehen Testmengen immer aus möglichen Hamster-Territorien, auf denen das zu testende Hamster-Programm gestartet werden könnte. Abbildung 12.2 enthält eine typische Testmenge für das obige Beispiel. Teil (a) der Abbildung zeigt eine „normale" Hamster-Landschaft, Teil (b) skizziert den Grenzfall, dass der Hamster bereits anfangs direkt vor dem Berg steht und in Teil (c) ist der Berg nur eine einzige Stufe hoch.

Bei der Konstruktion von Testmengen für Ihre Hamster-Programme ist es wichtig zu wissen, dass Sie natürlich nur Situationen berücksichtigen müssen, die auch mit der Aufgabenstellung konform sind. Wird Ihr Programm mit nicht-zulässigen Ausgangsgrößen gestartet, kommt es zwangsläufig zu Fehlern; aber das sind nicht Ihre Fehler, sondern die Fehler desjenigen, der das Programm gestartet hat.

Lassen Sie nun das Hamster-Programm für alle Elemente der Testmenge laufen. Kontrollieren Sie dabei sowohl den Zustand der Landschaft bei Beendigung des Programms (auf jeder Stufe einschließlich dem Gipfel – und nur dort – liegt genau ein Korn; der Hamster befindet sich auf dem Gipfel) als auch den Weg des Hamsters (der Hamster darf nicht in „Absturzgefahr" kommen). Sie werden feststellen, dass das Beispielprogramm für alle Elemente der Testmenge korrekt abläuft und korrekte Ergebnisse liefert. Das Programm scheint also in der Tat die Problemstellung korrekt und – unter der Voraussetzungen, dass die Testmenge korrekt gebildet wurde – vollständig zu lösen.

Die Konstruktion von Testmengen ist in der Regel keine triviale Aufgabe. Häufig werden bestimmte Grenzfälle einfach übersehen. Gehen Sie daher bei der Zusammenstellung der Testmengen immer sehr sorgfältig vor. Leider gibt es hierzu keine allgemeingültigen Gesetzmäßigkeiten.

Günstig ist es, wenn Sie die Testmenge nicht erst während der Testphase zusammenstellen, sondern bereits in der Analysephase. Dann können Sie bereits beim Entwurf kontrollieren, ob Ihr Algorithmus auch für Grenzwerte korrekt ist.

12.6 Dokumentation

Genauso wie die Testphase wird bei der Programmentwicklung leider auch die Dokumentation nicht nur von Programmieranfängern häufig vernachlässigt. Denken Sie bitte daran, dass es bei der Softwareentwicklung nicht nur darauf ankommt, ein Programm zu entwickeln; vielmehr sind alle Ergebnisse des gesamten Entwicklungsprozesses schriftlich festzuhalten, sodass sowohl das Ergebnis als

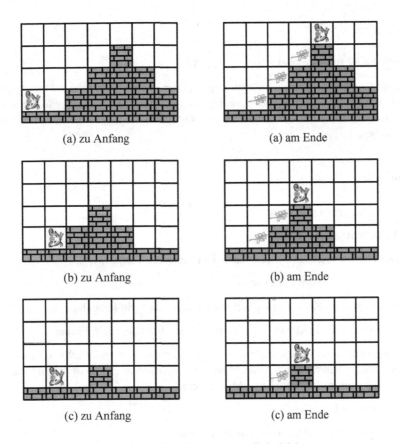

(a) zu Anfang	(a) am Ende
(b) zu Anfang	(b) am Ende
(c) zu Anfang	(c) am Ende

Abbildung 12.2: Testmenge zu Beispiel 1

auch der Entwicklungsprozess auch für andere Personen leicht nachvollziehbar sind. Zur Dokumentation gehören insbesondere:

- eine exakte Problemstellung,
- eine verständliche Beschreibung des entwickelten Algorithmus,
- der Programmcode,
- die gewählte Testmenge mit Protokollen der durchgeführten Testläufe,
- eine Beschreibung von aufgetretenen Problemen,
- alternative Lösungsansätze.

12.7 Ein weiteres Beispiel

Zur Vertiefung der bisherigen Erläuterungen zur Vorgehensweise bei der Programmentwicklung wird in diesem Abschnitt der gesamte Entwicklungsprozess an einem weiteren Beispiel demonstriert.

12.7.1 Aufgabe

Folgende Aufgabe ist zu lösen (siehe auch Kapitel 10.4.1):

In einem rechteckigen geschlossenen Raum unbekannter Größe ohne innere Mauern sind wahllos eine unbekannte Anzahl an Körnern verstreut. Der Hamster, der sich zu Anfang in der linken unteren Ecke des Hamster-Territoriums mit Blickrichtung Ost befindet, soll alle Körner aufsammeln und dann stehenbleiben.

12.7.2 Analyse

Die Aufgabenstellung wird präzisiert:

- bezüglich der Ausgangssituation:
  - – Der Hamster steht in der unteren linken Ecke des Territoriums.
  - – Der Hamster schaut nach Osten.
  - – Die Anzahl an Körnern im Maul des Hamster ist nicht festgelegt.
  - – Auf beliebigen Feldern im Territorium liegen beliebig viele Körner.
  - – Das Territorium ist von einer rechteckigen geschlossenen Wand von Mauern umgeben. Ansonsten befinden sich keine Mauern im Territorium. Es existiert mindestens ein Feld im Territorium, auf dem keine Mauer steht.
- bezüglich der Endsituation:
  - – Die Position des Hamsters ist nicht festgelegt.
  - – Die Blickrichtung des Hamsters ist nicht festgelegt.
  - – Die Anzahl an Körnern im Maul des Hamsters ist nicht festgelegt.
  - – Auf keinem Feld im Territorium sollen Körner liegen.
- bezüglich des Weges des Hamsters:
  - – Es gibt keine Nebenbedingungen bezüglich des Weges des Hamsters.

Abbildung 12.3 skizziert die gewählte Testmenge. Die Landschaft in Teil (a) hat eine ungerade und die Landschaft in Teil (b) eine gerade Anzahl an Körnerreihen. Teil (c) skizziert den Grenzfall, dass das Territorium lediglich ein einziges nicht von Mauern besetztes Feld enthält.

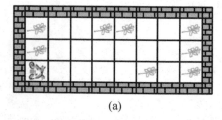

(a)　　　　　　　　(b)　　　(c)

Abbildung 12.3: Testmenge zu Beispiel 2

12.7.3 Entwurf

Eine intuitive Lösungsidee hat folgende Gestalt: Der Hamster soll die Reihe „abgrasen", in der er sich gerade befindet. Anschließend soll er testen, ob sich nördlich von ihm noch eine weitere Reihe befindet. Wenn ja, soll er sich in diese Reihe begeben und diese Reihe abgrasen. Dieser Vorgang soll solange wiederholt werden, bis der Hamster die nördliche Begrenzungswand erreicht.

In der Hamster-Sprache wird diese Lösungsidee folgendermaßen formuliert:

```
/*
 * der Hamster soll einzelne Koernerreihen abgrasen,
 * solange noch weitere Reihen existieren
 */
void main() {
    ernteEineReihe();
    while (weitereReiheExistiert()) {
        begibDichInNaechsteReihe();
        ernteEineReihe();
    }
}

/*
 * der Hamster soll alle Koerner in einer Reihe einsammeln
 */
void ernteEineReihe() { }

/*
 * der Hamster soll sich in die naechste Reihe in noerdlicher
 * Richtung begeben
 */
void begibDichInNaechsteReihe() { }

/*
 * Ueberpruefung, ob in noerdlicher Richtung eine weitere nicht
 * mit Mauern besetzte Reihe existiert
 */
boolean weitereReiheExistiert() { }
```

Während die Implementierung der Prozedur ernteEineReihe relativ einfach ist, stoßen wir bei der Implementierung der Prozedur begibDichInNaechsteReihe und der booleschen Funktion weitereReiheExistiert auf ein Problem. Es macht nämlich einen Unterschied, ob der Hamster eine Reihe von links oder von rechts abgrast. Mit den bisher bekannten Sprachkonstrukten können wir diesen Konflikt innerhalb der booleschen Funktion nicht lösen. Das war auch der Grund, warum die Aufgabe in Kapitel 10.4.1 relativ umständlich derart gelöst worden ist, dass der Hamster nach dem Abgrasen einer Reihe zunächst die Reihe wieder zurücklaufen musste.

Wir können zwar unsere erste Lösungsidee beibehalten, müssen jedoch bei der Übertragung der Idee in die Hamster-Sprache sorgfältiger die verschiedenen Richtungsalternativen unterscheiden:

```
/*
 * der Hamster soll einzelne Koernerreihen abgrasen,
 * solange noch weitere Reihen existieren;
 * er unterscheidet dabei, ob er die Reihen nach
 * Osten oder nach Westen hin abgrast
 */
void main() {
    ernteEineReiheNachOsten();
    while (weitereReiheLinksVomHamsterExistiert()) {
        begibDichLinksUmInNaechsteReihe();
        ernteEineReiheNachWesten();
        if (weitereReiheRechtsVomHamsterExistiert()) {
            begibDichRechtsUmInNaechsteReihe();
            ernteEineReiheNachOsten();
        }
    }
}

/*
 * der Hamster soll alle Koerner in einer Reihe einsammeln;
 * er laeuft dabei von Westen nach Osten
 */
void ernteEineReiheNachOsten() { }

/*
 * der Hamster soll alle Koerner in einer Reihe einsammeln;
 * er laeuft dabei von Osten nach Westen
 */
void ernteEineReiheNachWesten() { }

/*
 * Ueberpruefung, ob in noerdlicher Richtung
 * (vom Hamster aus gesehen links) eine
 * weitere nicht mit Mauern besetzte
 * Reihe existiert
 */
boolean weitereReiheLinksVomHamsterExistiert() { }

/*
 * Ueberpruefung, ob in noerdlicher Richtung (vom Hamster aus
 * gesehen rechts) eine weitere nicht mit Mauern besetzte
 * Reihe existiert
 */
boolean weitereReiheRechtsVomHamsterExistiert() { }

/*
 * der Hamster soll sich in die naechste Reihe in noerdlicher
 * Richtung begeben; vom Hamster aus gesehen, liegt diese Reihe
 * links von ihm
 */
void begibDichLinksUmInNaechsteReihe() { }
```

```
/*
 * der Hamster soll sich in die naechste Reihe in noerdlicher
 * Richtung begeben; vom Hamster aus gesehen, liegt diese Reihe
 * rechts von ihm
 */
void begibDichRechtsUmInNaechsteReihe() { }
```

Bei der Implementierung der beiden Prozeduren ernteEineReiheNachOsten und ernteEine-
ReiheNachWesten stellt sich schnell heraus, dass beide dieselbe Gestalt haben. Also wird eine
Prozedur ernteEineReihe definiert und durch die beiden Prozeduren aufgerufen. Die Implemen-
tierung der Prozedur ernteEineReihe ist dabei relativ problemlos:

```
/*
 * der Hamster soll alle Koerner in einer Reihe einsammeln;
 * er laeuft dabei von Westen nach Osten
 */
void ernteEineReiheNachOsten() {
    ernteEineReihe();
}

/*
 * der Hamster soll alle Koerner in einer Reihe einsammeln;
 * er laeuft dabei von Osten nach Westen
 */
void ernteEineReiheNachWesten() {
    ernteEineReihe();
}

/*
 * der Hamster soll alle Koerner in einer Reihe einsammeln
 */
void ernteEineReihe() {
    sammle();
    while (vornFrei()) {
        vor();
        sammle();
    }
}

/*
 * der Hamster sammelt alle Koerner eines Feldes ein
 */
void sammle() {
    while (kornDa()) {
        nimm();
    }
}
```

Auch die Implementierung der beiden booleschen Funktionen bereitet keine großen Schwierigkei-
ten. Es muss einfach nur getestet werden, ob sich links bzw. rechts vom Hamster eine Mauer befindet:

```
/*
 * Ueberpruefung, ob in noerdlicher Richtung (vom Hamster aus
 * gesehen links) eine weitere nicht mit Mauern besetzte
 * Reihe existiert
 */
boolean weitereReiheLinksVomHamsterExistiert() {
    return linksFrei();
}

/*
 * Ueberpruefung, ob in noerdlicher Richtung (vom Hamster aus
 * gesehen rechts) eine weitere nicht mit Mauern besetzte
 * Reihe existiert
 */
boolean weitereReiheRechtsVomHamsterExistiert() {
    return rechtsFrei();
}

/*
 * Ueberpruefung, ob sich links vom Hamster
 * eine Mauer befindet
 */
boolean linksFrei() {
    linksUm();
    if (vornFrei()) {
        rechtsUm();
        return true;
    } else {
        rechtsUm();
        return false;
    }
}

/*
 * Ueberpruefung, ob sich rechts vom Hamster eine
 * Mauer befindet
 */
boolean rechtsFrei() {
    rechtsUm();
    if (vornFrei()) {
        linksUm();
        return true;
    } else {
        linksUm();
        return false;
    }
}

/*
 * drehe dich um 90 Grad nach rechts
 */
```

```
void rechtsUm() {
    kehrt();
    linksUm();
}

/*
 * drehe dich um 180 Grad
 */
void kehrt() {
    linksUm();
    linksUm();
}
```

Die beiden Prozeduren zum Wechseln der Reihe werden nur aufgerufen, wenn die Reihe in nördlicher Richtung auch frei ist. Sie sind also besonders einfach zu implementieren:

```
/*
 * der Hamster soll sich in die naechste Reihe in noerdlicher
 * Richtung begeben; vom Hamster aus gesehen, liegt diese Reihe
 * links von ihm
 */
void begibDichLinksUmInNaechsteReihe() {
    linksUm();
    vor();
    linksUm();
}

/*
 * der Hamster soll sich in die naechste Reihe in noerdlicher
 * Richtung begeben; vom Hamster aus gesehen, liegt diese Reihe
 * rechts von ihm
 */
void begibDichRechtsUmInNaechsteReihe() {
    rechtsUm();
    vor();
    rechtsUm();
}
```

Damit sind alle Prozeduren bzw. booleschen Funktionen implementiert, das Hamster-Programm ist fertig gestellt.

12.7.4 Implementierung

In der Implementierungsphase wird der Programmcode nun mit einem Editor in den Rechner eingegeben und auf syntaktische Fehler untersucht.

12.7.5 Test

In der Testphase wird das Programm auf allen Landschaften der Testmenge (siehe Abbildung 12.3 gestartet. In den Fällen (a) und (c) liefert es auch die erwarteten korrekten Ergebnisse. In Fall (b) gerät das Programm jedoch in eine Endlosschleife: Die beiden Reihen werden ununterbrochen zyklisch vom Hamster durchlaufen. Also ist das Programm nicht korrekt!

Es muss nun untersucht werden, woran der Fehler liegt: Der Hamster erntet die untere Reihe ab und testet die Bedingung der while-Schleife. Die boolesche Funktion liefert den Wert true, d.h. die while-Schleife wird betreten. Also begibt sich der Hamster in die obere Reihe und erntet. Anschließend wird die Bedingung der if-Anweisung überprüft. Die boolesche Funktion liefert den Wert false, weil sich rechts vom Hamster eine Mauer befindet. Da die if-Anweisungen keinen else-Teil enthält, wird als nächstes wieder die Bedingung der while-Schleife überprüft. Eigentlich müsste diese nun den Wert false liefern, weil ja alle Reihen abgegrast sind. Tut sie aber leider nicht. Der Grund hierfür ist der, dass als Vorbedingung für die boolesche Funktion weitereReihe-LinksVomHamsterExistiert, die in der Bedingung der while-Schleife aufgerufen wird, angenommen wird, dass der Hamster gerade in Blickrichtung Osten schaut. Diese Vorbedingung ist aber nicht erfüllt; denn ein Richtungswechsel wird nur im true-Teil der if-Anweisung, nicht aber im false-Teil der if-Anweisung vorgenommen. Dies haben wir bei der obigen Lösung schlicht vergessen. Wir müssen das Hauptprogramm dementsprechend korrigieren:

```
/*
 * der Hamster soll einzelne Koernerreihen abgrasen,
 * solange noch weitere Reihen existieren;
 * er unterscheidet dabei, ob er die Reihen von
 * Osten oder von Westen aus abgrast
 */
void main() {
    ernteEineReiheNachOsten();
    while (weitereReiheLinksVomHamsterExistiert()) {
        begibDichLinksUmInNaechsteReihe();
        ernteEineReiheNachWesten();
        if (weitereReiheRechtsVomHamsterExistiert()) {
            begibDichRechtsUmInNaechsteReihe();
            ernteEineReiheNachOsten();
        } else {
            kehrt();
        }
    }
}
```

Nach der Compilierung muss nun das Programm erneut mit allen (!) Hamster-Landschaften der Testmenge getestet werden. Dieses Mal liefert es tatsächlich in allen Fällen die erwarteten Ergebnisse (siehe auch die Ausschnitte des Testlaufprotokolls in Abbildung 12.4).

12.7.6 Dokumentation

Der Vollständigkeit halber werden im Folgenden nochmal alle Bestandteile der Dokumentation zusammengestellt.

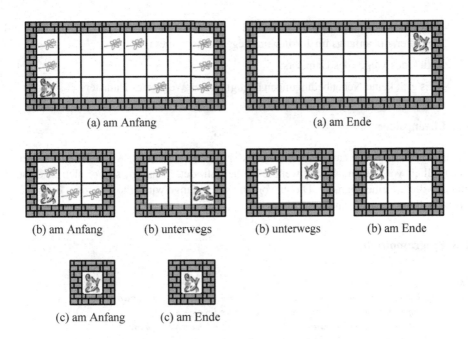

(a) am Anfang   (a) am Ende

(b) am Anfang   (b) unterwegs   (b) unterwegs   (b) am Ende

(c) am Anfang   (c) am Ende

Abbildung 12.4: Protokoll der Testläufe zu Beispiel 2

12.7.6.1 Problemstellung

In einem rechteckigen geschlossenen Raum unbekannter Größe ohne innere Mauern sind wahllos eine unbekannte Anzahl an Körnern verstreut. Der Hamster, der sich zu Anfang in der linken unteren Ecke des Hamster-Territoriums mit Blickrichtung Ost befindet, soll alle Körner aufsammeln und dann stehenbleiben.

Die präzisierte Problemstellung lautet:

- bezüglich der Ausgangssituation:

  - Der Hamster steht in der unteren linken Ecke des Territoriums.

  - Der Hamster schaut nach Osten.

  - Die Anzahl an Körnern im Maul des Hamster ist nicht festgelegt.

  - Auf beliebigen Feldern im Territorium liegen beliebig viele Körner.

  - Das Territorium ist von einer rechteckigen geschlossenen Wand von Mauern umgeben; ansonsten befinden sich keine Mauern im Territorium; es existiert mindestens ein Feld im Territorium, auf dem keine Mauer steht.

- bezüglich der Endsituation:

  - Die Position des Hamsters ist nicht festgelegt.

  - Die Blickrichtung des Hamsters ist nicht festgelegt.

  - Die Anzahl an Körnern im Maul des Hamsters ist nicht festgelegt.

– Auf keinem Feld im Territorium sollen mehr Körner liegen (d.h. der Hamster soll alle Körner, die anfangs im Territorium liegen, einsammeln)

• bezüglich des Weges des Hamsters:

– Es gibt keine Nebenbedingungen bezüglich des Weges des Hamsters.

12.7.6.2 Lösungsidee

Der Hamster soll die Reihe „abgrasen", in der er sich gerade befindet. Anschließend soll er testen, ob sich nördlich von ihm noch eine weitere Reihe befindet. Wenn ja, soll er sich in diese Reihe begeben und diese Reihe abgrasen. Dieser Vorgang soll solange wiederholt werden, bis der Hamster die nördliche Begrenzungswand erreicht.

12.7.6.3 Programmcode

```
/*
 * der Hamster soll einzelne Koernerreihen abgrasen,
 * solange noch weitere Reihen existieren;
 * er unterscheidet dabei, ob er die Reihen von
 * Osten oder von Westen aus abgrast
 */
void main() {
    ernteEineReiheNachOsten();
    while (weitereReiheLinksVomHamsterExistiert()) {
        begibDichLinksUmInNaechsteReihe();
        ernteEineReiheNachWesten();
        if (weitereReiheRechtsVomHamsterExistiert()) {
            begibDichRechtsUmInNaechsteReihe();
            ernteEineReiheNachOsten();
        } else {
            kehrt();
        }
    }
}

/*
 * der Hamster soll alle Koerner in einer Reihe einsammeln;
 * er laeuft dabei von Westen nach Osten
 */
void ernteEineReiheNachOsten() {
    ernteEineReihe();
}

/*
 * der Hamster soll alle Koerner in einer Reihe einsammeln;
 * er laeuft dabei von Osten nach Westen
 */
void ernteEineReiheNachWesten() {
    ernteEineReihe();
```

```
}

/*
 * der Hamster soll alle Koerner in einer Reihe einsammeln
 */
void ernteEineReihe() {
    sammle();
    while (vornFrei()) {
        vor();
        sammle();
    }
}

/*
 * der Hamster sammelt alle Koerner eines Feldes ein
 */
void sammle() {
    while (kornDa()) {
        nimm();
    }
}

/*
 * Ueberpruefung, ob in noerdlicher Richtung (vom Hamster aus
 * gesehen links) eine weitere nicht mit Mauern besetzte
 * Reihe existiert
 */
boolean weitereReiheLinksVomHamsterExistiert() {
    return linksFrei();
}

/*
 * Ueberpruefung, ob in noerdlicher Richtung (vom Hamster aus
 * gesehen rechts) eine weitere nicht mit Mauern besetzte
 * Reihe existiert
 */
boolean weitereReiheRechtsVomHamsterExistiert() {
    return rechtsFrei();
}

/*
 * Ueberpruefung, ob sich links vom Hamster
 * eine Mauer befindet
 */
boolean linksFrei() {
    linksUm();
    if (vornFrei()) {
        rechtsUm();
        return true;
    } else {
        rechtsUm();
```

```
            return false;
        }
}

/*
 * Ueberpruefung, ob sich rechts vom Hamster eine
 * Mauer befindet
 */
boolean rechtsFrei() {
    rechtsUm();
    if (vornFrei()) {
        linksUm();
        return true;
    } else {
        linksUm();
        return false;
    }
}

/*
 * drehe dich um 90 Grad nach rechts
 */
void rechtsUm() {
    kehrt();
    linksUm();
}

/*
 * drehe dich um 180 Grad
 */
void kehrt() {
    linksUm();
    linksUm();
}

/*
 * der Hamster soll sich in die naechste Reihe in noerdlicher
 * Richtung begeben; vom Hamster aus gesehen, liegt diese Reihe
 * links von ihm
 */
void begibDichLinksUmInNaechsteReihe() {
    linksUm();
    vor();
    linksUm();
}

/*
 * der Hamster soll sich in die naechste Reihe in noerdlicher
 * Richtung begeben; vom Hamster aus gesehen, liegt diese Reihe
 * rechts von ihm
 */
```

```
O|  void begibDichRechtsUmInNaechsteReihe() {         |O
O|      rechtsUm();                                    |O
O|      vor();                                         |O
O|      rechtsUm();                                    |O
O|  }                                                  |O
O|                                                     |O
```

12.7.6.4 Testmenge mit Protokollen der Testläufe

Die Testmenge sowie Ausschnitte aus den Ergebnissen der Testläufe des Programms finden sich in Abbildung 12.4.

12.7.6.5 Aufgetretene Probleme

Bei der Lösung der Hamster-Aufgabe sind keine nennenswerten Probleme aufgetreten.

12.7.6.6 Alternative Lösungsansätze

Eine alternative Lösungsidee ist die, dass der Hamster nach dem Abgrasen einer Reihe zunächst jeweils wieder die Reihe zurückläuft, bevor er sich in die nächste Reihe begibt (siehe auch Kapitel 10.4.1). Bei dieser Lösungsidee ist das Hauptprogramm ein wenig verständlicher, weil nicht zwischen den beiden Fällen „grase eine Reihe nach Osten hin ab" und „grase eine Reihe nach Westen hin ab" unterschieden werden muss. Die Lösung ist aber nicht besonders effizient.

12.8 Übungsaufgaben

Nun sind wieder Sie gefordert; denn in diesem Abschnitt werden Ihnen einige Hamster-Aufgaben gestellt, die sie selbstständig zu lösen haben. Entwickeln Sie Ihre Programme dabei nach dem in diesem Kapitel erläuterten Verfahren und halten Sie die Ergebnisse den Dokumentationsrichtlinien entsprechend fest. Nehmen Sie sich darüber hinaus auch Aufgaben aus den vorangehenden Kapiteln vor oder denken Sie sich selbst weitere Hamster-Aufgaben aus und versuchen Sie, diese systematisch zu lösen. Viel Spaß!

12.8.1 Aufgabe 1

Der Hamster steht in einem durch Mauern abgeschlossenen Territorium unbekannter Größe. Er hat den Anfang einer Körnerspur entdeckt, die sich durch sein Territorium zieht. Die Körnerspur kreuzt sich nirgends und zwischen zwei parallelen Reihen, in denen die Spur verläuft, ist immer eine Reihe frei (siehe auch die Landschaft in Abbildung 12.5). Außer den Körnern der Spur befinden sich keine weiteren Körner im Territorium.

Die Aufgabe des Hamsters besteht darin, alle Körner einzusammeln und am Ausgangspunkt der Spur (dort wo der Hamster anfangs steht) abzulegen.

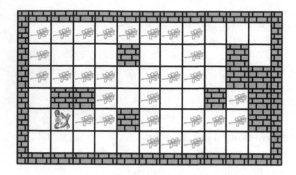

Abbildung 12.5: Typische Ausgangssituation zu Aufgabe 1

12.8.2 Aufgabe 2

In Aufgabe 2 hat der Hamster eine ähnliche Aufgabe zu lösen wie in Aufgabe 1. Nur die Anfangsbedingungen sind etwas erschwert:

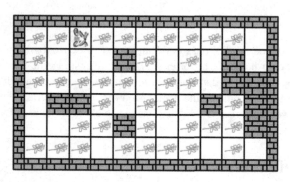

Abbildung 12.6: Typische Ausgangssituation zu Aufgabe 2

Wiederum steht der Hamster in einem durch Mauern abgeschlossenen Raum unbekannter Größe. Er hat eine Körnerspur entdeckt (nicht unbedingt den Anfang!), die sich durch sein Territorium zieht. Im Gegensatz zu Aufgabe 1 kann die Spur jedoch verzweigen. Es gibt allerdings keine „Rundwege". Die Voraussetzung, dass zwischen zwei Reihen der Körnerspur immer eine Reihe frei ist, hat auch in Aufgabe 2 Bestand; ebenfalls die Feststellung, dass sich außer den Körnern der Spur keine weiteren Körner im Territorium befinden. Der Hamster soll alle Körner fressen. Er muss aber anschließend nicht unbedingt zum Ausgangspunkt zurücklaufen. Abbildung 12.6 skizziert eine typische Ausgangssituation.

12.8.3 Aufgabe 3

Der Hamster steht am Anfang eines Labyrinths (siehe Abbildung 12.7). Dieses besteht aus Gängen, die jeweils so breit sind wie eine Mauer. Die Gänge können verzweigen, es gibt jedoch keine Rundgänge. Der Hamster „riecht", dass sich irgendwo im Labyrinth ein Korn befindet. Da er Hunger hat, versucht er natürlich, das Korn zu finden und zu fressen.

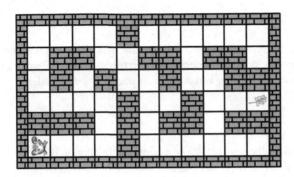

Abbildung 12.7: Typische Ausgangssituation zu den Aufgaben 3 und 4

12.8.4 Aufgabe 4

Wie in Aufgabe 3 steht der Hamster am Anfang eines Labyrinths, das aus Gängen besteht, die jeweils so breit sind wie eine Mauer. Die Gänge können verzweigen, es gibt jedoch keine Rundgänge (siehe auch Abbildung 12.7). Diesmal bekommt der Hamster die Aufgabe, alle Kreuzungen des Labyrinths aufzusuchen und insofern er noch Körner im Maul hat, dort und nur dort genau ein Korn abzulegen. Eine Kreuzung ist dabei eine Kachel, die mindestens drei nicht durch Mauern blockierte Nachbarkacheln besitzt.

12.8.5 Aufgabe 5

Der Hamster steht mit Blickrichtung Osten in der linken oberen Ecke eines beliebig großen geschlossenen Raumes ohne innere Mauern. Auf einigen Kacheln des Raumes liegt genau ein Korn, auf den anderen Kacheln liegt kein Korn (siehe bspw. Abbildung 12.8 (links)). Der Hamster bekommt die Aufgabe, Körnertürme bzw. Stalagmiten zu bilden, d.h. die Körner jeder Spalte sollen nach unten verschoben werden, und zwar auf folgende Art und Weise: Wenn anfangs n Körner auf den Kacheln einer Spalte lagen, soll zum Schluss auf den unteren n Kacheln der Spalte je ein Korn liegen. Die übrigen Kacheln dieser Spalte sollen frei sein (siehe Abbildung 12.8 (rechts)).

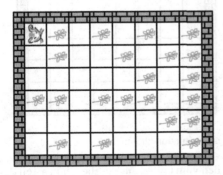 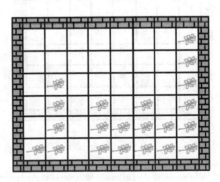

Abbildung 12.8: Typische Ausgangssituation zu Aufgabe 5

12.8.6 Aufgabe 6

Die Aufgabe ist analog zu Aufgabe 5. Nur soll der Hamster dieses Mal keine Stalagmiten sondern Stalaktiten, also von der Decke herab hängende Körnertürme bilden. Überlegen und vergleichen Sie, welche Teile können von der Lösung von Aufgabe 5 übernommen werden.

12.8.7 Aufgabe 7

Der Hamster steht – wie schon so oft – vor einem regelmäßigen Berg unbekannter Höhe. Allerdings besteht der Berg diesmal nicht aus Mauern sondern aus Körnern (siehe bspw. Abbildung 12.9 (links)). Der Hamster bekommt die Aufgabe, den Berg komplett um eine Spalte nach rechts zu verschieben (siehe Abbildung 12.9 (rechts)).

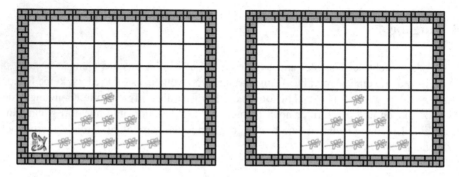

Abbildung 12.9: Typische Ausgangssituation zu Aufgabe 7

12.8.8 Aufgabe 8

Die Ausgangssituation ist dieselbe wie in Aufgabe 7: Der Hamster steht vor einem regelmäßigen Körnerberg unbekannter Höhe (siehe bspw. Abbildung 12.10 (links)).

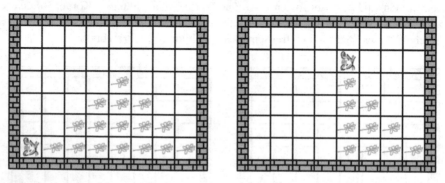

Abbildung 12.10: Typische Ausgangssituation zu Aufgabe 8

Diesmal bekommt der Hamster jedoch die Aufgabe, den vom Gipfel aus gesehen linken Teil des Berges „abzutragen", sprich aufzufressen (siehe Abbildung 12.10 (rechts)). Anhalten soll der Hamster letztendlich auf dem Gipfel.

Variablen sind Behälter zum Abspeichern von Daten bzw. Werten. In diesem Kapitel werden die Definition sowie die Verwendung von Variablen erläutert. Dabei werden zunächst nur boolesche Variablen berücksichtigt, in denen boolesche Werte abgespeichert werden können. Die Konzepte werden dann in Kapitel 14 auf andere Typen von Werten verallgemeinert. Abschnitt 1 dieses Kapitels motiviert die Einführung von Variablen in die Hamster-Sprache. Abschnitt 2 stellt anschließend das Variablenkonzept vor. Auf die Definition und Nutzung boolescher Variablen wird in den Abschnitten 3 und 4 eingegangen. In Abschnitt 5 wird die boolesche Zuweisung eingeführt, mit der booleschen Variablen neue Werte zugewiesen werden können. Die Abschnitte 6 und 7 erläutern die Begriffe des Gültigkeitsbereichs und der Lebensdauer boolescher Variablen. Anschließend folgen in Abschnitt 8 einige Beispielprogramme, an denen der Einsatz von booleschen Variablen verdeutlicht wird, und in Abschnitt 9 werden ein paar Übungsaufgaben gestellt, durch deren Bearbeitung Sie den Umgang mit booleschen Variablen einüben können.

13.1 Motivation

Variablen lassen sich auffassen als gewisse Behälter, in denen bestimmte Werte abgelegt werden können. Variablen sind also Speicherbereiche ("Gedächtniszellen"). In der Tat entsprechen Variablen Teilen des Hauptspeichers des Rechners (siehe auch Kapitel 4.1.1). An Werten kennt der Hamster bisher lediglich die booleschen Werte `true` und `false`.[1] Die booleschen Werte kann der Hamster zur Zeit in booleschen Ausdrücken nutzen, um bspw. den Kontrollfluss eines Programms zu beeinflussen. Er kann sich Werte von booleschen Ausdrücken jedoch nicht merken. Schauen Sie sich die Ihnen bereits bekannte boolesche Funktion `linksFrei` an:

```
boolean linksFrei() {
    linksUm();
    if (vornFrei()) {
        rechtsUm();
        return true;
    } else {
        rechtsUm();
        return false;
    }
}
```

Die bisherige Formulierung dieser booleschen Funktion erscheint ein wenig umständlich; sowohl im true-Teil als auch im false-Teil der if-Anweisung wird als erstes die Prozedur `rechtsUm` aufgerufen. Eleganter wäre eine Lösung, die auf folgendem Prinzip basiert:

---

[1] Er wird aber in Kapitel 14 andere Typen von Werten – nämlich Zahlen – kennenlernen.

```
boolean linksFrei() {
    linksUm();
    <berechne den Ausdruck vornFrei() und speichere
     das Ergebnis in Behälter x>;
    rechtsUm();
    return <den in Behälter x gespeicherten Wert>;
}
```

Als derartige Behälter dienen Variablen. Um Variablen in Programmen einsetzen zu können, sind drei Dinge notwendig:

- Variablen müssen erzeugt werden, d.h. es muss ein Bereich des Hauptspeichers des Rechners für sie reserviert werden.

- Variablen müssen Namen zugewiesen werden, damit sie im Programm angesprochen werden können.

- Variablen müssen bei ihrer Erzeugung initialisiert werden, d.h. ihnen muss ein Wert zugewiesen werden, damit sie jederzeit einen definierten Wert enthalten.

Für den Compiler ist eine weitere Bedingung relevant. Ihm muss der *Typ* – genauer *Datentyp* – von Werten (boolesche Werte, Zahlen, Buchstaben, ...) mitgeteilt werden, die in der Variablen gespeichert werden sollen. Ein Grund hierfür ist der, dass der Compiler wissen muss, wie viel Speicherplatz er zu reservieren hat. Sollen lediglich boolesche Werte in der Variablen gespeichert werden, benötigt die Variable wenig Speicherplatz, da es ja nur zwei boolesche Werte gibt (`true` und `false`). Im Prinzip würde ein einzelnes Bit hierfür ausreichen. Sollen jedoch Zahlen in der Variablen abgespeichert werden, muss mehr Speicherplatz reserviert werden, da es ja viele – prinzipiell unendlich viele – Zahlen gibt (dazu mehr in Kapitel 14.2). Es gilt: Je mehr Werte in einer Variablen abgespeichert werden können sollen, umso mehr Speicherplatz muss reserviert werden.

Es gibt noch einen weiteren Grund, wieso der Compiler den Typ von Variablen kennen muss. Dieser betrifft die Konstruktion „sinnvoller" Operationen und wird in Kapitel 14.5.5 erläutert.

13.2 Definition boolescher Variablen

Ein Sprachkonstrukt, das eine neue Variable erzeugt, ihr einen Namen gibt und sie initialisiert, wird als *Variablendeklaration* bzw. *Variablendefinition* bezeichnet. [2]

13.2.1 Syntax

Die Syntax der booleschen Variablendefinition wird in Abbildung 13.1 skizziert. Der Bezeichner repräsentiert den *Variablennamen*. Der boolesche Ausdruck wird als *Initialwert* der Variablen bezeichnet. Die Variable ist vom Typ `boolean`, daher spricht man auch von *booleschen Variablen*.

---

[2] Genau genommen handelt es sich bei der Deklaration und der Definition einer Variablen um unterschiedliche Dinge: Die Deklaration führt den Namen der Variablen ein und die Definition reserviert Speicherplatz. Aber in der Hamster-Sprache und auch in Java wird eine reine Deklaration von Variablen nicht unterstützt. Hier werden Deklaration und Definition immer gemeinsam durchgeführt.

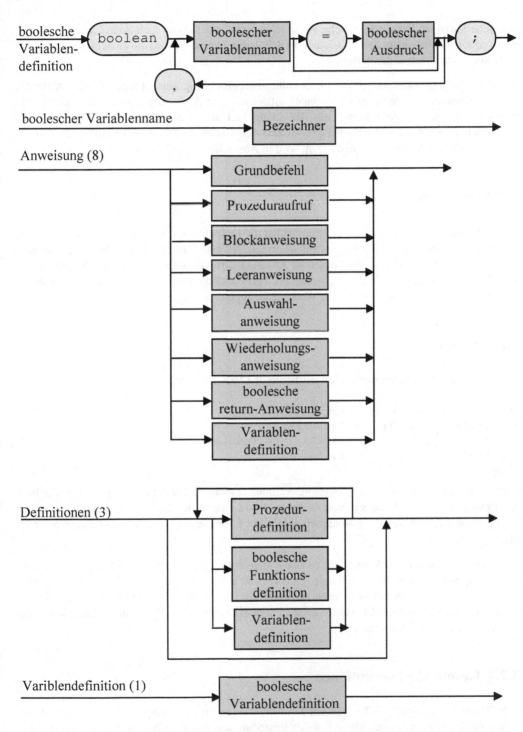

Abbildung 13.1: Syntaxdiagramm: Definition boolescher Variablen

Boolesche Variablen können boolesche Werte (also `true` und `false`) speichern. Es ist möglich, in einer Variablendefinition mehrere Variablen zu definieren. Hierzu werden die einzelnen Definitionen durch Kommata voneinander getrennt.

Variablendefinitionen können sowohl im Definitionsteil eines Programms (neben Prozedurdefinitionen und Definitionen boolescher Funktionen) auftreten, als auch als Anweisungen benutzt werden. Die Syntaxdiagramme „Anweisung" aus Abbildung 11.1 und „Definitionen" aus Abbildung 11.2 werden daher in Abbildung 13.1 erweitert. Welche Auswirkung es hat, eine Variablendefinition als Definition oder als Anweisung einzusetzen, wird in Abschnitt 13.5 erläutert.

13.2.2 Semantik

Für die Ausführung eines Hamster-Programms hat die Definition einer booleschen Variablen keine direkte Auswirkung. Es wird genügend Speicherplatz reserviert, um boolesche Werte abspeichern zu können. Anschließend wird der boolesche Ausdruck ausgewertet und der ermittelte Wert in der Variablen als sogenannter *Initialwert* gespeichert. Fehlt der boolesche Ausdruck, so wird der booleschen Variablen automatisch der initiale Wert `false` zugewiesen.

13.2.3 Beispiele

In den folgenden Beispielen werden jeweils boolesche Variablen definiert:

```
boolean immerWahr = true;
boolean mauerDa   = !vornFrei();
boolean test      = kornDa() && !maulLeer();
boolean b1, b2 = true, b3;
```

In der ersten Anweisung wird eine boolesche Variable namens `immerWahr` erzeugt und ihr der Initialwert `true` zugewiesen. In der zweiten Anweisung wird eine boolesche Variable `mauerDa` angelegt. Anschließend wird der Wert des booleschen Ausdrucks `!vornFrei()` ermittelt und dieser in der Variablen gespeichert.

In der dritten Anweisung bekommt die zunächst angelegte Variable mit dem Namen `test` den Initialwert zugewiesen, den die Berechnung des booleschen Ausdrucks `kornDa() && !maulLeer()` ergibt. In der vierten Anweisung werden insgesamt drei boolesche Variablen definiert. Die beiden Variablen `b1` und `b3` werden dabei automatisch mit dem Default-Wert `false` initialisiert, in `b2` wird explizit der Wert `true` gespeichert.

13.2.4 Gestaltungskonventionen

In den Kapitel 8.2.2 und 11.3.2 haben wir Konventionen zur Benennung von Prozeduren und booleschen Funktionen eingeführt. Danach sollen Prozedur- und Funktionsnamen nur Kleinbuchstaben und Ziffern enthalten, allerdings mit der Ausnahme, dass, falls ein Name aus mehreren Wortbestandteilen besteht, ab dem zweiten Wortteil dieses Wort mit einem Großbuchstaben beginnt. Ferner sollen weder Umlaute noch das Zeichen „ß" verwendet werden.

```
void laufeBisZurNaechstenWand() {
    while (vornFrei()) {
        vor();
    }
}

boolean mauerDa() {
    return !vornFrei();
}
```

Mit den booleschen Variablen existieren nun weitere Sprachelemente in Ihren Programmen, für die Sie bei ihrer Definition einen Bezeichner anzugeben haben.

Die Java-Gestaltungskonventionen geben vor, sich bei Variablennamen an dieselben Konventionen zu halten wie bei Prozedur- und Funktionsnamen. Der Compiler kann aufgrund des nachgestellten Klammernpaares bei einem Prozedur- oder Funktionsaufruf zwischen der Nutzung einer Prozedur bzw. Funktion und einer Variablen – hier entfallen die Klammern (siehe Abschnitt 13.3) – unterscheiden. Prinzipiell können Sie damit sogar gleichnamige Funktionen und Variablen in Ihrem Programm verwenden.

```
boolean freieBahn = vornFrei();
boolean kornDa = kornDa();
boolean linksUndRechtsFrei = linksFrei() && rechtsFrei();
```

Wir werden im zweiten Band der Java-Hamster-Bücher weitere Sprachelemente kennenlernen, für die Bezeichner verwendet werden, und werden auch für die Benennung dieser Konstrukte bestimmte Konventionen einführen.

Weiterhin sollten Sie sich angewöhnen, pro Zeile immer nur eine Variable zu definieren und immer einen Initialwert anzugeben.

13.3 Nutzung boolescher Variablen

Bis jetzt haben Sie kennengelernt, wie boolesche Variablen erzeugt werden. Sie haben jedoch noch nicht erfahren, wie diese Variablen nun im weiteren Verlauf eines Programms genutzt werden können. Dazu werden wir nun die booleschen Ausdrücke erweitern (siehe auch Kapitel 9.2 und 11.4).

13.3.1 Syntax

In Abbildung 13.2 wird das Syntaxdiagramm „Boolescher Ausdruck" aus Abbildung 11.3 erweitert. Danach können Namen boolescher Variablen als boolesche Ausdrücke verwendet bzw. in booleschen Ausdrücken eingesetzt werden. Als zusätzliche Bedingung gilt: Eine boolesche Variable, die in einem booleschen Ausdruck verwendet wird, muss *gültig* sein. Der Begriff der „Gültigkeit" einer Variablen wird in Abschnitt 13.5 präziser definiert.[3]

---

[3] An dieser Stelle reicht es zu wissen, dass eine Variable gültig ist, wenn sie vor ihrer Benutzung definiert wurde.

boolescher Ausdruck (3)

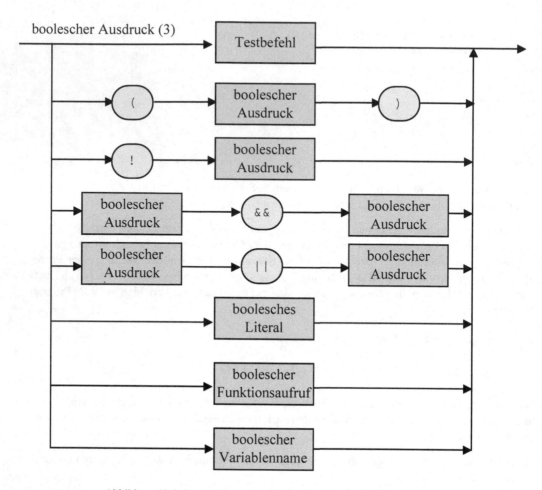

Abbildung 13.2: Syntaxdiagramm: Boolescher Ausdruck (Erweiterung)

13.3.2 Semantik

Enthält ein boolescher Ausdruck den Namen einer booleschen Variablen, dann wird bei der Auswertung des booleschen Ausdrucks an der entsprechenden Stelle der Wert berücksichtigt, der aktuell in der Variablen gespeichert ist.

13.3.3 Beispiele

In den folgenden Beispielen wird der Einsatz boolescher Variablen verdeutlicht:

```
boolean mauerDa() {
    boolean istMauerDa = !vornFrei();
    return istMauerDa;
}
```

```
boolean testeLage() {
    boolean test = kornDa() && !maulLeer();
    return test || vornFrei();
}
```

Falls der Hamster vor einer Mauer steht, wird der Variablen `istMauerDa` bei der Ausführung der booleschen Funktion `mauerDa` durch Berechnung des booleschen Ausdrucks `!vornFrei()` der Initialwert `true` zugewiesen. Andernfalls erhält die Variable den Wert `false`. In der return-Anweisung `return istMauerDa;` wird nun der Wert des booleschen Ausdrucks `istMauerDa` berechnet. Dieser Ausdruck besteht lediglich aus der booleschen Variablen, sodass sich der Wert des booleschen Ausdrucks durch den aktuellen Wert der Variablen ergibt.

Im zweiten Beispiel wird eine Variable namens `test` angelegt und ihr ein Initialwert zugewiesen, der durch Auswertung des booleschen Ausdrucks `kornDa() && !maulLeer()` berechnet wird. In der return-Anweisung tritt der Name der Variablen in der Disjunktion auf. Wird der Wert der Disjunktion berechnet, so geht jeweils der aktuelle Wert der Variablen `test` in die Berechnung mit ein.

Die boolesche Funktion `linksFrei` lässt sich durch den Einsatz boolescher Variablen nun folgendermaßen definieren:

```
boolean linksFrei() {
    linksUm();

    // berechne den Ausdruck vornFrei() und speichere
    // das Ergebnis in der Variablen istFrei
    boolean istFrei = vornFrei();
    rechtsUm();

    // liefere den in der Variablen istFrei gespeicherten Wert
    return istFrei;
}
```

13.4 Boolesche Zuweisung

In einer Variablen kann zu jeder Zeit immer nur genau ein Wert abgespeichert werden. Die boolesche Zuweisung ist eine spezielle Anweisung, mit der der Inhalt einer booleschen Variablen, d.h. der in ihr gespeicherte Wert, verändert werden kann.

13.4.1 Syntax

Das Syntaxdiagramm in Abbildung 13.3 beschreibt den Aufbau einer booleschen Zuweisung. Als zusätzliche Bedingung gilt: Die boolesche Variable, der ein neuer Wert zugewiesen wird, muss *gültig* sein. Der Begriff der „Gültigkeit" einer Variablen wird in Abschnitt 13.5 präziser definiert.

Wir betrachten die Zuweisung zunächst als eine spezielle Anweisung. Daher wird in Abbildung 13.3 das Syntaxdiagramm „Anweisung" aus Abbildung 13.1 erweitert.

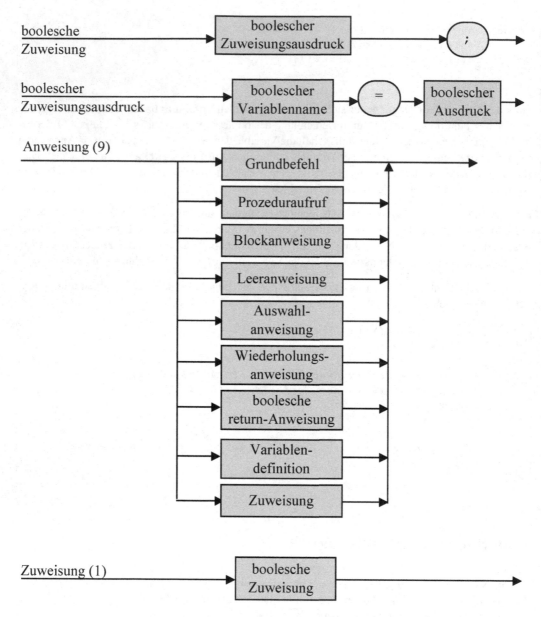

Abbildung 13.3: Syntaxdiagramm: Boolesche Zuweisung

13.4.2 Semantik

Das Zeichen „=" repräsentiert den sogenannten *Zuweisungsoperator*. Dieser ist rechtsassoziativ. Daher wird bei der Ausführung einer booleschen Zuweisung zunächst der Wert des booleschen Ausdrucks (rechter Operand des Zuweisungsoperators) berechnet. Anschließend wird dieser Wert in der Variablen auf der linken Seite gespeichert oder anders ausgedrückt: Der alte Wert der booleschen Variablen wird durch den berechneten Wert des booleschen Ausdrucks überschrieben, d.h. ersetzt.

13.4.3 Beispiele

Die folgenden Beispiele sollen die Verwendung und die Auswirkungen einer booleschen Zuweisung verdeutlichen:

```
1  void beispiel() {
2      boolean test = !vornFrei();
3      // ...
4      test = maulLeer() || !kornDa();
5      // ...
6      boolean probe = false;
7      // ...
8      probe = test && kornDa():
9      // ...
10 }
```

Die beiden Zeilen 4 und 8 enthalten boolesche Zuweisungen. In Zeile 4 wird der alte Inhalt der Variablen test durch den aktuellen Wert des booleschen Ausdrucks maulLeer() || !kornDa() überschrieben. Die boolesche Variable probe erhält in Zeile 8 einen neuen Wert, der sich aus der Konjunktion des aktuell in der Variablen test gespeicherten Wertes und des Wertes, den der Testbefehl kornDa() liefert, ergibt.

Ganz normal ist es auch, dass ein Variablenname sowohl auf der linken als auch auf der rechten Seite des Zuweisungsoperators auftaucht:

```
void beispiel() {
    boolean probe = false;
    probe = !probe;
}
```

Diese boolesche Zuweisung ist folgendermaßen zu interpretieren: Bei einer Zuweisung wird aufgrund der Rechtsassoziativität des Zuweisungsoperators zunächst immer der boolesche Ausdruck auf der rechten Seite ausgewertet. Dieser Wert wird anschließend der Variablen auf der linken Seite zugewiesen. Für das Beispiel bedeutet das: Zunächst wird zur Berechnung des booleschen Ausdrucks der aktuelle Wert der Variablen probe ermittelt; dieser wird negiert, und der negierte Wert wird anschließend der Variablen probe zugewiesen. Eine Zuweisung der Form probe = !probe führt also immer dazu, dass der Wert der Variablen probe von true auf false bzw. von false auf true geändert wird.

13.5 Gültigkeitsbereich einer booleschen Variable

Als *Gültigkeitsbereich* einer Variablen wird der Teil eines Programms bezeichnet, in dem eine Variable genutzt werden kann, d.h. in dem der Name einer Variablen verwendet werden darf. Bezüglich des Gültigkeitsbereichs macht es einen Unterschied, ob die Variablendefinition als Anweisung oder als Definition eingesetzt wird.

13.5.1 Variablendefinition als Anweisung

In der Hamster-Sprache gilt folgende Vereinbarung: Der Gültigkeitsbereich einer in einer Anweisung definierten Variablen – auch *lokale Variable* genannt – erstreckt sich von der der Variablendefinition folgenden Anweisung bis zum Ende desselben Blockes und umschließt alle inneren Blöcke. Im Gültigkeitsbereich einer lokalen Variablen darf keine weitere Variable mit demselben Namen definiert werden.

Beispiel:

```
1  void main() {
2      /* Beginn von Block 1 */
3      boolean test = kornDa() && vornFrei();
4      if (test) {
5
6          /* Beginn von Block 1.1 */
7          nimm();
8          vor();
9          test = !test;
10         /* Ende von Block 1.1 */
11     } else {
12
13         /* Beginn von Block 1.2 */
14         linksUm();
15         /* Ende von Block 1.2 */
16     }
17     // ...
18     /* Ende von Block 1 */
19 }
```

Das Beispiel enthält keine syntaktischen Fehler: Der Gültigkeitsbereich der Variablen test erstreckt sich von Zeile 4 bis Zeile 18 und umschließt auch die beiden inneren Blöcke. Insbesondere kann daher die Variable test in den Zeilen 4 und 8 benutzt werden.

Auch das folgende Beispiel ist syntaktisch korrekt:

```
1  void torkle() {
2      /* Beginn von Block 1 */
3      vor();
4      boolean test = kornDa() && !maulLeer();
5      if (test) {
6
7          /* Beginn von Block 1.1 */
8          nimm();
9          boolean probe = vornFrei();
10         // ...
11         probe = !probe;
12         // ...
13         /* Ende von Block 1.1 */
14     } else {
15
16         /* Beginn von Block 1.2 */
```

```
17            vor ();
18            boolean probe = maulLeer ();
19            // ...
20            probe = probe || test;
21            // ...
22            /* Ende von Block 1.2 */
23        }
24        /* Ende von Block 1 */
25 }
```

In dem Beispiel werden insgesamt drei Variablen definiert. Die Variable test ist gültig von Zeile 5 bis Zeile 24, kann also insbesondere in Zeile 5 und Zeile 20 benutzt werden. In Zeile 9 wird im Block 1.1 eine Variable namens probe definiert. Diese Variable ist gültig von Zeile 10 bis zum Ende von Block 1.1 in Zeile 13. Da der Gültigkeitsbereich der ersten Variable probe in Zeile 13 endet, kann in Zeile 18 in Block 1.2 erneut eine Variable mit dem Namen probe definiert werden. Diese ist gültig von Zeile 19 bis zum Ende des Blockes 1.2 in Zeile 22.

Im nächsten Beispiel sind drei syntaktische Fehler eingebaut worden:

```
 1 void main () {
 2     {
 3            boolean test = vornFrei ();
 4            weiter ();
 5     }
 6     test = !test;                    // Fehler
 7 }
 8
 9 void weiter () {
10     test = test || kornDa ();        // Fehler
11     // ...
12     boolean probe = !probe;          // Fehler
13     // ...
14     boolean b1 = maulLeer (), b2 = !b1;
15 }
```

Der Gültigkeitsbereich der Variablen test erstreckt sich von Zeile 3 bis Zeile 4, d.h. der erste Fehler wird vom Compiler in Zeile 6 gemeldet. Hier wird die Variable test außerhalb ihres Gültigkeitsbereichs benutzt. Dasselbe gilt auch für Zeile 10, die den zweiten Fehler enthält.

Der dritte Fehler hat sich in Zeile 12 eingeschlichen. Der Gültigkeitsbereich einer Variablen beginnt nämlich erst hinter der Variablendefinition. Insbesondere ist es also nicht zulässig, den Variablennamen bereits im Initialisierungsausdruck zu benutzen.

Die Definition in Zeile 14 ist jedoch korrekt; b1 wird vor b2 definiert und initialisiert, sodass die Initialisierung von b2 mit der Negation des Wertes von b1 wohldefiniert ist.

Ebenfalls einen Fehler enthält das nächste Beispiel:

```
 1 boolean istOk () {
 2     boolean test = vornFrei () && kornDa ();
 3     while (test) {
 4            nimm ();
```

```
5            vor();
6            boolean test = vornFrei() && kornDa();        // Fehler
7        }
8 }
```

Der Fehler wird vom Compiler in Zeile 6 gemeldet. Der Gültigkeitsbereich der Variablen test, die
in Zeile 2 definiert wird, erstreckt sich bis Zeile 8 und es ist nicht erlaubt, innerhalb dieses Gültigkeitsbereiches eine weitere Variable gleichen Namens zu definieren, was aber in Zeile 6 versucht
wird.

Da Prozedurrümpfe immer einen abgeschlossenen Block bilden, können jederzeit Variablen mit glei-
chem Namen in verschiedenen Prozeduren bzw. Funktionen definiert werden:

```
boolean linksFrei() {
    linksUm();
    boolean test = vornFrei();
    rechtsUm();
    return test;
}

boolean rechtsFrei() {
    rechtsUm();
    boolean test = vornFrei();
    linksUm();
    return test;
}
```

Was zwar zulässig ist, jedoch zu Missverständnissen führen kann und daher vermieden werden sollte,
ist die Verwendung ein und desselben Namens sowohl für eine Prozedur als auch für eine (lokale)
Variable. Folgende boolesche Funktion überprüft zum Beispiel, ob sich links, rechts, vor und hinter
dem Hamster eine Mauer befindet:

```
boolean frei() {
    boolean frei = vornFrei();
    linksUm();
    frei = frei && vornFrei(); // links frei?
    linksUm();
    frei = frei && vornFrei(); // hinten frei?
    linksUm();
    frei = frei && vornFrei(); // rechts frei?
    linksUm();
    return frei;
}
```

Auch wenn es nicht unbedingt erforderlich ist, gewöhnen Sie sich bitte an, Variablendefinitionen
möglichst am Anfang eines Blockes zu platzieren. Das erhöht die Übersichtlichkeit Ihrer Programme.

13.5.2 Variablendefinition als Definition

Wird eine Variable im Definitionsteil[4] eines Hamster-Programms definiert, dann gilt folgende Vereinbarung: Der Gültigkeitsbereich einer im Definitionsteil definierten Variablen – auch *globale Variable* genannt – umfasst das gesamte Hamster-Programm, mit Ausnahme des Initialisierungsausdruck der Variablen selbst sowie der Initialisierungsausdrücke von anderen globalen Variablen, die vorher definiert werden. Im gesamten Programm dürfen nicht mehrere globale Variablen mit demselben Namen definiert werden. Es ist jedoch erlaubt, lokale Variablen mit dem Namen einer globalen Variablen zu versehen.

Im folgenden Beispiel wird eine globale Variable `gerade` definiert. Auf diese eine Variable greifen sowohl die Prozedur `main` als auch die Prozedur `sammle` zu:

```
// Definition einer globalen Variablen
boolean gerade = true;

void main() {
    sammle();
    while (vornFrei()) {
        vor();
        sammle();
    }
    if (gerade) {           // Zugriff auf die globale Variable
        linksUm();
    }
}

void sammle() {
    while (kornDa()) {
        nimm();
        gerade = !gerade;   // Zugriff auf die globale Variable
    }
}
```

Insbesondere ist es definitionsgemäß auch möglich, globale Variablen zu benutzen, ohne sie *vorher* definiert zu haben. Folgendes Programm ist vollkommen korrekt:

```
void main() {
    sammle();
    while (vornFrei()) {
        vor();
        sammle();
    }
    if (gerade) {           // Zugriff auf die erst weiter unten
                            // definierte globale Variable

        linksUm();
    }
}

void sammle() {
```

---

[4]also neben den Prozeduren und booleschen Funktionen

```
    while (kornDa()) {
        nimm();
        gerade = !gerade;    // Zugriff auf die erst weiter unten
                             // definierte globale Variable
    }
}

// Definition einer globalen Variablen
boolean gerade = true;
```

Vermeiden Sie solche Fälle jedoch, da derartige Programme schwerer verständlich und fehleranfälliger sind. Gewöhnen Sie sich an, auch globale Variablen vor ihrer ersten Benutzung zu definieren.

Der Gültigkeitsbereich einer globalen Variablen umfasst nicht das gesamte Hamster-Programm. Wie bereits erwähnt gibt es eine Einschränkung. Bei der Initialisierung globaler Variablen ist nämlich darauf zu achten, dass im Initialisierungsausdruck nur Namen von globalen Variablen auftreten dürfen, die vorher definiert worden sind. Der Grund hierfür ist der, dass globale Variablen in der Reihenfolge initialisiert werden, in der sie im Programm definiert werden. Ohne diese Einschränkung des Gültigkeitsbereiches globaler Variablen wäre eine wohldefinierte Initialisierung in bestimmten Fällen gar nicht möglich, wie das folgende Beispiel zeigt:

```
boolean b1 = !b2;      // Fehler: Vorwaertsreferenz auf b2!
boolean b2 = !b2;      // Fehler: Vorwaertsreferenz auf b2!
boolean b3 = b1 && b2; // ok

void main() {
    // ...
}
```

Das nächste Beispiel demonstriert den erlaubten Fall, dass eine lokale Variable mit dem Namen einer bereits definierten globalen Variablen definiert wird:

```
1  boolean gefunden = false;
2
3  void main() {
4      while (!gefunden) {
5          suche();
6          linksUm();
7      }
8  }
9
10 void suche() {
11     boolean gefunden = false;
12     while (!gefunden && vornFrei()) {
13         vor();
14         if (kornDa()) {
15             gefunden = true;
16         }
17     }
18 }
```

In diesem Programm werden zwei boolesche Variablen mit dem Namen gefunden definiert, eine global in Zeile 1 und eine lokal in Zeile 11. Letzteres ist erlaubt, obwohl die lokale Variable ja eigentlich im Gültigkeitsbereich der gleichnamigen globale Variablen definiert wird. Was bedeutet das aber für die Benutzung des Variablennamens gefunden in den Zeilen 4, 12 und 15? Ist hier die lokale oder die globale Variable gemeint? Es gilt: Wird eine lokale Variable im Gültigkeitsbereich einer gleichnamigen globalen Variablen definiert, dann „überdeckt" der Gültigkeitsbereich der lokalen Variablen den Gültigkeitsbereich der globalen Variablen, d.h. tritt im Gültigkeitsbereich der lokalen Variablen der zweifach vergebene Name auf, dann ist damit die lokale Variable gemeint. Es ist nicht möglich, im Gültigkeitsbereich der lokalen Variablen auf eine globale Variable mit demselben Namen zuzugreifen.

Für das obige Beispiel bedeutet das: In den Zeilen 12 und 15 wird auf die lokale Variable gefunden zugegriffen, während Zeile 4 auf die globale Variable gefunden zugreift. Da nirgendwo im Programm der Wert der globalen Variablen gefunden verändert wird, produziert die main-Prozedur eine Endlosschleife. Unterlassen Sie möglichst eine Gleichbenennung von globalen und lokalen Variablen, um solche Fehler zu vermeiden.

Die Benutzung globaler Variablen gilt in der imperativen Programmierung als „unsauber", da die Gefahr, dass sich dadurch Fehler in ein Programm einschleichen, steigt. Programme sind übersichtlicher, wenn Prozeduren bzw. boolesche Funktionen nur auf solche Variablen zugreifen, die lokal in der Prozedur bzw. Funktion definiert sind („Lokalitätsprinzip"). Wir werden in Kapitel 16 das Konzept der Parameter kennenlernen, durch das die Nutzung globaler Parameter weitgehend vermieden werden kann.

13.6 Lebensdauer einer booleschen Variable

Während der Gültigkeitsbereich einer booleschen Variablen zur Compilierzeit von Bedeutung ist, ist die *Lebensdauer* einer booleschen Variablen eine Größe, die zur Laufzeit Relevanz besitzt. Sie ist definiert als die Zeitspanne, während der im Hauptspeicher Speicherplatz für eine Variable reserviert ist. Für boolesche Variablen gilt dabei: Die Lebensdauer einer globalen Variablen umfasst die gesamte Ausführungszeit eines Hamster-Programms. Die Lebensdauer einer lokalen Variablen beginnt bei ihrer Definition und endet nach der vollständigen Abarbeitung des Blocks, in dem sie definiert wurde.

Das heißt, wird zwischen der Definition einer lokalen Variablen und dem Ende des Blocks eine Prozedur oder Funktion aufgerufen, so ist die Variable auch während der Ausführung der Funktion „lebendig", aber da die Variable in der Prozedur bzw. Funktion nicht gültig ist, ist sie dort nicht zugreifbar.

Schauen Sie sich dazu das folgende Programm an:

```
1 void main() {
2     boolean gefunden = false;
3     while (!gefunden) {
4         gefunden = suche();
5         linksUm();
6     }
```

```
 7 }
 8
 9 boolean suche() {
10     while (vornFrei()) {
11         vor();
12         if (kornDa()) {
13             return true;
14         }
15     }
16     return false;
17 }
```

Der Gültigkeitsbereich der booleschen Variablen gefunden erstreckt sich von Zeile 3 bis Zeile 7. Sie ist also insbesondere nicht in der Funktion suche() gültig. Die Lebensdauer der Variablen gefunden beginnt in Zeile 2 und endet in Zeile 7. Sie ist jedoch aufgrund des Funktionsaufrufs in Zeile 4 auch während der Ausführung der Funktion suche lebendig.

Im folgenden Beispiel ist die Variable probe innerhalb des Schleifenrumpfes gültig und während der Ausführung des Schleifenrumpfes lebendig. Genau genommen handelt es sich jedoch nicht um eine einzelne Variable, sondern um mehrere. Jedes Mal wenn während der Ausführung des Programms der Schleifenrumpf durchlaufen wird, wird nämlich eine neue Variable definiert, d.h. Speicherplatz reserviert. Nach der Abarbeitung des Schleifenrumpfes wird die Variable wieder zerstört, d.h. der Speicherplatz wird wieder freigegeben.

```
void main() {

    // ...
    while (!kornDa()) {
        boolean probe = maulLeer();

        // ...
        probe = !probe;
        // ...

    }
    // ...

}
```

13.7 Beispielprogramme

In diesem Abschnitt werden einige Beispiele für Hamster-Programme gegeben, die Ihnen den Einsatz von booleschen Variablen demonstrieren sollen. Schauen Sie sich die Beispiele genau an und versuchen Sie, die Lösungen nachzuvollziehen.

13.7.1 Beispielprogramm 1

Aufgabe:

Der Hamster steht irgendwo in seinem Territorium. Er soll bis zur nächsten Wand laufen und dabei alle Körner, die er unterwegs findet, einsammeln. Nur wenn er eine gerade Anzahl an Körnern oder gar keins eingesammelt hat, soll er alle Körner, die er im Maul hat, an der Mauer ablegen. Ansonsten soll er nichts weiter tun.

Lösung (ohne globale Variablen):

```
void main() {
    boolean geradeAnzahl = true;  // 0 Koerner eingesammelt
    geradeAnzahl = sammle();
    while (vornFrei()) {
        vor();
        boolean gesammelt = sammle();

        /*
         * gerade Zahl + gerade Zahl = gerade Zahl
         * ungerade Zahl + ungerade Zahl = gerade Zahl
         * alle anderen Faelle ergeben eine ungerade Zahl
         */
        geradeAnzahl =
            (geradeAnzahl && gesammelt) ||
            (!geradeAnzahl && !gesammelt);
    }

    /*
     * falls gerade Anzahl an Koernern gefunden:
     * alle Koerner ablegen
     */
    if (geradeAnzahl) {
        while (!maulLeer()) {
            gib();
        }
    }
}

/*
 * sammle alle Koerner auf aktuellem Feld auf; falls gerade
 * Anzahl an Koernern eingesammelt wurde, liefere true;
 * ansonsten liefere false
 */
boolean sammle() {
    boolean geradeAnzahl = true;  // 0 Koerner eingesammelt
    while (kornDa()) {
        nimm();

        /*
         * auf jede gerade folgt eine ungerade
```

```
        * Zahl und umgekehrt
        */
        geradeAnzahl = !geradeAnzahl;
    }
    return geradeAnzahl;
}
```

Lösung (mit einer globalen Variablen):

```
// globale Variable
boolean geradeAnzahl = true; // 0 Koerner eingesammelt

void main() {
    sammle();
    while (vornFrei()) {
        vor();
        sammle();
    }
    if (geradeAnzahl) {
        while (!maulLeer()) {
            gib();
        }
    }
}

// sammle alle Koerner auf aktuellem Feld auf
void sammle() {
    while (kornDa()) {
        nimm();

        /*
         * auf jede gerade folgt eine ungerade
         * Zahl und umgekehrt
         */
        geradeAnzahl = !geradeAnzahl;
    }
}
```

13.7.2 Beispielprogramm 2

Aufgabe:

Dem Hamster soll eine allgemein gültige boolesche Funktion zur Verfügung gestellt werden, die testet, ob entweder das Feld links von ihm oder das Feld rechts von ihm frei ist. Dabei kann der Hamster die folgende boolesche Formel für eine Entweder-Oder-Aussage verwenden:

```
P Q | entweder-oder | !(P&&Q) && (P||Q)
----+---------------+--------------------
T T |       F       |         F
T F |       T       |         T
F T |       T       |         T
F F |       F       |         F
```

Lösung:

```
boolean entwederLinksOderRechtsFrei() {
    linksUm();
    boolean p = vornFrei();
    kehrt();
    boolean q = vornFrei();
    linksUm();
    return !(p&&q) && (p||q);
}

void kehrt() {
    linksUm();
    linksUm();
}

// einfaches Testprogramm
void main() {
    if (entwederLinksOderRechtsFrei()) {
        linksUm();
    } else {
        kehrt();
    }
}
```

13.7.3 Beispielprogramm 3

Aufgabe:

Der Hamster soll eine boolesche Funktion entwickeln, die überprüft, ob sich auf seinen vier Nachbarfeldern genau eine Mauer befindet.

Lösung:

```
boolean genauEineMauerNebenan() {
    boolean vornMauer = !vornFrei();
    linksUm();
    boolean linksMauer = !vornFrei();
    linksUm();
    boolean hintenMauer = !vornFrei();
    linksUm();
    boolean rechtsMauer = !vornFrei();
```

```
        linksUm();    // zur Vermeidung von Seiteneffekten
        return
            vornMauer &&
                !(hintenMauer || rechtsMauer || linksMauer)
            ||
            linksMauer &&
                !(hintenMauer || rechtsMauer || vornMauer)
            ||
            hintenMauer &&
                !(linksMauer || rechtsMauer || vornMauer)
            ||
            rechtsMauer &&
                !(hintenMauer || linksMauer || vornMauer);
}

// einfaches Testprogramm
void main() {
    if (genauEineMauerNebenan()) {
        linksUm();
    } else {
        linksUm();
        linksUm();
    }
}
```

13.8 Übungsaufgaben

Nun sind wieder Sie gefordert; denn in diesem Abschnitt werden Ihnen einige Hamster-Aufgaben gestellt, die sie selbstständig zu lösen haben. Dabei müssen Sie boolesche Variablen verwenden. Denken Sie sich darüber hinaus selbst weitere Hamster-Aufgaben aus und versuchen Sie, diese zu lösen. Viel Spaß!

13.8.1 Aufgabe 1

Ändern Sie die beiden Lösungen von Beispielprogramm 1 aus Abschnitt 13.7.1 so ab, dass der Hamster nur, falls er eine ungerade (!) Anzahl an Körnern eingesammelt hat, alle Körner, die er im Maul hat, an der Mauer ablegen soll.

13.8.2 Aufgabe 2

Entwickeln Sie in Anlehnung an die Lösung von Beispielprogramm 2 aus Abschnitt 13.7.2 eine allgemein gültige boolesche Funktion, die testet, ob entweder das Feld links vom Hamster oder das Feld rechts vom Hamster oder das Feld hinter dem Hamster frei ist.

13.8.3 Aufgabe 3

Der Hamster soll ähnlich wie in Beispielprogramm 3 aus Abschnitt 13.7.3 eine boolesche Funktion entwickeln, die überprüft, ob sich auf seinen vier Nachbarfeldern genau zwei (!) Mauern befinden.

13.8.4 Aufgabe 4

Der Hamster steht irgendwo in einem rechteckigen Körnerfeld innerhalb seines Territoriums (siehe Abbildung 13.4). Er hat keine Körner in seinem Maul. Er soll dafür sorgen, dass auf allen Kacheln des Körnerfeldes eine gerade Anzahl an Körnern (oder keine Körner) liegt. Dabei soll er folgendermaßen vorgehen: Immer wenn er eine Kachel mit einer ungeraden Anzahl an Körnern entdeckt, soll er abwechselnd ein Korn aufnehmen bzw. ein Korn ablegen.

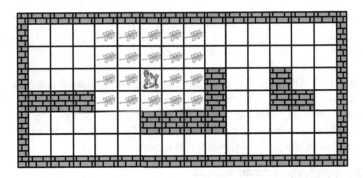

Abbildung 13.4: Typische Hamster-Landschaft zu Aufgabe 4

13.8.5 Aufgabe 5

Der Hamster steht in der rechten unteren Ecke (Blickrichtung Nord) eines durch Mauern abgeschlossenen ansonsten aber mauerlosen rechteckigen Raumes mit drei freien Reihen. In der untersten Reihe des Raumes liegen keine Körner, wohl aber in den oberen zwei Reihen. Hier kodieren die einzelnen Reihen jeweils eine Dualzahl (kein Korn da = 0; Korn da = 1). Der Hamster bekommt die Aufgabe, die beiden Dualzahlen zu addieren und das Ergebnis – ebenfalls binär kodiert – in der unteren Reihe abzulegen.

 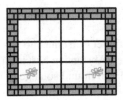

Abbildung 13.5: Typische Hamster-Landschaft zu Aufgabe 5

Im linken Teil von Abbildung 13.5 sehen Sie ein Beispiel für ein mögliches Ausgangsterritorium; der rechte Teil der Abbildung skizziert das gelöste Problem. Hinweise zum Dualsystem und zur Addition von Dualzahlen finden Sie in Kapitel 4.4.2.

13.8.6 Aufgabe 6

Der Hamster soll eine boolesche Funktion entwickeln, die überprüft, ob auf genau dreien seiner vier Nachbarfelder Körner liegen.

13.8.7 Aufgabe 7

Der Hamster steht mit beliebiger Blickrichtung in einem beliebigen Territorium auf einer Kachel, auf der sich eine bestimmte Anzahl an Körnern befindet. Ansonsten befinden sich keine Körner im Territorium. Der Hamster hat keine Körner im Maul. Er soll eine gerade Körnerspur legen, und zwar auf folgende Art und Weise: Solange er nicht an eine Mauer stößt, soll er jeweils ein Korn vom Haufen nehmen, damit die Spur um ein Korn verlängern und zurücklaufen, um das nächste Korn zu holen.

13.8.8 Aufgabe 8

Der Hamster steht mit Blickrichtung Ost in der linken oberen Ecke eines durch Mauern abgeschlossenen ansonsten aber mauer- und körnerlosen rechteckigen Raumes unbekannter Größe. Er hat eine unbekannte Anzahl Körner im Maul. Seine Aufgabe besteht darin, solange er noch Körner im Maul hat, mit diesen von oben nach unten und von links nach rechts ein Schachbrettmuster in sein Territorium zu malen, wie Abbildung 13.6 beispielhaft skizziert.

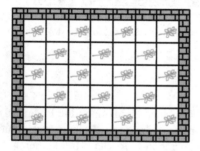 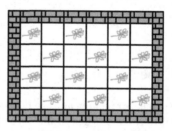

Abbildung 13.6: Typische Zielsituationen in Aufgabe 8

13.8.9 Aufgabe 9

Rechts vom Hamster befindet sich eine unbekannt lange Wand, die mit einer Mauer endet. Die Wand enthält in unregelmäßigen Abständen Nischen (siehe Beispiel in Abbildung 13.7). Der Hamster soll bis zum Ende der Wand laufen und solange er noch Körner im Maul hat, in jede zweite Nische ein Korn ablegen.

13.8.10 Aufgabe 10

Der Hamster bekommt mit einem Unterschied dieselbe Aufgabe wie in Aufgabe 9. Er soll dieses Mal nicht in jeder zweiten, sondern nur in jeder vierten Nische ein Korn ablegen.

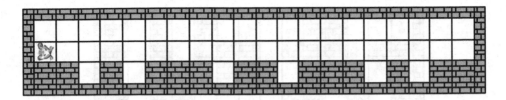

Abbildung 13.7: Typische Hamster-Landschaft zu den Aufgaben 9 und 10

Hinweis: Der Hamster kann zwar nicht zählen. Mit Hilfe von zwei booleschen Variablen kann er jedoch vier Zustände unterscheiden (00, 01, 10, 11).

13.8.11 Aufgabe 11

Der Hamster steht in einem Territorium mit einem Gang, der beliebig geformt sein kann, aber immer eine Kachel breit ist. In diesem Gang liegen unregelmäßig verstreut Körner, auf jeder Kachel maximal eines. Der Hamster, der am Anfang des Ganges steht, soll den Gang entlanglaufen und dabei jedes (a) zweite, (b) dritte und (c) vierte Korn, das er findet, fressen. Abbildung 13.8 skizziert ein beispielhaftes Territorium zu Aufgabe 11.

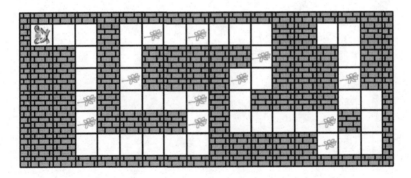

Abbildung 13.8: Typische Hamster-Landschaft zu Aufgabe 11

13.8.12 Aufgabe 12

Der Hamster befindet sich irgendwo in einem Labyrinth. Dieses besteht aus Gängen, die jeweils eine Kachel breit sind. In dem Labyrinth kann es Kreuzungen geben. Als Kreuzung werden dabei Kacheln bezeichnet, die mindestens 3 freie Nachbarkacheln besitzen. Es existieren keine zyklischen Gänge. Abbildung 13.9 enthält ein beispielhaftes Territorium.

Der Hamster bekommt die Aufgabe, auf allen Kreuzungen des Layrinths ein Korn abzulegen. Er hat dazu genügend Körner im Maul. Zur Erledigung seiner Aufgabe soll er eine boolesche Funktion definieren und benutzen, die überprüft, ob die Kachel, auf der er sich gerade befindet, eine Kreuzung ist oder nicht.

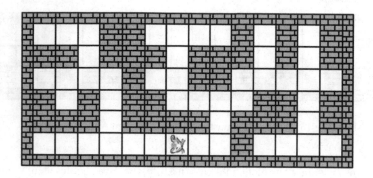

Abbildung 13.9: Typische Hamster-Landschaft zu den Aufgaben 12 und 13

13.8.13 Aufgabe 13

Aufgabe 13 ist analog zu Aufgabe 12. Allerdings soll der Hamster diesmal auf allen freien Kacheln des Labyrinths außer auf den Kreuzungen ein Korn ablegen. Er hat dazu genügend Körner im Maul.

Kapitel 14
Zahlen, Variablen und
Ausdrücke

In diesem Kapitel werden Zahlen und arithmetische Ausdrücke zum Rechnen mit Zahlen eingeführt und das Variablenkonzept verallgemeinert. Nach einer einleitenden Motivation in Abschnitt 1 werden in Abschnitt 2 die Zahlen der Hamster-Sprache vorgestellt. Die Abschnitte 3 und 4 erläutern die Definition und Nutzung von int-Variablen zur Abspeicherung von Zahlenwerten sowie die int-Zuweisung zur Manipulation von int-Variablen. Arithmetische Ausdrücke und Vergleichsausdrücke, die in den Abschnitten 5 und 7 eingeführt werden, ermöglichen den Umgang mit Zahlen. Dazwischen behandelt Abschnitt 6 abkürzende Schreibweisen für bestimmte Typen von int-Zuweisungen. Abschnitt 8 verallgemeinert das Konzept der Variablen und Ausdrücke. Abschnitt 9 stellt weitere Datentypen vor. Anschließend folgen in Abschnitt 10 einige Beispielprogramme, an denen der Einsatz von Variablen, Zahlen und Ausdrücken verdeutlicht wird, und in Abschnitt 11 werden ein paar Übungsaufgaben gestellt, durch deren Bearbeitung Sie den Umgang mit den in diesem Kapitel erläuterten Konzepten einüben können.

14.1 Motivation

Bisher kann sich der Hamster nur in beschränktem Maße Dinge merken, nämlich indem er gezielt Körner oder boolesche Variablen einsetzt. Schauen Sie sich die folgende Hamster-Aufgabe an: Der Hamster steht irgendwo im Territorium, soll bis zur nächsten Wand laufen, umkehren und schließlich an seinem Ausgangspunkt anhalten. Diese Aufgabe ist mit den bisherigen Mitteln des Hamsters nur lösbar, wenn bspw. als zusätzliche Bedingung gilt: Der Hamster hat mindestens ein Korn im Maul und er darf unterwegs unter Umständen Körner einsammeln. Dann sieht die Lösung folgendermaßen aus:

```
void main() {
    gib(); // Markierung der Ausgangsposition
    while (vornFrei()) {
        vor();

        /*
         * Aufsammeln aller anderen Koerner, um spaeter
         * den Ausgangspunkt identifizieren zu koennen
         */
        sammle();
    }
    kehrt();
    while (!kornDa()) {
        vor();
    }
}
```

```
void sammle() {
    while (kornDa()) {
        nimm();
    }
}

void kehrt() {
    linksUm();
    linksUm();
}
```

Der Hamster setzt also ein Korn ein, um sich zu merken, von wo er losgelaufen ist. Auch in Beispielprogramm 3 in Kapitel 11.6.3, in dem der Hamster solange an einer Wand entlanglaufen soll, bis er wieder an der Ausgangsposition angelangt ist, wird dieselbe Strategie gewählt.

Was ist aber, wenn der Hamster laut Aufgabenstellung explizit kein Korn im Maul hat oder wenn er unterwegs keine Körner einsammeln darf? Dann sind die beiden obigen Aufgaben mit den bisherigen Mitteln des Hamsters nicht lösbar. Dem Hamster fehlen die Fähigkeiten, mit Zahlen umzugehen und Zahlen in seinem „Gedächtnis" in besonderen Speicherzellen abzuspeichern. Mit diesen Fähigkeiten könnte der Hamster die obige Aufgabe dann folgendermaßen lösen: Der Hamster läuft bis zur nächsten Wand und merkt sich dabei die Anzahl an zurückgelegten Schritten. Wenn er an der Wand ankommt, dreht er sich um und läuft diese Anzahl an Schritten zurück.

In diesem Kapitel werden wir den Hamster mit genau diesen Fähigkeiten „ausstatten": Er erweitert sein Gedächtnis und lernt rechnen.

14.2 Zahlen

Als Werte kennt der Hamster bisher nur die beiden booleschen Werte `true` und `false`. Das genügt natürlich nicht, um richtig rechnen und zählen zu können. Hierzu werden Zahlen benötigt, wie wir sie aus dem alltäglichen Leben kennen: -987, -5, 0, 7, 4711, ...

Während boolesche Werte in der Hamster-Sprache durch den sogenannten *Datentyp* `boolean` repräsentiert werden, repräsentiert der Datentyp `int` („integer") derartige Zahlen bzw. Zahlenwerte. Obwohl es ja eigentlich unendlich viele Ganze Zahlen gibt, kann durch den Datentyp `int` allerdings nur eine endliche Menge an Ganzen Zahlen dargestellt werden. Der Grund hierfür liegt in der Organisation des Speichers eines Computers (siehe auch Kapitel 4.4.1).

Genau definiert werden für Variablen des Datentyps `int` in der Hamster-Sprache 4 Wörter, d.h. 32 Bit reserviert. Der Datentyp `int` kann also insgesamt 2^{32} verschiedene Werte repräsentieren, sein Wertebereich ist auf alle Ganzen Zahlen zwischen -2^{31} und $2^{31} - 1$ bzw. -2147483648 und 2147483647 beschränkt.

14.3 int-Variablen

Entsprechend den booleschen Variablen (siehe Kapitel 13.2) lassen sich auch int-Variablen deklarieren bzw. definieren.

14.3.1 Syntax

Die Syntax der Definition von int-Variablen wird in Abbildung 14.1 skizziert. Was arithmetische Ausdrücke sind, werden wir in Abschnitt 14.5 erfahren.

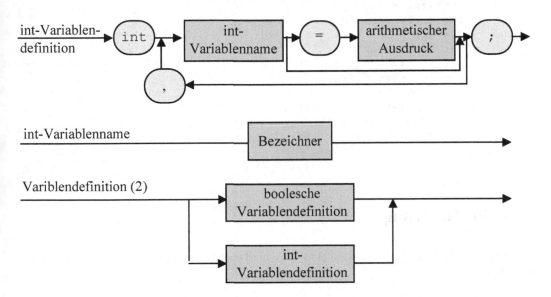

Abbildung 14.1: Syntaxdiagramm: Definition von int-Variablen

Die int-Variablendefinition ist wie die boolesche Variablendefinition eine spezielle Form der Variablendefinition im Allgemeinen. Das Syntaxdiagramm „Variablendefinition" aus Abbildung 13.1 wird daher in Abbildung 14.1 erweitert.

Die Gestaltungskonventionen, die in Kapitel 13.2.4 für boolesche Variablen eingeführt wurden, gelten auch für int-Variablen.

14.3.2 Semantik

Bei der Definition einer int-Variablen wird genügend Speicherplatz reserviert, um Werte vom Typ int abspeichern zu können. Anschließend wird der arithmetische Ausdruck ausgewertet und der ermittelte Wert als Initialwert in der Variablen gespeichert. Fehlt der Initialisierungsausdruck, so wird die int-Variable automatisch mit dem Default-Wert 0 initialisiert.

14.3.3 Gültigkeitsbereich und Lebensdauer

Alles, was in den Abschnitten 13.5 und 13.6 zum Gültigkeitsbereich und zur Lebensdauer boolescher Variablen gesagt wurde, lässt sich unmittelbar auf int-Variablen übertragen.

14.3.4 Beispiele

Im folgenden Beispiel werden in den Zeilen 2 bis 6 int-Variablen definiert:

```
1  void main() {
2      int wert = 7;
3      int einhundertunddrei = 103;
4      int max = 2 * (-34 + 51);
5      int min = -max - 1;
6      int i1, i2 = 3, i3 = -i2;
7      boolean wert = true;
8      /*
9       * Fehler; eine gueltige Variable mit dem
10      * Namen wert existiert bereits
11      */
12 }
```

14.4 int-Zuweisung

Wie für boolesche Variablen (siehe Kapitel 13.4) existiert auch für int-Variablen eine Zuweisung(san-weisung).

14.4.1 Syntax

Das Syntaxdiagramm in Abbildung 14.2 beschreibt den Aufbau einer int-Zuweisung. Als zusätzliche Bedingung gilt: Die int-Variable, der ein neuer Wert zugewiesen wird, muss gültig sein.

Wir betrachten die int-Zuweisung zunächst als eine spezielle Zuweisung. Daher wird in Abbildung 14.2 das Syntaxdiagramm „Zuweisung" aus Abbildung 13.3 erweitert.

14.4.2 Semantik

Aufgrund der Rechtsassoziativität des Zuweisungsoperators „=" wird bei der Ausführung einer int-Zuweisung zunächst der Wert des arithmetischen Ausdrucks (rechter Operand des Zuweisungsope-rators) berechnet. Anschließend wird dieser Wert in der int-Variablen auf der linken Seite gespei-chert oder anders ausgedrückt: Der alte Wert der int-Variablen wird durch den berechneten Wert des arithmetischen Ausdrucks ersetzt.

14.4.3 Beispiele

Die folgenden Beispiele sollen die Verwendung einer int-Zuweisung verdeutlichen; die Bedeutung wird Ihnen (hoffentlich) klar, wenn Sie den nächsten Abschnitt über arithmetische Anweisungen gelesen haben.

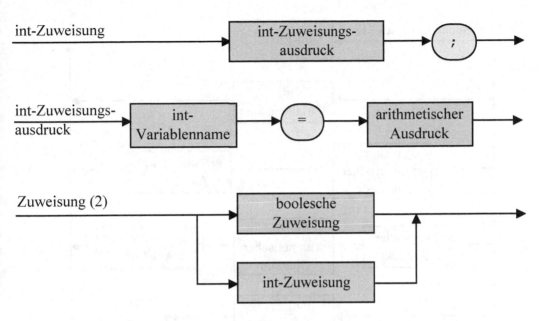

Abbildung 14.2: Syntaxdiagramm: int-Zuweisung

```
void beispiel() {
    int anzahl = 0;
    // ...
    anzahl = anzahl + 1;      // int-Zuweisung
    // ...
    int fak = 1;
    // ...
    fak = fak * anzahl;       // int-Zuweisung
}
```

14.5 Arithmetische Ausdrücke

Boolesche Ausdrücke, die Sie in Kapitel 9.2 kennengelernt haben, liefern boolesche Werte (`true` oder `false`). Arithmetische Ausdrücke, die in diesem Abschnitt eingeführt werden, liefern Werte vom Typ `int`, also Ganze Zahlen aus dem Bereich zwischen -2^{31} und $2^{31} - 1$. Deshalb wird synonym auch der Begriff „int-Ausdruck" verwendet.

14.5.1 Syntax

Die Syntax eines arithmetischen Ausdrucks wird in den Abbildungen 14.3 und. 14.4 skizziert.

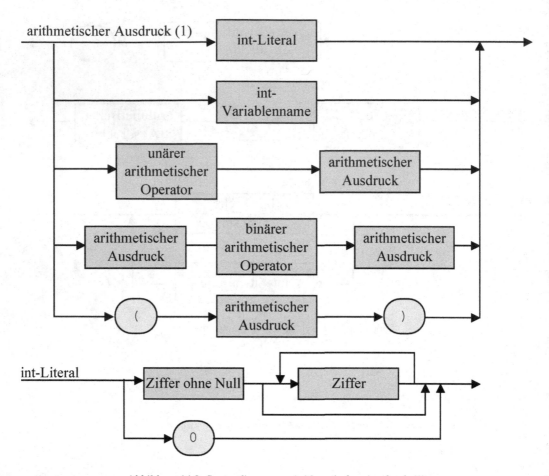

Abbildung 14.3: Syntaxdiagramm: Arithmetischer Ausdruck (1)

14.5.2 Semantik

Schauen wir uns einmal genauer an, wie arithmetische Ausdrücke gebildet werden können und was für Auswirkungen sie haben:

- int-Literale: int-Literale werden durch Zeichenfolgen beschrieben, die aus dezimalen Ziffern (0, 1, 2, 3, 4, 5, 6, 7, 8, 9) bestehen. Dabei gilt die Einschränkung, dass einer Zahl ungleich 0 keine „0" vorangestellt werden darf. Gültige int-Literale sind also: 0, 2, 4711, 1234560789, ...

- int-Variablenname: Der Name einer int-Variablen in einem arithmetischen Ausdruck repräsentiert den aktuell in der Variablen gespeicherten Wert.

- Unäre arithmetische Operatoren: Die Zeichen „+" und „-" kennzeichnen Vorzeichen von arithmetischen Ausdrücken. Die unären arithmetischen Operatoren sind rechtsassoziativ und besitzen die höchste Priorität aller arithmetischen Operatoren.

- Binäre arithmetische Operatoren: Es existieren insgesamt fünf binäre arithmetische Operatoren, mit denen jeweils zwei andere arithmetische Ausdrücke (die Operanden) verknüpft werden:

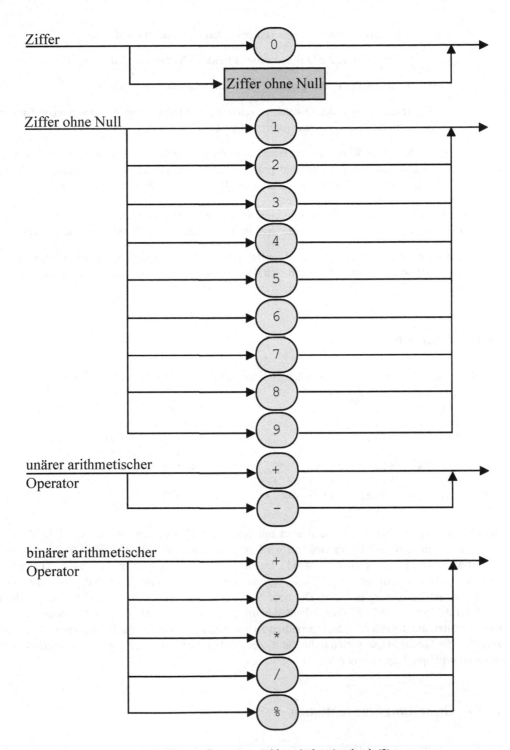

Abbildung 14.4: Syntaxdiagramm: Arithmetischer Ausdruck (2)

- „+": liefert als Wert die Summe seiner beiden Operanden (Addition)

- „-": liefert als Wert die Differenz seiner beiden Operanden (Subtraktion)

- „*": liefert als Wert das Produkt seiner beiden Operanden (Produkt)

- „/": liefert als Wert den Quotienten seiner beiden Operanden; dabei werden entstehende Nachkommastellen ignoriert (*ganzzahlige Division*); z.B. 7/3 = 2

- „%": liefert als Wert den Rest einer ganzzahligen Division (*Modulo-Operator*); z.B. 7 % 3 = 1. Zwischen der Ganzzahldivision und der Restbildung besteht folgende Beziehung: Seien x und y arithmetische Ausdrücke, dann gilt ((x / y) * y) + (x % y) = x.

Die binären arithmetischen Operatoren sind linksassoziativ. Die Operatoren „*", „/" und „%" besitzen eine höhere Priorität als die Operatoren „+" und „-" („Punkt-vor-Strich-Rechnung").

- Klammern: Zum Bilden von (komplexen) arithmetischen Ausdrücken können Klammernpaare eingesetzt werden. Dadurch lassen sich die Priorität und Auswertungsreihenfolge von arithmetischen Operatoren beeinflussen.

14.5.3 Beispiele

Es folgen einige Beispiele für den Umgang mit int-Variablen und arithmetischen Ausdrücken:

```
1 int i1 = 4711;              // Literal
2 int i2 = i1;                // Variablenname
3 int i3 = -i2;               // unaerer Operator
4 i2 = 5 * i2;                // binaerer Operator
5 int i4 = (i1 + i2) % 4;     // Klammern
6 int i5 = i1 + i2 * -+(i3 + 8);
7    // entspricht: i1 + (i2 * (-(+(i3 + 8))))
```

In der ersten Zeile wird die int-Variable i1 mit dem Wert 4711 initialisiert, den das Literal „4711" liefert. Die neu definierte int-Variable i2 wird in Zeile 2 mit dem Wert initialisiert, der aktuell in der int-Variablen i1 gespeichert ist (4711). Der negierte Wert der int-Variablen i2 (-4711) wird in Zeile 3 als Initialwert der int-Variablen i3 zugewiesen. In Zeile 4 wird der Wert der int-Variablen i2 durch eine int-Zuweisung geändert. Der neue Wert ergibt sich durch die Multiplikation des Wertes des Literals „5" (5) und des alten Inhalts der int-Variablen i2 (-4711). In Zeile 5 werden Klammern genutzt, um die Priorität der Operatoren zu beeinflussen. Würden die Klammern fehlen, würde zunächst die Modulo-Operation durchgeführt. Zeile 6 demonstriert, wie komplex arithmetische Operationen prinzipiell sein können.

14.5.4 Gestaltungskonventionen

Als Konvention unter Java-Programmierern gilt: Zwischen einem unären Operator und seinem Operanden sollte kein Leerzeichen stehen. Vor und hinter einem binären Operator sollte jeweils ein Leerzeichen eingefügt werden.

14.5.5 Anmerkungen

Zwei kritische Besonderheiten müssen an dieser Stelle angemerkt werden. Die eine betrifft die Division bzw. Restbildung, die andere den Wertebereichüberlauf.

Was passiert eigentlich, wenn bei der Division bzw. Restbildung die Auswertung des zweiten Operanden den Wert 0 ergibt? Wir wissen ja aus der Schule, dass eine Division durch 0 nicht erlaubt ist. Wenn Sie den Hamster in eine derartige Situation bringen, reagiert er genauso, wie wenn Sie ihn mittels des Befehls vor(); einfach gegen eine Mauer laufen lassen würden: Der Hamster ist derart von Ihnen enttäuscht, dass er keine weiteren Befehle mehr von Ihnen entgegennimmt. Bei der Division durch 0 handelt es sich nämlich um eine weitere Möglichkeit, einen Laufzeitfehler zu erzeugen. Vermeiden Sie dies, indem Sie vorher entsprechende Abfragen durchführen (siehe Abschnitt 14.7).

Den anderen kritischen Fall werden Sie wahrscheinlich nie erleben. Er tritt recht selten auf, sei aber der Vollständigkeit halber hier erwähnt. Schauen Sie sich folgendes Beispiel an:

```
int i = 2147483647;
i = i + 1;
```

Wir haben in Abschnitt 14.2 gelernt, dass der Wertebereich für int-Werte auf den Bereich der Ganzen Zahlen zwischen -2^{31} und $2^{31} - 1$ bzw. -2147483648 und 2147483647 beschränkt ist. In dem Beispiel wird in der ersten Zeile der int-Variablen i der maximale Wert des Wertebereichs zugewiesen. Durch die Addition würde der Wertebereich eigentlich verlassen. Der Hamster ignoriert diese Tatsache jedoch einfach. Sobald der Wertebereich in eine Richtung – nach oben oder nach unten – verlassen wird, begibt er sich einfach ans andere Ende der Skala und rechnet dort weiter, d.h. nach Ausführung der Anweisung i = i + 1; enthält die int-Variable i den Wert -2147483648. Den Grund für dieses Phänomen können Sie in Kapitel 4.4.1 nachlesen.

In Kapitel 13.1 wurde erwähnt, dass ein Grund für die Einführung von Datentypen (boolean, int) die Tatsache ist, dass der Compiler wissen muss, wie viel Speicherplatz er für eine Variable von einem gewissen Typ zu reservieren hat. Ein zweiter Grund müsste Ihnen nun eigentlich klar geworden sein: Dadurch dass Variablen von einem bestimmten Typ sein müssen, kann der Compiler feststellen, ob Operationen, in denen Variablennamen auftreten, überhaupt einen Sinn ergeben, und er kann Sie durch entsprechende Fehlermeldungen auf „unsinnige" Operationen aufmerksam machen:

```
int var1 = 4711;
boolean var2 = true;
int var3 = var1 * var2;   // Fehler, ungueltige Multiplikation
int var4 = vornFrei();    // Fehler, ungueltige Zuweisung
```

14.6 Alternative Zuweisungsoperatoren

Sehr gebräuchlich ist die Verwendung der folgenden abkürzenden Schreibweisen für bestimmte Typen von Zuweisungen.

Sei i eine int-Variable und ausdruck ein beliebiger arithmetischer Ausdruck. Dann gilt (<=> steht für semantische Äquivalenz):

```
i++                 <=>     i = i + 1
i--                 <=>     i = i - 1

i += ausdruck       <=>     i = i + (ausdruck)
i -= ausdruck       <=>     i = i - (ausdruck)
i *= ausdruck       <=>     i = i * (ausdruck)
i /= ausdruck       <=>     i = i / (ausdruck)
i %= ausdruck       <=>     i = i % (ausdruck)
```

++ nennt man auch den *Inkrement-Operator*, −− den *Dekrement-Operator*. Vom Inkrement-Operator wird im folgenden Programm, in dem sich der Hamster die Anzahl der ausgeführten vor-Befehle in einer int-Variablen namens `schritte` merkt, Gebrauch gemacht.

```
void main() {

    // laufe zur Wand
    int schritte = 0;
    while (vornFrei()) {
        vor();
        schritte++;
        // Alternative 1: schritte = schritte + 1;
        // Alternative 2: schritte += 1;
    }
}
```

14.7 Vergleichsausdrücke

Mit Hilfe von int-Variablen kann der Hamster nun ganzzahlige Werte abspeichern, die er mit Hilfe von arithmetischen Ausdrücken berechnet hat. Bisher fehlt dem Hamster aber die Fähigkeit zu überprüfen, welcher Wert in einer int-Variablen gespeichert ist bzw. welchen Wert ein arithmetischer Ausdruck liefert. Hierzu existieren fünf sogenannte *Vergleichsoperatoren*, mit deren Hilfe *Vergleichsausdrücke* gebildet werden können.

14.7.1 Syntax

Vergleichsausdrücken liegt die in Abbildung 14.5 skizzierte Syntax zugrunde. Vergleichsausdrücke setzen sich zusammen aus einem (binären) Vergleichsoperator und zwei arithmetischen Ausdrücken (den Operanden). Sie liefern einen booleschen Wert, bilden dementsprechend also einen booleschen Ausdruck. Aus diesem Grund wird in Abbildung 14.5 das Syntaxdiagramm „boolescher Ausdruck" aus Abbildung 13.2 erweitert.

14.7.2 Semantik

Vergleichsausdrücke liefern boolesche Werte nach folgenden Gesetzmäßigkeiten: Seien x und y zwei arithmetische Ausdrücke, dann gilt:

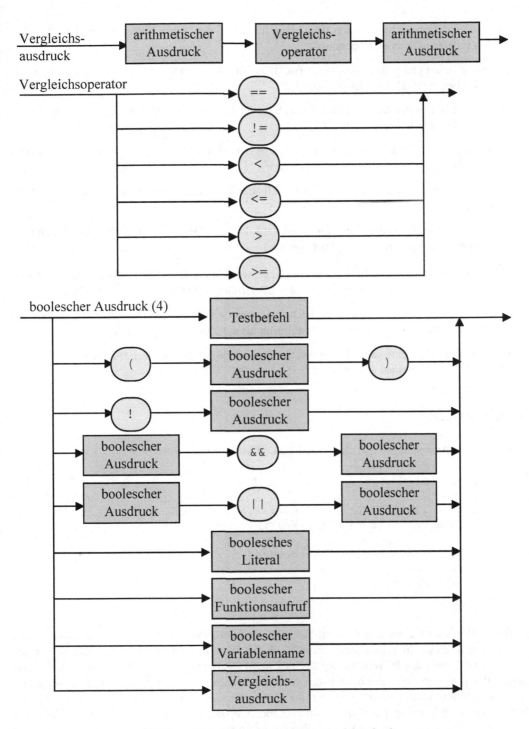

Abbildung 14.5: Syntaxdiagramm: Vergleichsausdruck

- $x == y$ liefert genau dann den Wert `true`, falls der Wert, den x liefert, gleich dem Wert ist, den y liefert (Gleichheitsoperator).

- $x! = y$ liefert genau dann den Wert `true`, falls der Wert, den x liefert, ungleich dem Wert ist, den y liefert (Ungleichheitsoperator).

- $x < y$ liefert genau dann den Wert `true`, falls der Wert, den x liefert, kleiner ist als der Wert, den y liefert (Kleineroperator).

- $x <= y$ liefert genau dann den Wert `true`, falls der Wert, den x liefert, kleiner oder gleich dem Wert ist, den y liefert (Kleinergleichoperator).

- $x > y$ liefert genau dann den Wert `true`, falls der Wert, den x liefert, größer ist als der Wert, den y liefert (Größeroperator).

- $x >= y$ liefert genau dann den Wert `true`, falls der Wert, den x liefert, größer oder gleich dem Wert ist, den y liefert (Größergleichoperator).

Die Vergleichsoperatoren sind linksassoziativ und sie werden von links nach rechts ausgewertet. Die Operatoren $<, <=, >$ und $>=$ haben eine höhere Priorität als die Operatoren $==$ und $! =$.

Weiterhin ist zu beachten, dass die Vergleichsoperatoren eine niedrigere Priorität besitzen als die arithmetischen Operatoren und eine höhere Priorität als der Zuweisungsoperator.

Wir haben inzwischen eine ganze Reihe von Operatoren kennengelernt. Ihre Eigenschaften werden in Abschnitt 14.8.2 nochmal zusammengefasst.

14.7.3 Beispiele

Die folgenden Anweisungen enthalten einige gültige Vergleichsausdrücke.

```
1 int x = 3;
2 int y = 4;
3 boolean falsch = (x < 5) && (x > 5);
4 boolean vgl = (x == 5 * y + 3);
5
6 // Division durch Null vermeiden!
7 if (x != 0) {
8     y = y / x;
9 }
```

In den Zeilen 1 und 2 werden zwei int-Variablen definiert und initialisiert. Zeile 3 enthält zwei Vergleichsausdrücke. Im ersten wird überprüft, ob der Wert, der aktuell in der int-Variablen x gespeichert ist, kleiner als der Wert ist, den das int-Literal „5" liefert. In der int-Variablen befindet sich aktuell der Wert 3 und das int-Literal liefert den Wert 5, sodass der Kleiner-Vergleichsausdruck den Wert `true` liefert. Dementsprechend liefert der Größer-Vergleichsausdruck den Wert `false`. In Zeile 4 tritt der Gleichheitsoperator auf. Es wird überprüft, ob der Wert, der aktuell in der int-Variablen x gespeichert ist (3), gleich dem Wert ist, den der arithmetische Ausdruck 5*y + 3 liefert. Da die int-Variable y aktuell den Wert 4 enthält, liefert der Ausdruck den Wert 23, d.h. die boolesche Variable `vgl` wird mit dem Wert `false` initialisiert. Durch die Bedingung in Zeile 7 wird sichergestellt, dass bei der Division in Zeile 8 nicht durch den Wert 0 dividiert wird.

Nutzen Sie möglichst Klammern, um komplexe Ausdrücke übersichtlich zu gestalten und Fehler zu vermeiden. Achten Sie darauf, dass Sie den Vergleichsoperator „==" und den Zuweisungsoperator „=" nicht verwechseln. Das ist ein beliebter Anfängerfehler.

Im folgenden Hamster-Programm dreht sich der Hamster genau viermal linksum:

```
void main() {
    int anzahl = 0;

    // der Hamster dreht sich viermal linksum
    while (anzahl < 4) {
        linksUm();
        anzahl++;
    }
}
```

14.8 Verallgemeinerung von Variablen und Ausdrücken

Bisher haben wir jeweils alle Konzepte und Eigenschaften, die mit den beiden Datentypen `boolean` und `int` verbunden sind, getrennt behandelt. In diesem Abschnitt werden diese Konzepte (Variablen, Ausdrücke, Zuweisung) derart verallgemeinert, dass sie für beide Datentypen und später auch für weitere Datentypen Gültigkeit besitzen.

Die verallgemeinerte Syntax für das Variablenkonzept, für Ausdrücke und für die Zuweisung ist in den Abbildungen 14.6, 14.7, 14.8 und 14.9 dargestellt und wird in den folgenden Unterabschnitten erläutert. In Abbildung 14.6 wird dabei das Syntaxdiagramm „Variablendefinition" aus Abbildung 14.1 und in Abbildung 14.9 werden das Syntaxdiagramm „Zuweisung" aus Abbildung 14.2 und das Syntaxdiagramm „Anweisung" aus Abbildung 13.3 korrigiert.

14.8.1 Variablen

Variablen sind „Behälter", in denen Werte abgespeichert werden können. Vor ihrer Benutzung müssen sie deklariert bzw. definiert werden. Bei der Deklaration wird ihr Typ und Name angegeben. An Typen haben wir bisher die Typen `boolean` und `int` kennengelernt. Variablen vom Typ `boolean` können boolesche Werte, Variablen vom Typ `int` Ganze Zahlen im Wertebereich zwischen -2^{31} und $2^{31} - 1$ abspeichern.

Variablen werden entweder mit einem Default-Wert initialisiert oder ihnen kann explizit ein Initialwert zugewiesen werden. Mittels der Zuweisung kann der Wert einer Variablen verändert werden. Sowohl bei der Initialisierung als auch bei der Zuweisung ist auf Typkonformität zu achten: Boolesche Variablen können nur mit booleschen Ausdrücken und int-Variablen nur mit arithmetischen Ausdrücken korrespondieren.

Variablennamen können in Ausdrücken verwendet werden. Kommt in einem Ausdruck der Name einer Variablen vor, dann wird zur Berechnung des Ausdrucks der aktuelle Wert der Variablen hinzugezogen.

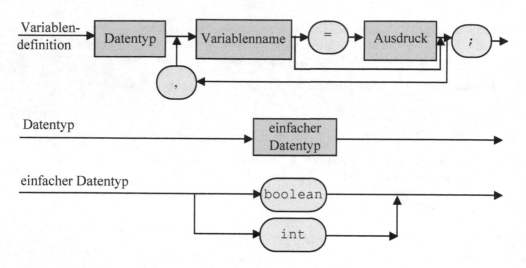

Abbildung 14.6: Syntaxdiagramm: Variablendefinition

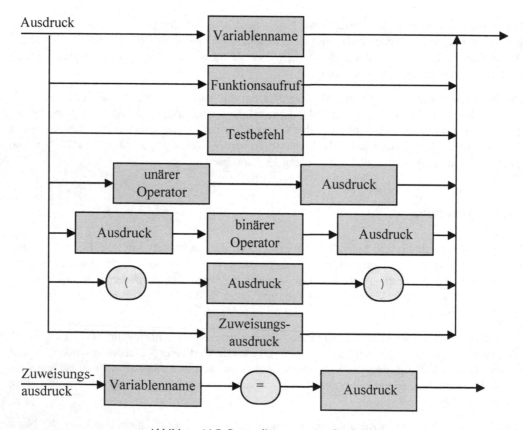

Abbildung 14.7: Syntaxdiagramm: Ausdruck (1)

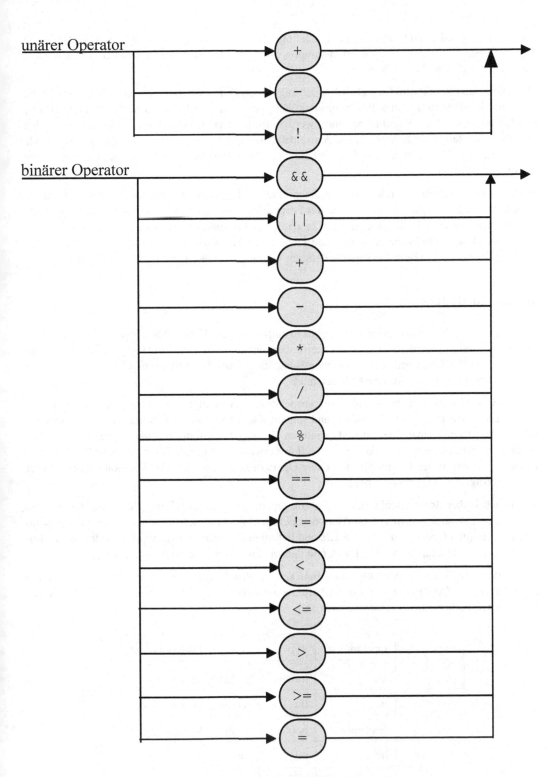

Abbildung 14.8: Syntaxdiagramm: Ausdruck (2)

Eine Variablendefinition kann entweder im Definitionsteil eines Programms oder im Anweisungsteil innerhalb eines Prozedur- oder Funktionsrumpfes erfolgen. Im ersten Fall spricht man von *globalen*, im zweiten Fall von *lokalen* Variablen.

Variablen sind nur in ihrem Gültigkeitsbereich zugreifbar. Der Gültigkeitsbereich globaler Variablen erstreckt sich über das gesamte Programm, der Gültigkeitsbereich lokaler Variablen ist auf den Block beschränkt, in dem die Variablen definiert werden. Im Gültigkeitsbereich einer globalen Variablen darf keine weitere globale Variable mit demselben Namen definiert werden, analoges gilt für lokale Variablen. Allerdings dürfen im Gültigkeitsbereich globaler Variablen gleichnamige lokale Variablen definiert werden.

Während der Gültigkeitsbereich von Variablen eine zur Compilierzeit relevante Größe ist, ist die Lebensdauer einer Variablen zur Laufzeit des Programms von Bedeutung. Die Lebensdauer globaler Variablen erstreckt sich über die gesamte Laufzeit des Programms. Bei lokalen Variablen beginnt die Lebensdauer, sobald die entsprechende Definitionsanweisung ausgeführt wird, und sie endet, nachdem der Block, in dem die Variable definiert wurde, vollständig abgearbeitet worden ist.

14.8.2 Ausdrücke

Ausdrücke sind Verarbeitungsvorschriften zur Ermittlung eines Wertes. Abhängig vom Typ des Wertes, den sie liefern, werden Ausdrücke voneinander unterschieden. Ausdrücke, die einen Wert vom Typ `boolean` liefern, werden als *boolesche* Ausdrücke, Ausdrücke, die einen Wert vom Typ `int` liefern, als *arithmetische* Ausdrücke bezeichnet.

Einfache Ausdrücke werden gebildet aus typspezifischen Literalen, Variablennamen oder Funktionsaufrufen. Mit Hilfe von Operatoren und runden Klammern lassen sich komplexere Ausdrücke bilden. Es existieren unäre und binäre Operatoren, d.h. Operatoren mit einem oder zwei Operanden. Binäre Operatoren werden in der Infix-Notation verwendet, d.h. der Operator steht (syntaktisch) zwischen seinen beiden Operanden. Für unäre Operatoren wird die Postfix-Notation eingesetzt (der Operand folgt dem Operatorzeichen).

Wir haben bisher drei verschiedene Typen von Operatoren kennengelernt: Boolesche Operatoren verknüpfen Operanden vom Typ `boolean` und liefern einen booleschen Wert, arithmetische Operatoren verknüpfen Operanden vom Typ `int` und liefern einen Wert vom Typ `int`, Vergleichsoperatoren verknüpfen Operanden vom Typ `int` und liefern einen Wert vom Typ `boolean`.

Von Bedeutung für die Auswertung von komplexen Ausdrücken sind die Priorität und Assoziativität der auftretenden Operatoren. Die Eigenschaften aller bisher eingeführter Operatoren werden in der folgenden Tabelle nochmal zusammengefasst.

Prio	Op	Operand(en)	Typ	Assoz	Funktionalität
1	+	int	int	rechts	unäres plus
1	–	int	int	rechts	unäres minus
1	!	boolean	boolean	rechts	logische Negation
2	*	int	int	links	Multiplikation
2	/	int	int	links	Ganzzahldivision

2	%	int	int	links	Restbildung
3	+	int	int	links	Addition
3	-	int	int	links	Subtraktion
4	<	int	boolean	links	Kleiner
4	<=	int	boolean	links	Kleiner oder gleich
4	>	int	boolean	links	Größer
4	>=	int	boolean	links	Größer oder gleich
5	==	int	boolean	links	Gleichheit
5	!=	int	boolean	links	Ungleichheit
6	&&	boolean	boolean	links	logische Konjunktion
7	||	boolean	boolean	links	logische Disjunktion
8	=	int	int	links	int-Zuweisung
8	=	boolean	boolean	links	boolesche Zuweisung

Der Vollständigkeit halber muss an dieser Stelle angemerkt werden, dass auch bestimmte Ausdrücke in Form von Anweisungen im Programm eingesetzt werden können. Sogenannte *Ausdrucksanweisungen* werden dadurch gebildet, dass dem Ausdruck ein Semikolon nachgestellt wird (siehe auch Abbildung 14.9). In einem solchen Fall wird der vom Ausdruck berechnete Wert einfach ignoriert. Folgende Arten von Ausdrücken können dabei zu Ausdrucksanweisungen gemacht werden:

- Zuweisungsausdrücke

- Funktionsaufrufe

Das folgende Beispiel verdeutlicht diesen Sachverhalt:

```
1  int anzahl = 0;
2
3  boolean linksFrei() {
4      linksUm();
5      anzahl = anzahl + 1;   // Ausdrucksanweisung
6      return vornFrei();
7  }
8
9  void main() {
10     if (linksFrei()) {
11         vor();
12     }
13     linksFrei();            // Ausdrucksanweisung
14     anzahl * anzahl + 1;    // Fehler
15 }
```

In Zeile 10 wird die boolesche Funktion `linksFrei` (Funktion mit einem Seiteneffekt!) wie gewohnt aufgerufen. Zeile 13 enthält eine Ausdrucksanweisung. Der Ausdruck, der in diesem Fall aus dem Funktionsaufruf besteht, wird ausgewertet, der berechnete Wert (hier die Abfrage, ob das Feld vor dem Hamster frei ist) aber nicht weiter genutzt. Auch Zeile 5 enthält eine Ausdrucksanweisung. Hier wird der Ausdruck `anzahl = anzahl + 1` durch die Nachstellung eines Semikolons zu einer Zuweisung gemacht. In Zeile 14 tritt eine weitere Ausdrucksanweisung auf, die jedoch eine Fehlermeldung des Compilers produziert, da ein arithmetischer Ausdruck nicht zu einer Ausdrucksanweisung umgeformt werden darf.

In Abbildung 14.9 wird die Syntax der Ausdrucksanweisung definiert. In der Abbildung wird auch das Syntaxdiagramm „Anweisung" aus Abbildung 13.3 erweitert bzw. korrigiert.

14.8.3 Zuweisung

Mittels der Zuweisung kann der Wert einer Variablen verändert werden. Eine Zuweisung setzt sich dabei syntaktisch zusammen aus dem Namen einer Variablen auf der linken und einem Ausdruck auf der rechten Seite des Zuweisungsoperators „=". Dabei ist auf Typkonformität zu achten; je nach Typ der Variablen (`boolean` oder `int`) muss es sich bei dem Ausdruck um einen booleschen oder einen arithmetischen Ausdruck handeln.

Wird während der Programmausführung eine Zuweisung ausgeführt, dann wird aufgrund der Rechtsassoziativität des Zuweisungsoperators zunächst der Ausdruck auf der rechten Seite ausgewertet. Anschließend wird der berechnete Wert in der Variablen abgespeichert.

Bisher haben wir eine Zuweisung immer als Anweisung betrachtet (siehe Abbildung 13.3 und 14.2). Tatsächlich ist jedoch eine Zuweisung ein Ausdruck (*Zuweisungsausdruck*) mit einem nachgestellten Semikolon, der den Wert liefert, der der Variablen zugewiesen wird (siehe auch Abbildung 14.7).

Nach den Ausführungen in Abschnitt 14.8.2 können auch Ausdrücke als Anweisungen fungieren (Ausdrucksanweisungen). Wir haben die Zuweisung also bisher in Form einer speziellen Ausdrucksanweisung mit nachgestelltem Semikolon benutzt. Aus diesem Grund kann die Zuweisung im Syntaxdiagramm „Anweisung" wieder gestrichen werden, was in Abbildung 14.9 passiert ist.

Das folgende Beispiel demonstriert den Einsatz von Zuweisungen in Form von Ausdrücken:

```
1 void main() {
2     int i1, i2, i3;
3     // ...
4     i1 = i2 = i3 = 5;
5     // ...
6     int anzahl = 5;
7     // ...
8     while ((anzahl = anzahl + 1) < 8) {
9         vor();
10    }
11    if ((anzahl = anzahl + 1) == (anzahl = anzahl - 1)) {
12        linksUm();
13    }
14 }
```

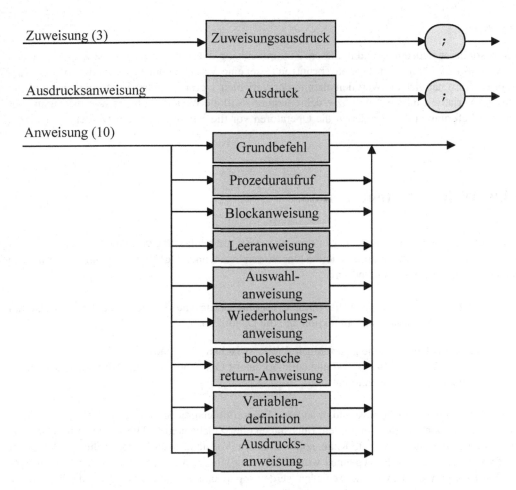

Abbildung 14.9: Syntaxdiagramm: Zuweisung

In Zeile 4 wird die Rechtsassoziativität des Zuweisungsoperators genutzt. Zunächst wird der Variablen i3 der Wert 5 zugewiesen. Anschließend wird der neue Wert der Variablen als Ausdruckswert des Zuweisungsausdrucks weitergereicht, d.h. auch in der Variablen i2 wird der Wert 5 abgespeichert. Genau dasselbe wiederholt sich bezüglich der Variablen i1, sodass schließlich alle drei Variablen den Wert 5 enthalten.

In Zeile 8 wird die Schleifenbedingung durch einen Vergleichsausdruck gebildet, dessen erster Operand ein Zuweisungsausdruck ist. Hier wird der Wert der Variablen anzahl um eins erhöht (beträgt also nun 6) und anschließend der neue Wert der Variablen mit dem Wert 8 verglichen.

Die Bedingung der if-Anweisung in Zeile 11 ist nie erfüllt. Sie wird aus einem Vergleichsausdruck gebildet, dessen beide Operanden Zuweisungsausdrücke sind. Aufgrund der Linksassoziativität des Gleichheitsoperators wird zunächst der linke Operand ausgewertet. Hier wird der Wert der Variablen anzahl um eins erhöht, und der neue Wert 7 geht als Wert in den Vergleich ein. Anschließend wird der rechte Operand des Gleichheitsoperators berechnet. Er liefert den Wert 6, da der Wert der Variablen anzahl in diesem Zuweisungsausdruck wieder um eins erniedrigt wird. Nach der Auswertung der Schleifenbedingung enthält also die Variable anzahl immer noch (bzw. wieder) den Wert 6.

Von besonderer Bedeutung sind in diesem Zusammenhang die Ausdrücke $i++$ bzw. $i--$, die den Inkrement- bzw. Dekrement-Operator benutzen (i sei eine Variable vom Typ int). Die beiden Ausdrücke liefern nämlich als Wert den alten in der Variablen i gespeicherten Wert. Erst anschließend wird die Variable i inkrementiert bzw. dekrementiert. Soll die Werterhöhung bzw. -erniedrigung vor der Wertlieferung erfolgen, müssen die Operatoren vor die Variablen gestellt werden: $++i$ bzw. $--i$.

14.9 Weitere Datentypen

Als Datentyp (kurz: Typ) wird in der Informatik die Zusammenfassung von Werten aus bestimmten Wertebereichen mit den darauf definierten Operatoren bezeichnet. Der Hamster kennt bisher nur die beiden Datentypen boolean und int:

- Der Typ boolean umfasst die Werte true und false und definiert darauf als Operatoren bspw. die Negation, die Konjunktion und die Disjunktion.

- Der Typ int umfasst die ganzzahligen Werte zwischen -2^{31} und $2^{31}-1$ bzw. -2147483648 und 2147483647 und definiert darauf Operatoren wie die Addition, die Subtraktion und Vergleichsoperatoren.

In der Programmiersprache Java und in anderen Programmiersprachen gibt es weitere Typen bspw. zur Repräsentation von Reellen Zahlen, Buchstaben oder Zeichenketten. Diese spielen im Hamster-Modell eine eher untergeordnete Rolle, sollen aber der Vollständigkeit halber in diesem Abschnitt kurz vorgestellt werden. Eingegangen wird dabei lediglich auf die sogenannten *elementaren* oder *Standard-Datentypen*. Davon unterschieden werden sogenannte *Referenzdatentypen*, die im zweiten Band der Java-Hamster-Bücher erläutert werden.

14.9.1 Ganzzahltypen

Neben dem Datentyp int gibt es in Java zwei weitere Ganzzahltypen, nämlich short und long. Sie unterscheiden sich vom Typ int insbesondere durch einen im Falle von short eingeschränkten und im Falle von long erweiterten Wertebereich.

Der Datentyp short umfasst 16 Bits und damit den Wertebereich von -2^{15} bis $+2^{15}-1$ (-32768 bis 32767). Der Datentyp long umfasst 64 Bits und damit den Wertebereich von -2^{63} bis $+2^{63}-1$ (-9223372036854775808 bis 9223372036854775807). Wenn Sie also wissen, dass Sie mit großen Zahlen arbeiten müssen, sollten Sie den Datentyp long anstelle von int verwenden.

Auf short und long sind dieselben Operatoren definiert wie auf den Datentyp int. long-Literale unterscheiden sich von int-Literalen durch ein nachgestelltes „l" oder „L", also bspw. 35l, 35L oder -27L. Im folgenden Beispiel wird die Verwendung der Datentypen short und long demonstriert:

```
void main() {
    short kleineZahl = 1;
    long grosseZahl = 92233720368547758L;
    while (kleineZahl <= 10 && grosseZahl > 88888L &&
            vornFrei()) {
        vor();
        kleineZahl += 2;
        grosseZahl = grosseZahl / 10L;
    }
}
```

14.9.2 Der Datentyp char

Der Datentyp char dient zur Repräsentation von Zeichen, also insbesondere von Buchstaben. Der zugrunde liegende Zeichensatz ist dabei der sogenannte 16-Bit-Zeichensatz *Unicode*. Als Operatoren definiert der Typ char den Zuweisungsoperator und die Vergleichsoperatoren == und !=. Im Grunde genommen zählt der Datentyp char jedoch auch zu den Ganzzahltypen, sodass sich mit char-Werten auch „rechnen" lässt, wie wir in Abschnitt 14.9.5 noch sehen werden.

char-Literale sind in einfache Hochkommata eingeschlossene Zeichen, wie 'a' oder 'D', Sonderzeichen, wie '\'' (Hochkommata) oder '\n' (Zeilenendezeichen) sowie Unicode-Zeichen, wie '\u00A9' (Copyright-Zeichen) oder '\u20AC' (Euro-Zeichen).

Das folgende Beispiel demonstriert die Verwendung des Datentyps char:

```
void main() {
    char vonBuchstabe = 'a';
    char bisBuchstabe = 'f';
    while (vonBuchstabe != bisBuchstabe && vornFrei()) {
        vor();
        vonBuchstabe++;
    }
}
```

Zeichenketten, also Folgen von Zeichen wie "hallo" oder "Wie geht es dir?", werden in Java durch den Datentyp String repräsentiert, der ein Referenzdatentyp ist und in Band 2 der Java-Hamster-Bücher vorgestellt wird.

14.9.3 Der Datentyp byte

Der Datentyp byte gehört in Java zu den Ganzzahltypen und erlaubt die Ausführung von Bitoperatoren. Er umfasst 8 Bits. Operanden von Bitoperatoren können ganzzahlige Werte sein. Gearbeitet wird aber nicht mit den eigentlichen Werten, sondern mit deren Bitrepräsentation.

Seien a und b Ausdrücke vom Typ byte, dann sind folgende Bit- bzw. Schiebeoperationen möglich:

- ~a: Negiert a bitweise.

- a & b: Verknüpft a und b bitweise durch ein logisches Und.

- a | b: Verknüpft a und b bitweise durch ein logisches Oder.

- a ^ b: Verknüpft a und b bitweise durch ein logisches Exclusiv-Oder.

- a << b: Schiebt die Bits in a um b Stellen nach links und füllt rechts mit 0-Bits auf.

- a >> b: Schiebt die Bits in a um b Stellen nach rechts und füllt links mit dem höchsten Bit von a auf.

- a >>> b: Schiebt die Bits in a um b Stellen nach rechts und füllt links mit 0-Bits auf.

Im folgenden Hamster-Programm, das den Einsatz des Datentyps byte demonstriert, läuft der Hamster zunächst 6, dann 2 und danach 24 Felder nach vorne:

```
void main() {
    byte a = 6;
    byte b = 2;
    int schritte = a | b;
    int s = 0;
    while (s < schritte) {   // 6 mal
        vor();
        s++;
    }

    schritte = a & b;
    s = 0;
    while (s < schritte) {   // 2 mal
        vor();
        s++;
    }

    schritte = a << b;
    s = 0;
    while (s < schritte) {   // 24 mal
        vor();
        s++;
    }
}
```

Der Wert 6, der in a gespeichert ist, entspricht dem Bitmuster 00000110, der Wert 2, der in b gespeichert ist, dem Bitmuster 00000010. Disjungiert man die Werte bitweise ergibt sich das Bitmuster 00000110 (also der int-Wert 6), konjungiert man die Werte bitweise, ergibt sich das Bitmuster 00000010 (also 2). Verschiebt man das Bitmuster 00000110 b-mal (also 2-mal) nach links, ergibt sich das Bitmuster 00011000 (also 24).

14.9.4 Gleitkommatypen

Bisher kennen wir mit den Ganzzahltypen short, int und long ein Pendant zu den Ganzen Zahlen der Mathematik. Und natürlich gibt es auch ein Pendant zu den Reellen Zahlen. Dies sind in Java die Gleitkommatypen bzw. Floating-Point-Typen float und double.

Werte des Typs float werden durch 32 Bits, Werte des Typs double durch 64 Bits repräsentiert. Die Bitmuster werden jedoch anders interpretiert als bei den Ganzzahltypen. Beim Datentyp float wird das erste Bit für das Vorzeichen genutzt, die nächsten 8 Bits für den Exponenten und die restlichen 23 Bits für die Mantisse. Beim Typ `double` speichert das erste Bit das Vorzeichen, die nächsten 11 Bits den Exponenten und es bleiben noch 52 Bits für die Mantisse. Der Wertebereich von `float` liegt zwischen -10^{38} und 10^{38}, der von `double` zwischen -10^{308} und 10^{308}. Die Genauigkeit beträgt bei `float` 7 und bei `double` 15 Nachkommastellen.

double-Literale enthalten einen Punkt, um die Nachkommastellen abzutrennen und können den Buchstaben „e" oder „E" für die Exponentialdarstellung nutzen. Gültige double-Literale sind `23.3`, `-2.456`, `3.1415`, `3.4E23` oder `-3.42e-23`. float-Literale entsprechen den double-Literalen, nur ist ihnen ein „f" oder „F" nachgestellt, wie `3.4f` oder `-3.4e10F`.

Prinzipiell sind alle Ganzzahloperatoren auch für die Gleitkommatypen definiert. Im folgenden Beispiel werden die Ergebnisse der Operationen als Kommentar angemerkt:

```
void main() {
    double d = 9.6;
    double e = 6.4;

    double f = d + e;    // 16.0
    f = d - e;           // 3.1999999999999993
    f = d * e;           // 61.44
    f = d / e;           // 1.4999999999999998
}
```

Überraschend für Sie sind sicher die sich bei der Subtraktion und Division ergebenden Werte. Hier sind sogenannte *Rundungsfehler* aufgetreten. Rundungsfehler treten aus dem Grund auf, dass im Rechner immer nur endlich viele Nachkommastellen repräsentiert werden können, es in der Mathematik aber eigentlich zwischen zwei reellen Zahlen immer unendlich viele weitere reelle Zahlen gibt. Rundungsfehler stellen ein großes Problem in der Programmierung dar und können fatale Folgen haben.

14.9.5 Typumwandlungen

In Java können in einem Ausdruck Operanden unterschiedlichen Typs verwendet werden. In diesem Fall werden Typumwandlungen vorgenommen. Dabei können implizite (also automatische) und explizite Typumwandlungen, man spricht auch von *Type-Casts*, unterschieden werden.

Grundlage der Typumwandlungen ist die folgende Metrik zwischen Standarddatentypen in Java: *byte < short < int < long < float < double*. Es gilt: Besitzt ein Ausdruck zwei Operanden unterschiedlichen Typs, so wird der Operand des kleineren Typs implizit in den größeren Typ umgewandelt. Das folgende Programm enthält Beispiele für implizite Typumwandlungen:

```
1 void main() {
2     short s = 2;
3     int i = s + 3;
4     float f = i + s;
5     double d = f + i;
6 }
```

In Zeile 3 erfolgt zunächst die Addition im Bereich des Typs short. Der Zuweisungsoperator besitzt aber mit der Variablen i einen Operanden vom Typ int und mit dem addierten Wert einen Operanden vom Typ short. Letzterer wird vor der Zuweisung automatisch in den Typ int umgewandelt. In Zeile 4 besitzt der Additionsoperator einen Operanden vom Typ int (nämlich die Variable i) und einen Operanden vom Typ short (nämlich die Variable s). Also wird vor der Addition der Wert von s in den Typ int umgewandelt, der addierte Wert ist vom Typ int. Vor der Zuweisung an die Variable f wird er noch in den Typ float gecastet.

Soll der Wert eines größeren Typs in einen kleineren Typ umgewandelt werden, so muss eine explizite Typumwandlung mit dem sogenannten *Type-Cast-Operator* durchgeführt werden. Hierbei setzt man den gewünschten Zieltyp in runde Klammern eingeschlossen vor den umzuwandelnden Ausdruck, Beispiel:

```
1 void main() {
2     double d = 7.9;
3     int i = (int)d + 3;
4 }
```

Hier wird in Zeile 3 vor der Addition der in der Variablen d gespeicherte double-Wert in einen int-Wert umgewandelt. Bei der Umwandlung von Gleitkommatypen in Ganzzahltypen werden dabei die Nachkommastellen gestrichen, der Ausdruck (int)d liefert also den int-Wert 7.

Zu Problemen kann es kommen, wenn der Wert eines Ausdrucks im kleineren Typ gar nicht existiert. Der Ausdruck (short)33000 liefert bspw. den short-Wert 32536.

Treten in Ausdrücken Operanden vom Typ char und Ganzzahl- bzw. Gleitkommatypen auf, so wird der char-Wert implizit in den anderen Typ gecastet. Grundlage ist hierbei die Unicode-Codierung des entprechenden char-Wertes, bspw. 97 bei 'a' oder 64 bei '@'. Eine Typunwandlung in die andere Richtung muss explizit erfolgen:

```
1 void main() {
2     char aBuchstabe = 'a';
3     char dBuchstabe = (char)(aBuchstabe + 3);
4 }
```

In Zeile 3 wird dabei zunächst der Wert der char-Variablen aBuchstabe implizit in den Wert 97 des Typs int gecastet. Dann wird 3 addiert und der berechnete int-Wert 100 explizit in den Typ char umgewandelt. 100 entspricht hier dem char-Wert 'd'.

Nicht alle Typumwandlungen sind erlaubt. So liefert bspw. der Compiler beim Versuch, einen boolean-Wert in einen int-Wert zu wandeln, einen Fehler:

```
void main() {
    int i = (int)true; // Fehler
    // ...
}
```

14.10 Beispielprogramme

In diesem Abschnitt werden einige Beispiele für Hamster-Programme gegeben, die Ihnen den Einsatz von Variablen demonstrieren sollen. Schauen Sie sich die Beispiele genau an und versuchen Sie, die Lösungen nachzuvollziehen.

14.10.1 Beispielprogramm 1

Nun sind wir endlich soweit, dass wir die Hamster-Aufgabe aus Abschnitt 14.1 lösen können:

Aufgabe:
Der Hamster, der keine Körner im Maul hat (!), steht irgendwo im Territorium, soll bis zur nächsten Wand laufen, umkehren und schließlich an seinem Ausgangspunkt anhalten. Er darf unterwegs keine Körner fressen.

Lösungsidee:
Der Hamster läuft bis zur nächsten Mauer und merkt sich dabei in einer int-Variablen die zurückgelegten Schritte. Dies erreicht er dadurch, dass er anfangs die Variable mit dem Wert 0 initialisiert und dann bei jedem Schritt den Wert 1 addiert. Ist er an der Mauer angekommen, dreht er sich um und läuft genauso viele Schritte zurück, wie ihm der Wert in der Variablen anzeigt. Dies erreicht er dadurch, dass er in einer Schleifenbedingung jeweils den Wert der Variablen mit 0 vergleicht und innerhalb der Schleife den Wert der Variablen um den Wert 1 verringert. Sobald der Wert der Variablen wieder 0 ist, ist der Hamster an seiner Ausgangsposition angelangt.

Lösung:

```
void main() {

    // zum Abspeichern der gelaufenen Schritte
    int schritte = 0;

    // laufe bis zur Wand
    while (vornFrei()) {
        vor();
        schritte++;  // Schritte werden vermerkt
    }

    // kehre um
    kehrt();

    /*
     * laufe zurueck:
     * die Schleife wird so oft durchlaufen, wie der
     * Hamster Schritte bis zur Wand benoetigt hat
     */
    while (schritte > 0) {
        vor();
        schritte--;
    }
}
```

```
void kehrt() {
    linksUm();
    linksUm();
}
```

14.10.2 Beispielprogramm 2

In diesem Beispiel wird die Lösung von Beispielprogramm 3 aus Kapitel 11.6.3 leicht abgeändert.

Aufgabe:
Der Hamster befindet sich in einem geschlossenen, körnerlosen Raum unbekannter Größe. Rechts von ihm befindet sich eine Wand und vor ihm das Feld ist frei (siehe Beispiel in Abbildung 14.10). Der Hamster soll solange an der Wand entlanglaufen, bis er irgendwann wieder sein Ausgangsfeld erreicht. Er hat unter Umständen anfangs kein Korn in seinem Maul!

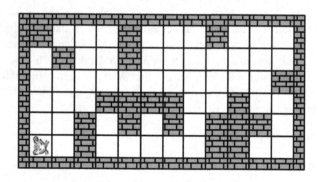

Abbildung 14.10: Typische Hamster-Landschaft zu Beispielprogramm 2

Lösungsidee:
Der Hamster merkt sich in einer globalen int-Variablen richtung die Richtung, in die er gerade läuft. Seine Richtung ändert sich immer dann, wenn er den Befehl linksUm(); aufruft. Deshalb wird eine neue Prozedur neuesLinksUm definiert, in der neben der Ausführung des Befehls linksUm(); die Richtungsänderung in der Variablen richtung vermerkt wird.

Außerdem werden zwei globale int-Variablen eineDimension und andereDimension definiert. Die eine der beiden Variablen repräsentiert dabei eine horizontale Bewegung des Hamsters, die andere eine vertikale Bewegung.[1] Es wird eine Prozedur neuesVor definiert und im Hauptprogramm benutzt, in der neben dem Aufruf des vor-Befehls die Bewegungen des Hamsters nachvollzogen werden, und zwar dadurch, dass die Werte der beiden Variablen entsprechend der aktuellen Richtung des Hamsters geändert werden.

Durch eine Überprüfung der Werte der beiden Variablen eineDimension und andereDimension kann der Hamster ermitteln, ob er seine Ausgangsposition wieder erreicht hat; das ist nämlich genau dann der Fall, wenn beide Variablen wieder ihre Initialwerte (hier 0) enthalten. Für diese Überprüfung wird eine boolesche Funktion ausgangspunktErreicht definiert.

---

[1] Welche der beiden Variablen welche Bewegung repräsentiert, ist abhängig davon, in welche Richtung der Hamster anfangs schaut.

Lösung:

```
/*
 * repraesentiert eine der vier moeglichen
 * Richtungen durch die Werte 0, 1, 2 oder 3
 */
int richtung = 0;

/*
 * repraesentiert die Position des Hamsters
 * in einer Richtung (horizontal / vertikal)
 */
int eineDimension = 0;

/*
 * repraesentiert die Position des Hamsters
 * in der anderen Richtung
 */
int andereDimension = 0;

void main() {
    neuesVor();
    while (!ausgangspunktErreicht()) {
        if (rechtsFrei()) {
            neuesRechtsUm();
            neuesVor();
        } else if (vornFrei()) {
            neuesVor();
        } else if (linksFrei()) {
            neuesLinksUm();
            neuesVor();
        } else {
            neuesKehrt();
            neuesVor();
        }
    }
}

boolean ausgangspunktErreicht() {

    /*
     * Ausgangspunkt ist erreicht, wenn beide Richtungs-
     * variablen wieder ihren Initialwert enthalten
     */
    return (andereDimension == 0) && (eineDimension == 0);
}

void neuesLinksUm() {
    linksUm();
    richtung = (richtung + 1) % 4;
```

```
    /*
     * einmal    linksUm:  richtung  ==  1
     * zweimal   linksUm:  richtung  ==  2
     * dreimal   linksUm:  richtung  ==  3
     * viermal   linksUm:  richtung  ==  0
     */
}

void neuesKehrt() {
    neuesLinksUm();
    neuesLinksUm();
}

void neuesRechtsUm() {
    neuesKehrt();
    neuesLinksUm();
}

void neuesVor() {
    vor();
    if (richtung == 0) {
        eineDimension++;
    } else if (richtung == 1) {
        andereDimension++;
    } else if (richtung == 2) {
        eineDimension--;
    } else /* (richtung == 3) */ {
        andereDimension--;
    }
}

boolean linksFrei() {
    linksUm();
    boolean frei = vornFrei();
    rechtsUm();
    return frei;
}

boolean rechtsFrei() {
    rechtsUm();
    boolean frei = vornFrei();
    linksUm();
    return frei;
}

void rechtsUm() {
    linksUm();
    linksUm();
    linksUm();
}
```

14.10.3 Beispielprogramm 3

Aufgabe:
Der Hamster befindet sich in einem geschlossenen, rechteckigen Territorium unbekannter Größe. Im Innern des Territoriums befinden sich keine weiteren Mauern. Auf irgendeinem Feld des Territoriums liegt ein Korn. Der Hamster befindet sich anfangs in der linken unteren Ecke mit Blickrichtung Ost (siehe Beispiele in Abbildung 14.11 (links)). Der Hamster bekommt die Aufgabe, das Korn zu finden und zu fressen.

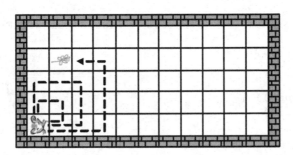

Abbildung 14.11: Typische Hamster-Landschaft zu Beispielprogramm 3

Lösungsidee:
Die unten angegebene Lösung der Hamster-Aufgabe basiert auf der Idee, dass der Hamster das Territorium in zyklischen Kreisen abgrast. Irgendwann stößt er dann zwangsläufig auf das Korn und frisst es.

Lösung:

```
int radius = 1;  // speichert die Groesse des aktuellen Radius

void main() {
    while (!kornDa()) {
        testeEinenKreis();

        // nach jeder Runde wird der Radius ein Feld groesser
        radius++;
    }
    nimm();
}

void testeEinenKreis() {
    int richtungen = 0;

    // ein Kreis besteht aus vier Richtungen
    while (!kornDa() && (richtungen < 4)) {
        testeEineRichtung();
        richtungen++;
    }
}
```

```
void testeEineRichtung() {
    int schritte = 0;

    /*
     * die Ueberpruefung einer Richtung besteht aus der
     * Ueberpruefung von so vielen Feldern, wie der Radius
     * des Kreises aktuell gross ist; die zusaetzliche
     * Konjunktion mit vornFrei() ist notwendig, falls das
     * Feld nicht quadratisch ist
     */
    while (!kornDa() && (schritte < radius) && vornFrei()) {
        vor();
        schritte++;
    }

    if (!kornDa()) {
        linksUm();
    }
}
```

Erläuterungen:

Die Variable radius enthält den Wert für die Radiusgröße des aktuell in Bearbeitung befindlichen Kreises. Die Variable radius wird global definiert, weil sowohl im Hauptprogramm als auch in der Prozedur testeEineRichtung darauf zugegriffen werden muss.

Die Abarbeitung eines Kreises besteht aus der Abarbeitung von vier Richtungen. Um die Anzahl bereits erledigter Richtungen nachzuhalten, wird eine Variable richtungen definiert, mit 0 initialisiert und nach der Bearbeitung einer Richtung um den Wert 1 erhöht. Hier genügt eine lokale Variable, da nur innerhalb der Prozedur testeEinenKreis auf sie zugegriffen wird.

Um sich die Anzahl an bereits ausgeführten Schritten zu merken, wird – ebenfalls lokal – in der Prozedur testeEineRichtung eine Variable schritte definiert. Ihr Wert wird in der Schleifenbedingung mit dem aktuellen Wert der globalen Variablen radius verglichen, der die aktuelle Radiusgröße angibt.

14.11 Übungsaufgaben

Nun sind wieder Sie gefordert; denn in diesem Abschnitt werden Ihnen einige Hamster-Aufgaben gestellt, die sie selbstständig zu lösen haben. Sie müssen dabei zeigen, dass Sie den Umgang mit Variablen, Zahlen und Ausdrücken nicht nur verstanden haben, sondern auch zum selbstständigen Lösen von Aufgaben beherrschen. Denken Sie sich darüber hinaus selbst weitere Hamster-Aufgaben aus und versuchen Sie, diese zu lösen. Viel Spaß!

14.11.1 Aufgabe 1

Ändern Sie das Lösungsprogramm von Beispielprogramm 1 aus Abschnitt 14.10.1 derart ab, dass der Hamster auf dem Rückweg nur die Hälfte des Hinweges zurückläuft.

14.11.2 Aufgabe 2

Erweitern Sie die Lösung von Beispielprogramm 2 aus Abschnitt 14.10.2 derart, dass der Hamster, sobald er seinen Ausgangspunkt wieder erreicht hat, umkehrt und dieselbe Strecke nochmal in umgekehrter Richtung absolviert. Außerdem soll die Nebenbedingung „Rechts von ihm befindet sich eine Wand und vor ihm das Feld ist frei" nicht mehr gültig sein, d.h. der Hamster kann anfangs irgendwo und irgendwie an einer Wand stehen.

14.11.3 Aufgabe 3

Erweitern Sie die Lösung von Beispielprogramm 3 aus Abschnitt 14.10.3 derart, dass der Hamster, sobald er das Korn gefunden hat, auf dem schnellsten Weg (d.h. mit möglichst wenigen vor-Befehlen) in seine Ausgangsecke wieder zurückkehrt.

14.11.4 Aufgabe 4

Der Hamster hat die Fibonacci-Zahlenreihe entdeckt. Diese Zahlenreihe sieht so aus, dass sie mit zwei „1"en beginnt. Die weiteren Zahlen der Reihe lassen sich berechnen durch die Summe ihrer beiden Vorgänger. Die Reihe hat also folgende Gestalt: 1 1 2 3 5 8 13 21 34 55 89 144 233 . . . .

Die Aufgabe des Hamster besteht nun darin, solange er noch Körner im Maul hat, bis zur nächsten Wand zu laufen und auf dem Weg zur Wand mit Hilfe der Körner in seinem Maul die Fibonacci-Zahlenreihe zu bilden, d.h. er soll auf dem Feld, auf dem er anfangs steht, ein Korn ablegen. Auf dem Feld vor ihm soll er ebenfalls ein Korn ablegen, auf dem nächsten Feld dann zwei Körner, auf dem übernächsten Feld drei Körner, dann fünf, dann acht, usw. Anfangs liegen auf keinem Feld im Territorium Körner.

14.11.5 Aufgabe 5

Der Hamster steht mit Blickrichtung West in einem beliebig gestalteten körnerlosen Territorium. Er hat eine ihm unbekannte Anzahl an Körnern im Maul. Er soll die Anzahl an Körnern in seinem Maul ermitteln und dann folgendes tun: Auf dem Feld vor ihm soll er so viele Körner ablegen, wie die letzte Ziffer der Zahl angibt; auf dem Feld davor soll er so viele Körner ablegen, wie die vorletzte Ziffer der Zahl angibt, usw. Dies soll er tun, bis die Zahl „abgearbeitet" ist oder bis er auf eine Wand trifft.

Beispiel: Der Hamster habe bspw. 2049 Körner im Maul. Dann muss er auf dem Feld vor sich 9 Körner ablegen, auf dem Feld davor 4 Körner, auf dem Feld davor kein Korn und auf dem Feld davor 2 Körner.

14.11.6 Aufgabe 6

Der Hamster steht – wie in der Landschaft in Abbildung 14.12 ersichtlich – vor einem Gebirge mit unregelmäßigen Bergen unbekannter Höhe.

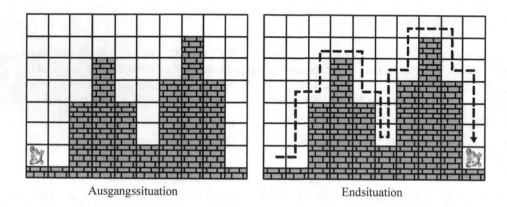

| Ausgangssituation | Endsituation |

Abbildung 14.12: Typische Hamster-Landschaft zu Aufgabe 6

Der Hamster bekommt die Aufgabe, das Gebirge, wie in Abbildung 14.12 (rechts) skizziert, zu übersteigen. Sobald er das Gebirge überstiegen hat, d.h. sobald er auf eine Ebene gelangt, die dieselbe Höhe aufweist wie die Ausgangsposition des Hamsters, soll er stehenbleiben. Der Hamster hat keine Körner im Maul und im Territorium befinden sich auch keine Körner.

14.11.7 Aufgabe 7

Der Hamster habe initial eine bestimmte Anzahl an Körnern im Maul. Er steht irgendwo mit Blickrichtung West in einem Kornfeld ohne Körner und Mauern. Seine Aufgabe besteht darin, die Körner als Dualzahl kodiert im Kornfeld abzulegen und dahinter stehen zu bleiben. Eine „1" wird dabei durch eine Kachel mit einem Korn und eine „0" durch eine Kachel ohne Korn repräsentiert.

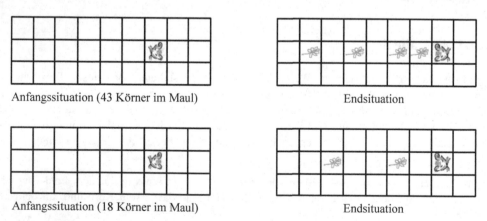

| Anfangssituation (43 Körner im Maul) | Endsituation |
| Anfangssituation (18 Körner im Maul) | Endsituation |

Abbildung 14.13: Typische Hamster-Landschaft zu Aufgabe 7

Die Skizze in Abbildung 14.13 oben rechts zeigt das Kornfeld nach dem Lösen der Aufgabe, wenn der Hamster anfangs 43 Körner im Maul gehabt hat (die Repräsentation der Dezimalzahl „43" im Dualsystem ist „101011"). Unten in Abbildung 14.13 ist der Fall angedeutet, dass der Hamster anfangs 18 Körner im Maul hat (Dualzahl „10010"). Erläuterungen zu Dualzahlen finden Sie in Kapitel 4.4.2.

14.11.8 Aufgabe 8

Der Hamster steht – wie in Abbildung 14.14 beispielhaft skizziert – mit Blickrichtung West in einem Kornfeld. Vor ihm befindet sich eine Reihe Kacheln mit entweder keinem oder genau einem Korn. Die Körnerreihe repräsentiert eine Dualzahl. Die Aufgabe des Hamsters besteht darin, bis zur nächsten Wand zu laufen und die Dualzahl zu dekodieren, d.h. er soll die Dualzahl in eine Dezimalzahl umrechnen. Anschließend soll der Hamster sich so oft links umdrehen, wie der Wert dieser berechneten Dezimalzahl beträgt.

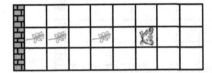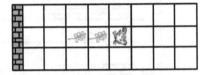

Abbildung 14.14: Typische Hamster-Landschaft zu Aufgabe 8

Im in Abbildung 14.14 links skizzierten Fall müsste der Hamster sich am Ende genau 26-mal („11010") links umdrehen, im rechts skizzierten Fall 3-mal („11"). Erläuterungen zu Dualzahlen finden Sie in Kapitel 4.4.2.

14.11.9 Aufgabe 9

Der Hamster steht irgendwo in einem rechteckigen Körnerfeld innerhalb seines Territoriums (siehe Abbildung 14.15).

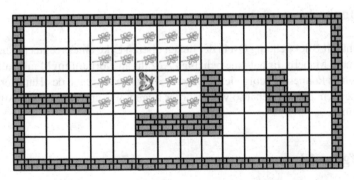

Abbildung 14.15: Typische Hamster-Landschaft zu Aufgabe 9

Er hat eine beliebige Anzahl Körner in seinem Maul. Er soll dafür sorgen, dass auf allen Kacheln des Körnerfeldes eine durch 3 teilbare Anzahl an Körnern liegt. Dabei soll er folgendermaßen vorgehen: Wenn er eine Kachel mit einer nicht durch 3 teilbaren Anzahl an Körnern entdeckt, soll er, falls er noch genügend viele Körner im Maul hat, so viele Körner ablegen, dass anschließend die Körneranzahl der Kachel durch 3 teilbar ist. Andernfalls soll er so viele Körner aufnehmen, dass anschließend die Körneranzahl der Kachel durch 3 teilbar ist.

14.11.10 Aufgabe 10

Der Hamster steht irgendwo mit einer beliebigen Blickrichtung in einem beliebig gestalteten von Mauern umgebenen körnerlosen Territorium (siehe Abbildung 14.16). Er soll auf jeder freien und für ihn erreichbaren Kachel ein Korn ablegen. Dabei ist sichergestellt, dass der Hamster zur Erledigung der Aufgabe auf jeden Fall genügend viele Körner im Maul hat.

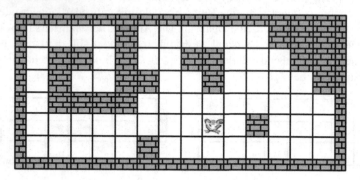

Abbildung 14.16: Typische Hamster-Landschaft zu Aufgabe 10

14.11.11 Aufgabe 11

Der Hamster steht mit Blickrichtung Ost in der linken oberen Ecke eines rechteckigen geschlossenen Raumes ohne innere Mauern. Auf den einzelnen Kacheln des Raumes können beliebig viele Körner liegen. Der Hamster soll die Kachel mit den meisten Körnern suchen und diese fressen.

14.11.12 Aufgabe 12

Der Hamster steht mit Blickrichtung Ost in der linken oberen Ecke eines rechteckigen geschlossenen Raumes ohne innere Mauern. Er hat eine beliebige Anzahl an Körnern im Maul. Auf den einzelnen Kacheln des Raumes können beliebig viele Körner liegen. Die Aufgabe des Hamsters besteht darin, eine Kachel zu suchen, auf der genauso viele Körner liegen, wie er im Maul hat. Auf dieser Kachel soll er stehenbleiben.

14.11.13 Aufgabe 13

Der Hamster steht mit Blickrichtung Ost in der linken oberen Ecke eines rechteckigen geschlossenen Raumes mit zwei Zeilen und beliebig vielen Spalten. Im Raum befinden sich keine Mauern. Auf den einzelnen Kacheln des Raumes können beliebig viele Körner liegen (siehe bspw. Abbildung 14.17 (links)). Die Aufgabe des Hamsters besteht darin, spaltenweise die Körner der beiden Zeilen zu tauschen, d.h. liegen anfangs in Zeile 1 von Spalte i 4 Körner und in Zeile 2 von Spalte i 5 Körner, so sollen zum Schluss in Zeile 1 von Spalte i 5 und in Zeile 2 von Spalte i 4 Körner liegen (siehe Abbildung 14.17 (rechts)). Vergleichen Sie diese Aufgabe auch mit Aufgabe 9 aus Kapitel 11.7.9, wo zum Lösen des Problems eine zusätzliche freie Reihe existieren musste.

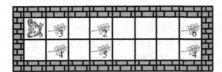 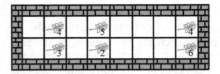

Abbildung 14.17: Typische Hamster-Landschaft zu Aufgabe 13

14.11.14 Aufgabe 14

Wir variieren Aufgabe 13 ein wenig. Die Körnerhaufen einer Spalte i sollen nur dann getauscht werden, wenn die Anzahl an Körnern auf der entsprechenden Kachel der unteren Zeile kleiner ist als die Anzahl an Körnern auf der Kachel der oberen Zeile. D.h. zum Schluss gilt für jede Spalte, dass die Anzahl an Körnern auf der Kachel der oberen Reihe kleiner oder gleich der Anzahl an Körnern auf der Kachel der unteren Reihe ist.

14.11.15 Aufgabe 15

Die Großbuchstaben „A" bis „Z" entsprechen im Unicode-Zeichensatz den dezimalen Werten 65 bis 90 ('A' == 65 ... 'Z' == 90). Der Hamster, der in einem mauerlosen Territorium steht, hat zwischen 65 und 90 Körner im Maul. Er bekommt die Aufgabe, die genaue Anzahl an Körnern im Maul zu bestimmen und schematisch den entsprechenden Buchstaben mit Körnern im Territorium zu skizzieren. Abbildung 14.18 skizziert den Endzustand des Territoriums, wenn der Hamster anfangs 65 Körner im Maul hatte. Überlegen Sie sich bitte eine passende Körner-Repräsentation der einzelnen Großbuchstaben.

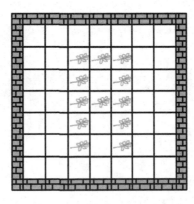

Abbildung 14.18: Typische Hamster-Landschaft zu Aufgabe 15

14.11.16 Aufgabe 16

Der Hamster steht mit Blickrichtung Ost in einem genügend großen Territorium ohne Mauern. Auf den Kacheln vor ihm liegen u. U. mehrere Körnerhaufen mit einer Körneranzahl zwischen 65 und 90. Jeder Körnerhaufen repräsentiert einen Großbuchstaben im Unicode-Zeichensatz (siehe auch

Aufgabe 15). Alle Körnerhaufen zusammen repräsentieren also ein Wort, das aus Großbuchstaben besteht. Der Hamster bekommt die Aufgabe, das Wort zu ermitteln und dieses mit entsprechenden Körner-Buchstaben im Territorium zu skizzieren (siehe wiederum Aufgabe 15). Liegen vor ihm bspw. Körnerhaufen mit 72 (H), 65 (A), 77 (M), 83 (S), 84 (T), 69 (E) und 82 (R) Körnern, soll er das Wort „HAMSTER" im Territorium auslegen.

14.11.17 Aufgabe 17

Der Hamster steht mit Blickrichtung West vor einem dem Datentyp byte entsprechenden Bitmuster, in dem ein Feld ohne Körner einer 0 und ein Feld mit einem Korn einer 1 entspricht. Der Hamster soll den Links-Shift-Operator (<<) simulieren und zwar auf folgende Art und Weise: Entsprechend der Anzahl an Körnern im Maul des Hamsters sollen die Bits im Bitmuster nach links verschoben werden. Abbildung 14.19 demonstriert die Problemstellung für den Fall, dass der Hamster anfangs 2 Körner im Maul hat (Anfangszustand links, Endzustand rechts).

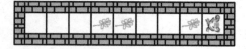 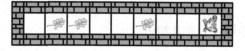

Abbildung 14.19: Typische Hamster-Landschaft zu Aufgabe 17

Kapitel 15
Prozeduren und Funktionen

Prozeduren und boolesche Funktionen haben wir bereits in Kapitel 8 bzw. Kapitel 11 kennengelernt. Wir werden sie in diesem Kapitel verallgemeinern. Eine wesentliche Rolle werden dabei Datentypen spielen, die in Kapitel 13 eingeführt und in Kapitel 14 verallgemeinert worden sind.

Vielleicht ahnen Sie es schon; nach diesem Kapitel werden Sie nicht mehr auf die Definition boolescher Funktionen eingeschränkt sein. Vielmehr werden Sie auch bspw. int-Funktionen definieren können, die Werte vom Typ int berechnen und nach außen liefern.

In Abschnitt 1 dieses Kapitels wird zunächst als Äquivalent zur booleschen return-Anweisung in booleschen Funktionen die int-return-Anweisung für int-Funktionen eingeführt. Die Definition von int-Funktionen sowie der Aufruf von int-Funktionen wird danach in den Abschnitten 2 und 3 beschrieben. Anschließend wird in Abschnitt 4 das Funktionskonzept der Hamster-Sprache verallgemeinert. In Abschnitt 5 folgen einige Beispielprogramme, an denen die Definition und die Verwendung von Funktionen demonstriert wird. Abschnitt 6 enthält ein paar Übungsaufgaben, an denen Sie den Umgang mit Funktionen einüben können.

15.1 int-return-Anweisung

Int-return-Anweisungen werden in int-Funktionen zum Liefern eines Wertes vom Typ int eingesetzt.

15.1.1 Syntax

Abbildung 15.1 stellt die Syntax der int-return-Anweisung dar: Dem Schlüsselwort return folgt ein arithmetischer Ausdruck und ein abschließendes Semikolon. Die int-return-Anweisung ist eine Anweisung, die ausschließlich im Funktionsrumpf von int-Funktionen (siehe Abschnitt 15.2) verwendet werden darf. Das Syntaxdiagramm „Anweisung" aus Abbildung 14.9 wird in Abbildung 15.1 erweitert.

15.1.2 Semantik

Die Ausführung einer int-return-Anweisung während der Ausführung einer int-Funktion führt zur unmittelbaren Beendigung der Funktionsabarbeitung. Dabei wird der Wert des arithmetischen Ausdrucks als Funktionswert zurückgegeben.

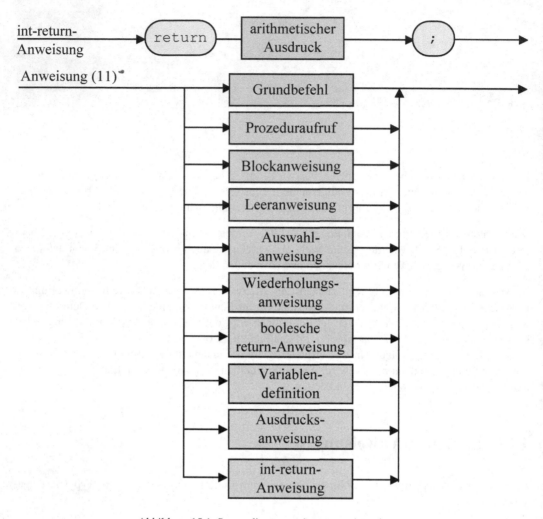

Abbildung 15.1: Syntaxdiagramm: int-return-Anweisung

15.1.3 Beispiele

Folgende int-return-Anweisungen sind syntaktisch korrekt:

```
return -4;
return 3 * (4 - 5);
int i = 4711;
return i * (i + 1);
```

15.2 Definition von int-Funktionen

Die Definition von int-Funktionen ist syntaktisch gesehen fast identisch mit der Definition boolescher Funktionen in Abbildung 11.2 in Kapitel 11.3. Sie müssen nur das Schlüsselwort `boolean` durch das Schlüsselwort `int` ersetzen. Die genaue Syntax der Definition von int-Funktionen ist in Abbildung 15.2 skizziert.

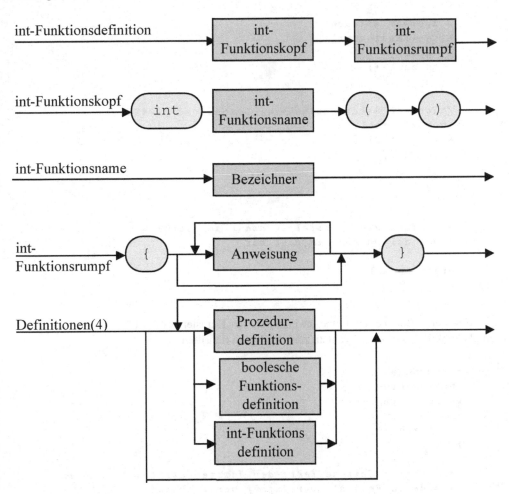

Abbildung 15.2: Syntaxdiagramm: Definition von int-Funktionen

Bei der Definition von int-Funktionen gilt entsprechend der Definition boolescher Funktionen folgende Zusatzbedingung: In jedem möglichen Weg durch die Funktion bei ihrer Ausführung muss eine int-return-Anweisung auftreten. Der Wert, den der arithmetische Ausdruck einer int-return-Anweisung liefert, ist der Funktionswert der int-Funktion, d.h. int-Funktionen liefern Werte vom Typ `int` als Funktionswert.

int-Funktionen können überall dort in einem Hamster-Programm definiert werden, wo auch boolesche Funktionen und Prozeduren definiert werden können. In Abbildung 15.2 wird daher das Syntaxdiagramm „Definitionen" aus Abbildung 13.1 erweitert.

Im folgenden Beispiel wird eine int-Funktion mit dem Namen `anzahlKoernerImMaul` definiert. Die Funktion ermittelt die Anzahl an Körnern, die der Hamster aktuell im Maul hat, und liefert den Wert zurück.

```
int anzahlKoernerImMaul() {
    int anzahl = 0;

    // Koerner ablegen
    while (!maulLeer()) {
        gib();
        anzahl++;
    }

    // Koerner wieder aufnehmen, um Seiteneffekt zu vermeiden
    int i = anzahl;
    while (i > 0) {
        nimm();
        i--;
    }

    /*
     * liefere die ermittelte Anzahl an Koernern,
     * die der Hamster im Maul hat
     */
    return anzahl;
}
```

In einem weiteren Beispiel lässt eine int-Funktion den Hamster bis zur nächsten Wand laufen und liefert als Funktionswert die Anzahl an zurückgelegten Schritten.

```
int bisZurMauer() {
    int anzahl = 0;
    while (vornFrei()) {
        vor();
        anzahl++;
    }
    /*
     * Achtung: Seiteneffekt; der Hamster steht u.U. auf einem
     * anderen Feld als vor Aufruf der Funktion
     */

    // liefere die Anzahl an zurueckgelegten Schritten
    return anzahl;
}
```

15.3 Aufruf von int-Funktionen

Der Aufruf von int-Funktionen entspricht einem speziellen arithmetischen Ausdruck. int-Funktionen dürfen also überall dort im Hamster-Programm aufgerufen werden, wo arithmetische Ausdrücke stehen dürfen. Der Aufruf einer int-Funktion erfolgt wie der Aufruf einer booleschen Funktion syntaktisch durch die Angabe des Funktionsnamens gefolgt von einem runden Klammernpaar. Als Wert des arithmetischen Ausdrucks wird in diesem Fall der Funktionswert genommen, den die Funktion berechnet hat. Abbildung 15.3 definiert die genaue Syntax des Aufrufs von int-Funktionen und erweitert das Syntaxdiagramm „arithmetischer Ausdruck" aus Abbildung 14.3.

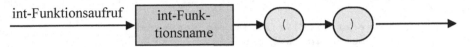

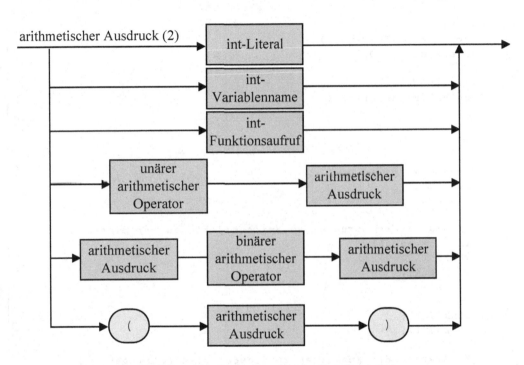

Abbildung 15.3: Syntaxdiagramm: int-Funktionsaufruf

Betrachten Sie zur Demonstration des Aufrufs von int-Funktionen folgendes Beispiel:

```
int anzahlKoernerImMaul() {
    int anzahl = 0;

    // Koerner ablegen
    while (!maulLeer()) {
        gib();
        anzahl++;
    }

    // Koerner wieder aufnehmen, um Seiteneffekte zu vermeiden
    int i = anzahl;
    while (i > 0) {
```

```
        nimm();
        i--;
    }

    /*
     * liefere die ermittelte Anzahl an Koernern,
     * die der Hamster im Maul hat
     */
    return anzahl;
}

int schritteBisZurMauer() {
    int anzahl = 0;

    // zur Mauer
    while (vornFrei()) {
        vor();
        anzahl++;
    }

    // kehrt
    linksUm();
    linksUm();

    // und wieder zurueck, um Seiteneffekte zu vermeiden
    int i = anzahl;
    while (i > 0) {
        vor();
        i--;
    }
    linksUm();
    linksUm();

    // liefere die Anzahl an zurueckgelegten Schritten
    return anzahl;
}

void main() {
    if (schritteBisZurMauer() >= anzahlKoernerImMaul()) {
        while (!maulLeer()) {
            vor();
            gib();
        }
    }
}
```

Im Bedingungsteil der if-Anweisung in der main-Prozedur werden die beiden definierten int-Funktionen schritteBisZurMauer und anzahlKoernerImMaul aufgerufen. Wegen dieser Überprüfung ist der vor-Befehl innerhalb der while-Schleife auf jeden Fall „sicher", da die Anzahl an möglichen Schritten bis zur nächsten Mauer auf keinen Fall kleiner ist als die Anzahl an Körnern, die der Hamster im Maul trägt.

15.4 Verallgemeinerung des Funktionskonzeptes

Genauso wie wir in Kapitel 14.8 das Variablenkonzept verallgemeinert haben, wollen wir nun das Funktionskonzept verallgemeinern. Neben den Datentypen `boolean` und `int` gibt es in Java und in anderen Programmiersprachen weitere Datentypen, wie wir in Kapitel 14.9 erfahren haben.

Prozeduren werden ab jetzt ebenfalls zu den Funktionen gezählt. Sie liefern keinen Wert, was durch das Schlüsselwort `void` bei ihrer Definition ausgedrückt wird.

Die verallgemeinerte Syntax für das Funktionskonzept ist in den Abbildungen 15.4, 15.5 und 15.6 dargestellt und wird in den folgenden Unterabschnitten erläutert.

15.4.1 return-Anweisung

Abbildung 15.4 stellt zunächst eine verallgemeinerte Form der return-Anweisung dar. Dem Schlüsselwort `return` kann – muss aber nicht – ein beliebiger Ausdruck folgen.

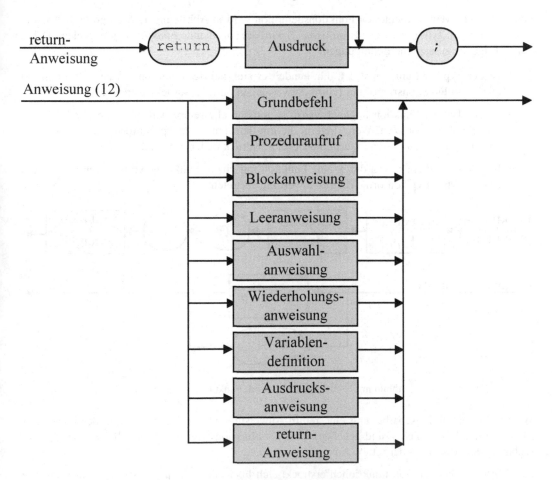

Abbildung 15.4: Syntaxdiagramm: return-Anweisung

Dabei gilt für die Nutzung von return-Anweisungen folgende Einschränkung:

- return-Anweisungen ohne Ausdruck sind Anweisungen, deren Aufruf nur innerhalb von Prozeduren erlaubt ist.

- return-Anweisungen mit einem booleschen Ausdruck dürfen nur in booleschen Funktionen benutzt werden.

- return-Anweisungen mit einem arithmetischen Ausdruck dürfen nur in int-Funktionen eingesetzt werden.

- Allgemein: Return-Anweisungen mit einem Ausdruck vom Typ T dürfen nur in Funktionen vom Funktionstyp T eingesetzt werden.

Die return-Anweisung ist eine spezielle Anweisung. Aus diesem Grund wird in Abbildung 15.4 das Syntaxdiagramm „Anweisung" aus Abbildung 15.1 erweitert bzw. korrigiert.

15.4.2 Funktionsdefinition

Die Syntax der verallgemeinerten Funktionsdefinition wird in Abbildung 15.5 dargestellt. Anhand des angegebenen Typs (void, boolean, int, ...) wird der sogenannte *Funktionstyp* festgelegt. Dabei gelten folgende zusätzliche Bedingungen:

- Ist der Typ der Funktion void, d.h. handelt es sich bei der Funktion um eine Prozedur, so dürfen im Funktionsrumpf nur return-Anweisungen ohne Ausdruck auftreten.

- Ist der Typ der Funktion ungleich void, so müssen alle return-Anweisungen, die im Funktionsrumpf vorkommen, Werte liefern, die mit dem Funktionstyp konform sind (boolescher Ausdruck und Typ boolean, arithmetischer Ausdruck und Typ int, ...).

- In jedem möglichen Weg durch eine Funktion mit einem Funktionstyp ungleich void muss eine Funktionstyp konforme return-Anweisung auftreten.

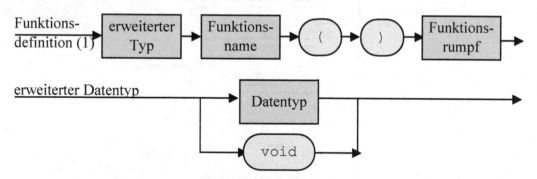

Abbildung 15.5: Syntaxdiagramm: Funktionsdefinition

Wird bei der Funktionsabarbeitung eine return-Anweisung ausgeführt, dann wird der Funktionsrumpf unmittelbar verlassen und gegebenenfalls als Funktionswert der Wert geliefert, den die Berechnung des Ausdrucks der return-Anweisung ergibt.

Der Gültigkeitsbereich von Funktionen erstreckt sich über ein gesamtes Programm. Insbesondere dürfen Funktionen auch schon vor ihrer Definition aufgerufen werden. Es ist auch erlaubt, innerhalb eines Funktionsrumpfes die Funktion selbst wiederum aufzurufen. Dieses Konzept nennt man *Rekursion*. Ihm ist wegen seiner besonderen Bedeutung ein eigenes Kapitel gewidmet (siehe Kapitel 17).

Die Namen von Funktionen in einem Programm müssen unterschiedlich sein[1]. Es dürfen jedoch in ein und demselben Gültigkeitsbereich gleichnamige Funktionen und Variablen definiert werden.

15.4.3 Funktionsaufruf

Die Syntax eines (verallgemeinerten) Funktionsaufrufs wird in Abbildung 15.6 skizziert. Funktionsaufrufe sind dabei spezielle Ausdrücke (siehe auch Abbildung 14.7).

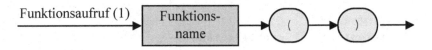

Abbildung 15.6: Syntaxdiagramm: Funktionsaufruf

Dabei gilt die Einschränkung: Funktionsaufrufe dürfen nur bei der Bildung funktionstyp-konformer Ausdrücke (boolescher Ausdruck und Typ `boolean`, arithmetischer Ausdruck und Typ `int`, ...) eingesetzt werden. Eine Prozedur darf ausschließlich in Form einer Ausdrucksanweisung (siehe Kapitel 14.8.2) aufgerufen werden.

15.5 Beispielprogramme

In diesem Abschnitt werden einige Beispiele für Hamster-Programme gegeben, die Ihnen den Einsatz von Funktionen demonstrieren sollen. Schauen Sie sich die Beispiele genau an und versuchen Sie, die Lösungen nachzuvollziehen.

15.5.1 Beispielprogramm 1

Aufgabe:
Der Hamster steht direkt vor einem regelmäßigen Berg unbekannter Höhe (siehe auch Abbildung 15.7). Er selbst hat keine Körner im Maul. Auf der Kachel, auf der er steht, liegt jedoch einen bestimmte Anzahl an Körnern. Ansonsten liegen keine Körner im Feld. Der Hamster soll den Berg erklimmen und dabei solange wie möglich auf jeder Stufe ein Korn ablegen. Er soll dabei jedoch keinen unnötigen Ballast mitschleppen.

Lösungsidee: Der Hamster ermittelt zunächst die Höhe des Berges und kehrt an seine Ausgangsposition zurück. Anschließend nimmt er – falls möglich – die benötigte Anzahl an Körnern auf und marschiert erneut los.

---

[1] Diese Einschränkung wird in Kapitel 16.3 ein wenig aufgeweicht

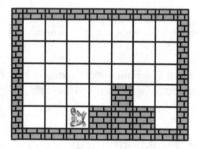

Abbildung 15.7: Typische Hamster-Landschaften zu Beispielprogramm 1

Lösung:

```
void main() {
    int stufenAnzahl = zaehleStufen();

    // nimm genuegend Koerner ins Maul
    while ((stufenAnzahl > 0) && kornDa()) {
        nimm();
        stufenAnzahl--;
    }

    erklimmeBerg();
}

// ermittle die Hoehe des Berges (ohne Seiteneffekte)
int zaehleStufen() {

    // erklimme die einzelnen Stufen und vermerke die Anzahl
    int anzahl = 0;
    while (!gipfelErreicht()) {
        erklimmeStufe();
        anzahl++;
    }

    // und wieder hinunter (Vermeidung von Seiteneffekten)
    kehrt();
    int schritte = anzahl;
    while (schritte > 0) {
        klettereStufeHinunter();
        schritte--;
    }
    kehrt();
    return anzahl;
}

boolean gipfelErreicht() {
    return vornFrei();
}
```

```
void erklimmeStufe() {
    linksUm();
    vor();
    rechtsUm();
    vor();
}

void klettereStufeHinunter() {
    vor();
    linksUm();
    vor();
    rechtsUm();
}

void erklimmeBerg() {
    while (!gipfelErreicht()) {
        erklimmeStufe();
        if (!maulLeer()) {
            gib();
        }
    }
}

void rechtsUm() {
    kehrt();
    linksUm();
}

void kehrt() {
    linksUm();
    linksUm();
}
```

15.5.2 Beispielprogramm 2

Aufgabe:

Der Hamster steht in einem durch Mauern abgeschlossenen Raum unbekannter Größe (siehe Abbildung 15.8). Solange auf einem seiner vier Nachbarfelder (links, rechts, oberhalb, unterhalb) noch Körner liegen, soll er folgendes tun: Er soll das Nachbarfeld ermitteln, auf dem die meisten Körner liegen, sich dorthin bewegen und die Körner fressen.

Lösung:

```
void main() {
    do {

        // ermittle Richtung, in die der Hamster sich wenden muss
        int richtung = ermittleDrehungen();
        if (richtung == -1) return;
```

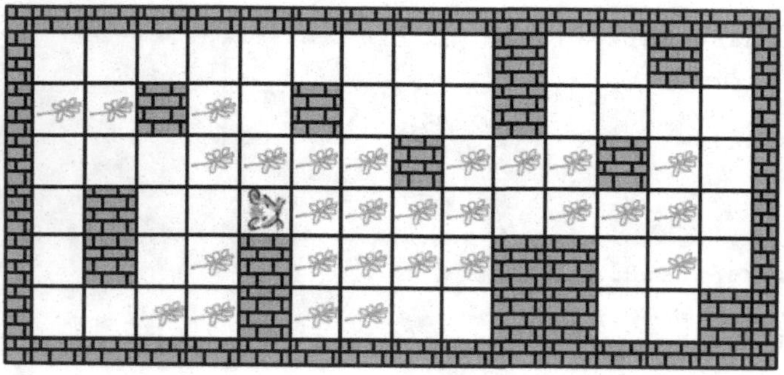

Abbildung 15.8: Typische Hamster-Landschaften zu Beispielprogramm 2

```
        // -1: auf keinem der Nachbarfelder
        // existiert ein Korn -> Aufgabe geloest

        // drehe dich entsprechend oft
        while (richtung > 0) {
            linksUm();
            richtung--;
        }

        // gefunden, also fressen
        vor();
        while (kornDa()) {
            nimm();
        }
    } while (true);
    // Endlosschleife wird durch obiges return vermieden
}

/*
 * ermittelt die Richtung, in die der Hamster sich drehen muss;
 * liefert die Anzahl an Linksdrehungen, die der Hamster
 * durchfuehren muss, um in die korrekte Richtung zu blicken;
 * korrekt ist die Richtung mit der benachbarten Kachel mit
 * den meisten Koernern (ohne Seiteneffekte);
 * liefert -1, falls kein Nachbarfeld mehr Koerner enthaelt
 */
int ermittleDrehungen() {
    int drehungen = 0;
    int koernerAnzahl = koernerAnzahlVorn();
    int schleifenZaehler = 1;

    while (schleifenZaehler <= 3) {
        linksUm();
        int neueKoernerAnzahl = koernerAnzahlVorn();
        if (neueKoernerAnzahl > koernerAnzahl) {
            drehungen = schleifenZaehler;
```

```
            koernerAnzahl = neueKoernerAnzahl;
        }
        schleifenZaehler++;
    }

    // zur Vermeidung von Seiteneffekten
    linksUm();
    if (koernerAnzahl == 0) {
        return -1;  // keine Koerner mehr auf Nachbarfeldern
    }

    return drehungen;
}

/*
 * liefert die Anzahl Koerner auf der Kachel vor dem Hamster
 * (ohne Seiteneffekte)
 */
int koernerAnzahlVorn() {
    if (!vornFrei()) {
        return 0;
    }
    vor();
    int anzahl = koernerAnzahl();

    // zur Vermeidung von Seiteneffekten
    kehrt();
    vor();
    kehrt();

    return anzahl;
}

/*
 * liefert die Anzahl Koerner auf einer Kachel
 * (ohne Seiteneffekte)
 */
int koernerAnzahl() {
    int anzahl = 0;
    while (kornDa()) {
        nimm();
        anzahl++;
    }

    // zur Vermeidung von Seiteneffekten
    int koerner = anzahl;
    while (koerner > 0) {
        gib();
        koerner--;
    }
    return anzahl;
```

```
O|  }
O|
O|  void kehrt() {
O|      linksUm();
O|      linksUm();
O|  }
O|
```

15.5.3 Beispielprogramm 3

Aufgabe:

Der Hamster steht irgendwo in einem durch Mauern abgeschlossenen ansonsten aber mauerlosen rechteckigen Raum unbekannter Größe. Er hat eine bestimmte Anzahl an Körnern im Maul. Im Feld selbst liegen keine Körner. Der Hamster soll zunächst die Größe des Raumes ermitteln. Anschließend soll er, falls er genügend Körner im Maul hat, auf den Randkacheln des Raumes jeweils ein Korn ablegen. Abbildung 15.9 zeigt im oberen linken Teil eine mögliche „normale" Ausgangssituation und im oberen rechten Teil die entsprechende Lösung, falls der Hamster anfangs genügend Körner im Maul hatte. Im unteren Teil wird ein Grenzfall skizziert, in dem es lediglich eine einzelne freie Reihe im Territorium gibt.

Abbildung 15.9: Typische Hamster-Landschaften zu Beispielprogramm 3

Lösung:

```
O|  void main() {
O|      begibDichInEineEcke();
O|
O|      // Bestimmung von Breite und Laenge des Feldes
O|      int breite = bestimmeLaenge();
O|      linksUm();
O|      int hoehe = bestimmeLaenge();
O|      rechtsUm();
O|
O|      // Berechnung des Umfangs des Feldes
O|      int umfang;
O|      if (breite == 1) {
O|          umfang = hoehe;
```

```
    } else if (hoehe == 1) {
        umfang = breite;
    } else {
        umfang = 2 * breite + 2 * (hoehe - 2);
    }

    // Aktion
    if (bestimmeKoernerImMaul() >= umfang) {
        legeKoernerAmRandAb();
    }
}

// begib dich in eine Ecke des Raumes
void begibDichInEineEcke() {

    // zum naechsten Rand
    while (vornFrei()) {
        vor();
    }
    linksUm();

    // in die naechste Ecke
    while (vornFrei()) {
        vor();
    }
    linksUm();
}

/*
 * bestimmt die Anzahl an freien Feldern vor dem Hamster
 * (ohne Seiteneffekte)
 */
int bestimmeLaenge() {
    int laenge = 1;
    while (vornFrei()) {
        vor();
        laenge++;
    }

    // und zurueck (zur Vermeidung von Seiteneffekten)
    int zurueck = laenge;
    kehrt();
    while (zurueck > 1) {
        vor();
        zurueck--;
    }
    kehrt();

    return laenge;
}
```

```
/*
 * bestimmt die Anzahl an Koernern, die der Hamster im Maul hat
 * (ohne Seiteneffekte)
 */
int bestimmeKoernerImMaul() {
    int anzahl = 0;
    while (!maulLeer()) {
        gib();
        anzahl++;
    }

    /*
     * zur Vermeidung von Seiteneffekten:
     * Koerner wieder aufsammeln
     */
    int koerner = anzahl;
    while (koerner > 0) {
        nimm();
        koerner--;
    }

    return anzahl;
}

/*
 * lege an allen Randkacheln des Raumes (es existieren
 * maximal 4 Waende) je ein Korn ab
 */
void legeKoernerAmRandAb() {
    int richtungen = 0;
    while (richtungen < 4) {
        bearbeiteEineWand();
        richtungen++;
    }
}

/*
 * lege auf allen Kacheln an der Wand je ein Korn ab
 */
void bearbeiteEineWand() {
    while (vornFrei()) {
        vor();
        if (!kornDa()) {  // wegen Territorien mit nur einer
                          // Reihe oder Spalte
            gib();
        }
    }
    linksUm();
}
```

```
void rechtsUm () {
    linksUm ();
    kehrt ();
}

void kehrt () {
    linksUm ();
    linksUm ();
}
```

15.6 Übungsaufgaben

Nun sind wieder Sie gefordert; denn in diesem Abschnitt werden Ihnen einige Hamster-Aufgaben gestellt, die sie selbstständig zu lösen haben. Dabei sollten Sie, falls dies erforderlich bzw. sinnvoll erscheint, Funktionen einsetzen. Denken Sie sich darüber hinaus selbst weitere Hamster-Aufgaben aus und versuchen Sie, diese zu lösen. Viel Spaß!

15.6.1 Aufgabe 1

Die Aufgabenstellung von Beispielprogramm 1 aus Abschnitt 15.5.1 wird in dieser Aufgabe derart verändert, dass der Berg nicht unbedingt regelmäßig sein muss, sondern auch unregelmäßig sein kann, wie in Abbildung 15.10 skizziert ist.

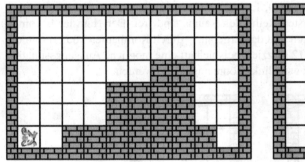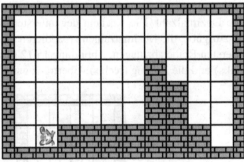

Abbildung 15.10: Typische Hamster-Landschaften zu Aufgabe 1

15.6.2 Aufgabe 2

Lösen Sie Beispielprogramm 2 aus Abschnitt 15.5.2 derart, dass der Hamster nicht nur die vier Nachbarfelder links, rechts, oberhalb und unterhalb kontrollieren soll, sondern auch die vier Nachbarfelder in den Diagonalen. Das heißt, die genaue Aufgabenstellung lautet: Der Hamster steht in einem durch Mauern abgeschlossenen Raum unbekannter Größe (siehe Abbildung 15.11). Solange auf einem seiner acht Nachbarfelder noch Körner liegen, soll er folgendes tun: Er soll das Nachbarfeld ermitteln, auf dem die meisten Körner liegen, sich dorthin bewegen und die Körner fressen.

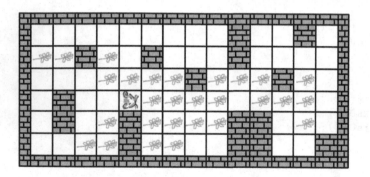

Abbildung 15.11: Typische Hamster-Landschaften zu Aufgabe 2

15.6.3 Aufgabe 3

Ändern Sie die Lösung von Beispielprogramm 3 aus Abschnitt 15.5.3 derart ab, dass der Hamster nicht nur auf den Randkacheln des Raumes jeweils ein Korn ablegen soll, sondern auf allen Kacheln im Raum, aber auch in diesem Fall nur, falls er genügend Körner im Maul hat.

15.6.4 Aufgabe 4

Der Hamster befindet sich mit Blickrichtung Ost in der linken unteren Ecke eines durch Mauern abgeschlossenen ansonsten aber mauerlosen rechteckigen Raums unbekannter Größe. Auf den Kacheln des Raums befinden sich jeweils maximal neun Körner. Die Anzahl der Körner auf einer Kachel repräsentiert also eine dezimale Ziffer (0, 1, ..., 9), und eine horizontale Reihe repräsentiert eine Dezimalzahl. Die Kacheln der untersten Reihe des Raums sind frei. Der Hamster bekommt die Aufgabe, die Dezimalzahlen zu addieren und das Ergebnis – durch Kornhaufen kodiert – in der untersten Reihe abzulegen. Abbildung 15.12 skizziert beispielhaft eine mögliche Ausgangssituation (links) und die Lösung (rechts). Überträge ganz links können ignoriert werden.

 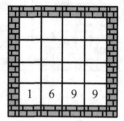

Abbildung 15.12: Addition von Dezimalzahlen

15.6.5 Aufgabe 5

Der Hamster befindet sich in einem rechteckigen durch Mauern abgeschlossenen ansonsten aber mauerlosen Teilgebiet des Territoriums. Dieses Teilgebiet – seine Wohnung – hat genau einen Eingang.

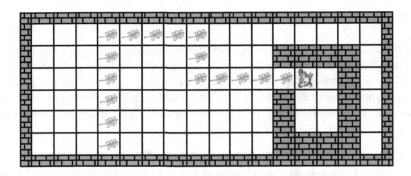

Abbildung 15.13: Typische Ausgangssituation in Aufgabe 5

Der Hamster kommt gerade vom Einkauf nach Hause und stellt mit Entsetzen fest, dass sein Einkaufsbeutel ein Loch hat. Ein Blick durch die Tür zeigt in Form einer durchgehenden Körnerspur (keine Verzweigungen, einreihig) den verlorenen Proviant. Der Hamster begibt sich also daran, die Körner wieder einzusammeln und in seiner Wohnung abzulegen. Allerdings muss er dabei eine Einschränkung berücksichtigen: Er kann zu jedem Zeitpunkt maximal ein Korn im Maul aufbewahren. Außerdem soll er die Körner in seiner Wohnung regelmäßig verteilen, d.h. der Unterschied zwischen der Anzahl an Körnern pro Kachel in der Wohnung des Hamsters darf am Ende jeweils nur ein Korn betragen. Abbildung 15.13 enthält beispielhaft eine mögliche Ausgangssituation.

15.6.6 Aufgabe 6

Der Hamster befindet sich in einem rechteckigen geschlossenen Territorium. Im Territorium gibt es irgendwo eine „Körnerkammer". Das ist ein rechteckiger geschlossener Raum, auf dessen Kacheln beliebig viele Körnern liegen. Die Kammer hat eine einzelne Eingangskachel an irgendeiner Seite. Außer den Mauern der Körnerkammer befinden sich keine weiteren Mauern im Territorium und außerhalb der Kammer existieren keine Körner (siehe bspw. Abbildung 15.14).

Der Hamster hat großen Hunger. Also macht er sich auf die Suche nach dem Eingang zur Körnerkammer und lässt sich danach alle Körner der Kammer schmecken.

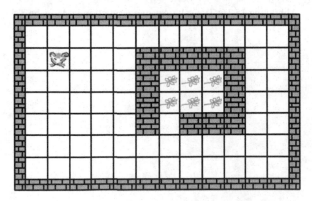

Abbildung 15.14: Typische Ausgangssituation in Aufgabe 6

15.6.7 Aufgabe 7

Der Hamster steht an einer Wand mit Nischen bzw. Einbuchtungen unterschiedlicher Größen, wobei die Größe einer Nische die Anzahl ihrer Kacheln ist. Auf der Kachel, auf der der Hamster steht, befindet sich eine bestimmte Anzahl n an Körnern. Der Hamster bekommt die Aufgabe, alle Nischen der Größe n (und nur die!) mit Körnern zu füllen. Er hat dazu genügend Körner im Maul. Abbildung 15.15 skizziert die Endsituation für den Fall, dass anfangs zwei Körner auf der Ausgangskachel des Hamster lagen.

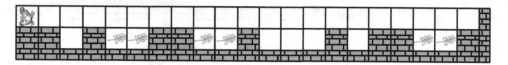

Abbildung 15.15: Typische Ausgangssituation in Aufgabe 7

15.6.8 Aufgabe 8

Der Hamster befindet sich in einem beliebig großen rechteckigen geschlossenen Territorium ohne innere Mauern und ohne Körner auf den Kacheln. Solange er noch Körner im Maul hat, soll er folgendes tun: Auf den äußeren Kacheln des Territoriums soll er jeweils ein Korn ablegen, auf den zweitäußeren zwei, auf den drittäußeren drei, usw. (siehe bspw. Abbildung 15.16).

Abbildung 15.16: Typische Ausgangssituation in Aufgabe 8

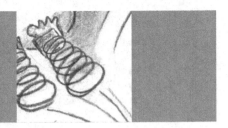

Kapitel 16
Funktionsparameter

In diesem Kapitel wird das Konzept der sogenannten *Parameter* eingeführt, durch das das Konzept der Prozeduren und Funktionen wesentlich mehr Flexibilität erhält. Das Parameterkonzept wird in Abschnitt 1 dieses Kapitels zunächst motiviert. Anschließend wird in Abschnitt 2 erläutert, welchen Einfluss der Einsatz von Parametern auf die Definition und den Aufruf von Funktionen hat. Die Verwendung von Parametern ermöglicht die gleichnamige Benennung mehrerer Funktionen. Auf dieses Konzept des Überladens von Funktionen wird in Abschnitt 3 eingegangen. In Abschnitt 4 folgen einige Beispielprogramme, an denen der Einsatz von Parametern demonstriert wird. Abschnitt 5 enthält ein paar Übungsaufgaben, an denen Sie den Umgang mit Parametern selbstständig einüben können.

16.1 Motivation

Sie haben in den Übungsaufgaben schon sehr häufig die beiden Prozeduren `kehrt` und `rechtsUm` definiert. Viel eleganter wäre es doch, eine Prozedur `drehDich` zu definieren, der beim Aufruf mitgeteilt wird, um wie viel Grad sich der Hamster drehen soll. Wird ihr der Wert 90 mitgeteilt, dreht sich der Hamster einmal linksum, wird ihr der Wert 180 mitgeteilt, dreht sich der Hamster zweimal linksum (was einem `kehrt` entspricht), und wird ihr der Wert 270 mitgeteilt, dreht sich der Hamster dreimal linksum, führt also ein `rechtsUm` aus. Oder allgemein ausgedrückt: Wird der Prozedur `drehDich` ein positiver int-Wert n mitgeteilt, dreht sich der Hamster $n/90$ mal linksum. Diesen Wert n, der der Prozedur bei ihrem Aufruf mitgeteilt – man sagt auch *übergeben* – wird, nennt man einen *aktuellen Parameter*.

Ein weiteres Beispiel, das den Einsatz von Parametern motivieren soll, ist folgendes: Bisher war es Ihnen möglich, eine Prozedur `vierVor` zu definieren, durch deren Aufruf der Hamster – falls möglich – vier Felder nach vorne laufen konnte:

```
void vierVor() {
    int schritte = 0;
    while ((schritte < 4) && vornFrei()) {
        vor();
        schritte++;
    }
}
```

In einer anderen Situation sollte der Hamster nun aber nicht vier sondern fünf, sechs oder sieben Felder nach vorne hüpfen. Sie mussten also entsprechende Prozeduren definieren:

```
void fuenfVor() {
    int schritte = 0;
    while ((schritte < 5) && vornFrei()) {
        vor();
        schritte++;
    }
}

void sechsVor() {
    int schritte = 0;
    while ((schritte < 6) && vornFrei()) {
        vor();
        schritte++;
    }
}

void siebenVor() {
    int schritte = 0;
    while ((schritte < 7) && vornFrei()) {
        vor();
        schritte++;
    }
}
```

Wenn Sie sich die Prozeduren genauer anschauen, werden Sie feststellen, dass sie sich jeweils nur an einer einzigen Stelle unterscheiden. Lediglich der rechte Operand des Vergleichsausdrucks in der Schleifenbedingung ist von Prozedur zu Prozedur verschieden. Der Wert dieses Operanden entspricht dabei genau der maximalen Anzahl an Schritten, die der Hamster ausführen soll.

Um sich u.a. viel Schreibaufwand zu sparen, wäre es doch viel eleganter, eine Prozedur nVor zu definieren, bei deren Aufruf der Hamster n Felder nach vorne laufen wird, wobei n ein positiver int-Wert ist, der der Prozedur zur Laufzeit übergeben wird:

```
void nVor() {
    <erwarte einen int-Wert n>
    int schritte = 0;
    while ((schritte < n) && vornFrei()) {
        vor();
        schritte++;
    }
}

void main() {
    nVor(); <und teile der Prozedur für n den Wert 5 mit>
    nVor(); <und teile der Prozedur für n den Wert 6 mit>
    nVor(); <und teile der Prozedur für n den Wert 23 mit>
}
```

Eine derartige Flexibilität bei der Definition und dem Aufruf von Prozeduren und Funktionen bringt das Parameterkonzept mit sich.

16.2 Funktionen mit Parametern

Parameter sind lokale Variablen von Funktionen, die dadurch initialisiert werden, dass der Funktion bei ihrem Aufruf ein entsprechender Initialisierungswert für die Variable übergeben wird.

Durch die Einführung von Parametern wird es notwendig, sowohl die Syntax der Funktionsdefinition als auch die Syntax des Funktionsaufrufs zu erweitern.

16.2.1 Syntax

Abbildung 16.1 stellt die Syntax des um das Parameterkonzept erweiterten Funktionskonzeptes dar. Dazu werden das Syntaxdiagramm „Funktionsdefinition" aus Abbildung 15.5 sowie das Syntaxdiagramm „Funktionsaufruf" aus Abbildung 15.6 angepasst.

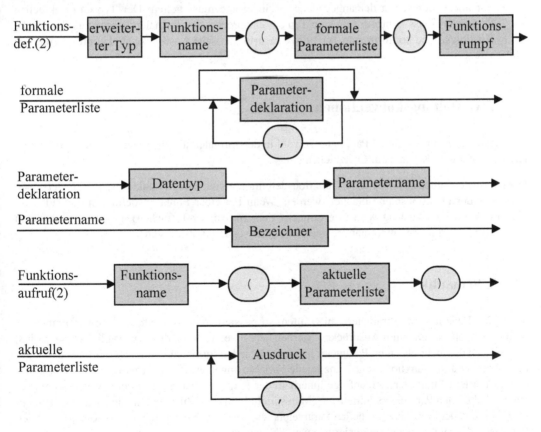

Abbildung 16.1: Syntaxdiagramm: Parameter

Bei der Funktionsdefinition wird zwischen die beiden runden Klammern im Funktionskopf eine sogenannte *formale Parameterliste* eingeschoben. Die Parameterliste besteht aus keiner, einer oder mehreren durch Kommata getrennten Parameterdeklarationen. Eine Parameterdeklaration hat dabei eine ähnliche Gestalt wie die Variablendefinition aus Abbildung 14.6. Was fehlt, ist ein expliziter

Initialisierungsausdruck. In der Tat handelt es sich bei einem Parameter auch um eine ganz normale Variable. Sie ist lokal bezüglich des Funktionsrumpfes. Ihr können im Funktionsrumpf ihrem Typ entsprechend Werte zugewiesen werden und sie kann bei der Bildung von Typ konformen Ausdrücken innerhalb des Funktionsrumpfes eingesetzt werden. Man nennt die Parameter innerhalb der Funktionsdefinition auch *formale Parameter* oder *Parametervariablen*.

Der Funktionsaufruf wird durch die Angabe einer *aktuellen Parameterliste* zwischen den runden Klammern erweitert. Die durch Kommata getrennten Elemente dieser Liste werden als *aktuelle Parameter* bezeichnet. Hierbei handelt es sich um Ausdrücke.

Bezüglich der Definition von Funktionen mit (formalen) Parametern und dem Aufruf von Funktionen mit (aktuellen) Parametern sind folgende zusätzliche Bedingungen zu beachten:

- Die Anzahl der aktuellen Parameter beim Aufruf einer Funktion muss gleich der Anzahl der formalen Parameter der Funktionsdefinition sein.

- Für alle Parameter in der angegebenen Reihenfolge muss gelten: Der Typ eines aktuellen Parameters muss konform sein zum Typ des entsprechenden formalen Parameters (boolesche Ausdrücke sind konform zum Typ `boolean`, arithmetische Ausdrücke sind konform zum Typ `int`, ...).

16.2.2 Gestaltungskonventionen

Fügen Sie bei mehr als einem Parameter sowohl in der formalen als auch in der aktuellen Parameterliste hinter dem Komma ein Leerzeichen ein.

Die Parameter sollten sowohl bei der Funktionsdefinition als auch beim Funktionsaufruf in derselben Zeile wie der Funktionsname platziert werden. Wenn bei einer Funktionsdefinition die Zeile mit dem Funktionskopf zu lang wird (Sie erinnern sich: maximal 80 Zeichen), sollten die einzelnen Parameterdeklarationen untereinander in jeweils einer separaten Zeile stehen.

16.2.3 Semantik

Wird eine Funktion mit Parametern aufgerufen, so passiert folgendes: Die aktuellen Parameter – hierbei handelt es sich ja um Ausdrücke – werden berechnet, und zwar immer von links nach rechts, falls es sich um mehr als einen Parameter handelt. Für jeden formalen Parameter der formalen Parameterliste wird im Funktionsrumpf eine lokale Variable angelegt. Diese Variablen werden anschließend – bei Beachtung der Reihenfolge innerhalb der Parameterlisten – mit dem Wert des entsprechenden aktuellen Parameters initialisiert. Man spricht in diesem Zusammenhang auch von *Parameterübergabe*: Der Wert eines aktuellen Parameters wird beim Aufruf einer Funktion einem formalen Parameter der Funktion als Initialisierungswert übergeben.

16.2.4 Beispiele

Es folgen ein paar Beispiele, die den Einsatz von Parametern demonstrieren sollen.

16.2.4.1 Prozedur drehDich

Zunächst soll das erste Beispiel aus Abschnitt 16.1 durch Verwendung des Parameterkonzeptes realisiert werden: Der Hamster soll sich „grad"-mal drehen, wobei „grad" ein Parameter ist.

```
void drehDich(int grad) {
    int anzahlDrehungen = grad / 90;
    while (anzahlDrehungen > 0) {
        linksUm();
        anzahlDrehungen--;
    }
}

void main() {
    int links = 90;
    int kehrt = 180;

    drehDich(links);
    drehDich(kehrt);
    drehDich(links + kehrt);
}
```

In dem Beispiel besitzt die Prozedur drehDich einen formalen Parameter mit dem Namen grad und dem Typ int. Dieser Parameter – genauer der Wert dieses Parameters – wird innerhalb der Prozedur genutzt, um die Anzahl an Drehungen zu berechnen, die der Hamster durchführen soll. Der (initiale) Wert des Parameters wird nun jedoch nicht bereits bei der Definition der Prozedur festgelegt, vielmehr wird er der Prozedur jedes Mal bei ihrem Aufruf übergeben.

Innerhalb der main-Prozedur befinden sich drei Aufrufe der Prozedur drehDich. Beim ersten Aufruf wird der Prozedur als aktueller Parameter der Wert des Ausdrucks links übergeben, wobei links eine Variable vom Typ int ist. Alle Nebenbedingungen des Prozeduraufrufs (Anzahl formaler Parameter gleich Anzahl aktueller Parameter und die Typkonformität der einzelnen Parameter) sind erfüllt. Die Variable links enthält zum Zeitpunkt des Prozeduraufrufs den Wert 90. Folglich wird der Prozedur als aktueller Parameter der Wert 90 übergeben, d.h. bei diesem Prozeduraufruf wird die Parametervariable grad mit dem Wert 90 initialisiert. Der Initialisierungsausdruck für die lokale Variable anzahlDrehungen ergibt also den Wert 1 (90 / 90), der Hamster dreht sich genau einmal nach links.

Beim zweiten Aufruf der Prozedur drehDich innerhalb der main-Prozedur wird als aktueller Parameter der Wert der Variablen kehrt übergeben. Dieser beträgt zum Zeitpunkt des Prozeduraufrufs 180. In diesem Fall wird also die Parametervariable grad der Prozedur drehDich mit dem Wert 180 initialisiert, sodass die Berechnung des Initialisierungsausdrucks der lokalen Variablen anzahlDrehungen den Wert 2 (180/90) ergibt.

Beim dritten Aufruf der Prozedur drehDich wird der aktuelle Parameter durch den Ausdruck links + kehrt berechnet; dieser liefert zu diesem Zeitpunkt den Wert 270 (90 + 180). Folglich wird die Parametervariable grad der Prozedur mit dem Wert 270 initialisiert, was wiederum zur Folge hat, dass die lokale Variable anzahlDrehungen mit dem Wert 3 (270/90) initialisiert wird.

16.2.4.2 Prozedur `felderVor`

Die Implementierung des zweiten Beispiels aus Abschnitt 16.1 (der Hamster soll „anzahl" Schritte nach vorne laufen, wobei „anzahl" ein Parameter ist) hat folgende Gestalt:

```
void felderVor(int anzahl) {
    while ((anzahl > 0) && vornFrei()) {
        vor();
        anzahl--;
    }
}

void main() {
    felderVor(1);
    linksUm();

    felderVor(3 * -5);
    linksUm();

    int n = 7;
    felderVor(n);
    linksUm();

    int anzahl = 4;
    felderVor(anzahl);
    linksUm();
}
```

Wir definieren also eine Funktion namens `felderVor` mit einem formalen Parameter vom Typ `int` und dem Namen `anzahl`. Diesen formalen Parameter benutzen wir in der Funktion genauso wie eine normale Variable. In der Bedingung der while-Schleife wird der Parameter bspw. zur Bildung eines Vergleichsausdrucks eingesetzt. Im Schleifenrumpf wird ihm ein neu berechneter Wert zugewiesen.

Was in der Funktionsdefinition fehlt, ist lediglich eine Initialisierung der Variablen `anzahl` mit einem Wert, die jedoch dringend notwendig ist, um die Funktion sinnvoll ausführen zu können. Diese Initialisierung erfolgt beim Funktionsaufruf. In der ersten Zeile des Rumpfes der main-Prozedur wird die Funktion mit dem Wert *1* als aktuellem Parameter aufgerufen, der durch das int-Literal „1" geliefert wird. Dementsprechend wird – bevor die Anweisungen des Funktionsrumpfes ausgeführt werden – der formale Parameter `anzahl` mit dem Wert 1 initialisiert.

Das zweite Mal wird die Funktion `felderVor` mit dem Wert *-15* als erstem und einzigen aktuellen Parameter aufgerufen, der durch den arithmetischen Ausdruck 3 * -5 berechnet wird. Dieses Mal wird der formale Parameter `anzahl` der Funktion also mit dem Wert *-15* initialisiert, bevor die Anweisungen des Funktionsrumpfes ausgeführt werden.

Beim dritten Funktionsaufruf wird der aktuelle Wert der Variablen n (der beträgt zur Zeit des Funktionsaufrufs *7*, bedingt durch die vorangehende Zuweisung) als aktueller Parameter genutzt, d.h. der formale Parameter `anzahl` wird mit dem aktuellen Wert *7* der Variablen n initialisiert. Von besonderer Bedeutung ist in diesem Zusammenhang die Tatsache, dass es sich bei der Variablen n und der Parametervariablen `anzahl` um zwei verschiedene Variablen handelt, für die beide eigener Speicherplatz reserviert ist. Die Manipulation der Variablen `anzahl` innerhalb des Funktionsrumpfes hat keinen Einfluss auf die Variable n. Als Parameter werden in der Hamster-Sprache (und in

Java) lediglich Werte übergeben, keine Variablen selbst. Man nennt diesen Parameterübergabeme-
chanismus deshalb auch *call-by-value-Parameterübergabe*. In anderen Programmiersprachen gibt
es andere Formen der Parameterübergabe. Beim *call-by-reference* werden bspw. Speicheradressen
von Variablen übergeben, sodass der Wert einer als aktueller Parameter übergebenen Variablen innerhalb des Funktionsrumpfes verändert werden kann. Das ist in der Hamster-Sprache (und in Java)
nicht möglich, hier existiert ausschließlich die call-by-value-Parameterübergabe, weshalb die weiteren Mechanismen an dieser Stelle auch nicht weiter vertieft werden sollen.

Im obigen Beispiel wird die Funktion `felderVor` in der main-Prozedur auch noch ein viertes Mal
aufgerufen. Lassen Sie sich nicht dadurch verwirren, dass hier der aktuelle und der formale Parameter dieselben Namen haben. Es existieren zwei verschiedene Variablen, allerdings mit demselben
Namen. Eine ist lokal zur Prozedur `main`, die andere lokal zur Funktion `felderVor`. Übergeben wird
nur der aktuelle Wert der zu `main` lokalen Variablen `anzahl` (hier *4*), mit der die zu `felderVor` lokale Variable `anzahl` initialisiert wird. Insbesondere hat die Manipulation der Variablen `anzahl` im
Schleifenrumpf innerhalb der Funktion `felderVor` keinen Einfluss auf die lokale Variable `anzahl`
der main-Prozedur, d.h. nach Verlassen der Prozedur `felderVor` speichert die Variable `anzahl` der
main-Prozedur immer noch den Wert *4*.

16.2.4.3 Weitere Beispiele

Das folgende Beispiel enthält syntaktische Fehler:

```
/*
 * drehe dich linksum, falls der Wert true uebergeben wird,
 * ansonsten drehe dich rechtsum
 */
void drehen(boolean richtung) {
    if (richtung) {
        linksUm();
    } else {
        linksUm();
        linksUm();
        linksUm();
    }
}

/*
 * falls als erster Wert false uebergeben wird, laufe falls
 * moeglich änzahl" Felder nach hinten, ansonsten laufe
 * falls moeglich änzahl" Felder nach vorne;
 * liefere die Anzahl an tatsaechlich gelaufenen Feldern
 * als Funktionswert
 */
int felderVor(boolean richtung, int anzahl) {
    int schritte = 0;
    if (!richtung) {
        linksUm();
        linksUm();
    }
```

```
    while ((anzahl > 0) && vornFrei()) {
        vor();
        anzahl--;
        schritte++;
    }
    if (!richtung) {
        linksUm();
        linksUm();
    }
    return schritte;
}

void main() {
    drehen(true, false);        // Fehler
    drehen(8);                  // Fehler
    if (felderVor(8, true) < 8) {   // Fehler
        linksUm();
    }
}
```

In der ersten Anweisung der main-Prozedur wird die Funktion drehen mit zwei aktuellen Parametern aufgerufen, obwohl die Funktion nur einen einzelnen formalen Parameter besitzt. Die zweite
Anweisung der main-Prozedur enthält ein weiteres Beispiel für einen fehlerhaften Aufruf der Funktion drehen, da der Typ des aktuellen Parameters (arithmetischer Ausdruck) nicht konform ist zum
Typ des formalen Parameters (Typ boolean). Auch der Funktionsaufruf der Funktion felderVor
in der Bedingung der if-Anweisung in der main-Prozedur produziert eine Fehlermeldung des Compilers, da der erste aktuelle Parameter vom Typ int und der zweite aktuelle Parameter vom Typ
boolean sind, der erste formale Parameter der Funktion jedoch vom Typ boolean und der zweite
formale Parameter vom Typ int sind.

16.2.5 Funktionsaufrufe als aktuelle Parameter

Aktuelle Parameter sind Ausdrücke, die vor dem Aufruf einer Funktion berechnet werden. Auch
Funktionen selbst liefern im Allgemeinen Werte, d.h. ihr Aufruf stellt also einen speziellen Ausdruck
dar. Aus diesem Grund können auch Funktionsaufrufe in der aktuellen Parameterliste auftreten, wie
das folgende korrekte Beispiel illustriert:

```
/*
 * liefere als Funktionswert die Summe der Ganzen Zahlen
 * von 1 bis n
 */
int summe(int n) {
    int ergebnis = 0;
    int zaehler = 1;
    while (zaehler <= n) {
        ergebnis += zaehler;
        zaehler++;
    }
```

```
    return ergebnis;
}

/*
 * liefere als Funktionswert das Produkt der Ganzen Zahlen
 * von 1 bis n;
 * man nennt diese Funktion auch die Fakultaet von n
 */
int fakultaet(int n) {
    int ergebnis = 1;
    int zaehler = 2;
    while (zaehler <= n) {
        ergebnis *= zaehler;
        zaehler++;
    }
    return ergebnis;
}

// laufe falls moeglich änzahl" Felder nach vorne
void felderVor(int anzahl) {
    while ((anzahl > 0) && vornFrei()) {
        vor();
        anzahl--;
    }
}

// Hauptprogramm
void main() {
    int n = 4;

    felderVor(summe(3));                          // Anweisung 2
    felderVor(fakultaet(n) - summe(n - 1));       // Anweisung 3
    felderVor(summe(fakultaet(fakultaet(3))));    // Anweisung 4
}
```

In Anweisung 2 der main-Prozedur wird die Prozedur `felderVor` mit einem aktuellen Parameterwert aufgerufen, der zuvor durch den Aufruf der Funktion summe mit dem aktuellen Parameterwert 3 berechnet wird. Bevor die Prozedur `felderVor` ausgeführt werden kann, muss zunächst einmal der Ausdruck summe(3) berechnet werden; dieser liefert durch Ausführung der Funktion summe den Wert *6*. Der Wert *6* wird dann als aktueller Parameter der Prozedur `felderVor` übergeben.

In Anweisung 3 der main-Prozedur findet sich ein weiterer Aufruf der Prozedur `felderVor`. Der Ausdruck zur Berechnung des aktuellen Parameters ist hier ein wenig komplexer. Zunächst werden die Funktion `fakultaet` mit dem Wert *4* (aktueller Wert der Variablen n) und anschließend die Funktion summe mit dem Wert *3* (Ergebnis der Berechnung des Ausdrucks $n-1$) ausgeführt. Die Funktion `fakultaet` liefert den Wert *24*, die Funktion summe den Wert *6*. Die Differenz dieser beiden Werte ergibt den Wert *18*. Dieser Wert wird als Parameter der Prozedur `felderVor` übergeben, sodass der Hamster hier im Maximalfall 18 Schritte nach vorne laufen wird.

Noch komplexer erscheint der Aufruf der Prozedur `felderVor` in Anweisung 4 der main-Prozedur. Bevor die Prozedur mit einem definierten Wert aufgerufen werden kann, muss dieser Wert zunächst berechnet werden. Dazu ist ein Aufruf der Funktion summe erforderlich. Aber auch hier ist die Berechnung des aktuellen Parameters nicht einfach, es muss die Funktion fakultaet aufgerufen werden. Deren aktueller Parameter ergibt sich auch wieder durch die Berechnung eines Funktionswert, nämlich durch den Aufruf der Funktion fakultaet mit dem Wert *3*. Die Reihenfolge der Auswertung sieht also folgendermaßen aus: Zunächst wird die Funktion fakultaet mit dem aktuellen Parameterwert *3* aufgerufen. Die Funktion liefert den Wert *6* zurück. Mit diesem Wert wird die Funktion fakultaet ein weiteres Mal aufgerufen; sie liefert dieses Mal den Wert *720*. Dieser Wert wird der Prozedur summe übergeben. Sie liefert den Wert *519120*. Schließlich wird also die Prozedur felderVor mit dem Wert *519120* aufgerufen.

16.2.6 Auswertungsreihenfolge der aktuellen Parameterliste

Besitzt eine Funktion mehrere Parameter, so werden bei ihrem Aufruf die Ausdrücke in der aktuellen Parameterliste immer von links nach rechts ausgewertet. Das folgende Beispiel demonstriert diesen Sachverhalt:

```
1  int summe(int p1, int p2, int p3) {
2      return p1 + p2 + p3;
3  }
4
5  void main() {
6      int n = 3;
7      int s = summe(n, n = n + 1, n);
8      while ((s > 0) && kornDa()) {
9          nimm();
10         s--;
11     }
12 }
```

In Zeile 7 wird die Funktion summe aufgerufen, die die Summe ihrer drei Parameter als Funktionswert liefert. Die aktuelle Parameterliste beim Funktionsaufruf besteht aus den drei Ausdrücken n, $n = n + 1$ und n in dieser Reihenfolge. Da die Auswertung der Parameterausdrücke von links nach rechts erfolgt, wird zuerst der linke Ausdruck n berechnet. Dieser liefert den Wert *3*, da in der Anweisung zuvor die Variable n mit dem Wert *3* initialisiert worden ist. Als nächstes wird der Ausdruck $n = n + 1$ berechnet. Dieser weist zunächst der Variablen n den Wert *4* (*3 + 1*) zu und liefert dann diesen Wert *4*, nämlich den aktuellen Wert der Variablen n. Als dritter Ausdruck wird zum Schluss der rechte Ausdruck n berechnet, der nun aber nicht mehr den Wert *3* liefert, wie der erste Ausdruck n, sondern den Wert *4*, da zwischenzeitlich ja bei der Auswertung des zweiten Parameters der Variablenwert verändert wurde. Insgesamt wird die Funktion summe also mit den drei Werten *3*, *4* und *4* in dieser Reihenfolge aufgerufen.

16.3 Überladen von Funktionen

In diesem Abschnitt wird der Aspekt der Eindeutigkeit von Funktionsnamen ein wenig aufgeweicht. Wir hatten ja in Kapitel 8.2 bzw. 15.4 gelernt, dass in einem Programm nicht zwei gleichnamige Funktionen definiert werden dürfen.

Ab nun gilt: In einem Programm dürfen zwei oder mehrere Funktionen denselben Namen besitzen, falls sich ihre formalen Parameterlisten

- durch die Anzahl an Parametern oder

- durch einen unterschiedlichen Typ mindestens eines Parameters

unterscheiden. Man nennt dieses Prinzip auch *Überladen* von Funktionen. Die tatsächlich aufgerufene Funktion wird dann beim Funktionsaufruf anhand der Anzahl bzw. Typen der aktuellen Parameterliste bestimmt.

In folgendem Beispiel sind insgesamt fünf Funktionen mit demselben Namen summe definiert:

```java
1  int summe(int op1) {
2      return op1 + op1;
3  }
4
5  int summe(int op1, int op2) {
6      return op1 + op2;
7  }
8
9  int summe(int op1, boolean minus) {
10     if (minus) {
11         return -op1;
12     } else {
13         return op1;
14     }
15 }
16
17 int summe(boolean doppelt, int op1) {
18     if (doppelt) {
19         return 2 * op1;
20     } else {
21         return op1;
22     }
23 }
24
25 int summe() {
26     return 0;
27 }
28
29 void main() {
30     int erg = 0;
31     erg += summe(2);              // summe in Zeile 1
32     erg += summe(3, erg);         // summe in Zeile 5
33     erg += summe(-2, true);       // summe in Zeile 9
34     erg += summe(!vornFrei(), 5); // summe in Zeile 17
35     erg += summe();               // summe in Zeile 25
36 }
```

Folgendes Programm ist syntaktisch nicht korrekt:

```
1  int laufe(int anzahl) {
2      int schritte = 0;
3      while (vornFrei() && (anzahl > 0)) {
4          vor();
5          anzahl--;
6          schritte++;
7      }
8      return schritte;
9  }
10
11 boolean laufe(int anzahl) {
12     linksUm();
13     linksUm();
14     while (vornFrei() && (anzahl > 0)) {
15         vor();
16         anzahl--;
17     }
18     linksUm();
19     linksUm();
20     return (anzahl <= 0);
21 }
22
23 void main() {
24     int ergebnis1     = laufe(2);
25     boolean ergebnis2 = laufe(3);
26     laufe(4);
27 }
```

In diesem Beispiel unterscheiden sich zwar die Typen der beiden Funktionen laufe, nicht aber ihre Parameterlisten. Letzteres ist jedoch unbedingt erforderlich. Einen Grund hierfür sehen Sie in Zeile 26. Hier wird die Funktion laufe in Form einer Ausdrucksanweisung aufgerufen. Der Compiler kann hier nicht entscheiden, welche der beiden laufe-Funktionen denn nun tatsächlich ausgeführt werden soll.

Im Grunde genommen handelt es sich bei den vier Grundbefehlen des Hamsters vor, linksUm, gib und nimm auch um durch die Hamster-Sprache selbst vordefinierte Prozeduren und bei den Testbefehlen vornFrei, kornDa und maulLeer um vordefinierte boolesche Funktionen. Auch diese Prozeduren bzw. Funktionen und selbst die main-Prozedur dürfen überladen werden:

```
// Hauptprogramm
void main()  {
    main(vornFrei());   // Aufruf der ueberladenen main-Prozedur
}

// Ueberladen des Grundbefehls vor
void vor(int anzahl)  {
    while ((anzahl > 0) && vornFrei()) {
        vor();   // Aufruf des Grundbefehls vor
        anzahl--;
```

```
        }
    }

    // Ueberladene main-Prozedur
    void main(boolean frei)  {
        if (!frei) {
            linksUm();
        }
        vor();          // Aufruf des Grundbefehls vor
        linksUm();
        vor(5);         // Aufruf des ueberladenen Grundbefehls vor
    }
```

16.4 Parameterliste variabler Länge

Schauen Sie sich einmal die folgende Funktion an:

```
int summe(int zahl1, int zahl2) {
    return zahl1 + zahl2;
}
```

Sie liefert die Summe zweier als Parameter übergebener Zahlen. Möchte ein Programmierer nun jedoch nicht nur eine Funktion zum Summieren von zwei, sondern auch von drei oder vier Zahlen nutzen, muss er dies analog in weiteren Funktionen definieren:

```
int summe(int zahl1, int zahl2, int zahl3) {
    return zahl1 + zahl2 + zahl3;
}

int summe(int zahl1, int zahl2, int zahl3, int zahl4) {
    return zahl1 + zahl2 + zahl3 + zahl4;
}
```

Beim Aufruf der Funktionen bestimmt die Anzahl an aktuellen Parametern, welche Funktion tatsächlich aufgerufen wird.

```
1 void main() {
2     int s1 = summe(3, 5);
3     int s2 = summe(66, 5, s1);
4     s1     = summe(67, s1, -3, s2);
5     s2     = summe(4, 7, s1, s2 - 2, 88);   // Fehler
6 }
```

In Zeile 2 wird die Funktion mit zwei int-Parametern, in Zeile 3 die mit drei int-Parametern und in Zeile 4 die mit vier int-Parametern aufgerufen. Beim Funktionsaufruf in Zeile 5 liefert der Compiler einen Fehler, weil eine Funktion summe mit fünf int-Parametern nicht definiert ist.

Seit der Version 5.0 von Java existiert mit dem sogenannten *varargs-Konstrukt* eine Lösung für dieses Problem und wir nehmen dieses Konstrukt natürlich auch in die Hamster-Sprache auf. Versieht man in der formalen Parameterliste einer Funktion einen Parameter hinter dem Typ mit drei Punkten, dann bedeutet das, dass an dieser Stelle beim Funktionsaufruf beliebig viele aktuelle Parameter dieses Typs übergeben werden können.

```
1  int summe(int... zahlen) {  // varargs-Parameter
2       // Implementierung siehe unten
3  }
4
5  void main() {
6       int s1 = summe(3, 5);
7       int s2 = summe(66, 5, s1);
8       s1   = summe(67, s1, -3, s2);
9       s2   = summe(4, 7, s1, s2 - 2, 88);
10      s2   = summe(1, 2, 3, 4, 5, 6, 7, 8, 9, 10);
11 }
```

Nun ist auch der Aufruf der Funktion summe mit fünf Parametern und sogar ein Aufruf mit zehn Parametern möglich. In allen Fällen wird die Funktion summe mit dem varargs-Parameter aufgerufen.

Beachten Sie bitte: Eine Funktion darf maximal einen varargs-Parameter besitzen und dieser muss an letzter Stelle der formalen Parameterliste stehen.

Wie kann nun aber die Funktion summe implementiert werden? Sei parameter der Name eines formalen varargs-Parameters, dann gilt:

- Der Ausdruck parameter.length liefert innerhalb des Funktionsrumpfes die Anzahl an aktuellen varargs-Parametern beim Aufruf der Funktion.

- Sei a ein int-Ausdruck, der einen Wert zwischen 0 und parameter.length - 1 liefert. Dann liefert der Ausdruck parameter[a] innerhalb des Funktionsrumpfes den Wert des (a-1)-sten aktuellen varargs-Parameters.

Damit kann die Funktion summe wie folgt implementiert werden:

```
int summe(int... zahlen) {
    int ergebnis = 0;
    int parameterNummer = 0;
    while (parameterNummer < zahlen.length) {
        ergebnis += zahlen[parameterNummer];
        parameterNummer++;
    }
    return ergebnis;
}
```

In der while-Schleife werden alle übergebenen varargs-Parameter summiert.

Achten Sie bitte darauf, dass der Ausdruck parameter[0] den ersten aktuellen varargs-Parameterwert und parameter[parameter.length - 1] den letzten aktuellen varargs-Parameterwert liefern. Beim Zugriff auf parameter[parameter.length] würde es zu einem Laufzeitfehler kommen, weil ja ein entsprechender Parameter gar nicht existiert.

16.5 Beispielprogramme

In diesem Abschnitt werden einige Beispiele für Hamster-Programme gegeben, die Ihnen den Einsatz von Parametern bei der Definition und beim Aufruf von Prozeduren und Funktionen demonstrieren sollen. Beachten Sie, dass in den Programmen vollständig auf die Benutzung globaler Variablen verzichtet wird. Schauen Sie sich die Beispiele genau an und versuchen Sie, die vorgestellten Lösungen nachzuvollziehen.

16.5.1 Beispielprogramm 1

Aufgabe:
Der Hamster hat eine „verschlüsselte" Schatzkarte gefunden. Der „Schatz" besteht aus einem ganz besonders leckeren Korn. Nach intensivem Überlegen hat der Hamster den Verschlüsselungsalgorithmus entdeckt. Nun will er sich auf die Schatzsuche begeben.

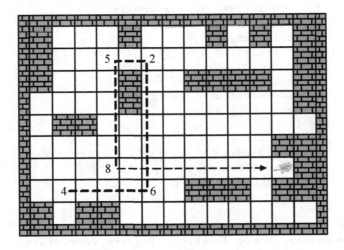

Abbildung 16.2: Beispiel für eine „Schatzsuche"

Der Lösungsalgorithmus sieht folgendermaßen aus: Die Anzahl an Körnern auf einer Kachel teilt dem Hamster mit, wie viele Kacheln er in welche Richtung (aus der Sicht des Hamsters!) laufen muss. Ist die Anzahl durch die Zahl 4 teilbar, dann muss der Hamster die der Körneranzahl entsprechende Anzahl an Feldern nach Osten laufen. Dort trifft er erneut auf einen Kornhaufen, der ihm den weiteren Weg andeutet. Ist die Zahl nicht durch 4, wohl aber durch 3 teilbar, dann ist die einzuschlagende Richtung Norden. Bei einer weder durch 4 noch durch 3 aber durch 2 teilbaren Zahl, muss sich der Hamster nach Westen durchschlagen. Ansonsten ist die Zielrichtung Süden. Der Hamster erkennt den Schatz daran, dass ein gefundener Kornhaufen aus nur einem einzigen Korn besteht.

Anfangs steht der Hamster mit Blickrichtung Ost im Kornfeld. Außerdem ist sichergestellt, dass der Weg von einem Kornhaufen zum nächsten nicht durch Mauern versperrt ist und dass die Schatzkarte auf jeden Fall korrekt ist. Abbildung 16.2 skizziert eine „Schatzsuche" des Hamsters.

Lösung:

```
void main() {

    /*
     * speichert die aktuelle Blickrichtung des Hamsters:
     * Kodierung der Blickrichtung:
     * 0 = Ost , 1 = Nord , 2 = West , 3 = Sued
     */
    int blickrichtung = 0;
    int anzahl = anzahlKoerner();
    while (anzahl != 1) {
        if (anzahl % 4 == 0) { // durch 4 teilbar

            // nach Osten (0) ausrichten
            ausrichten(blickrichtung, 0);
            blickrichtung = 0;
        } else if (anzahl % 3 == 0) { // durch 3 teilbar

            // nach Norden (1) ausrichten
            ausrichten(blickrichtung, 1);
            blickrichtung = 1;
        } else if (anzahl % 2 == 0) { // durch 2 teilbar

            // nach Westen (2) ausrichten
            ausrichten(blickrichtung, 2);
            blickrichtung = 2;
        } else {

            // nach Sueden (3) ausrichten
            ausrichten(blickrichtung, 3);
            blickrichtung = 3;
        }

        /*
         * entsprechende Anzahl an Feldern vorruecken und
         * auf dem neuen Feld die Koerneranzahl ermitteln
         */
        vor(anzahl);
        anzahl = anzahlKoerner();
    }

    // Hurra! Der Schatz ist gefunden!
    nimm();
}

/*
 * liefert die Anzahl an Koernern auf einem Feld
 * (ohne Seiteneffekte)
 */
int anzahlKoerner() {
```

```
    int anzahl = 0;
    while (kornDa()) {
        nimm();
        anzahl++;
    }

    // zur Vermeidung von Seiteneffekten!
    int speicher = anzahl;
    while (speicher > 0) {
        gib();
        speicher--;
    }

    return anzahl;
}

/*
 * änzahl"-Felder vorruecken
 */
void vor(int anzahl) {
    while (anzahl > 0) {
        vor();
        anzahl--;
    }
}

/*
 * in neue Blickrichtung ausrichten;
 * Kodierung der Blickrichtung:
 * 0 = Ost
 * 1 = Nord
 * 2 = West
 * 3 = Sued
 */
void ausrichten(int aktuelleRichtung,
                int neueRichtung) {
    linksUm((neueRichtung + 4 - aktuelleRichtung) % 4);
}

// dreht sich so oft nach links, wie der Parameterwert anzeigt
void linksUm(int anzahlDrehungen) {
    while (anzahlDrehungen > 0) {
        linksUm();
        anzahlDrehungen--;
    }
}
```

Lösungshinweise:
Interessant ist die Prozedur ausrichten. Aufgrund der gewählten Codierung der Blickrichtungen (0 = Ost, 1 = Nord, 2 = West, 3 = Süd) kann sie recht knapp durch Aufruf der überladenen Prozedur linksUm formuliert werden. Wenn die neue Blickrichtung wertmäßig größer ist als die alte, muss

sich der Hamster so oft linksum drehen, wie die Differenz der beiden Werte ausmacht. Im anderen Fall addiert er vorher einfach 4 zum Wert der neuen Blickrichtung hinzu. Damit die Formel für beide Fälle gleich ist, wird auch im ersten Fall 4 zur neuen Blickrichtung addiert und die Differenz anschließend modulo 4 genommen.

16.5.2 Beispielprogramm 2

Mit Hilfe von Parametern können wir Beispielprogramm 3 aus Kapitel 14.10.3 lösen, ohne globale Variablen benutzen zu müssen.

Aufgabe:
Der Hamster befindet sich in einem geschlossenen, rechteckigen Territorium unbekannter Größe. Im Innern des Territoriums befinden sich keine weiteren Mauern. Auf irgendeinem Feld des Territoriums liegt ein Korn. Der Hamster befindet sich anfangs in der linken unteren Ecke des Territoriums mit Blickrichtung Ost (siehe Beispiele in Abbildung 14.10 (links)). Der Hamster bekommt die Aufgabe, das Korn zu finden und zu fressen.

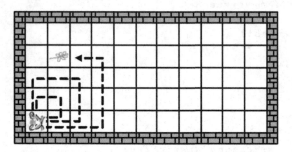

Abbildung 16.3: Typische Hamster-Landschaften zu Beispielprogramm 2

Die angegebene Lösung der Hamster-Aufgabe basiert auf der Idee, dass der Hamster das Territorium in zyklischen Kreisen abgrast. Irgendwann stößt er dann zwangsläufig auf das Korn und frisst es.

Lösung:

```
void main() {

    /*
     * lokale Variable;
     * speichert die Groesse des aktuellen Radius
     */
    int radius = 1;
    while (!kornDa()) {

        // radius wird als Parameter uebergeben
        testeEinenKreis(radius);

        // nach jeder Runde wird der Radius ein Feld groesser
        radius++;
    }
    nimm();
```

```
}

void testeEinenKreis(int radius) {
    int richtungen = 0;

    // ein Kreis besteht aus vier Richtungen
    while (!kornDa() && (richtungen < 4)) {
        testeEineRichtung(radius);
        richtungen++;
    }
}

void testeEineRichtung(int radius) {
    int schritte = 0;

    /*
     * die Ueberpruefung einer Richtung besteht aus der
     * Ueberpruefung von so vielen Feldern, wie der Radius
     * des Kreises aktuell betraegt
     */
    while (!kornDa() && (schritte < radius) && vornFrei()) {
        vor();
        schritte++;
    }

    if (!kornDa()) {
        linksUm();
    }
}
```

16.5.3 Beispielprogramm 3

Aufgabe:
Im Hamster-Territorium befindet sich ein mit Körnern gefülltes rechteckiges Teilgebiet. Der Hamster steht irgendwo in diesem Körnerfeld. Er soll das Körnerfeld abgrasen. Abbildung 16.4 skizziert eine typische Hamster-Landschaft.

Lösungsidee:
Das Problem wird im nachfolgenden Programm folgendermaßen gelöst: Zunächst bestimmt der Hamster die Größe des Kornfeldes und merkt sich die Ausmaße. Anschließend grast er die einzelnen Körnerreihen ab, wobei er die ermittelten Werte benutzt.

Lösung:

```
void main() {
    int breite = bestimmeBreite();
    linksUm();
    int hoehe = bestimmeHoehe();
    kehrt();
```

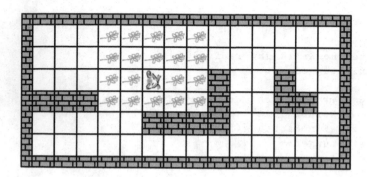

Abbildung 16.4: Typische Hamster-Landschaften zu Beispielprogramm 3

```
        graseFeldAb(breite, hoehe);
}

/*
 * ermittelt die Breite des Feldes;
 * Seiteneffekt: der Hamster steht anschliessend am Rand
 * des Kornfeldes
 */
int bestimmeBreite() {
    int breite = 1;

    // zunaechst in die eine Richtung
    while (vornFrei() && vornKorn()) {
        vor();
        breite++;
    }
    kehrt();

    int zurueck = breite;
    while (zurueck > 1) {
        vor();
        zurueck--;
    }

    // dann in die andere Richtung
    while (vornFrei() && vornKorn()) {
        vor();
        breite++;
    }
    return breite;
}

/*
 * ermittelt die Hoehe des Feldes;
 * Seiteneffekt: der Hamster steht anschliessend in
```

```
 * einer Ecke des Kornfeldes
 */
int bestimmeHoehe() {
    return bestimmeBreite();
}

/*
 * grast das Kornfeld mit der uebergebenen Groesse ab
 */
void graseFeldAb(int breite, int hoehe) {
    while (breite > 0) {
        graseReiheAbUndZurueck(hoehe);
        breite--;
        if (breite > 0) {
            rechtsUm();
            vor();
            rechtsUm();
        }
    }
}

/*
 * grast eine Reihe des Kornfeldes ab und laeuft
 * dann zurueck
 */
void graseReiheAbUndZurueck(int schritte) {

    // hin (mit Aufsammeln) ...
    int zurueck = schritte;
    sammle();
    while (schritte > 1) {
        vor();
        sammle();
        schritte--;
    }

    // ... und zurueck
    kehrt();
    while (zurueck > 1) {
        vor();
        zurueck--;
    }
}

/*
 * sammle alle Koerner auf einer Kachel auf
 */
void sammle() {
    while (kornDa()) {
        nimm();
    }
}
```

```
}

/*
 * ueberprueft, ob die Kachel vor dem Hamster ein Korn enthaelt
 * (ohne Seiteneffekte)
 */
boolean vornKorn() {
    if (!vornFrei()) {
        return false;
    }
    vor();
    boolean da = kornDa();

    // zur Vermeidung von Seiteneffekten
    kehrt();
    vor();
    kehrt();
    return da;
}

void rechtsUm() {
    kehrt();
    linksUm();
}

void kehrt() {
    linksUm();
    linksUm();
}
```

16.6 Übungsaufgaben

Nun sind wieder Sie gefordert; denn in diesem Abschnitt werden Ihnen einige Hamster-Aufgaben gestellt, die sie selbstständig zu lösen haben. Vermeiden Sie zur Lösung der Aufgaben möglichst die Benutzung globaler Variablen. Greifen Sie stattdessen auf Parameter zurück, um die Funktionen mit benötigten Werten zu versorgen, und nutzen Sie Funktionsrückgabewerte, um Werte, die eine Funktion berechnet hat, wieder nach außen zu liefern.

Denken Sie sich darüber hinaus selbst weitere Hamster-Aufgaben aus und versuchen Sie, diese zu lösen. Viel Spaß!

16.6.1 Aufgabe 1

Gegenüber Beispielprogramm 1 aus Abschnitt 16.5.1 soll der Verschlüsselungsalgorithmus in dieser Aufgabe folgendermaßen abgeändert werden: Ist die Anzahl durch die Zahl 4 teilbar, dann muss der Hamster die der Körneranzahl entsprechende Anzahl an Feldern nach Norden laufen. Ist die Zahl nicht durch 4, wohl aber durch 3 teilbar, dann ist die einzuschlagende Richtung Osten. Bei einer weder durch 4 noch durch 3 aber durch 2 teilbaren Zahl, muss sich der Hamster nach Süden durchschlagen. Ansonsten ist die Zielrichtung Westen.

16.6.2 Aufgabe 2

Implementieren Sie für den Hamster eine Funktion void graseAb(int radius), die folgendes tun soll: Der Hamster soll im Umkreis von radius-Feldern alle Körner einsammeln. Implementieren Sie die Funktion zunächst unter der Voraussetzung, dass sichergestellt ist, dass sich in dem angegebenen Umkreis keine Mauer befindet. Schauen Sie sich dazu die Lösung von Beispielprogramm 2 aus Abschnitt 16.5.2 an. Verallgemeinern Sie dann die Funktion für beliebige Territorien.

16.6.3 Aufgabe 3

Nutzen Sie die in Aufgabe 2 entwickelte Funktion für die Implementierung eines alternativen Lösungsprogramms zu Beispielprogramm 3 aus Abschnitt 16.5.3.

16.6.4 Aufgabe 4

Entwickeln Sie ein alternatives Lösungsprogramm zu der Hamster-Aufgabe des Beispielprogramms 2 aus Abschnitt 14.10.2, in dem keine globalen Variablen verwendet werden. Die Aufgabe lautete: Der Hamster befindet sich in einem geschlossenen, körnerlosen Raum unbekannter Größe. Rechts von ihm befindet sich eine Wand und vor ihm das Feld ist frei (siehe Beispiel in Abbildung 16.5). Der Hamster soll solange an der Wand entlanglaufen, bis er irgendwann wieder sein Ausgangsfeld erreicht. Er hat unter Umständen anfangs kein Korn in seinem Maul!

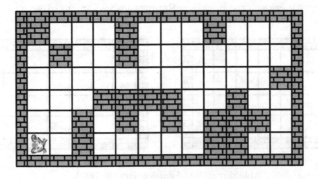

Abbildung 16.5: Typische Hamster-Landschaft zu Aufgabe 4

16.6.5 Aufgabe 5

Der Hamster steht irgendwo in einem durch Mauern abgeschlossenen quadratischen Raum unbekannter Größe ohne innere Mauern und ohne Körner auf den Kacheln. Die Wände sind eine ungerade

Zahl von Kacheln lang. Er hat eine beliebige Anzahl von Körnern im Maul. Seine Aufgabe besteht darin, zentriert im Raum eine rautenförmige Fläche mit seinen Körnern auszulegen. Die Größe der Fläche ist dabei durch die Größe des Raums bzw. durch die Menge an Körnern, die der Hamster bei sich trägt, limitiert. Siehe auch Abbildung 16.6, in der zwei typische Endsituationen skizziert werden. Im linken Teil der Abbildung hatte der Hamster anfangs 15 Körner im Maul, er braucht davon 13 für die Zeichnung der Raute. Im rechten Teil der Abbildung besaß er 100 Körner, wovon er ebenfalls 13 verbraucht hat, um seine Aufgabe zu erledigen.

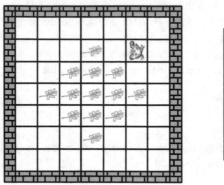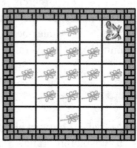

Abbildung 16.6: Typische Endsituationen in Aufgabe 5

16.6.6 Aufgabe 6

Der Hamster steht in der rechten unteren Ecke (Blickrichtung Nord) eines durch Mauern abgeschlossenen ansonsten aber mauerlosen rechteckigen Raumes unbekannter Größe.

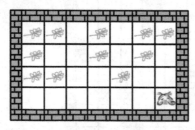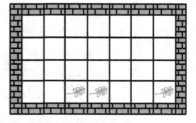

Abbildung 16.7: Addition von Dualzahlen

In der untersten Reihe des Raumes liegen keine Körner, wohl aber in den oberen Reihen. Hier kodieren die einzelnen Reihen jeweils eine Dualzahl (kein Korn da = 0; Korn da = 1). Der Hamster bekommt die Aufgabe, die Dualzahlen zu addieren und das Ergebnis – ebenfalls binär kodiert – in der unteren Reihe abzulegen. Im linken Teil von Abbildung 16.7 sehen Sie ein Beispiel für ein mögliches Ausgangsterritorium; der rechte Teil der Abbildung skizziert das gelöste Problem. Hinweise zum Dualsystem und zur Addition von Dualzahlen finden Sie in Kapitel 4.4.2.

16.6.7 Aufgabe 7

Der Hamster steht in der linken unteren Ecke (Blickrichtung Ost) eines durch Mauern abgeschlossenen ansonsten aber mauerlosen rechteckigen Territoriums unbekannter Größe. Im Territorium befinden sich, wie in Abbildung 16.8 (links) skizziert, vertikale „Körnertürme". Die erste leere Spalte markiert das Ende der Körnertürme.

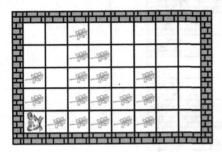
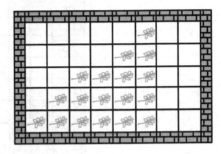

Abbildung 16.8: Sortieren von Körnertürmen

Der Hamster bekommt die Aufgabe, die Körnertürme so zu sortieren, dass sie zum Schluss in aufsteigender Größe im Territorium angeordnet sind (siehe Abbildung 16.8 (rechts)).

16.6.8 Aufgabe 8

Der Hamster befindet sich mit Blickrichtung Ost in der linken unteren Ecke eines rechteckigen körnerlosen mit Mauern begrenzten ansonsten aber mauerlosen Territoriums mit mindestens 4x3 freien Kacheln. Er hat mehr als 12 Körner im Maul. Er soll die Anzahl an Körnern im Maul bestimmen, die Größe des Territoriums ermitteln und dann ein nach dem Schema in Abbildung 16.9 skizziertes „Körnerhaus" zeichnen, das eine maximale Größe aufweist, die durch die Körneranzahl im Maul oder die Größe des Feldes begrenzt ist.

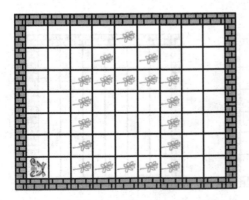

Abbildung 16.9: Typische Endsituationen in Aufgabe 8

16.6.9 Aufgabe 9

Der Hamster steht in der Mitte eines rautenförmigen Territoriums, wie in Abbildung 16.10 skizziert. Er soll auf allen freien Kacheln ein Korn ablegen. Er hat dazu genügend Körner im Maul.

Abbildung 16.10: Typische Endsituationen in Aufgabe 9

16.6.10 Aufgabe 10

Der Hamster steht irgendwo in einem beliebig großen quadratischen geschlossenen Territorium ohne innere Mauern. Auf den Kacheln des Territoriums können beliebig viele Körner liegen (siehe bspw. Abbildung 16.11 (links)). Der Hamster bekommt die Aufgabe, das Territorium um

- 90 Grad gegen den Uhrzeigersinn (siehe Abbildung 16.11 (rechts)),

- 90 Grad mit dem Uhrzeigersinn,

- 180 Grad

zu drehen.

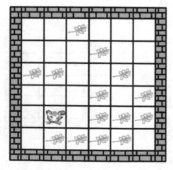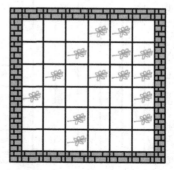

Abbildung 16.11: Typische Hamster-Landschaft zu Aufgabe 10

16.6.11 Aufgabe 11

Der Hamster steht mit Blickrichtung Ost ganz links in einem Territorium mit beliebig vielen Spalten aber nur einer Zeile. Auf den einzelnen Kacheln dieser Zeile können beliebig große Körnerhaufen liegen (siehe bspw. Abbildung 16.12 (links)). Der Hamster bekommt die Aufgabe, die Körnerhaufen der Größe nach zu sortieren, d.h. zum Schluss soll auf der Kachel der ersten Spalte der kleinste Körnerhaufen liegen und für jede weitere Spalte soll gelten, dass die Anzahl an Körnern auf der jeweiligen Kachel größer oder gleich der Anzahl an Körnern auf der Kachel der vorherigen Spalte ist (siehe Abbildung 16.12 (rechts)).

Abbildung 16.12: Typische Hamster-Landschaft zu den Aufgaben 11, 12 und 13

Zum Sortieren verwendet werden soll der sogenannte *Bubblesort-Algorithmus*. Dieser funktioniert auf folgende Art und Weise: Die Kacheln der Zeile werden von rechts nach links durchlaufen. Dabei werden jeweils benachbarte Kacheln miteinander verglichen. Ist die Anzahl an Körnern auf der rechten Kachel kleiner als die Anzahl an Körnern auf der linken Kachel, werden die entsprechenden Körnerhaufen getauscht. Diese Durchläufe durch die Zeile von rechts nach links werden solange wiederholt, bis in einem Durchlauf keine Vertauschung stattgefunden hat. Dann ist die Zeile sortiert.

Durch die fortlaufenden Vertauschungen wird im ersten Durchlauf der kleinste Körnerhaufen ganz nach links transportiert. Im zweiten Durchlauf wird der zweitkleinste Körnerhaufen an seine korrekte Position gebracht, usw.

16.6.12 Aufgabe 12

Die Ausgangssituation in dieser Aufgabe ist dieselbe wie in Aufgabe 11: Es soll eine Körnerreihe sortiert werden. Nur diesmal soll zum Sortieren nicht der Bubblesort-, sondern der sogenannte *Selectionsort-Algorithmus* eingesetzt werden. Dieser funktioniert folgendermaßen:

- Suche den kleinsten Körnerhaufen. Tausche ihn gegen den Körnerhaufen in der ersten Spalte.
- Suche den zweitkleinsten Körnerhaufen. Tausche ihn gegen den Körnerhaufen in der zweiten Spalte.
- Suche den drittkleinsten Körnerhaufen. Tausche ihn gegen den Körnerhaufen in der dritten Spalte.
- ...
- Suche den (n-1)kleinsten Körnerhaufen. Tausche ihn gegen den Körnerhaufen in der (n-1)sten Spalte. n ist dabei die Anzahl an Kacheln der Zeile.

Die Zeile des Territorium besteht also aus einem sortierten linken Teil, der in jedem Schritt um eine Kachel wächst, und einem unsortierten rechten Teil, der entsprechend schrumpft. D.h. bei der Suche nach dem x-kleinsten Körnerhaufen muss nur noch der unsortierte rechte Teil der Zeile ab der x-ten Kachel durchsucht werden, da die linken x-1 Kacheln bereits sortiert sind. Genauer gesagt, muss in jedem Schritt jeweils der kleinste Körnerhaufen des unsortierten Teils gesucht und mit dem Körnerhaufen der ersten Kachel des unsortierten Teils vertauscht werden.

16.6.13 Aufgabe 13

Und nochmal wird der Hamster zum Sortieren aufgefordert. Die Ausgangssituation ist wiederum dieselbe wie in Aufgabe 11. Der Sortieralgorithmus, der in dieser Aufgabe verwendet werden soll, nennt sich *Insertionsort*. Er funktioniert folgendermaßen:

Der Hamster nimmt sich alle Kacheln von links nach rechts vor. Für jede Kachel *i* muss er dabei folgendes tun:

- Friss den Körnerhaufen der Kachel in Spalte *i* und merke dir die Anzahl.

- Suche links von Spalte *i* die sogenannten *Einfügekachel* des Körnerhaufens. Die Suche startet dabei bei Spalte *i*-1 (*Suchindex*) und läuft von rechts nach links. Es wird jeweils verglichen, ob der Körnerhaufen am Suchindex kleiner oder gleich dem gefressenen und gemerkten Körnerhaufen der Spalte *i* ist. Ist das nicht der Fall, wird der Körnerhaufen des Suchindex um eine Kachel nach rechts verschoben. Wird ein solcher Körnerhaufen bei Spalte *j* gefunden, ist die Kachel in Spalte *j*+1 die Einfügekachel. Wird überhaupt kein entsprechender Körnerhaufen gefunden, ist die erste Spalte die Einfügekachel.

- Lege den gefressenen und gemerkten Körnerhaufen der Spalte *i* auf der Einfügekachel wieder ab.

Die Zeile des Territoriums besteht also aus einem sortierten linken Teil, der in jedem Durchlauf um eine Kachel wächst, und einem unsortierten rechten Teil, der entsprechend schrumpft. Betrachtet wird in jedem Durchlauf die erste Kachel des unsortierten Teils, deren Körnerhaufen in den bereits sortierten Teil einsortiert wird.

16.6.14 Aufgabe 14

Der Hamster steht mit Blickrichtung Ost in der linken oberen Ecke eines beliebig großen rechteckigen Territoriums ohne innere Mauern. Auf den einzelnen Kacheln des Territoriums liegen beliebig viele Körner (siehe bspw. Abbildung 16.13 (links)).

 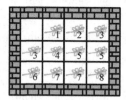

Abbildung 16.13: Typische Hamster-Landschaft zu Aufgabe 14

Der Hamster soll die Körnerhaufen so sortieren, dass ihre Größe von links nach rechts und von oben nach unten wächst (siehe Abbildung 16.13 (rechts)). Welchen Sortieralgorithmus Sie zum Lösen dieser Aufgabe benutzen, ist Ihnen überlassen.

16.6.15 Aufgabe 15

Der Hamster steht mit Blickrichtung Ost in der linken oberen Ecke eines innen mauerlosen Territoriums mit beliebig vielen Spalten aber nur zwei Zeilen. Auf den einzelnen Kacheln befinden sich beliebig viele Körner (siehe bspw. Abbildung 16.14 (links)). Die Folge der Kacheln der unteren Zeile von links nach rechts bis zur ersten freien Kachel – genauer die entsprechenden Größen der Körnernhaufen – wird als *Muster* bezeichnet. In Abbildung 16.14 lautet das Muster 132.

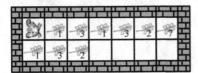 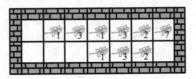

Abbildung 16.14: Typische Hamster-Landschaft zu Aufgabe 15

Der Hamster wird beauftragt, zu überprüfen, ob es in der obersten Zeile eine Kachelfolge gibt, die dem Muster entspricht, d.h. die entsprechenden Kacheln besitzen in derselben Reihenfolge Körnerhaufen derselben Größe. Wenn der Hamster eine solche Kachelfolge findet, soll er die Körnerhaufen des Musters in der unteren Zeile so verschieben, dass sie sich unterhalb der gefundenen Folge der oberen Zeile befinden (siehe Abbildung 16.14 (rechts)).

Eine spezielle Anwendung dieser sogenannten „Mustersuche" ist übrigens die Suche nach Zeichenketten in einem vorgegebenen Text.

Kapitel 17
Rekursion

In diesem Kapitel werden wir kein neues Sprachkonstrukt kennenlernen. Vielmehr wird mit dem Prinzip der Rekursion eine Alternative zu den Wiederholungsanweisungen aus Kapitel 10 eingeführt, mit dem sich bestimmte Probleme wesentlich einfacher, verständlicher, intuitiver und kompakter lösen lassen. Programme bzw. Funktionen, die Wiederholungsanweisungen einsetzen, werden auch *iterative Programme* bzw. *iterative Funktionen* genannt. Programme bzw. Funktionen, die vom Rekursionsprinzip Gebrauch machen, werden dementsprechend als *rekursive Programme* bzw. *rekursive Funktionen* bezeichnet. Sie kommen im Allgemeinen ohne Wiederholungsanweisungen und mit weniger Variablen aus als äquivalente iterative Programme.

Prinzipiell ist das Prinzip der Rekursion entbehrlich. Man kann nämlich beweisen, dass zu jedem rekursiven Programm ein äquivalentes iteratives Programm existiert. Nichtsdestotrotz werden Ihnen einige Beispiele in diesem Kapitel die Vorteile rekursiver Programme illustrieren.

Allerdings sei an dieser Stelle auch angemerkt, dass gerade Programmieranfänger häufig Probleme haben, das Rekursionsprinzip zu verstehen und gezielt einzusetzen. Schauen Sie sich deshalb ganz genau die Beispiele in diesem Kapitel an und versuchen Sie, alle Übungsaufgaben zu bearbeiten. Das Hamster-Modell wird Sie insbesondere durch sein visuelles Feedback beim Ausführen von Hamster-Programmen beim Erlernen der Rekursion unterstützen.

Dieses Kapitel ist so aufgebaut, dass nach einer einleitenden Motivation des Rekursionsprinzips in Abschnitt 1 in Abschnitt 2 zunächst ein paar Begriffe definiert werden. In Abschnitt 3 wird das Rekursionsprinzip danach anhand einiger Beispiele und Anmerkungen veranschaulicht. In Abschnitt 4 werden rekursive Funktionen eingeführt, nachdem in den Abschnitten 1 bis 3 lediglich rekursive Prozeduren behandelt worden sind. Die Abschnitte 5 und 6 erläutern die Auswirkungen der Definition von lokalen Variablen bzw. Parametern in rekursiven Funktionen. Abschnitt 7 stellt das Backtracking-Verfahren vor, ein Lösungsverfahren für eine bestimmte Klasse von Problemen, das auf dem Rekursionsprinzip aufbaut. Anhand einiger Beispielprogramme wird in Abschnitt 8 das Rekursionsprinzip demonstriert. Abschnitt 9 enthält ein paar Übungsaufgaben, an denen Sie die Entwicklung rekursiver Programme selbstständig einüben können.

17.1 Motivation

Schauen Sie sich folgende Hamster-Aufgabe an: Der Hamster soll bis zur nächsten Wand laufen, kehrt machen und zum Ausgangspunkt zurücklaufen. Wir haben diese Aufgabe bereits in Kapitel 14.10.1 durch den Einsatz einer Variablen und einer Wiederholungsanweisung gelöst:

```
void hinUndZurueck() {
    int schritte = 0;

    // laufe zur Wand
```

```
    while (vornFrei()) {
        vor();
        schritte++;
    }

    // kehrt
    linksUm();
    linksUm();

    // laufe zurueck
    while (schritte > 0) {
        vor();
        schritte--;
    }
}

void main() {
    hinUndZurueck();
}
```

Die Prozedur `hinUndZurueck` realisiert also eine iterative Lösung des gegebenen Problems. Eine äquivalente rekursive Lösung bietet folgende rekursiv definierte Prozedur `hinUndZurueckR`:

```
void hinUndZurueckR() {
    if (vornFrei()) {
        vor();
        hinUndZurueckR();
        vor();
    } else {
        linksUm();
        linksUm();
    }
}

void main() {
    hinUndZurueckR();
}
```

Was unterscheidet die beiden Prozeduren `hinUndZurueck` und `hinUndZurueckR`? Zunächst einmal fällt auf, dass in der Prozedur `hinUndZurueckR` weder eine while-Schleife noch eine Variable eingesetzt wird. Das Wesentliche ist jedoch, dass in der Prozedur `hinUndZurueckR` eine Prozedur aufgerufen wird, nämlich `hinUndZurueckR` selbst. Genau dieses Phänomen, dass während der Ausführung einer Funktion die gleiche Funktion ein weiteres Mal aufgerufen wird, wird als *Rekursion* bezeichnet.

17.2 Definitionen

Bevor wir den Begriff der „Rekursion" exakt definieren können, muss zuvor ein weiterer Begriff eingeführt werden, nämlich der Begriff der „Inkarnation".

17.2.1 Inkarnation

Wird während der Ausführung eines Programms eine Funktion aufgerufen, dann spricht man auch davon, dass eine *Inkarnation* dieser Funktion erzeugt wird. Die Inkarnation wird wieder zerstört, wenn die Funktion vollständig abgearbeitet worden ist. Schauen Sie sich dazu folgendes Programm an:

```
void main() {
    sammle();
    laufeUndSammle();
}

void laufeUndSammle() {
    while (vornFrei()) {
        vor();
        sammle();
    }
}

void sammle() {
    while (kornDa()) {
        nimm();
    }
}
```

Beim Aufruf dieses Programms wird zunächst einmal eine Inkarnation der main-Prozedur erzeugt. In der main-Prozedur führt der Aufruf der Prozedur `sammle` zur Erzeugung einer Inkarnation dieser Prozedur. Nach der Abarbeitung der sammle-Prozedur wird diese Inkarnation wieder zerstört. Anschließend wird durch den Aufruf der Prozedur `laufeUndSammle` eine Inkarnation dieser Prozedur erzeugt. Während der Abarbeitung der while-Schleife innerhalb der Prozedur wird jedes Mal erneut eine Inkarnation der sammle-Prozedur erzeugt und zerstört. Hat der Hamster eine Wand erreicht, endet die laufeUndSammle-Prozedur, d.h. die Inkarnation dieser Prozedur wird zerstört. Damit ist aber das gesamte Programm beendet, sodass auch die Inkarnation der main-Prozedur zerstört werden kann.

17.2.2 Rekursion

Nun kann der Begriff der *rekursiven Funktion* exakt definiert werden. Eine Funktion ist *rekursiv* definiert, wenn zu einem Zeitpunkt während der Programmausführung zwei oder mehrere Inkarnationen dieser Funktion existieren (können).

Schauen wir uns einmal die Prozedur `hinUndZurueckR` an:

```
1 void hinUndZurueckR() {
2     if (vornFrei()) {
3         vor();
4         hinUndZurueckR();    // rekursiver Aufruf
5         vor();
6     } else {
```

```
7            linksUm();
8            linksUm();
9        }
10 }
11
12 void main() {
13     hinUndZurueckR();
14 }
```

Tatsächlich kann während der Ausführung der Prozedur hinUndZurueckR die Prozedur in Zeile 4 ein weiteres Mal aufgerufen werden, was dazu führt, dass mehrere Inkarnationen dieser Prozedur gleichzeitig existieren. Folglich ist die Prozedur hinUndZurueckR rekursiv.

Die Prozedur hinUndZurueckR ist ein Beispiel für eine *direkte Rekursion*. Man spricht von direkter Rekursion, wenn sich eine Funktion selbst erneut aufruft. Dementsprechend bezeichnet man als *indirekte Rekursion* das Phänomen, dass von einer Funktion mehrere Inkarnationen existieren, obwohl sich diese nicht selber aufruft. Das folgende Programm gibt ein Beispiel für indirekte Rekursion.

```
void hinUndZurueckIR() {
    if (vornFrei()) {
        laufe();
    } else {
        linksUm();
        linksUm();
    }
}

void laufe() {
    vor();
    hinUndZurueckIR();   // indirekter rekursiver Aufruf
    vor();
}

void main() {
    hinUndZurueckIR();
}
```

Während der Ausführung der Prozedur hinUndZurueckIR, d.h. während der Existenz einer Inkarnation von der Prozedur, kann die Prozedur laufe aufgerufen werden, die einen erneuten Aufruf der Prozedur hinUndZurueckIR, also die Erzeugung einer weiteren Inkarnation der Prozedur, bewirkt.

Übrigens ist das Prinzip der Rekursion nicht auf Funktionen beschränkt. In der Informatik und der Mathematik wird es auch an vielen anderen Stellen eingesetzt. Wir haben es sogar schon einige Male genutzt. Schauen Sie sich bspw. einmal die Abbildung 9.3 an. Diese enthält ein Syntaxdiagramm, das boolesche Ausdrücke rekursiv definiert: Innerhalb des Syntaxdiagramms „boolescher Ausdruck" tritt nämlich der „boolesche Ausdruck" selbst wieder als Nicht-Terminalsymbol auf.

17.2.3 Rekursionstiefe

Die *Rekursionstiefe* einer Funktion ist definiert als die Anzahl der gleichzeitig existierenden Inkarnationen einer Funktion minus 1.

Rekursionstiefe 0 bedeutet somit, dass der aktuelle Aufruf einer Funktion nicht während der Ausführung der gleichen Funktion erfolgt ist. Dies ist bei der Ausführung der obigen Prozedur hinUndZurueckR der Fall, wenn sich der Hamster beim Start des Programms direkt vor einer Mauer befindet. Befindet sich der Hamster beim Aufruf des Programms jedoch bspw. drei Felder vor einer Mauer, so erreicht die Prozedur hinUndZurueckR eine Rekursionstiefe von 2.

17.3 Veranschaulichung des Rekursionsprinzips

In diesem Abschnitt wird das Rekursionsprinzip zunächst anhand zweier Beispiele veranschaulicht. Außerdem wird eine Korrelation zwischen einem bestimmten Typ von iterativen Prozeduren und rekursiven Prozeduren herausgearbeitet. Schließlich wird noch das Problem der Endlosrekursion diskutiert.

17.3.1 Prozedur hinUndZurueckR

Schauen wir uns nun einmal genauer an, was passiert, wenn die Prozedur hinUndZurueckR aufgerufen wird. Abbildung 17.1 enthält mehrere mögliche Ausgangssituationen.

```
void hinUndZurueckR() {
    if (vornFrei()) {
        vor();
        hinUndZurueckR();   // rekursiver Aufruf
        vor();
    } else {
        linksUm();
        linksUm();
    }
}

void main() {
    hinUndZurueckR();
}
```

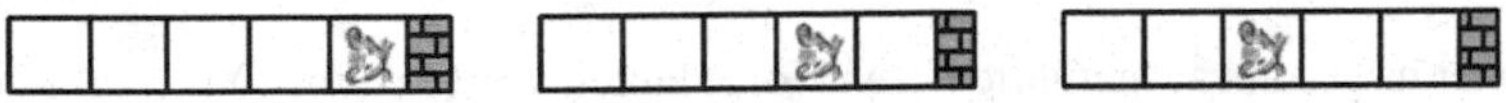

Abbildung 17.1: Rekursionsbeispiel

Zunächst betrachten wird den Fall, dass der Hamster anfangs bereits vor einer Mauer steht (Abbildung 17.1 (a)). In diesem Fall wird direkt der else-Teil der Funktion aufgerufen, der Hamster dreht sich also um, und das Programm ist korrekt beendet.

Im zweiten Fall (Abbildung 17.1 (b)) steht der Hamster zwei Felder vor einer Mauer. Durch die main-Prozedur wird die Prozedur `hinUndZurueckR` ein erstes Mal aufgerufen; der Testbefehl `vornFrei()` liefert den Wert `true`, also hüpft der Hamster zunächst ein Feld nach vorne. Anschließend wird eine zweite Inkarnation der Prozedur `hinUndZurueckR` erzeugt. Bei Ausführung dieser zweiten Inkarnation liefert der Testbefehl `vornFrei()` nun den Wert `false`, d.h. der Hamster dreht sich um. Danach wird die zweite Inkarnation der Prozedur zerstört, und es wird zur ersten Inkarnation, d.h. hinter den Aufruf der hinUndZurueckR-Prozedur zurückgesprungen. Hier wird nun noch der verbleibende vor-Befehl aufgerufen, womit auch die erste Inkarnation der Prozedur sowie die main-Prozedur beendet sind. Und in der Tat wurde das Problem auch in diesem Fall korrekt gelöst: Der Hamster steht wieder an seinem Ausgangspunkt. Der Programmablauf lässt sich folgendermaßen skizzieren:

```
main                     hinUndZurueckR (1.)     hinUndZurueckR (2.)

hinUndZurueckR  --> vornFrei -> true
                    vor
                    hinUndZurueckR        --> vornFrei -> false
                                              linksUm
                                              linksUm
                                          <--
                    vor
                <--
<--
```

Man sieht, der Hamster führt insgesamt folgende Befehlsfolge aus: `vor();` `linksUm();` `links-Um();` `vor();`.

Schauen wir uns nun den dritten Fall an (Abbildung 17.1 (c)). Hier werden insgesamt drei Inkarnationen der Prozedur `hinUndZurueckR` erzeugt:

```
main                hinUndZurueckR (1.)     hinUndZurueckR (2.)     hinUndZurueckR (3.)

hinUndZurueckR  --> vornFrei -> true
                    vor
                    hinUndZurueckR      --> vornFrei -> true
                                            vor
                                            hinUndZurueckR      --> vornFrei -> false
                                                                    linksUm
                                                                    linksUm
                                                                <--
                                            vor
                                        <--
                    vor
                <--
<--
```

Die vom Hamster insgesamt ausgeführte Befehlsfolge lautet: `vor();` `vor();` `linksUm();` `links-Um();` `vor();` `vor();`. Sie löst das Problem in der Tat auf korrekte Art und Weise.

Das der Prozedur `hinUndZurueckR` zugrunde liegende Prinzip lässt sich also folgendermaßen zusammenfassen:

Der einfachste Fall ist der, dass der Hamster unmittelbar vor einer Mauer steht. Eigentlich müsste der Hamster in dieser Situation gar nichts tun. Er dreht sich aber um, damit der Algorithmus auch in komplexeren Situationen funktioniert, dann muss der Hamster nämlich zurücklaufen.

Etwas komplexer ist die Situation, wenn der Hamster zwei Felder vor einer Mauer steht. In diesem Fall hüpft der Hamster zunächst ein Feld nach vorne und befindet sich damit in der oben bereits gelösten einfachsten Situation. Der Aufruf des Algorithmus für diese Situation führt – wie wir gerade gesehen haben – dazu, dass sich der Hamster umdreht. Anschließend muss er nur noch ein Feld nach vorne laufen und das Problem ist korrekt gelöst.

Noch ein wenig komplexer wird die Situation, wenn der Hamster drei Felder vor einer Mauer steht. Er läuft ein Feld nach vorne und befindet sich wieder in einer Situation, die der Algorithmus – wie eben gezeigt – korrekt löst. Also startet er den Algorithmus und braucht nach dessen Beendigung nur noch ein Feld nach vorne zu laufen, um auch in diesem Fall korrekt zu arbeiten.

Man kann sogar mathematisch beweisen, dass die Prozedur `hinUndZurueckR` für alle Fälle korrekt arbeitet. Hierzu bedienen wir uns des Beweisverfahrens der *Vollständigen Induktion*. Dieses Beweisverfahren funktioniert folgendermaßen: Sei n eine Natürliche Zahl. Man muss zunächst zeigen, dass ein Algorithmus für den Fall $n = 0$ korrekt ist. Anschließend muss man zeigen, dass der Algorithmus – unter der Voraussetzung, dass er für den Fall $n - 1$ korrekt ist – auch für den Fall n korrekt ist. Dann gilt: Der Algorithmus ist für alle Natürlichen Zahlen korrekt.

n ist in unserem Beispiel der Abstand des Hamsters von einer Mauer. Der Fall $n = 0$ bedeutet also, dass der Hamster direkt vor der Mauer steht. Wir haben oben gesehen, dass der Hamster in diesem Fall das obige Problem korrekt löst, der Hamster dreht sich lediglich um. Nehmen wir nun an, dass die Prozedur für den Fall $n - 1$ korrekt ist, d.h. steht der Hamster anfangs $n - 1$ Felder vor einer Mauer, dann steht er nach Beendigung der Prozedur wieder auf seinem Ausgangsfeld, allerdings in umgekehrter Blickrichtung. Damit ist auf sehr einfache Art und Weise zu zeigen, dass die Prozedur auch für den Fall korrekt ist, dass der Hamster n Felder vor einer Mauer steht. In diesem Fall springt er ja zunächst ein Feld nach vorne und befindet sich damit in der Situation $n - 1$, in der die Prozedur, wie vorausgesetzt, korrekt arbeitet. Also ruft er sie auf und muss anschließend nur noch ein Feld nach vorne springen, um auch den Fall n korrekt zu lösen. Damit gilt: Die Prozedur ist für alle möglichen Situationen korrekt.

17.3.2 Prozedur `sammleR`

Bisher haben wir die Prozedur `sammle` immer iterativ implementiert:

```
void sammle() {
    while (kornDa()) {
        nimm();
    }
}
```

Eine äquivalente Lösung stellt die rekursive Prozedur `sammleR` dar:

```
void sammleR() {
    if (kornDa()) {
        nimm();
        sammleR();
    }
}
```

Durch das Beweisverfahren der Vollständigen Induktion können wir auch hier wieder beweisen, dass die Prozedur korrekt arbeitet. Der Fall $n = 0$ ist der, dass kein Korn auf dem Feld liegt, auf dem sich der Hamster beim Aufruf der Prozedur befindet. In diesem Fall liefert der boolesche Ausdruck der if-Bedingung den Wert `false`, und die Prozedur ist mit dem korrekten Ergebnis beendet.

Nehmen wir nun an, die Prozedur ist korrekt für den Fall $n - 1$, d.h. dass auf dem aktuellen Feld $n - 1$ Körner liegen, und betrachten wir den Fall, dass sich auf dem aktuellen Feld n Körner befinden. Wird die Prozedur in dieser Situation aufgerufen, dann frisst der Hamster zunächst ein Korn. D.h. aber, dass sich nun nur noch $n - 1$ Körner auf dem aktuellen Feld befinden. Wie vorausgesetzt, arbeitet die Prozedur aber in diesem Fall korrekt, sodass der anschließende Aufruf der Funktion dafür sorgt, dass die Prozedur auch für den Fall n korrekt funktioniert. Also ist – laut Vollständiger Induktion – die Prozedur für alle möglichen Fälle korrekt.

17.3.3 Korrelation zwischen iterativen und rekursiven Prozeduren

Schauen Sie sich die folgende Abstrahierung einer iterativen Prozedur an:

```
void p() {
    while (<Bedingung>)
        <Anweisung>
}
```

Hierbei sei `Bedingung` eine beliebige Bedingung und `Anweisung` eine beliebige Anweisung. Dann ist leicht zu erkennen, dass die Prozedur p äquivalent ist zu folgender Prozedur p2 und diese ist wiederum äquivalent zu Prozedur p3:

```
void p2() {
    if (<Bedingung>) {
        <Anweisung>
        while (<Bedingung>)
            <Anweisung>
    }
}

void p3() {
    if (<Bedingung>) {
        <Anweisung>
        if (<Bedingung>) {
            <Anweisung>
            while (<Bedingung>)
                <Anweisung>
        }
    }
}
```

Das kann man prinzipiell endlos so weiter treiben. Wenn man sich die Prozeduren genauer anschaut, erkennt man leicht das Prinzip, das dem Verfahren zugrunde liegt: Ab der zweiten if-Anweisung entspricht die if-Anweisung eigentlich immer einem erneuten Aufruf der Prozedur, sodass man die Prozedur rekursiv folgendermaßen definieren kann:

```
void pR() {
    if (<Bedingung>) {
        <Anweisung>
        pR();
    }
}
```

Dabei gilt: Die rekursive Prozedur pR ist semantisch äquivalent zur iterativen Prozedur p.

17.3.4 Endlosrekursion

In Kapitel 10.2.7 haben wir erfahren, was sogenannte Endlosschleifen sind, nämlich Wiederholungsanweisungen, die nie beendet werden. Ein ähnliches Phänomen kann auch in rekursiven Prozeduren
auftreten. Man bezeichnet es als *Endlosrekursion*. Schauen Sie sich dazu die folgende Prozedur
sammleR2 an, bei der gegenüber der Prozedur sammleR zwei Anweisungen vertauscht werden:

```
void sammleR() {
    if (kornDa()) {
        nimm();
        sammleR();
    }
}

void sammleR2() {
    if (kornDa()) {
        sammleR2();
        nimm();
    }
}
```

Ein Aufruf der Funktion sammleR2 in einer Situation, dass der Hamster auf einem Feld mit Körnern
steht, führt zu einer Endlosrekursion. Die Prozedur sammleR2 ruft sich nämlich immer wieder selbst
auf, ohne dass die Komplexität der Situation vorher durch das Fressen eines Korns reduziert wird.

Programme mit Endlosrekursionen sind, wie Programme mit Endlosschleifen, im Allgemeinen fehlerhaft. Es gibt jedoch einen Unterschied: Während Programme mit Endlosschleifen niemals enden,
werden Programme mit Endlosrekursion normalerweise irgendwann mit einem Laufzeitfehler abgebrochen. Der Grund hierfür liegt darin, dass das Laufzeitsystem (Kapitel 3.2) im Allgemeinen bei
jeder Erzeugung einer neuen Inkarnation einer Funktion Speicherplatz auf dem Stack (siehe Kapitel
4.4.3) anlegt. Irgendwann ist dann der Stack voll, d.h. kein Speicherplatz mehr verfügbar, sodass das
Laufzeitsystem das Programm mit einem Fehler beenden muss.

17.4 Rekursive Funktionen

Bisher haben wir in den Beispielen dieses Kapitels lediglich rekursive Prozeduren kennengelernt.
Aber natürlich können auch Funktionen rekursiv definiert werden. Die folgende iterative Funktion
lässt den Hamster bis zur nächsten Wand laufen und liefert die Anzahl an benötigten Schritten:

```
int bisZurMauer() {
    int schritte = 0;
    while (vornFrei()) {
        vor();
        schritte++;
    }
    return schritte;
}
```

Eine äquivalente rekursive Funktion hat folgende Gestalt:

```
int bisZurMauerR() {
    if (vornFrei()) {
        vor();
        return (bisZurMauerR() + 1);
    } else {
        return 0;
    }
}
```

Auch in diesem Beispiel wird wieder vom Prinzip der Komplexitätsreduktion Gebrauch gemacht. Die einfachste Situation ist dadurch gekennzeichnet, dass der Hamster bereits vor einer Mauer steht; es wird der Wert *0* zurückgeliefert. In den anderen Fällen reduziert der Hamster die Komplexität der Situation zunächst durch Ausführung des vor();-Befehls um *1*. Anschließend ruft er rekursiv die Funktion bisZurMauerR auf. Diese liefert (irgendwann) den Wert für die um den Wert *1* reduzierte Situation. Dieser Wert wird nun dementsprechend um den Wert *1* erhöht und als Funktionswert geliefert.

Die folgende Skizze verdeutlicht den Aufruf der Funktion bisZurMauerR in einer Situation, in der der Hamster 3 Felder vor einer Mauer steht, also 2 Schritte bis zur Mauer zu laufen hat:

```
main            bisZurMauerR (1.)      bisZurMauerR (2.)      bisZurMauerR (3.)

bisZurMauer --> vornFrei -> true
                vor
                bisZurMauerR      --> vornFrei -> true
                                      vor
                                      bisZurMauerR      --> vornFrei -> false
                                                            return 0
                                                        0
                                                    <--
                                      return 0 + 1
                                  1
                              <--
                return 1 + 1
            2
        <--
```

In der Tat liefert die Funktion den korrekten Wert *2* für diese Situation zurück.

17.5 Rekursive Funktionen mit lokalen Variablen

Im folgenden Beispiel wird ein weiterer Aspekt rekursiver Funktionen erläutert. Was passiert eigentlich, wenn eine rekursive Funktion lokale Variablen besitzt? Die Funktion anzahlKoernerR liefert (ohne Seiteneffekte) die Anzahl an Körnern, die sich aktuell im Maul des Hamsters befinden.

```
int anzahlKoernerR() {
    if (!maulLeer()) {
        gib();
        int anzahl = anzahlKoernerR();
        nimm(); // zur Vermeidung von Seiteneffekten!
        return anzahl + 1;
    } else {
        return 0;
    }
}
```

Innerhalb der Funktion `anzahlKoernerR` wird eine lokale Variable `anzahl` definiert. Nun hatten wir ja in Kapitel 14.8.1 gelernt, dass die Lebensdauer einer lokalen Variablen bei ihrer Definition beginnt und endet, wenn der Block, in dem sie definiert wurde, verlassen wird. Im obigen Beispiel wird nun während der Lebensdauer der Variablen `anzahl` die Funktion `anzahlKoernerR` rekursiv aufgerufen. Falls der Hamster noch weitere Körner im Maul hat, wird im Programmablauf erneut die Stelle erreicht, an der die Variable `anzahl` definiert wird. An dieser Stelle wird nun nicht mit der alten Variablen `anzahl` „gearbeitet". Vielmehr wird eine weitere Inkarnation[1] der Variablen `anzahl` erzeugt und in dieser Funktionsinkarnation mit dieser neuen Variableninkarnation „gearbeitet" D.h. jede Funktionsinkarnation arbeitet mit einem eigenen Satz von lokalen Variablen. Insbesondere ist es einer Funktionsinkarnation nicht möglich, auf lokale Variablen anderer Funktionsinkarnationen zuzugreifen.

17.6 Rekursive Funktionen mit Parametern

Rekursive Funktionen besitzen häufig Parameter. Beim rekursiven Aufruf der Funktion wird dabei im Allgemeinen der neuen Inkarnation ein veränderter Parameterwert übergeben. Außerdem wird der Parameterwert in der Abbruchbedingung der Rekursion verwendet.

Die im Folgenden definierte Prozedur `vorR` mit dem formalen Parameter `anzahl` lässt den Hamster so viele Felder nach vorne laufen, wie ihr beim Aufruf als aktueller Parameterwert übergeben wird, maximal jedoch bis zur nächsten Mauer.

```
void vorR(int anzahl) {
    if ((anzahl > 0) && vornFrei()) {
        vor();
        vorR(anzahl - 1);
    }
}
```

Wird die Funktion bspw. mit dem aktuellen Parameterwert *2* aufgerufen und ist die nächste Mauer mindestens 3 Felder vom Hamster entfernt, dann erzeugt die erste Inkarnation der Prozedur eine zweite Inkarnation und übergibt dieser als aktuellen Parameter den Wert *1*. Während der Abarbeitung der zweiten Inkarnation wird eine dritte Inkarnation der Funktion erzeugt; diesmal wird ihr der Wert

---

[1] Im Falle von Variablen spricht man auch von *Instanzen* anstelle von Inkarnationen.

0 übergeben. In der dritten Inkarnation der Prozedur ist die Bedingung der if-Anweisung nicht mehr erfüllt, sodass es zu keiner weiteren Erzeugung einer Inkarnation kommt.

17.7 Backtracking

Unter *Backtracking* versteht man ein Lösungsverfahren, bei dem versucht wird, eine Gesamtlösung eines gegebenen Problems dadurch zu entwickeln, dass eine Teillösung systematisch zur Gesamtlösung ausgebaut wird. Falls in einem bestimmten Stadium ein weiterer Ausbau einer vorliegenden Teillösung nicht mehr möglich ist (man ist in eine „Sackgasse" gelaufen), werden einer oder auch mehrere der letzten Teilschritte rückgängig gemacht. Die dann reduzierte Teillösung versucht man anschließend auf einem anderen Weg wieder auszubauen. Dieses Zurücknehmen von Teilschritten und erneute Probieren anderer Teilschritte wird solange wiederholt, bis eine Lösung des gegebenen Problems gefunden ist oder bis erkannt wird, dass keine Lösung existiert.

Das Prinzip der Rekursion eignet sich hervorragend zum Lösen von Backtracking-Problemen. Die Teilschritte werden dazu in Form einer rekursiven Funktion formuliert.

Schauen Sie sich das folgende Problem an: Der Hamster steht, wie in Abbildung 17.2 beispielhaft skizziert, am Eingang eines Zyklen freien Labyrinths. Er soll das Labyrinth nach Körnern durchsuchen. Sobald er ein Korn findet, soll er dies aufnehmen und auf dem schnellsten Weg wieder zum Eingang zurückkehren.

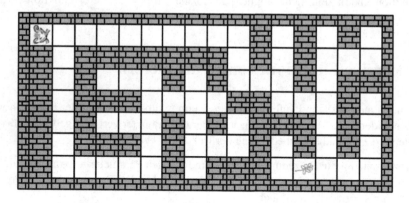

Abbildung 17.2: Labrinthdurchsuchung via Backtracking-Verfahren

Das folgende Hamster-Programm bedient sich des Backtracking-Verfahrens zur Lösung des Problems:

```
boolean gefunden = false;

void main() {
    sucheGangAb();
}

void sucheGangAb() {
    if (kornDa()) { // Problem geloest
```

```
            nimm();
            gefunden = true;
        }

        // Suche nach Abzweigungen

        if (!gefunden && linksFrei()) {

            // links vorhandenen Gang absuchen
            linksUm();
            vor();
            sucheGangAb();
            vor();
            linksUm();
        }

        if (!gefunden && rechtsFrei()) {

            // rechts vorhandenen Gang absuchen
            rechtsUm();
            vor();
            sucheGangAb();
            vor();
            rechtsUm();
        }

        if (!gefunden && vornFrei()) {

            // restlichen Gang absuchen
            vor();
            sucheGangAb();
            vor();  // zuruecklaufen
        } else {
            kehrt();
        }
    }

    boolean linksFrei() {
        linksUm();
        boolean frei = vornFrei();
        rechtsUm();
        return frei;
    }

    boolean rechtsFrei() {
        rechtsUm();
        boolean frei = vornFrei();
        linksUm();
        return frei;
    }
```

```
void rechtsUm() {
    linksUm();
    kehrt();
}

void kehrt() {
    linksUm();
    linksUm();
}
```

Das Programm arbeitet nach dem folgenden Prinzip: Der Hamster durchsucht den vor ihm liegenden Gang nach Körnern und kehrt zurück, falls er entweder ein Korn gefunden oder eine Wand erreicht hat. Falls er jedoch bei seinem Weg nach vorne an eine Abzweigung oder Kreuzung gerät, dreht er sich in die entsprechenden Richtungen um und versucht zunächst, in diesen Gängen das Korn zu finden.[2] Dabei kann er natürlich auf weitere Abzweigungen treffen und muss in diesen Fällen ebenfalls wieder die abzweigenden Gänge untersuchen. Sobald er ein Korn gefunden hat, braucht er natürlich keine weiteren Gänge mehr durchsuchen und kehrt direkt zum Ausgangspunkt zurück.

17.8 Beispielprogramme

Wie Sie in den vorangegangenen Abschnitten gesehen haben, ist es im Allgemeinen nicht besonders schwierig zu beweisen, dass eine rekursive Funktion korrekt ist. Für Programmieranfänger ist es meistens viel schwieriger, für ein gegebenes Problem eine korrekte rekursive Lösung zu finden. Leider gibt es kein allgemeingültiges Konstruktionsprinzip für rekursive Programme. Hierzu sind Intelligenz, Intuition und vor allem Erfahrung notwendig. Um diese Erfahrung zu sammeln, schauen Sie sich bitte die folgenden Beispielprogramme sorgfältig an und bearbeiten Sie intensiv die Übungsaufgaben im nächsten Abschnitt.

17.8.1 Beispielprogramm 1

In diesem Beispielprogramm wird Aufgabe 2 aus Kapitel 12.8.2 mit Hilfe des Backtracking-Verfahrens gelöst.

Aufgabe:
Der Hamster steht in einem durch Mauern abgeschlossenen Raum unbekannter Größe. Er hat eine Körnerspur entdeckt (nicht unbedingt den Anfang!), die sich durch sein Territorium zieht. Die Spur kann verzweigen. Es gibt allerdings keine „Rundwege". Außerdem kann vorausgesetzt werden, dass zwischen zwei Reihen der Körnerspur immer eine Reihe frei ist und dass sich außer den Körnern der Spur keine weiteren Körner im Territorium befinden. Der Hamster soll alle Körner fressen und zum Ausgangspunkt zurücklaufen. Abbildung 17.3 skizziert eine typische Ausgangssituation.

Lösungsidee: Der gewählte Algorithmus ist dem Algorithmus aus Abschnitt 17.7 sehr ähnlich. Die dortigen Labyrinthgänge werden hier durch eine Körnerspur ersetzt.

---

[2]Aus diesem Grund ist das Backtracking-Verfahren auch unter dem Namen *Try-And-Error-Verfahren* bekannt.

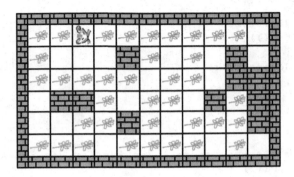

Abbildung 17.3: Typische Ausgangssituation zu Beispielprogramm 1

Lösung:

```
void main() {

    // suche den vorderen Teil der Koernerspur ab
    sucheGeradeAb();

    // suche evtl. den hinteren Teil der Koernerspur ab
    if (vornKorn()) {
      vor();
      sucheGeradeAb();
      vor();
    }
}

// Implementierung des Backtracking-Verfahrens
void sucheGeradeAb() {

    // Abarbeiten von Abzweigungen links
    if (linksKorn()) {
        linksUm();
        vor();
        sucheGeradeAb();
        vor();
        linksUm();
    }

    // Abarbeiten von Abzweigungen rechts
    if (rechtsKorn()) {
        rechtsUm();
        vor();
        sucheGeradeAb();
        vor();
        rechtsUm();
    }
```

```
        // vorne Abarbeiten
        if (vornKorn()) {
            vor();
            sucheGeradeAb();
            vor();
        } else {
            kehrt();
        }

        // auf dem Rueckweg sammelt der Hamster die Koerner ein
        while (kornDa()) {
            nimm();
        }
}

/*
 * liefert true, wenn auf der Kachel vor dem Hamster
 * ein Korn liegt (ohne Seiteneffekte)
 */
boolean vornKorn() {
    if (!vornFrei()) {
        return false;
    }
    vor();
    boolean kornGefunden = kornDa();
    kehrt();
    vor();
    kehrt();
    return kornGefunden;
}

/*
 * liefert true, wenn auf der Kachel links vom Hamster
 * ein Korn liegt (ohne Seiteneffekte)
 */
boolean linksKorn() {
    linksUm();
    boolean kornGefunden = vornKorn();
    rechtsUm();
    return kornGefunden;
}

/*
 * liefert true, wenn auf der Kachel rechts vom Hamster
 * ein Korn liegt (ohne Seiteneffekte)
 */
boolean rechtsKorn() {
    rechtsUm();
    boolean kornGefunden = vornKorn();
    linksUm();
    return kornGefunden;
}
```

```
void rechtsUm() {
    kehrt();
    linksUm();
}

void kehrt() {
    linksUm();
    linksUm();
}
```

17.8.2 Beispielprogramm 2

Aufgabe:

Der Hamster steht – wie in den Landschaften in Abbildung 17.4 ersichtlich – direkt vor einem regelmäßigen Berg unbekannter Höhe. Der Hamster bekommt die Aufgabe, den Berg zu übersteigen, d.h. auf der einen Seite hinauf und auf der anderen Seite wieder herunter zu klettern. Der Hamster hat keine Körner im Maul und im Territorium befinden sich auch keine Körner.

Abbildung 17.4: Typische Hamster-Landschaften zu Beispielprogramm 2

Lösungsidee:

Falls der Hamster auf dem Gipfel steht, ist das Problem unmittelbar gelöst. Ansonsten erklimmt der Hamster eine Stufe, wodurch er die Komplexität der Situation verringert. Auf die komplexitätsreduzierte Situation wendet er rekursiv den Algorithmus an. Nach dessen Abarbeitung befindet er sich damit auf der entsprechenden Ebene auf der anderen Seite des Berges. Er muss also nur noch eine Stufe wieder hinuntergehen und hat damit das Problem gelöst.

Lösung:

```
void main() {
    uebersteigeBerg();
}

void uebersteigeBerg() {
    if (!gipfelErreicht()) {
        klettereStufeHoch();
        uebersteigeBerg();  // rekursiver Aufruf
        klettereStufeHinunter();
```

```
    }
}

boolean gipfelErreicht() {
    return vornFrei();
}

void kletttereStufeHoch() {
    linksUm();
    vor();
    rechtsUm();
    vor();
}

void kletttereStufeHinunter() {
    vor();
    rechtsUm();
    vor();
    linksUm();
}

void rechtsUm() {
    kehrt();
    linksUm();
}

void kehrt() {
    linksUm();
    linksUm();
}
```

17.8.3 Beispielprogramm 3

Aufgabe:

Der Hamster soll das bekannte *Springerproblem* lösen: Der Hamster steht irgendwo mit 25 Körnern im Maul auf einem Schachbrett-Feld mit fünf Zeilen und fünf Spalten (ohne innere Mauern und ohne Körner auf den Kacheln). Er soll entsprechend der Bewegungsmöglichkeiten eines Springers beim Schachspiel versuchen, nacheinander alle Felder des Schachbretts mit genau einem Korn zu besetzen, ohne dabei zwischendurch auf ein bereits besetztes Feld zu springen. Abbildung 17.5 skizziert die möglichen Züge eines Springers beim Schachspiel.

Lösungsidee:

Der Hamster löst das Springerproblem mit Hilfe des Backtracking-Verfahrens. Dazu hüpft er von seinem Ausgangsfeld zu einem zulässigen Zielfeld. Von dort aus begibt er sich auf ein weiteres bislang noch unberührtes Feld usw. Im Allgemeinen wird der Hamster nicht direkt eine Lösung des Problems finden, sondern irgendwann auf ein Feld geraten, von dem aus kein weiteres unberührtes Feld mehr angesprungen werden kann, d.h. er ist in eine Sackgasse geraten. In diesem Fall nimmt der Hamster so viele Züge zurück, bis er wieder einen anderen zulässigen Zug machen kann.

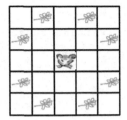

Abbildung 17.5: Zugmöglichkeiten eines Springers

Lösung:

```
int      feldAnzahl = 25;
boolean geloest = false;

void main() {
    loeseSpringerProblem();
}

void loeseSpringerProblem() {
    gib();
    feldAnzahl = feldAnzahl - 1;
    if (feldAnzahl == 0) { // Problem geloest!
        geloest = true;
        return;
    }

    /*
     * von einem Feld aus hat der Hamster maximal 8
     * Sprungmoeglichkeiten und zwar in jeder Blickrichtung 2;
     * wenn eine Sprungmoeglichkeit erreichbar ist und dort
     * noch kein Korn liegt, springt der Hamster dorthin
     * und ruft den Algorithmus rekursiv auf
     */
    int richtungen = 0;
    while (!geloest && (richtungen < 4)) {
        if (erstesSprungZielBelegbar()) {
            geheZumErstenSprungZiel();
            loeseSpringerProblem();
            if (geloest) {
                return;
            }
            geheZurueckVomErstenSprungZiel();
        }
        if (zweitesSprungZielBelegbar()) {
            geheZumZweitenSprungZiel();
            loeseSpringerProblem();
            if (geloest) {
                return;
```

```
                }
            geheZurueckVomZweitenSprungZiel();
        }
        linksUm();
        richtungen++;
    }
    nimm();
    feldAnzahl++;
}

/*
 * ueberprueft, ob das erste Sprungziel in einer
 * Sprungrichtung belegbar ist (erreichbar und kein
 * Korn vorhanden)
 * (ohne Seiteneffekte)
 */
boolean erstesSprungZielBelegbar() {
    if (!vornFrei()) {
        return false;
    }
    vor();
    linksUm();
    if (!vornFrei()) {
        linksUm();
        vor();
        kehrt();
        return false;
    }
    vor();
    if (!vornFrei()) {
        linksUm();
        vor();
        linksUm();
        vor();
        linksUm();
        return false;
    }
    vor();
    boolean belegt = kornDa();
    linksUm();
    vor();
    linksUm();
    vor();
    vor();
    linksUm();
    return !belegt;
}

void geheZumErstenSprungZiel() {
    vor();
```

```
    linksUm();
    vor();
    vor();
}

void geheZurueckVomErstenSprungZiel() {
    linksUm();
    vor();
    linksUm();
    vor();
    vor();
    linksUm();
}

/*
 * ueberprueft, ob das zweite Sprungziel in einer
 * Sprungrichtung belegbar ist (erreichbar und
 * kein Korn vorhanden)
 * (ohne Seiteneffekte)
 */
boolean zweitesSprungZielBelegbar() {
    if (!vornFrei()) {
        return false;
    }
    vor();
    if (!vornFrei()) {
        kehrt();
        vor();
        kehrt();
        return false;
    }
    vor();
    linksUm();
    if (!vornFrei()) {
        linksUm();
        vor();
        vor();
        kehrt();
        return false;
    }
    vor();
    boolean belegt = kornDa();
    linksUm();
    vor();
    vor();
    linksUm();
    vor();
    linksUm();
    return !belegt;
}
```

```
void geheZumZweitenSprungZiel () {
    vor ();
    vor ();
    linksUm ();
    vor ();
}

void geheZurueckVomZweitenSprungZiel () {
    linksUm ();
    vor ();
    vor ();
    linksUm ();
    vor ();
    linksUm ();
}

void kehrt () {
    linksUm ();
    linksUm ();
}
```

17.9 Übungsaufgaben

Nun sind wieder Sie gefordert; denn in diesem Abschnitt werden Ihnen einige Hamster-Aufgaben gestellt, die sie selbstständig zu lösen haben. Nutzen Sie dabei das Prinzip der Rekursion. Denken Sie sich darüber hinaus selbst weitere Hamster-Aufgaben aus und versuchen Sie, diese zu lösen. Viel Spaß!

17.9.1 Aufgabe 1

Versuchen Sie, eine rekursive Lösung für die Aufgabe aus Beispielprogramm 1 (Abschnitt 17.8.1) für den Fall zu finden, dass es auch „Rundwege" (Zyklen) in der Körnerspur geben kann.

17.9.2 Aufgabe 2

Lösen Sie die Aufgabe aus Beispielprogramm 2 (Abschnitt 17.8.2) rekursiv für den Fall, dass der Berg auch unregelmäßig sein kann und der Hamster nicht unbedingt direkt vor dem Berg stehen muss, wie in Abbildung 17.6 skizziert.

Abbildung 17.6: Typische Hamster-Landschaften zu Aufgabe 2

17.9.3 Aufgabe 3

Versuchen Sie, eine iterative Lösung für das Springerproblem (siehe Beispielprogramm 3 aus Abschnitt 17.8.3) zu entwickeln.

17.9.4 Aufgabe 4

Der Hamster befindet sich in einem prinzipiell beliebig großen Territorium ohne Mauern (siehe Abbildung 17.7). Irgendwo im Territorium liegt ein Korn. Der Hamster soll das Korn finden und an seiner Ausgangsposition wieder ablegen. Der Hamster darf zur Lösung des Problems keine Wiederholungsanweisungen verwenden.

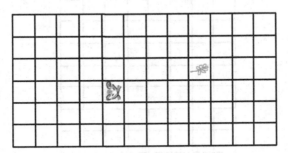

Abbildung 17.7: Typische Ausgangssituation in Aufgabe 4

17.9.5 Aufgabe 5

Der Hamster befindet sich in einem Labyrinth mit Gängen, die höchstens eine Kachel breit sind, aber durchaus Zyklen aufweisen können (siehe bspw. Abbildung 17.8). Der Hamster sitzt auf einer beliebigen Kachel im Labyrinth. Er hat mindestens so viele Körner im Maul, wie es freie Kacheln im Labyrinth gibt. Auf genau einer Kachel im Labyrinth (die vom Hamster aus erreichbar ist!) liegt ein Haufen mit 2 Körnern, ansonsten liegen keine Körner im Labyrinth. Der Hamster soll die Körner suchen, sie fressen und zu seinem Ausgangsfeld zurückkehren. Alle Körner, die der Hamster unterwegs eventuell ablegt, soll er irgendwann auch wieder einsammeln.

Abbildung 17.8: Typisches Labyrinth in Aufgabe 5

17.9.6 Aufgabe 6

Der Hamster soll das bekannte Damenproblem lösen: Er soll eine Stellung für acht Schach-Damen auf einem Schachbrett finden, sodass sich keine zwei Damen gegenseitig schlagen können. Die Damen sind also so zu platzieren, dass jede Zeile, jede Spalte und jede Diagonale des Schachbretts höchstens eine Dame enthält. Die Damen werden dabei jeweils durch ein Korn repräsentiert. Der Hamster hat anfangs genau acht Körner im Maul. Insgesamt existieren 92 Lösungen für ein 8x8-Spielbrett, von denen Abbildung 17.9 eine mögliche skizziert.

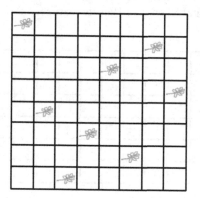

Abbildung 17.9: Eine Lösung des Damenproblems

17.9.7 Aufgabe 7

Spielen Sie mit dem Hamster das bekannte Solitärspiel. Beim Solitärspiel hat das Hamster-Territorium die in Abbildung 17.10 skizzierte Gestalt.

Auf jeder nicht durch eine Mauer blockierten Kachel liegt ein Korn – außer auf der mittleren. Der Hamster steht irgendwo im Territorium. Ziel des Spiels ist es, den Hamster bis auf ein Korn alle Körner fressen zu lassen. Dabei gelten jedoch folgende Regeln: Der Hamster muss eine Kachel finden, auf der ein Korn liegt (Kachel 1). Die Kachel (Kachel 2) in Blickrichtung des Hamsters vor

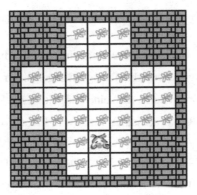

Abbildung 17.10: Solitärspiel

dieser Kachel muss ebenfalls noch ein Korn enthalten. Dahinter muss sich jedoch eine körnerlose Kachel (Kachel 3) befinden. Existiert eine solche Konfiguration (im Allgemeinen existieren mehrere Alternativen, von denen sich der Hamster eine aussuchen kann), dann muss der Hamster das Korn von Kachel 1 nach Kachel 3 transportieren und darf das Korn von Kachel 2 fressen. Gerät der Hamster irgendwann in eine Situation, in der sich noch mehr als ein Korn im Territorium befindet, in der er gemäß den vorgegebenen Regeln jedoch kein Korn mehr fressen kann, dann hat er sich irgendwann für die falsche Alternative entschieden.

17.9.8 Aufgabe 8

Der Hamster steht mit Blickrichtung Ost ganz links in einem Territorium mit beliebig vielen Spalten aber nur einer Zeile. Auf den einzelnen Kacheln dieser Zeile können beliebig große Körnerhaufen liegen (siehe bspw. Abbildung 17.11 (links)). Der Hamster bekommt die Aufgabe, die Körnerhaufen der Größe nach zu sortieren, d.h. zum Schluss soll auf der Kachel der ersten Spalte der kleinste Körnerhaufen liegen und für jede weitere Spalte soll gelten, dass die Anzahl an Körnern auf der jeweiligen Kachel größer oder gleich der Anzahl an Körnern auf der Kachel der vorherigen Spalte ist (siehe Abbildung 17.11 (rechts)).

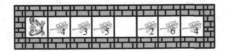 

Abbildung 17.11: Typische Hamster-Landschaft zu Aufgabe 8

Zum Sortieren verwendet werden soll der sogenannte *Quicksort-Algorithmus*. Dieser funktioniert auf folgende Art und Weise:

Quicksort zerlegt (man spricht auch von *Partitionierung*) die zu sortierenden Körnerhaufen in zwei Teile, die durch einen Referenz-Haufen – auch *Pivot-Körnerhaufen* genannt – getrennt werden. Alle Körnerhaufen des linken Teils sind dabei kleiner oder gleich und alle Körnerhaufen des rechten Teils größer oder gleich dem Pivot-Körnerhaufen. Das bedeutet gleichzeitig, dass der Pivot-Körnerhaufen an seinem korrekten Platz steht. Anschließend wird Quicksort rekursiv für die beiden Teile aufgerufen. Die Rekursion endet, wenn ein Teil nur noch aus einem Körnerhaufen besteht.

Etwas ausführlicher lässt sich das zugrunde liegende Prinzip des Algorithmus folgendermaßen skizzieren:

1. Die zu sortierende Menge bestehe aus mehr als einem Körnerhaufen.

2. Dann wähle einen beliebigen Körnerhaufen – den sogenannten *Pivot-Körnerhaufen*.

3. Positioniere den Pivot-Körnerhaufen auf seine endgültige Kachel.

4. Sorge dabei dafür, dass alle Körnerhaufen links vom Pivot-Körnerhaufen kleiner oder gleich diesem sind und

5. dass alle Körnerhaufen rechts vom Pivot-Körnerhaufen größer oder gleich diesem sind.

6. Rufe Quicksort rekursiv für den Teil links vom Pivot-Körnerhaufen auf.

7. Rufe Quicksort rekursiv für den Teil rechts vom dem Pivot-Körnerhaufen auf.

Eine einfache Strategie zur Implementierung der Partitionierung (Punkte 1 bis 5) ist folgende: Als Pivot-Körnerhaufen wird willkürlich der rechte Körnerhaufen gewählt. Von links wird mit einem Suchzeiger L nach einem Körnerhaufen gesucht, der größer als der Pivot-Körnerhaufen ist. Von rechts wird mit einem Suchzeiger R nach einem Körnerhaufen gesucht, der kleiner als der Pivot-Körnerhaufen ist. Diese beiden Körnerhaufen sind offensichtlich jeweils im falschen Teil und werden daher getauscht. Mit dieser Suche und dem Austausch wird fortgefahren, bis sich die Suchzeiger treffen bzw. kreuzen. Dann ist sicher gestellt, dass alle Körnerhaufen links vom Suchzeiger L kleiner oder gleich und alle Körnerhaufen rechts vom vom Suchzeiger R größer oder gleich dem Pivot-Körnerhaufen sind. Als Kachel für den Pivot-Körnerhaufen wählt man abschließend die Kachel, auf die der Suchzeiger L zeigt, und tauscht den entsprechenden Körnerhaufen (der ja größer oder gleich dem Pivot-Körnerhaufen ist) mit dem Pivot-Körnerhaufen ganz rechts.

Vergleichen Sie diese Aufgabe auch mit den Aufgaben 11, 12 und 13 aus Kapitel 16.

17.9.9 Aufgabe 9

Die Ausgangssituation in dieser Aufgabe ist dieselbe wie in Aufgabe 8: Es soll eine Körnerreihe sortiert werden. Nur diesmal soll zum Sortieren nicht der Quicksort-, sondern der sogenannte *Mergesort-Algorithmus* eingesetzt werden.

Die grundlegende Idee des MergeSort-Algorithmus ist die, dass die zu sortierenden Körnerhaufen in zwei Teile zerlegt werden und diese durch rekursive Anwendung des Algorithmus sortiert und anschließend gemischt werden. Die Rekursion endet, wenn ein Teil nur noch aus einem einzelnen Körnerhaufen besteht. In diesem Fall ist er ja sortiert.

Mischen zweier sortierter Teile bedeutet, dass diese zu einem sortierten Teil verschmolzen werden. Dazu werden die Teile zunächst in eine Hilfs-Zeile kopiert, d.h. das Territorium besteht hier nicht aus einer, sondern aus zwei Zeilen. Anschließend werden die beiden kopierten Teile elementweise durchlaufen. Der jeweils kleinere Körnerhaufen wird zurückkopiert. Zum Schluss muss dann noch der Rest eines der beiden Teile zurückkopiert werden.

17.9.10 Aufgabe 10

Bei dem Spiel „Türme von Hanoi" handelt es sich um ein mathematisches Knobel- und Geduldspiel. Mal schauen, ob Sie bzw. der Hamster genügend Geduld und Sachverstand besitzen.

Bei dem Spiel geht es darum, einen Stapel mit n Scheiben komplett von einem Feld (Turm) auf ein anderes Feld zu verschieben. Ein drittes Feld dient als Hilfsfeld. Anfangs liegen alle Scheiben übereinander auf einem Feld. Sie sind der Größe nach geordnet. Die größte Scheibe liegt unten und die kleinste oben. Ein Spielzug sieht nun so aus, dass die oberste Scheibe eines beliebigen Feldes auf eines der beiden anderen Felder gelegt werden muss. Das geht allerdings nur dann, wenn dort nicht schon eine kleinere Scheibe liegt.

Übertragen wir das Problem in die Hamster-Welt. Das Territorium besteht aus einer beliebigen Anzahl an Zeilen und exakt drei Spalten, die die Felder repräsentieren. Es gibt keine Mauern im Territorium. Die Scheiben werden durch Körnerhaufen mit unterschiedlicher Anzahl an Körnern ersetzt. Anfangs liegt auf der untersten Kachel der ersten Spalte der größte Körnerhaufen, darüber der zweitgrößte, usw. Ganz oben auf dem Turm sitzt der Hamster mit Blickrichtung Ost (siehe bspw. Abbildung 17.12 (links)). Bei einem Spielzug muss der Hamster den obersten Körnerhaufen einer der drei Spalten komplett fressen und ihn auf der untersten freien Kachel einer der beiden anderen Spalten wieder ablegen, vorausgesetzt, darunter liegt nicht bereits ein kleinerer Körnerhaufen. Ziel ist es, auf diese Art und Weise den kompletten Körnerturm von der ersten in die dritte Spalte zu transportieren (siehe Abbildung 17.12 (rechts)). Abbildung 17.12 (Mitte) skizziert einen gültigen Zwischenzustand. Finden Sie einen Algorithmus, der den Hamster das Problem für einen beliebig hohen Anfangsturm lösen lässt.

Abbildung 17.12: Typische Hamster-Landschaft zu Aufgabe 10

Hinweis: Es gibt einen recht einfachen rekursiven Algorithmus zur Lösung des Problems. Wählen Sie jedoch keine zu hohen Türme. Denn für einen Turm, der aus n Körnerhaufen besteht, beträgt die minimale Anzahl an Zügen $2n-1$. Bei einem Turm mit 8 Körnerhaufen sind dies bspw. 255 Züge, bei einem Turm mit 64 Körnerhaufen jedoch 18.446.744.073.709.551.615 Züge. Wenn der Hamster für jeden Spielzug eine Sekunde benötigen würde, bräuchte er insgesamt über 584 Milliarden Jahre.

Kapitel 18
Ausblick

Herzlichen Glückwunsch! Wenn Sie das Buch bis hierin durchgearbeitet haben, sollten Sie nun eigentlich programmieren können. Genauer gesagt, Sie sollten die wichtigsten Konzepte der imperativen Programmierung kennen, und zwar anhand der Programmiersprache Java, die fast identisch ist mit der hier verwendeten Hamster-Sprache. Sie sollten die Konzepte jedoch nicht nur kennen, sondern auch wissen, wann und wie man sie einsetzt, um gegebene Probleme mit Hilfe des Computers zu lösen.

Fassen wir noch einmal kurz zusammen: Was haben Sie in diesem Buch gelernt, was sind die grundlegenden Konzepte der imperativen Programmierung.

Programme imperativer Programmiersprachen bestehen aus Anweisungen, die in einer angegebenen Reihenfolge ausgeführt werden. Anweisungen sind dabei Verarbeitungsvorschriften für den Computer. Normalerweise werden mehrere im Programm hintereinanderstehende Anweisungen in der entsprechenden Reihenfolge ausgeführt. Mit Hilfe sogenannter Kontrollstrukturen kann diese Reihenfolge jedoch beeinflusst werden. So wird bei der bedingten Anweisung eine Anweisung nur dann ausgeführt, wenn eine bestimmte Bedingung erfüllt ist. Bei der Alternativanweisung wird ebenfalls abhängig von einer Bedingung eine von zwei alternativen Anweisungen ausgeführt. Die Wiederholungsanweisung ermöglicht die mehrfache Ausführung einer Anweisung, solange eine Bedingung erfüllt ist. Derartige Bedingungen werden ausgedrückt durch boolesche Ausdrücke. Das sind Verarbeitungsvorschriften, die einen Wahrheitswert (wahr oder falsch) liefern.

Zum Speichern von Werten werden in der imperativen Programmierung Variablen verwendet. Sie besitzen einen Typ, der angibt, welche Arten von Werten die Variable aufnehmen kann. Wir haben vor allem mit zwei Typen gearbeitet. Der Typ `boolean` repräsentiert Wahrheitswerte (wahr oder falsch). Der Typ `int` repräsentiert die Ganzen Zahlen, genauer einen Teilbereich der Ganzen Zahlen. In Java und auch anderen Sprachen gibt es weitere Typen, wie `char` zum Repräsentieren von Buchstaben oder `float` zum Repräsentieren von Reellen Zahlen.

Prozeduren und Funktionen sind Konstrukte der imperativen Programmierung, die Teile eines Programms in einer separaten Einheit auslagern. Funktionen berechnen und liefern dabei zusätzlich einen Wert eines angegebenen Typs. Prozeduren und Funktionen dienen insbesondere der besseren Übersichtlichkeit und Verständlichkeit von Programmen. Eine herausragende Rolle spielen sie bei der Schrittweisen Verfeinerung, einem systematischen Verfahren zum Entwickeln von Lösungsprogrammen zu (kleineren) Problemen. Das Gesamtproblem wird hierbei in immer kleinere Teilprobleme zerlegt und diese letztendlich innerhalb einer Prozedur bzw. Funktion durch entsprechende Anweisungen gelöst.

Mit Hilfe von Parametern lassen sich Prozeduren und Funktionen sehr flexibel gestalten. Parameter sind funktionslokale Variablen, die durch einen unmittelbar vor dem Aufruf der Prozedur bzw. Funktion berechneten Wert initialisiert werden.

Prozeduren bzw. Funktionen nennt man rekursiv, wenn sie sich selbst aufrufen. Der Einsatz von Rekursion führt oftmals zu kompakteren und leichter verständlichen Lösungen, da die charakteristischen Eigenschaften einer Funktion und nicht so sehr die konkrete Berechnung im Vordergrund steht.

Soweit zum grundlegenden Hamster-Modell und diesem ersten Band der Java-Hamster-Bücher. In den folgenden Abschnitten werden nun Erweiterungen vorgestellt, die in den vergangenen Jahren entwickelt worden sind.

18.1 Objektorientierte Programmierung

Während in den 80er Jahren des vergangenen Jahrhunderts noch die imperativen Programmiersprachen dominierten, haben sich in den letzten Jahren sowohl im Ausbildungsbereich als auch im industriellen Umfeld objektorientierte Programmiersprachen durchgesetzt, insbesondere die Programmiersprache Java. Programme in Java und anderen objektorientierten Programmiersprachen bestehen aus Objekten, die zum Lösen von Problemen mit anderen Objekten über Nachrichten kommunizieren. Java bedient sich dabei der Konzepte der imperativen Programmierung, um Objekte und ihre Kommunikation untereinander zu realisieren.

Aufbauend auf den in diesem ersten Band der Java-Hamster-Bücher eingeführten Sprachkonzepten der imperativen Programmierung werden daher in einem zweiten Band die grundlegenden Konzepte der objektorientierten Programmierung vorgestellt [BB10]. Das Hamster-Modell wird dazu geringfügig ergänzt. Kennzeichen dieses objektorientierten Hamster-Modells ist, dass mehrere Hamster erzeugt und durch das Territorium gesteuert werden können, um gemeinsam gegebene Hamster-Aufgaben zu lösen.

Klassen und Objekte: Basisbestandteile objektorientierter Programme sind *Klassen* und *Objekte*. Klassen sind vergleichbar mit Bauplänen für gleichartige Objekte. Sie beschreiben, wie die Objekte, die man aus ihnen erzeugen kann, aufgebaut sind und wie sie arbeiten. Sie fassen dazu *Attribute* und *Methoden* zu einer Einheit zusammen. Attribute sind spezielle Variablen, in denen Eigenschaften von Objekten gespeichert werden können. Methoden sind vergleichbar mit Prozeduren bzw. Funktionen. Sie können für ein Objekt aufgerufen werden und führen in Abhängigkeit von den in den Attributen des Objektes gespeicherten Werten vorgegebene Anweisungen aus.

Im objektorientierten Hamster-Modell existiert eine vordefinierte Klasse `Hamster`, die die vier Hamster-Befehle und die drei Hamster-Testbefehle als Methoden definiert. Hamster werden als Objekte dieser Klasse `Hamster` erzeugt.

Um festzulegen, welcher Hamster einen bestimmten Befehl ausführen soll, müssen ihnen Namen zugeordnet werden. Dies geschieht über sogenannte *Objektvariablen*, die Referenzen auf Hamster-Objekte speichern. Im folgenden objektorientierten Hamster-Programm wird zunächst auf der Kachel in Reihe 1 und Spalte 2 mit Blickrichtung Osten und 3 Körnern im Maul ein Hamster namens *paul* und auf der Kachel in Reihe 2 und Spalte 2 mit Blickrichtung Osten und 5 Körnern im Maul ein Hamster namens *heidi* erzeugt. Anschließend laufen die beiden Hamster abwechselnd eine Kachel nach vorne, bis einer von beiden eine Mauer erreicht.

```
void main() {
    Hamster paul = new Hamster(1, 2, Hamster.OST, 3);
    Hamster heidi = new Hamster(2, 2, Hamster.OST, 5);
```

```
while (paul.vornFrei() && heidi.vornFrei()) {
    paul.vor();
    heidi.vor();
}
}
```

Vererbung und Klassendefinition: Im objektorientierten Hamster-Modell lässt sich der Befehlsvorrat der Hamster durch das Konzept der *Vererbung* erweitern, indem ausgehend von der Klasse Hamster neue Klassen definiert, man sagt auch *abgeleitet* werden. Diese erben automatisch alle Attribute und Methoden der Klasse Hamster und können weitere definieren.

Arrays: *Arrays* sind Konstrukte zur Zusammenfassung mehrerer Variablen desselben Typs zu einer Einheit. Sie gehören eigentlich zur imperativen Programmierung, sind in Java aber als Objekte realisiert und werden daher erst im zweiten Band des Java-Hamster-Buches eingeführt. Arrays erlauben bspw. das Anlegen von Hamster-Kolonnen oder eine Erweiterung des Hamster-Gedächtnisses, um bspw. ein Abbild des Hamster-Territoriums (2-dimensionales Array mit Körnern und Mauern) abzuspeichern.

Ein- und Ausgabe: Die Hamster lernen lesen und schreiben, um eine Kommunikation mit dem Benutzer eines Programms zu ermöglichen und damit Hamster-Programme noch flexibler gestalten zu können. Realisiert wird dies durch die Erweiterung des Befehlsvorrats der Hamster um Lese- und Schreibbefehle. Notwendig ist dazu zunächst die Einführung eines neuen Datentyps String zur Handhabung von Zeichenketten.

Interfaces, Polymorphie und dynamisches Binden: *Interfaces*, *Polymorphie* und *dynamisches Binden von Methoden* sind Konzepte, die es zusammen ermöglichen, dass ein Hamster erst zur Laufzeit entscheiden muss, welche von mehreren gleichartigen Methoden er auszuführen hat. Damit lassen sich generische *Frameworks* entwickeln. Hierbei wird zunächst nur ein (abstrakter) Kern für die Lösung einer Menge gleichartiger Probleme entwickelt, der dann flexibel zu Lösungen konkreter Probleme ausgebaut werden kann. Demonstriert wird dieses Prinzip im zweiten Band der Java-Hamster-Bücher anhand der Entwicklung von 2-Spieler-Strategiespielen, wie Schach, Mühle, Dame, 4-Gewinnt oder Reversi. Spielfeld ist hierbei jeweils das Hamster-Territorium, Hamster oder Körner repräsentieren die Spielfiguren. Spieler sind entweder Menschen, denen jeweils ein Hamster zugeordnet ist, der für sie Spielzüge ausführt, oder Hamster von speziellen Hamster-Klassen, die intelligente Spielstrategien implementieren. Die Hamster sind dabei so gut, dass Sie als menschlicher Spieler kaum noch eine Chance haben, gegen sie zu gewinnen.

Fehlerbehandlung mit Exceptions: Als Alternative zu den drei vordefinierten Testbefehlen werden *Exceptions* vorgestellt, um die Hamster vor ihrem Tod zu bewahren, wenn sie bspw. gegen eine Mauer rennen oder imaginäre Körner fressen wollen. Exceptions sind spezielle Objekte, die im Fehlerfall „geworfen" werden und zur Bearbeitung des Fehlers wieder „gefangen" werden können.

Zugriffsrechte und Pakete: Unter dem Motto „Die Hamster haben auch eine Privatsphäre" werden im zweiten Band der Java-Hamster-Bücher Zugriffsrechte und das Paket-Konzept eingeführt. Zugriffsrechte regulieren den Zugriff auf Attribute und Methoden einer Klasse. Pakete dienen dazu, Klassen zu Klassenbibliotheken zusammenzufassen und anderen Programmierern zur Verfügung zu stellen.

18.2 Parallele Programmierung

In objektorientierten Hamster-Programmen muss der Programmierer die Hamster explizit steuern und koordinieren. Im dritten Band der Java-Hamster-Bücher („Parallele Programmierung spielend gelernt mit dem Java-Hamster-Modell: Programmierung mit Java-Threads" [Bol08]) werden die Hamster selbstständig und müssen sich selbst koordinieren. Erreicht wird dies durch Nutzung des Thread-Konzeptes von Java, mit dem parallele Programme entwickelt werden können.

Threads: Sie haben in diesem Buch gelernt, dass beim Start eines Programms die main-Prozedur aufgerufen und die dortigen Anweisungen nacheinander in der angegebenen Reihenfolge ausgeführt werden. Handelt es sich bei einer Anweisung um einen Prozeduraufruf, wird die Ausführung der aktuellen Prozedur unterbrochen und in den Rumpf der aufgerufenen Prozedur gesprungen. Nach dessen vollständiger Abarbeitung erfolgt ein Rücksprung an die Stelle des Prozeduraufrufs. Das heißt, dass zu jedem Zeitpunkt immer nur eine Prozedur aktiv ist.

Mit Hilfe des *Thread-Konzeptes* ist es in Java nun möglich, dass mehrere Prozeduren in jeweils einem sogenannten Thread gleichzeitig aktiv sind, also parallel zueinander ausgeführt werden. Realisiert werden kann das durch das Ableiten von Klassen von der vordefinierten Klasse Thread. In Wirklichkeit handelt es sich bei der Parallelität um eine Pseudo-Parallelität, weil heutige Computer in der Regel ja nur einen einzelnen Prozessor besitzen. Ein interner *Scheduler* steuert, welchem Thread zu welcher Zeit der Prozessor zugeteilt wird. Der Wechsel von einem Thread zu einem anderen erfolgt dabei derart schnell und oft, dass der Eindruck erweckt wird, die Prozeduren würden tatsächlich gleichzeitig ausgeführt.

Die Klasse Hamster ist eine solche von der Klasse Thread abgeleitete Klasse. Gibt man Hamstern den Befehl start, führen sie selbstständig und parallel zu anderen Hamstern die ihnen zugeordnete Methode namens run aus. Im folgenden parallelen Hamster-Programm werden zwei selbstständige Hamster gleichzeitig auf die Reise zur nächsten Wand geschickt. Wer sie als erster erreicht, hängt unter anderem vom Scheduler ab.

```
class RunningHamster extends Hamster {
    ...
    public void run() {
        while (vornFrei()) {
            vor();
        }
    }
}

void main() {
    Hamster paul = new RunningHamster(0,0,Hamster.OST,0);
    Hamster heidi = new RunningHamster(1,0,Hamster.OST,0);
    paul.start();
    heidi.start();
}
```

Kommunikation zwischen Hamstern: Um gemeinsam gegebene Probleme zu lösen, müssen selbstständige Hamster miteinander kommunizieren, d.h. Daten austauschen können. Dies geschieht im parallelen Java-Hamster-Modell über durch mehrere Hamster gemeinsam zugreifbare Variablen und Objekte bzw. durch Aufruf von Methoden der anderen Hamster und der Übergabe der Daten als Parameter.

Synchronisation des Datenzugriffs: In parallelen Programmen kann es zu „merkwürdigen" und schwer zu findenden Fehler kommen. Grund hierfür ist, dass parallele Programme nicht-deterministisch und nicht-determiniert sein können, d.h. bei mehrmaligem Aufruf desselben Programms unter denselben Startbedingungen sind unterschiedliche Ergebnisse möglich. Verantwortlich hierfür ist der interne Scheduler, für den nicht vorhersagbar ist, wann er welchem Thread den Prozessor zuteilt. Führt bspw. ein selbstständiger Hamster die Anweisung `if (kornDa()) nimm();` aus, kann es zu einem Fehler kommen, da bei einem Thread-Wechsel nach dem Testbefehl später eventuell gar kein Korn mehr auf der Kachel liegt, da es bereits ein anderer Hamster gefressen hat. Zur Vermeidung derartiger Probleme ist es in Java möglich, Aufrufe von Methoden mittels der `synchronized`-Anweisung zu *synchronisieren*.

Synchronisation des Schedulings: Wenn mehrere selbstständige Hamster gemeinsam ein Problem lösen, müssen sie manchmal während ihrer Aktionen auf andere Hamster warten, bis eine bestimmte Bedingung erfüllt ist und sie von diesen darüber informiert werden. Hierzu stellt Java allen Objekten die Methoden `wait` und `notify` zur Verfügung.

Deadlocks: Die Hamster könnten „verhungern", wenn sie alle auf die Erfüllung bestimmter Bedingungen warten und keiner mehr aktiv ist. Solche Situationen werden *Deadlocks* genannt. Sie gilt es natürlich zu vermeiden bzw. zu erkennen.

Realisierung und Visualisierung klassischer Synchronisationsprobleme: Die Konzepte der parallelen Programmierung werden anhand zahlreicher klassischer Synchronisationsprobleme, die auf die Hamster-Welt übertragen werden, demonstriert und visualisiert. Bspw. sitzt beim „Hamster-Philosophen-Problem" eine bestimmte Anzahl an Philosophen-Hamstern um einen runden Tisch. Jeder Hamster teilt sich mit seinen beiden Nachbarn je eine Gabel, die durch Körner repräsentiert werden. Zum Essen werden immer zwei Gabeln benötigt. Um nicht zu verhungern, müssen sich die Hamster mit ihren Nachbarn abstimmen.

18.3 Algorithmen und Datenstrukturen

Die Meinungen, inwieweit heutzutage noch klassische Algorithmen und Datenstrukturen, wie Sortier-, Such-, Baum-, Graphen-, Kompressions- oder Mustererkennungsalgorithmen, in der Programmierausbildung vorgestellt und analysiert werden sollen, gehen auseinander. Ich halte dies jedoch für sehr wichtig. Sicher gibt es heutzutage Programmsammlungen und Klassenbibliotheken, in denen alle bedeutenden Algorithmen und Datenstrukturen fertig implementiert zur Verfügung gestellt werden. Aber durch das Kennenlernen der zugrunde liegenden Konzepte können Programmieranfänger Kenntnisse und Erfahrungen beim Algorithmenentwurf sammeln und diese nutzen, wenn sie selbst Algorithmen zur Lösung bestimmter Probleme entwerfen müssen.

Mit dieser Thematik setzt sich der vierte Teil des Java-Hamster-Modells auseinander. Das Modell und insbesondere seine Visualisierung, d.h. das Hamster-Territorium und die Aktionen der Hamster, werden genutzt, um mit entsprechenden Hamster-Programmen die Konzepte und Funktionsweisen wichtiger Algorithmen und Datenstrukturen zu demonstrieren. Das Java-Hamster-Modell wird also zur sogenannten *Algorithmenvisualisierung* oder *Algorithmenanimation* eingesetzt.

Das Problem ist nämlich, dass sich die Dynamik des Verhaltens von komplexen Algorithmen in der traditionellen Darstellung als statischer Text unterstützt durch wenige Bildern nur schwer vermitteln lässt. Genau hier helfen das Java-Hamster-Modell und der Hamster-Simulator. Durch die Aktionen der Hamster lassen sich bestimmte Vorgänge im Territorium demonstrieren und in Kombination mit dem Debugger des Hamster-Simulators kann eine Zuordnung der Aktionen zu Funktionen bzw. Methoden im Programm erfolgen.

Klassisches Beispiel sind Sortieralgorithmen. Beim Sortieren geht es darum, Mengen von Daten (bspw. Zahlen) in eine bestimmte Reihenfolge zu bringen. In der Literatur existieren Dutzende von verschiedenen Algorithmen, die diese Aufgabe mehr oder weniger schnell bewältigen. Ein leistungs-fähiger Algorithmus nennt sich bspw. Quicksort (siehe Kapitel 17.9.8). Dieser arbeitet jedoch rekur-siv und viele Programmieranfänger tun sich schwer damit, das grundlegende Prinzip dieses Algo-rithmus zu verstehen. An dieser Stelle greifen nun die Hamster ein. Sie sortieren zwar keine Zahlen, sondern Körnerhaufen, aber Sie zeigen Ihnen dabei im Territorium durch das entsprechende Umsor-tieren der Haufen, auf welche Art und Weise der Quicksort-Algorithmus prinzipiell vorgeht. Damit sollten es Ihnen dann auch nicht weiter schwer fallen, den grundsätzlichen Quicksort-Algorithmus zu verstehen.

Der vierte Band der Java-Hamster-Bücher wird nicht im Buchhandel erscheinen. Vielmehr steht die jeweils aktuelle Version des Buches unter dem Titel „Algorithmen und Datenstrukturen spie-lend gelernt mit dem Java-Hamster-Modell" in einer Online-Version auf der Java-Hamster-Website `www.java-hamster-modell.de` kostenlos zur Verfügung. Das Buch wird auch nie „fertig" sein, sondern stetig fortgeschrieben werden. Die erste Version behandelt die wichtigsten Sortieralgorith-men.

18.4 Objektorientierte Softwareentwicklung

In diesem ersten Band der Java-Hamster-Bücher haben Sie die grundlegenden Konzepte der impe-rativen Programmierung kennengelernt. Weiterhin wurde in Kapitel 12 (Programmentwurf) mit der Schrittweisen Verfeinerung ein einfaches Verfahren eingeführt, das vorgibt, wann und wie man die Konzepte einsetzt, um damit für gegebene kleine Probleme Lösungsprogramme zu entwickeln. In zweiten Band der Java-Hamster-Bücher werden aufbauend auf dem in Band 1 Gelernten die we-sentlichen Konzepte der objektorientierten Programmierung vorgestellt. Objektorientierte Program-miersprachen werden dabei im Allgemeinen eingesetzt, um große Probleme zu lösen. Die Probleme sind dabei unter Umständen so komplex, dass die Entwicklung der Programme mehrere Jahre dauert und ein ganzes Team von Fachleuten – nicht nur Informatiker – daran beteiligt ist. Was in diesem zweiten Band fehlt, ist ein zum Kapitel „Programmentwurf" des ersten Bandes analoges Kapitel, in dem beschrieben wird, wie objektorientierte Konzepte eingesetzt werden können, um Probleme zu lösen. Grund hierfür ist, dass diese Thematik sehr umfangreich ist und daher in einem separaten fünften Band behandelt wird. Man spricht hier auch von „objektorientierter Softwareentwicklung", von der die „objektorientierte Programmierung" nur ein Teilgebiet darstellt.

Ich möchte jedoch nicht verschweigen, dass das Hamster-Modell bei der Vermittlung der Konzepte der objektorientierten Softwareentwicklung an seine Grenzen stößt. Hamster-Probleme sind nicht wirklich komplex genug sind, um die entsprechenden Vorgehensweisen und Konzepte an geeigneten Beispielen demonstrieren zu können. Nichtsdestotrotz haben wir ein paar Beispiele identitifizieren können, die helfen, einen kleinen Einblick in die objektorientierte Softwareentwicklung zu geben, wie bspw. das in Band 2 bereits eingeführte Beispiel der Entwicklung von Spieleprogrammen.

Generelles Ziel der Softwareentwicklung ist die Erstellung eines Softwaresystems zur Lösung eines gegebenen Problems. Softwareentwicklung kann dabei als ein Prozess angesehen werden, bei dem die Elemente des Problem- bzw. Anwendungsbereichs in Elemente des Lösungsraumes abgebildet werden. Bei der objektorientierten Softwareentwicklung wird diese Abbildung dadurch realisiert, dass zunächst das Anwendungsgebiet analysiert und modelliert wird. Dazu werden die charakteristischen Elemente des Anwendungsgebietes sowie ihre Eigenschaften, Verhaltensweisen und Beziehungen untereinander identifiziert. Das so entstandene Modell des Anwendungsgebietes wird dann gemäß vorgegebener Regeln in ein Modell des Lösungsraums – letztendlich ein Programm – überführt. Das Programm kann als Abstraktion des Anwendungsgebietes betrachtet werden, dessen Elemente weitgehend den Elementen des Anwendungsgebietes entsprechen.

Bei der objektorientierte Softwareentwicklung werden die Phasen Objektorientierte Analyse (OOA), Objektorientierter Entwurf/Design (OOD) und Objektorientierte Programmierung/Implementierung (OOP) und zum Teil auch noch Objektorientierter Test (OOT) unterschieden. Die Grenzen zwischen den einzelnen Phasen sind jedoch fließend. Zum Festhalten von Ergebnissen und als Kommunikationsgrundlage zwischen den Entwicklern wird die UML (Unified Modeling Language) verwendet. Die UML ist eine graphische Notation, die eine Vielzahl verschiedener Diagrammtypen zur Verfügung stellt.

Hauptaufgabe der OOA ist die Untersuchung des Problem- bzw. Anwendungsbereiches des zu entwickelnden Softwaresystems. Ziel dieser Phase ist die Erstellung eines Modells, das ein Abbild des statischen Aufbaus des Anwendungsgebietes sowie der dynamischen Abläufe innerhalb des Anwendungsgebietes darstellt. Die wesentliche Aktivität der OOA besteht im Auffinden von Klassen bzw. Objekten des Anwendungsgebietes, ihren Attributen und Methoden sowie Beziehungen zwischen den Klassen.

Während sich die OOA mit dem Problembereich beschäftigt, ist die Hauptaufgabe beim OOD die Abbildung des OOA-Modells auf den Lösungsraum. Die OOD-Phase dient damit als konkrete Vorbereitung der Implementierung. Das OOA-Modell wird in der OOD-Phase um weitere Klassen und die Klassen werden um zusätzliche Attribute und Methoden ergänzt, die im Problembereich nicht auftreten bzw. nicht relevant sind, bei der Implementierung aber unerlässlich sind. Des Weiteren wird beim OOD die Softwarearchitektur festgelegt, indem Klassen zu Paketen zusammengefasst werden.

In der OOP-Phase erfolgt die Umsetzung des OOD-Modells in eine konkrete Programmiersprache. In der Regel müssen nicht alle Klassen des OOD-Modells (vollständig) implementiert werden. Vielmehr können Klassenbibliotheken genutzt werden, die oft benötigte Klassen zur Verfügung stellen.

Für den Test objektorientierter Software können traditionelle Testmethoden fast unverändert übernommen werden. Zunächst werden die einzelnen Klassen für sich und anschließend ihr Zusammenspiel getestet.

Ausgesprochen wichtig bei der objektorientierten Softwareentwicklung sind sogenannte *Entwurfsmuster*. Ein Entwurfsmuster beschreibt eine in der Praxis bewährte, generische Lösung für ein häufig wiederkehrendes Entwurfsproblem und stellt damit eine wiederverwendbare Vorlage zur Problemlösung dar. Der Einsatz und Nutzen der gängigsten Entwurfsmuster (Abstrakte Fabrik, Beobachter, ...) wird in Band 5 der Java-Hamster-Bücher an vielen kleineren Hamster-Beispielen demonstriert und motiviert.

Genauso wie der vierte wird auch der fünfte Band der Java-Hamster-Bücher nicht im Buchhandel erscheinen. Vielmehr steht die jeweils aktuelle Version unter dem Titel „Objektorientierte Softwareentwicklung spielend gelernt mit dem Java-Hamster-Modell" in einer Online-Version auf der Java-Hamster-Website kostenlos zur Verfügung (`www.java-hamster-modell.de`).

18.5 Andere Programmiersprachen im Hamster-Modell

Ziel des Java-Hamster-Modells ist es, ein einfaches didaktisches Modell zum Erlernen der Basiskonzepte der imperativen Programmierung zur Verfügung zu stellen. Als zugrundeliegende Programmiersprache wurde Java gewählt. Da Java aber nicht die einzige Programmiersprache ist und an vielen Schulen andere Programmiersprachen zur Einführung in die Programmierung verwendet werden, haben wir uns dazu entschlossen, den Hamster-Simulator so zu erweitern, dass er auch die Entwicklung von Hamster-Programmen in anderen Programmiersprachen ermöglicht. Aktuell[1] unterstützt der Hamster-Simulator neben Java folgende Sprachen bzw. Notationen:

- Scratch (visuelle Programmierung)
- Endliche Automaten (visuelle Programmierung)
- Programmablaufpläne (visuelle Programmierung)
- Scheme (funktionale Programmierung)
- Prolog (logikbasierte Programmierung)
- Python (imperative und objektorientierte Programmierung)
- Ruby (imperative und objektorientierte Programmierung)

Hinzu kommt noch ein separates Tool mit dem Namen „HaSE" für die Entwicklung von Hamster-Programmen in Form von Struktogrammen.

Im Folgenden werden die einzelnen Sprachen und die Programmierung mit ihnen im Hamster-Simulator kurz vorgestellt. Genauere Informationen können dem Benutzungshandbuch des Hamster-Simulators entnommen werden.

18.5.1 Scratch

Scratch ist eine Programmierumgebung bzw. Programmiersprache für echte Programmieranfänger. Anders als bei anderen Programmiersprachen müssen hier die Programmierer keinen textuellen Sourcecode schreiben. Vielmehr setzen sich Scratch-Programme aus graphischen Bausteinen zusammen. Die Programmierumgebung unterstützt dabei das Erstellen von Programmen durch einfache Drag-and-Drop-Aktionen mit der Maus. Mehr Informationen zu Scratch findet man im Internet unter http://scratch.mit.edu/

Ein Vorteil von Scratch für Programmieranfänger ist, dass keine syntaktischen Fehler möglich sind und dass sich sehr schnell kleine Programme „zusammenklicken" lassen. Aus diesem Grund haben wir einige Ideen und Konzepte von Scratch in den Hamster-Simulator integriert. Das „Look-and-Feel" ist dabei bis auf wenige Ausnahmen identisch mit dem „Look-and-Feel" des Original-Scratch. Abbildung 18.1 zeigt ein Hamster-Scratch-Programm, das bewirkt, dass der Hamster bis zur nächsten Wand läuft und dabei alle Körner einsammelt.

18.5.2 Endliche Automaten

Ebenfalls visuell erfolgt die Erstellung von Hamster-Programmen in Form so genannter *Endlicher Automaten*. Ein endlicher Automat besteht aus Zuständen, Zustandsübergängen und Aktionen und

---

[1] Version 2.9 des Hamster-Simulators

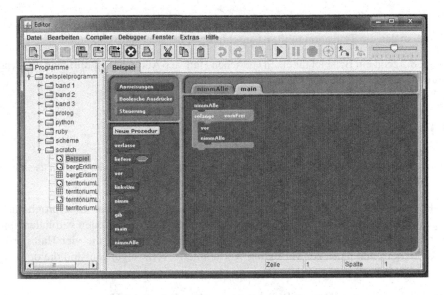

Abbildung 18.1: Scratch im Hamster-Simulator

modelliert ein Verhalten. Die im Hamster-Modell verwendete Form eines endlichen Automaten ist von den so genannten Mealy-Automaten abgeleitet und wird als „Hamster-Automat" bezeichnet.

Ein konkreter Hamster-Automat besteht aus Zuständen und Verbindungen zwischen Zuständen (so genannte Transitionen). Zustände werden grafisch durch Kreise repräsentiert, Verbindungen durch Pfeile, die von einem Zustand zu einem anderen Zustand (oder auch dem gleichen) führen. Den Pfeilen zugeordnet sind Beschriftungen, die jeweils aus zwei Teilen bestehen. Der erste Teil ist ein boolescher Ausdruck, in dem die Hamster-Testbefehle benutzt werden können. Der zweite Teil ist eine Sequenz von Hamster-Befehlen.

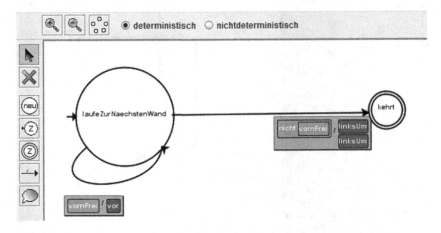

Abbildung 18.2: Endliche Automaten im Hamster-Simulator

Wird ein Hamster-Automat ausgeführt, passiert folgendes: Genau ein Zustand ist jeweils aktiv. Es wird überprüft, ob vom aktiven Zustand eine Transition ausgeht, deren boolescher Ausdruck den

Wert true liefert. Ist dies der Fall, wird die zugehörige Sequenz von Hamster-Befehlen ausgeführt. Der Zustand, in den die Transition führt, ist anschließend der neue aktive Zustand.

Abbildung 18.2 zeigt ein Beispiel für einen endlichen Hamster-Automaten. Führt man das Programm aus, läuft der Hamster zur nächsten Wand und dreht sich dort um.

18.5.3 Programmablaufpläne

Programmablaufpläne (PAP) wurden in Kapitel 1.2.3.2 eingeführt. Bei PAPs handelt es sich um eine normierte Methode zur graphischen Darstellung von Algorithmen.

Hamster-PAPs enthalten als Elemente Start/Stop-Elemente, Operationen, Unterprogramme, Verzweigungen und Kommentare. Elemente lassen sich untereinander mit Pfeilen verbinden, um somit den Programmfluss zu definieren. Als vordefinierte Operationen stehen die vier Hamster-Befehle vor, linksUm, gib und nimm zur Verfügung. Vordefinierte Verzweigungen sind die drei Hamster-Testbefehle vornFrei, kornDa und maulLeer.

Abbildung 18.3 zeigt einen Hamster-PAP, bei dessen Ausführung der Hamster solange jeweils eine Kachel nach vorne springt und sich einmal rechtsum dreht bis er vor einer Mauer steht. Dort dreht er sich dann einmal linksum.

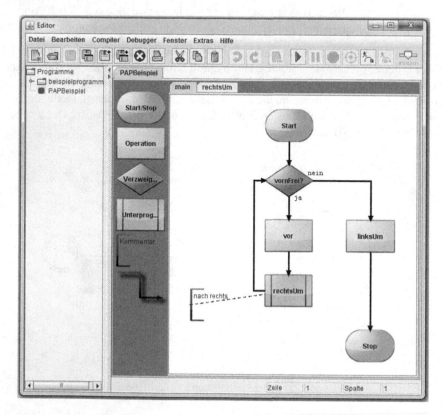

Abbildung 18.3: Programmablaufpläne im Hamster-Simulator

18.5.4 Struktogramme

Eine strukturiertere Alternative zu Programmablaufplänen stellen Struktogramme dar, die in Kapitel 1.2.3.3 vorgestellt wurden. Das Hamster-Programmieren mit Programmablaufplänen ist aktuell nicht direkt in den Hamster-Simulator integriert, sondern mit einer separaten Software möglich, die sich „HaSE" nennt und von der Hamster-Website runtergeladen werden kann.

In dem HaSE-Struktogramm in Abbildung 18.4 läuft der Hamster zur nächsten Mauer und dreht sich dort rechtsum.

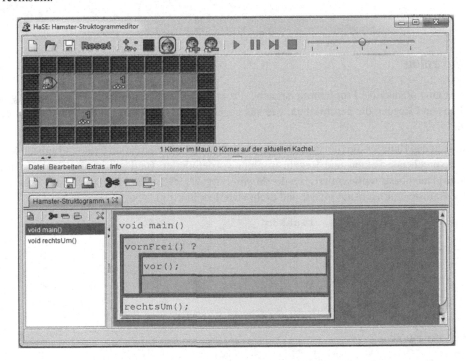

Abbildung 18.4: HaSE - Struktogrammeditor

18.5.5 Scheme

Scheme ist ein Dialekt der Programmiersprache LISP und gehört zur Klasse der funktionalen Programmiersprachen (vergleiche Kapitel 2.1). Die funktionale Programmierung unterscheidet sich grundlegend von der imperativen Programmierung. Programme werden als mathematische Funktionen betrachtet. Variablen und Scheifen stehen nicht zur Verfügung.

Die grundlegende Datenstruktur des Scheme-Hamster-Modells ist eine Territorium-Liste, die den Zustand des aktuellen Hamster-Territoriums wiederspiegelt. Die Hamster-Befehle sind als Funktionen implementiert, die entsprechend der Semantik des jeweiligen Befehls eine Territorium-Liste auf eine neue Territorium-Liste abbilden.

Das folgende Scheme-Hamster-Programm soll Ihnen einen Eindruck von der Programmierung mit Scheme geben. Es bewirkt, dass der Hamster zur nächsten Mauer läuft und sich dort linksum dreht.

```
(define (start Territorium)
  (linksUm (zurMauer Territorium))
)

(define (zurMauer T)
  (if (vornFrei? T)
    (zurMauer (vor T))
    T
  )
)
```

18.5.6 Prolog

Prolog ist eine prädikative Programmiersprache. Programme bestehen in Prolog aus Fakten (gültige Tatsachen) und Regeln, die beschreiben, wie aus gegebenen Fakten neue Fakten hergeleitet werden können.

Der Zustand des Hamster-Territoriums und die Hamster-Befehle werden im Prolog-Hamster-Modell durch entsprechende Fakten und Regeln in einer vordefinierten (und automatisch zur Verfügung stehenden) Datenbasis repräsentiert. Bei der Ausführung des folgenden Prolog-Hamster-Programms läuft der Hamster zur nächsten Mauer und dreht sich dort linksum.

```
main :- laufeZurWand, linksUm.

laufeZurWand :-
    vornFrei,
    vor,
    laufeZurWand,
    !.

laufeZurWand.
```

18.5.7 Python

Python gilt als eine Multiparadigmensprache. Das bedeutet, Python zwingt dem Programmierer nicht ein einzelnes Programmierparadigma auf, sondern erlaubt es, das für die jeweilige Aufgabe am besten geeignete Paradigma zu wählen. Imperative und objektorientierte Programmierung werden vollständig unterstützt, weiterhin gibt es bspw. Spracheigenschaften für funktionale Programmierung.

Im Hamster-Simulator lassen sich sowohl imperative als auch objektorientierte Python-Programme entwickeln. Gemischte Programme sind ebenfalls möglich. Das folgende Python-Programm ist ein einfaches imperatives Beispielprogramm, bei dem der Hamster bis zur nächsten Mauer läuft und sich dort rechtsum dreht.

```
def rechtsUm():
    linksUm()
    linksUm()
    linksUm()
```

```
def laufeZurWand():
    while vornFrei():
        vor()

laufeZurWand()
rechtsUm()
```

18.5.8 Ruby

Genauso wie Python kann auch Ruby als Multiparadigmensprache eingeordnet werden, die insbesondere die imperative, objektorientierte und funktionale Programmierung unterstützt. Im folgenden Ruby-Programm werden objektorientierte Konzepte genutzt, um einen Hamster bis zur nächsten Mauer laufen und dort rechtsum drehen zu lassen.

```
class MeinHamster < Hamster

    def initialize(reihe, spalte, blickrichtung, anzahlKoerner)
        super(reihe, spalte, blickrichtung, anzahlKoerner)
    end

    def rechtsUm
        linksUm
        linksUm
        linksUm
    end

    def laufeZurWand
        while vornFrei
            vor
        end
    end
end

# Hauptprogramm
paul = MeinHamster.new(2, 3, Hamster.WEST, 0)
paul.laufeZurWand
paul.rechtsUm
```

Glossar

Algorithmus Arbeitsanleitung zum Lösen eines Problems bzw. einer Aufgabe, die so präzise formuliert ist, dass sie von einem ↑Computer ausgeführt werden kann.

Alternativanweisung ↑Kontrollstruktur zur alternativen Ausführung zweier ↑Anweisungen.

Analyse Phase der ↑Programmentwicklung, in der das zu lösende Problem genauer untersucht wird.

Anweisung Verarbeitungsvorschrift für einen ↑Computer. Anweisungen sind die Grundelemente ↑imperativer Programmiersprachen.

Arithmetischer Ausdruck ↑Ausdruck, der einen Wert vom ↑Typ int liefert.

Ausdruck Verarbeitungsvorschrift zur Ermittlung eines Wertes.

Ausgabewerk Komponente eines ↑Computers zur Ausgabe von Daten.

Auswahlanweisung ↑Kontrollstruktur zur wahlweisen bzw. alternativen Ausführung von Anweisungen.

Backtracking Verfahren zur Lösung eines Problems, bei dem versucht wird, eine Gesamtlösung des Problems dadurch zu entwickeln, dass eine Teillösung des Problems systematisch zur Gesamtlösung ausgebaut wird. Dazu wird zunächst ein Lösungsweg ausgewählt. Führt dieser nicht zum Ziel, kehrt man zum Ausgangspunkt zurück und wählt einen anderen Weg. Beim Backtracking wird im Allgemeinen das Prinzip der ↑Rekursion eingesetzt.

Backus-Naur-Form Textuelle Notation zur Definition der ↑Syntax einer ↑Programmiersprache.

Bedingte Anweisung ↑Kontrollstruktur zur wahlweisen Ausführung einer Anweisung.

Betriebssystem Menge von ↑Programmen eines ↑Computers, die zum Betrieb des ↑Computers notwendige Verwaltungsaufgaben übernehmen.

Bezeichner Name eines deklarierten Elementes eines ↑Programms, wie eine ↑Prozedur oder eine ↑Variable.

Bit Kleinste Darstellungseinheit von Daten in der binären Zahlendarstellung. Ein Bit kann zwei Werte repräsentieren.

Blockanweisung Konstrukt zur Zusammenfassung mehrerer ↑Anweisungen zu einer syntaktischen Einheit.

Boolescher Ausdruck ↑Ausdruck, der einen Wahrheitswert (wahr oder falsch) liefert.

Boolesche Funktion ↑Funktion, die einen Wahrheitswert (wahr oder falsch) liefert.

Boolesche Variable ↑Variable zum Speichern eines Wahrheitswertes (wahr oder falsch).

Byte Zusammenfassung von 8 ↑Bit.

Compiler ↑Programmentwicklungswerkzeug, das ein Quellprogramm auf syntaktische Korrektheit überprüft und in ein Zielprogramm überführt.

Computer Gerät zur automatischen Verarbeitung von Daten.

Datei Logischer Behälter für Daten.

Datentyp Zusammenfassung von Wertebereichen und Operationen zu einer Einheit. Unterschieden werden Standard-Datentypen und Referenzdatentypen. In ↑Java gibt es die Standard-Datentypen `boolean` (Wahrheitswerte), `byte` (Bitoperationen), `char` (Unicode-Zeichen), `short`, `int` und `long` (Ganze Zahlen) sowie `float` und `double` (Reelle Zahlen).

Debugger ↑Programmentwicklungswerkzeug der ↑Testphase zum Erkennen, Lokalisieren und Beseitigen von Laufzeitfehlern in ↑Programmen.

Dokumentation Die ↑Programmentwicklung begleitende Phase, bei der die Ergebnisse der einzelnen Phasen schriftlich festgehalten werden.

Editor ↑Programmentwicklungswerkzeug zum Eingeben bzw. Ändern des Quellcodes eines ↑Programmes.

Eingabewerk Komponente eines ↑Computers zur Eingabe von Daten.

Entwurf Phase der ↑Programmentwicklung, in der ein ↑Algorithmus zum Lösen des Problems entworfen wird.

Flussdiagramm synonym zu ↑Programmablaufplan.

Funktion Teil eines ↑Programms, der ein Teilproblem löst und dabei einen Wert berechnet. Im weiteren Sinne werden auch ↑Prozeduren zu den Funktionen gerechnet.

Funktionale Programmiersprache ↑Programme funktionaler Programmiersprachen werden als mathematische Funktionen betrachtet.

Funktionsaufruf Spezielle ↑Anweisung zur Ausführung einer ↑Funktion.

Funktionsdefinition Beschreibung dessen, was eine ↑Funktion tut.

Gültigkeitsbereich Teil eines ↑Programms, in dem eine ↑Variable bzw. ↑Funktion genutzt werden kann.

Hamster-Modell Didaktisches Modell zum Erlernen der ↑Programmierung. Programmierer müssen einen virtuellen Hamster durch eine virtuelle Landschaft steuern und ihn dabei gegebene Aufgaben lösen lassen.

Hardware Menge aller technischen Elemente eines ↑Computers.

Imperative Programmiersprache ↑Programme imperativer Programmiersprachen bestehen aus Folgen von ↑Anweisungen.

Implementierung Phase der ↑Programmentwicklung, in der der entwickelte ↑Algorithmus in ein ↑Programm überführt und in den ↑Computer eingegeben wird.

Java Moderne ↑objektorientierte Programmiersprache, die sich Konzepte ↑imperativer Programmiersprachen bedient, um Objekte zu realisieren.

Kommentar Spezielles Element zur Dokumentation des Quellcodes eines ↑Programms.

Kontrollstruktur Schema, welches die Reihenfolge der Abarbeitung von ↑Anweisungen festlegt.

Laufzeitsystem Menge von Hilfsprogrammen, die automatisch zum übersetzten ↑Programm hinzugebunden werden.

Lebensdauer Zeitspanne, während der im Hauptspeicher Speicherplatz für eine ↑Variable reserviert ist.

Lexikalik Definiert die gültigen Zeichen, die in ↑Programmen einer bestimmten ↑Programmiersprache auftreten dürfen.

Nassi-Sneiderman-Diagramm synonym zu ↑Struktogramm.

Objektorientierte Programmiersprache ↑Programme objektorientierter ↑Programmiersprachen bestehen aus Objekten, die zum Lösen von Problemen mit anderen Objekten über Nachrichten kommunizieren.

Parameter Funktionslokale ↑Variable, die dadurch initialisiert wird, dass der ↑Funktion beim einem ↑Funktionsaufruf ein entsprechender Initialisierungswert für die ↑Variable übergeben wird.

Prädikative Programmiersprache ↑Programme prädikativer ↑Programmiersprachen bestehen aus Fakten (gültige Tatsachen) und Regeln, die beschreiben, wie aus gegebenen Fakten neue Fakten hergeleitet werden können.

Programm Ein in einer ↑Programmiersprache formulierter ↑Algorithmus. Zu unterscheiden sind der Quellcode eines Programms vom ausführbaren Programm. Ein Programmierer erstellt den Quellcode, d.h. die eigentliche textuelle Beschreibung des Programms, in einer bestimmten ↑Programmiersprache und überführt diesen mit Hilfe eines ↑Compilers in eine ↑Computer verständliche Form, die dann ausgeführt werden kann.

Programmablaufplan Graphische Notation zur Darstellung von ↑Algorithmen.

Programmbibliothek Sammlung von vorgefertigten (Teil-)↑Programmen.

Programmentwicklung Vorgang der Entwicklung eines ↑Programms zur Lösung eines gegebenen Problems.

Programmentwicklungswerkzeuge Menge von Dienstprogrammen zur Unterstützung der ↑Programmentwicklung und -ausführung.

Programmiersprache Künstliche zum Formulieren von ↑Programmen geschaffene Sprache.

Programmierung Vorgang der Erstellung von ↑Programmen.

Prozedur Teil eines ↑Programms, das ein bestimmtes Teilproblem löst.

Prozeduraufruf Spezielle ↑Anweisung zur Ausführung einer ↑Prozedur.

Prozedurdefinition Beschreibung dessen, was eine ↑Prozedur tut.

Prozess Vorgang der Ausführung eines ↑Programms durch einen ↑Computer.

Rechenwerk Komponente eines ↑Computers zum Ausführen von Operationen auf Daten.

Regelbasierte Programmiersprache ↑Programme regelbasierter ↑Programmiersprachen bestehen aus „wenn-dann-Regeln": *Wenn* eine angegebene Bedingung gültig ist, *dann* wird eine angegebene Aktion ausgeführt.

Rekursion Prinzip der Definition eines Elementes durch sich selbst.

Rekursive Funktion ↑Funktion, die während ihrer Ausführung erneut aufgerufen wird.

Schleife synonym zu ↑Wiederholungsanweisung.

Semantik Definiert die Bedeutung von ↑Programmen einer bestimmten ↑Programmiersprache.

Software Menge aller ↑Programme eines ↑Computers.

Speicher Komponente eines ↑Computers zum Aufbewahren von ↑Programmen und Daten.

Steuerwerk Komponente eines ↑Computers zur Koordination der anderen Komponenten (↑Einga-bewerk, ↑Ausgabewerk, ↑Speicher, ↑Rechenwerk) durch die Bearbeitung von entsprechenden Befehlen eines ↑Programms.

Struktogramm Graphische Notation zur Darstellung von ↑Algorithmen.

Syntax Definiert den korrekten Aufbau von ↑Programmen einer bestimmten ↑Programmierspra-che.

Syntaxdiagramm Graphische Notation zur Definition der ↑Syntax einer ↑Programmiersprache.

Test Phase der ↑Programmentwicklung, in der das entwickelte ↑Programm auf Korrektheit über-prüft wird.

Typ synonym zu ↑Datentyp.

Variable Behälter zum Abspeichern von Daten bzw. Werten. Variablen wird ein ↑Typ zugeordnet, der die Art der Daten festlegt.

Wiederholungsanweisung ↑Kontrollstruktur zur wiederholten Ausführung einer ↑Anweisung.

Zuweisung Spezielle ↑Anweisung, mittels der der in einer ↑Variablen gespeicherte Wert verändert werden kann.

Literaturverzeichnis

[Amb87]   AMBROS, W.: *Der Hamster: Programmieren in einer Modellwelt.* Metzler, 1987.

[BB04]   BOLES, D. und C. BOLES: *Objektorientierte Programmierung spielend gelernt mit dem Java-Hamster-Modell.* Teubner, 1. Auflage, 2004.

[BB10]   BOLES, D. und C. BOLES: *Objektorientierte Programmierung spielend gelernt mit dem Java-Hamster-Modell.* Vieweg+Teubner, 2. Auflage, 2010.

[Bol08]   BOLES, D.: *Parallele Programmierung spielend gelernt mit dem Java-Hamster-Modell: Programmierung mit Java-Threads.* Vieweg+Teubner, 2008.

[BSRP96]   BERGIN, J., M. STEHLIK, J. ROBERTS und R. PATTIS: *Karel++: A Gentle Introduction to the Art of Object-Oriented Programming.* Wiley, 1996.

[GJS⁺13]   GOSLING, J., B. JOY, G. STEELE, G. BRANCHA und A. BUCKLEY: *The Java Language Specification, Java SE 7 Edition.* Addison-Wesley Professional, 2013.

[HMHG11]   HEINISCH, C., F. MÜLLER-HOFMANN und J. GOLL: *Java als erste Programmiersprache: Vom Einsteiger zum Profi.* Vieweg+Teubner, 2011.

[KL83]   KLINGEN, L. und J. LIEDTKE: *Programmieren mit ELAN.* Teubner, 1983.

[KL85]   KLINGEN, L. und J. LIEDTKE: *ELAN in 100 Beispielen.* Teubner, 1985.

[Men85]   MENZEL, K.: *LOGO in 100 Beispielen.* Teubner, 1985.

[Opp83]   OPPOR, L.: *Das Hamster-Modell.* Interner Bericht, GDM St. Augustin, 1983.

[PRS94]   PATTIS, R., J. ROBERT und M. STEHLIK: *Karel the Robot: A Gentle Introduction to the Art of Programming.* Wiley, 1994.

[Ros83]   ROSS, P.: *LOGO programming.* Addison-Wesley, 1983.

Sachverzeichnis